INTERNATIONALE EISENBAHN SCHLAFWAGEN GESELLSCHAFT
CAR
SCHLAFWAGEN
DREHGESTELL-RADST. 2,500 m

Albert Mühl

Schlafwagen in Deutschland

Die Wagen und der Betrieb von den Anfängen bis zum Übergang auf die Mitropa

EISENBAHN KURIER
MODELL UND VORBILD

EK-Verlag

Titelbilder: Sechsachsiger Schlafwagen der Preußisch-Hessischen Staatseisenbahnen „Berlin 0186", geliefert 1908 von van der Zypen & Charlier in Deutz, gebaut nach Musterzeichnung I a 1. WERKAUFNAHME DEUTZ; SLG. EDUARD BÜNDGEN †

Sechsachsiger Schlafwagen „Elsass-Lothringen 171" nach preußischer Musterzeichnung I a 1, geliefert 1908 von der Waggonfabrik Gebr. Gastell in Mombach bei Mainz. WERKAUFNAHME MOMBACH; SLG. DR. ALBERT MÜHL

Rücktitel: WL4ü „Berlin 87" (Görlitz 1897): Blick in den Seitengang. WERKAUFNAHME GÖRLITZ; SLG. THEURICH

Vorsatz: WL4ü No. 1764 der Internationalen Schlafwagen-Gesellschaft 1908 vor der Ablieferung im Werkhof der Maschinenfabrik Augsburg-Nürnberg, Werk Nürnberg. WERKAUFNAHME ARCHIV M.A.N.

Nachsatz: WL6ü „Berlin 0127" (Görlitz 1904) WERKAUFNAHME GÖRLITZ; SLG. THEURICH

EK-Bücher vom selben Autor:

Internationale Luxuszüge
Die „Großen Expreßzüge" der ISG, ISBN 3-88255-673-0, EK-Best.-Nr. 673

75 Jahre Mitropa
Seit 1916 im Dienste der Reisenden, ISBN 3-88255-674-9, EK-Best.-Nr. 674

Speisewagen in Deutschland
Die Geschichte des Speisewagenbetriebs in Deutschland von den Anfängen bis zum Übergang auf die Mitropa, ISBN 3-88255-675-7, EK-Best.-Nr. 675

ISBN 3-88255-680-3

EK-Verlag GmbH – Postfach 5560 – 79022 Freiburg

Inhaltsverzeichnis

Vorwort

Diese Geschichte beginnt – wie manch andere – mit Georges Nagelmackers, dem Gründer und *Patron* der Internationalen Schlafwagen-Gesellschaft. Er hat den Schlafwagen zwar nicht *erfunden*, hat diesen jedoch für die Verhältnisse und Bedürfnisse auf dem europäischen Kontinent konzipiert und ihn hier eingeführt. Als er 1905 kurz nach Vollendung seines sechzigsten Lebensjahres in seinem Schloß *Villepreux* bei Paris starb, hinterließ er ein Imperium, das von der Kanalküste bis Wladiwostok und von Dänemark bis zu den Pyramiden Ägyptens reichte. Seine Schlafwagen, Speisewagen und Expreßzüge verbanden alle europäischen Metropolen miteinander. Der von Paris, der Hauptstadt des *Erzfeindes* aus gesteuerte Griff nach dem Monopol gerade und vor allem in Deutschland wurde von führenden Köpfen der preußischen Regierung als ein *Dorn im Auge* empfunden. Seine Entfernung aus Preußen und, wenn möglich, aus ganz Deutschland und ein eigenes Staatsmonopol an dessen Stelle wurden auf dem Erlaßwege vollzogen. Der Konkurrenzkampf der beiden Monopolisten gegeneinander, der folgte und dreißig Jahre später zu einer erneuten Vertreibung des einen führen wird, verleiht unserer Geschichte neben deren wirtschaftlichen, technischen und sozialen Aspekten zusätzlich eine dramatische politische Qualität – sowohl nach Außen als auch innerhalb des Deutschen Reiches. Die süddeutschen Staaten haben sich der in Berlin verfolgten Politik nicht angeschlossen, wenngleich sie sozusagen als Preis für ihre Sonderrolle immer wieder zu Zugeständnissen und Kompromissen von der größten Eisenbahnverwaltung der Welt genötigt wurden. Allerdings ließ sich das preußische Schlafwagenmonopol auf Dauer nicht durchhalten. Die Bahnen der Nachbarstaaten ringsum waren durch Exklusivverträge an Brüssel und Paris gebunden und so mussten die Grenzen zumindest für internationale Verkehre wieder geöffnet werden. Der Weltkrieg, so glaubte man in Berlin, werde die endgültige Wende herbeiführen. Dort gründete man eine als Privatunternehmen kaschierte Schlaf- und Speisewagen-Gesellschaft – die MITROPA – mit Monopolanspruch in Mitteleuropa und auf dem Balkan.

Der Krieg ging verloren und sofort gingen die alten und neuen Kontrahenten mit harten Bandagen wieder aufeinander los. Die Geschehnisse und Ereignisse nach Kriegsausbruch sind in dem 1992 beim EK-Verlag erschienenen Werk *75 Jahre MITROPA* ausführlich dargestellt. Der Autor hat daher die Geschichte der Schlafwagen während der Periode zwischen 1914 und Mai 1926, als die letzten Reichsbahn-Schlafwagen der MITROPA übergeben wurden, lediglich in ihren entscheidenden Abläufen und wesentlichen Zusammenhängen und mit Dokumenten angereichert nachgezeichnet.

Dieses Buch ist Pendant zu dem unlängst vorgelegten Band *Speisewagen in Deutschland (EK-Verlag 1994)*. Beide haben sie ihre vorweggenommene Fortsetzung in *75 Jahre MITROPA* gefunden. Sie wollen auch, soweit die Internationale Schlafwagen-Gesellschaft involviert ist, im Kontext mit dem Werk *Internationale Luxuszüge (EK-Verlag 1991)* betrachtet werden.

Mit Genugtuung darf angekündigt werden, daß auch hier neues, bisher unbekanntes Material präsentiert wird, daß Irrtümer und Fehler früherer Autoren korrigiert, Lücken aufgefüllt und bislang offene Fragen beantwortet werden, wodurch ein beträchtlich erweiterter Kenntnisstand der Materie erreicht wird.

Autor und Verlag hoffen und wünschen zugleich, daß auch das hiermit vorgelegte Buch mit dem gleichen Interesse wie seine Vorgänger aufgenommen wird.

Mein herzlicher Dank gilt allen denen, ohne deren vielerlei Beiträge und Hilfestellungen dieses Buch gewiß nicht hätte geschrieben und publiziert werden können:

den Herren Jens Bruun-Petersen, Gérard Coudert, Gabriel Curtet, Joachim Deppmeyer, Jens Freese, Alfred Gottwaldt, Helmut Griebl, Hermann Hoyer, Wolfgang Illenseer, Philip Jefford, Hans-Bernhard Karl, Jürgen Klein, Uwe Nußbaum, John Poulsen, Dr. Günther Scheingraber, Wilhelm Tausche, Wolfgang Theurich, Dr. W. A. C. Wendelaar; dem Eisenbahnmuseum der Dänischen Staatsbahnen in Odense, den Schwedischen Staatsbahnen, dem Verkehrsarchiv des Verkehrsmuseums der Deutschen Bahn AG in Nürnberg, dem Museum für Verkehr und Technik Berlin und dem Verkehrsmuseum Dresden.

Neustadt an der Weinstraße, im Juni 1996

Dr. Albert Mühl

Gründerjahre

Bettwagen für Europa

Am 20. April 1870 veröffentlichte ein junger belgischer Bergbauingenieur namens Georges Nagelmackers in Lüttich, wo er am 24. Juni 1845 geboren worden war, eine Denkschrift *Projet d'Installation de Wagons-Lits sur les Chemins de fer du Continent*, die gleichzeitig auch bei Georgi in Aachen unter dem Titel *Projekt zur Einführung von Bettwagen auf den Eisenbahnen des Kontinents* erschien.

Der Lütticher Bankier Edmonde Nagelmackers hatte seinen Filius 1868 auf eine Studienreise nach Amerika geschickt, um – wie gesagt worden ist – eine ihm mißliebige Liaison mit einer deutschen Kusine zu unterbinden. Georges lernte auf seinen ausgedehnten Reisen kreuz und quer durch die Vereinigten Staaten von Amerika die den Reisenden gebotenen Bequemlichkeiten vor allem während der Nachtfahrten kennen. Insbesonders haben es ihm die Wagen des George Mortimer Pullman, deren Sitze in Liegeplätze verwandelt werden konnten, angetan. Die pritschenähnlichen *Betten* waren in drei *Stockwerken* in Fahrtrichtung auf beiden Seiten des Mittelgangs angeordnet und mit bis zum Fußboden reichenden Vorhängen abgeschlossen. Derartige Schlafsäle auf Rädern, ohne Unterschiede bzw. Einteilung nach Klassen, wurden zwar gewiß von den Reisenden während der Pionierzeit im *Schmelztigel USA* angenommen, wären jedoch ebenso gewiß im europäischen Reiseverkehr mit seiner strengen Klasseneinteilung und der gewünschten Wahrung der individuellen Privatsphäre der Fahrgäste undenkbar, was Nagelmackers sehr bald herausfand. Die Fernreisezüge in Europa waren aus zwei- und dreiachsigen Abteilwagen gebildet und ein wie immer gearteter Bett- oder Schlafwagen hatte sich dem sogenannten *Englischen System* anzupassen.

Eine verhinderte Ehe als Initialzündung für die Einführung von Schlafwagen in Europa!

Sogleich nach Versendung seiner Denkschrift nahm Nagelmackers Verhandlungen mit Eisenbahndirektionen in Belgien, Deutschland und Frankreich auf. Der deutsch-französische Krieg 1870/71 verhinderte allerdings deren Fortführung.

Nach Kriegsende gelang es ihm eine Konzession für die Einstellung und Führung eines Schlafwagens im englischen Postzug *Indian Mail* auf der Route Ostende – Brindisi auszuhandeln.

Als jedoch der Zug im Oktober 1871 nicht mehr durch Deutschland und über den Brenner, sondern von Calais aus durch Frankreich und über den Mont Cenis geführt wurde, war diese gegenstandslos. Im Sommer 1872 ist es ihm schließlich gelungen, mit den sechs an der Führung der Schnellzüge auf der Linie Paris – Wien beteiligten Eisenbahnen – französische Ostbahn, Reichseisenbahnen in Elsaß-Lothringen, Badische, Württembergische und Bayerische Staatseisenbahnen, Kaiserin Elisa-

Georges Nagelmackers (* 24. Juni 1845 ; † 10. Juli 1905).
AUFN.: JÜRGEN KLEIN

Napoléon Schroeder (* um 1850; † 26. Juli 1922). AUFN.: CIWLT, PARIS

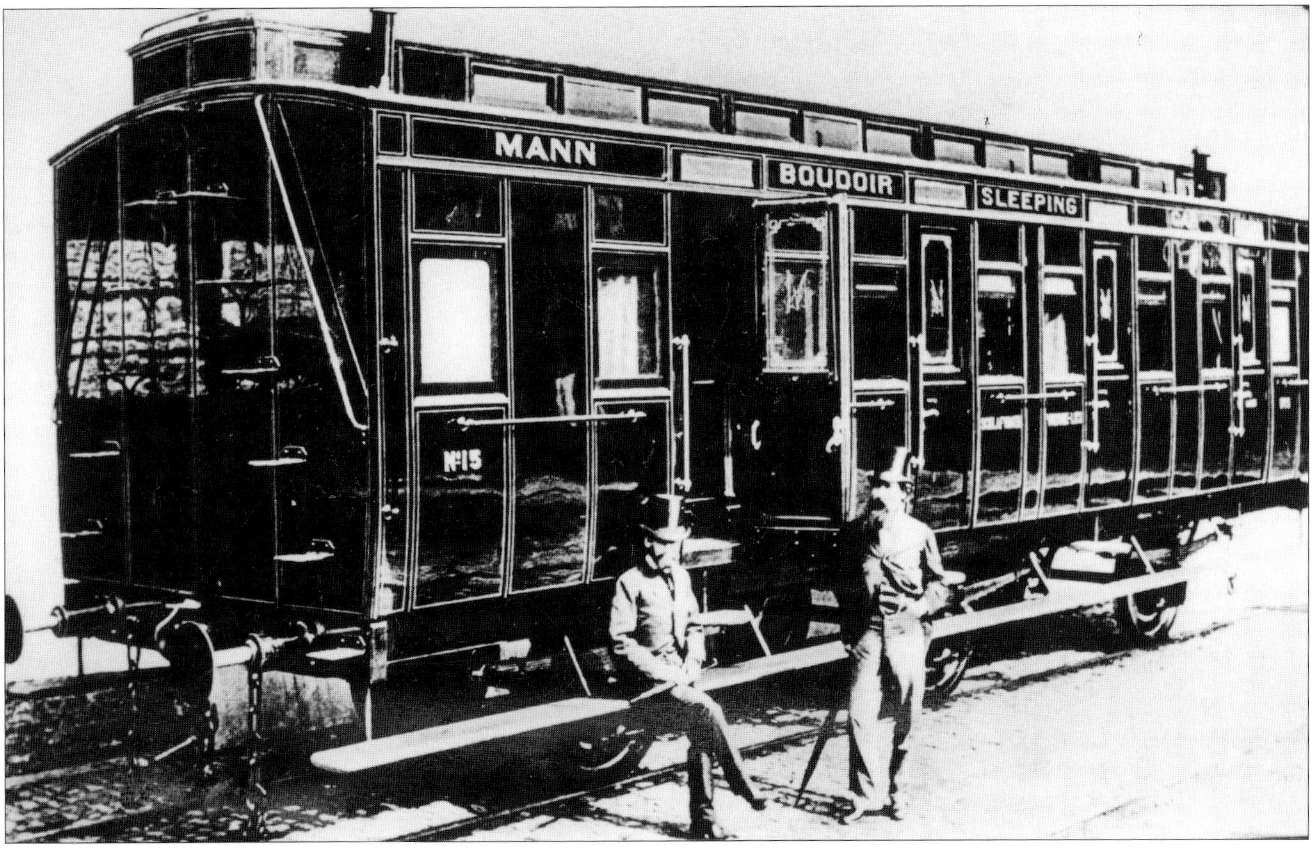

G. Nagelmackers (sitzend) und Colonel Mann (stehend) vor dem *Mann Boudoir Sleeping Car No. 15* (Simmering 1873). AUFN.: SLG. DR. ALBERT MÜHL

beth-Bahn – Abmachungen über die Führung eines Schlafwagens in den Nacht-Kurierzügen zu treffen, die allerdings erst zum Sommer 1874 vertraglich realisiert werden konnte. Aufgrund der Zusagen jedoch bestellte er bei den renommierten österreichischen Waggonfabriken in Hernals und in Simmering bei Wien seine fünf ersten Schlafwagen nach eigenen Plänen. Je einem von diesen werden wir auf der Weltausstellung 1873 in Wien begegnen.

Am 12. September 1872 gründet er seine erste Firma: *Georges Nagelmackers et Compagnie – Compagnie Internationale de Wagons-Lits* mit Sitz in Lüttich und einem Kapital von 300 000 belgischen Francs. Der König der Belgier Leopold II. soll ihm dabei geholfen haben. Wie sollte der junge zielstrebige Unternehmer aus einer wie immer gearteten Beziehung zum König, der mit europäischen Herrscherhäusern verwandt war, kein Kapital geschlagen haben?

Im darauffolgenden Oktober fand eine Probefahrt mit geladenen Gästen mit einem der von der Hernalser Fabrik gelieferten Wagen von Paris nach Wien statt. Im selben Monat holte sich Nagelmackers den jungen Deutschen Napoléon Schroeder, der soeben die Gewerbeschule in Köln absolviert hatte, zu sich nach Lüttich. Dieser wurde sehr bald zu seinem engsten Mitarbeiter und Vertrauten und nach seinem Tod 1905 zum Nachfolger als Generaldirektor. Er ist es dann gewesen, der in den folgenden Monaten und Jahren als die *zweite Hand* des Chefs die zahlreichen Verträge insbesondere mit den deutschen und österreichischen Eisenbahnverwaltungen aushandelte und zum Abschluß brachte. Am 1. Oktober 1872 sollte die *CIWL* – so werden wir Nagelmackers Gesellschaft von nun an bezeichnen – statutengemäß ihre Geschäftstätigkeit aufnehmen.

Intermezzo – Ein Mann namens Mann

Doch es gab Rückschläge. Noch bevor der erste Vertrag abgeschlossen war, befand sich die Firma in finanziellen Schwierigkeiten. Zusagen waren nicht eingehalten, Gelder nicht eingezahlt worden. Es gab keinerlei Einnahmen, wohl aber hohe Ausgaben. Nagelmackers hatte sich übernommen. Jetzt musste er sich nach einem kapitalkräftigen Kompagnon umsehen. Er fand einen solchen in der Person des amerikanischen *Colonel* William D'Alton Mann (1839-1920). Dieser, eher Abenteurer denn Geschäftsmann, war mit 23 Jahren Oberst bei der Nordstaatenarmee während des Sezessionskrieges geworden und hatte in den USA einen Schlafwagen *erfunden*, worauf er ein Patent erhielt. Er gründete 1872 in London die Firma *Mann's Railway Sleeping Carriage Company Limited* zur Ausbeutung seines Patents und zum Betrieb von Schlafwagen in England. Colonel Mann fand sich bereit, sich mit Georges Nagelmackers zusammenzutun. Beide errichteten am 1. Oktober 1872 – genau also an dem Tag an dem die CIWL ihre Tätigkeit aufnehmen sollte – in Brüssel die Firma *Mann's Railway Sleeping Carriage Company Ltd. – Compagnie Internationale de Wagons-Lits* mit einem Kapital von 500 000 bfr., die am 1. Januar 1873 ihre Geschäfte aufnahm. Die zu betreibenden Schlafwagen sollten die Aufschrift *Mann Boudoir Sleeping Car* erhalten. Auf *Boudoir Car* lautete Mann's Patent. Nagelmackers führt die Geschäfte und er unterzeichnet alleinig die Verträge, die ab Oktober von Napoleon Schroeder hereingeholt werden. Am 15. Juni 1873 verkehren endlich die ersten fahrplanmäßigen Schlafwagen zwischen Ostende und Köln sowie Ostende und Berlin, am 15. Dezember folgt der Schlafwagen Paris – Köln. Sieben weitere Kurse folgen 1874, einer 1875 und nochmals zwei 1876. Zu diesen Deutschland-Kursen gesellen sich auch Dienste in Frankreich, Rumänien und in Österreich-Ungarn.

Grundsteinlegung eines Imperiums

Georges Nagelmackers wird am 31. August 1875 alleiniger Direktor der gemeinsamen Gesellschaft. Und am 4. Dezember 1876 macht er sich endlich wieder selbständig, indem er die COMPAGNIE INTERNATIONALE DES WAGONS-LITS als Aktiengesellschaft belgischen Rechts mit Sitz in Brüssel und einem Aktienkapital von vier Millionen Francs gründet. Napoléon Schroeder verbleibt am Firmensitz, während die Generaldirektion sogleich nach Paris verlegt wird. Von hier aus wird fortan die Politik der CIWL bestimmt und gelenkt werden. Von hier aus wird der Generaldirektor binnen zweier Jahrzehnte ein internationales Imperium auf- und ausbauen.

Übrigens war es wiederum gelungen, König Leopold II. zu interessieren und ihn um die Übernahme eines Aktienpakets zu bewegen. Es heißt jedoch, daß er – zu allen seinen anderen schlechten Eigenschaften auch ein notorischer Schuldenmacher – den Gegenwert niemals eingezahlt hat.

Am Gründungstag der CIWL – der deutsche Firmenname lautete *Internationale Eisenbahn-Schlafwagen-Gesellschaft* (ISG) – verkehrten in und durch Deutschland zwölf Schlafwagenkurse; der Wagenbestand betrug 53 (siehe rechte Tabelle).

Schroeder hatte gute Arbeit geleistet und Verträge mit nicht weniger als 15 deutschen privaten und staatlichen Eisenbahnen eingefahren. Erster deutscher Vertragspartner war die Rheinische Eisenbahn-Gesellschaft, die in Herbesthal sowohl den Englandverkehr aus Ostende und Calais als auch die Wagen aus Paris von den Belgischen Staatsbahnen übernahm und sie über Köln entweder auf der linksrheinischen Strecke nach Süddeutschland oder – wenngleich in Konkurrenz zu anderen Bahnen – in Richtung Hamburg, Berlin und Leipzig weiterbeförderte. Einer der Wettbewerber war die vom preußischen Staat verwaltete und betriebene private Bergisch-Märkische Eisenbahn (KED Elberfeld), die den Schlafwagen aus Ostende in Aachen übernahm und ihn über Neuss-Düsseldorf-Elberfeld-Holzminden der Westfälischen (Staats-) Eisenbahn zuführte. Er gelangte dann weiter über die Braunschweigische und die Berlin-Potsdam-Magdeburger Eisenbahnen nach Berlin. An diesem Verkehr waren zwei preußische Eisenbahndirektionen (KED Elberfeld und KED Münster) beteiligt, deren Vertragsabschlüsse mit der ISG vom preußischen Minister der öffentlichen Arbeiten genehmigt werden mussten.

Erst im Sommer 1874 konnte, nach langwierigen Verhandlungen, der Schlafwagen zwischen Paris und Wien auf Nagelmackers *Traumroute* realisiert werden (über München und Simbach) sowie ein weiterer internationaler Kurs zwischen Ostende und Basel mit Anschluß an den Kanaldampfer. Die Engländer schickten sich damals gerade an, die Schweiz touristisch zu erobern. Dem zwischenstaatlichen Verkehr diente auch der Schlafwagen Berlin – Wien über Breslau-Oderberg auf der Niederschlesisch-Märkischen Eisenbahn (KED Berlin) und der Kaiser-Ferdinands-Nordbahn.

Drei innerpreußische Dienste (Berlin – Hamburg, Berlin – Frankfurt am Main und Berlin – Eydtkuhnen) vervollständigen die erste Bilanz. Der im September 1874 genannte Mann'sche Schlafwagen Köln – Basel *am Rhein entlang* dürfte, wenn er überhaupt

IV. Durchlaufen der Schlafwagen von Nagelmackers in den Paris—Wiener Zügen.

Der Vertreter der Rheinischen Bahn gibt der Versammlung Aufschlüsse über die Einrichtung dieser Wagen, über das Verhältniß des Unternehmers zu seiner Verwaltung, über die Taxen für Benützung des Wagens seitens der Passagiere rc.

Nachdem ausgesprochen worden ist, daß in den beiden Paris-Wiener Kurierzügen in jeder Richtung je 1 Schlafwagen laufen und dagegen der seither zwischen Paris-Wien durchlaufende Wagen I. Klasse in Wegfall kommen soll, wurde Herr Eisenbahndirektor Cronau ersucht, seine Verwaltung möge im Namen sämmtlicher betheiligter Eisenbahnen mit Nagelmackers in Unterhandlung treten und das Resultat derselben den übrigen Verwaltungen mittheilen.

Die Rheinische Bahn und die bayerische Staatsbahn werden die zwischen ihnen und Nagelmackers bereits abgeschlossenen Uebereinkommen der Reichsbahn auf Wunsch mittheilen.

Aus *Protokoll über die Conferenz zur Regelung der Wien-Pariser Kurier- und Schnellzüge. Stuttgart, den 14. Januar 1874.* Direktor Cronau ist Leiter des Betriebs und Werkstättenwesens bei der Generaldirektion in Straßburg.

Vertragsstand und Wagenpark der CIWL am 4. Dezember 1876

Vertrag mit	Abschluß (Datum)	Dauer (Jahre)	Kurs
Belgische Staatsbahn	22.10.72	10	Ostende – Köln
	29.11.72	10	Ostende – Berlin
Rheinische Eisenbahn	15.12.72	10	Ostende – Köln und -Berlin Paris – Köln
Bergisch-Märkische Eisenbahn *(Staatsbetrieb)*	15.12.72	10	Ostende – Berlin
Westfälische Eisenbahn *(Staatsbahn)*	15.12.72	10	Ostende – Berlin
Braunschweigische Eisenbahn	15.12.72	10	Ostende – Berlin
Berlin-Potsdam-Magdeburger-Eisenbahn	15.12.72	10	Ostende – Berlin
Berlin-Hamburger Eisenbahn	25.10.73	14	Berlin – Hamburg
K. Pr. Ostbahn *(Staatsbahn)*	01.07.74	6	Berlin – Eydtkuhnen
Niederschles.-Märk. E. *(Staatsbahn)*	18.11.74	6	Berlin – Breslau – Wien
Berlin-Anhaltische Eisenbahn	01.04.74	6	Berlin – Bebra – Frankfurt (M.)
Thüringische Eisenbahn	01.04.74	6	Berlin – Bebra – Frankfurt (M.)
Bebra-Hanauer E. *(Staatsbahn)*	01.04.74	6	Berlin – Bebra – Frankfurt (M.)
Reichseisenbahnen in Elsaß-Lothringen	1874	3	Paris – Wien
Badische Staatsbahn	1874	3	Paris – Wien
Württembergische Staatsbahn	1874	3	Paris – Wien
Bayerische Staatsbahn	1874	3	Paris – Wien
Kaiserin Elisabeth-Bahn	1874	3	Paris – Wien
Kaiser Franz-Joseph-Bahn	1874/75	20	Wien – Eger
Rumänische Staatsbahn	26.03.75	15	Bukarest – Suczawa
Paris-Orléans-Bahn *(P.O)*	02.12.75		Paris – Bordeaux

Provisorische Abmachungen mit der französischen Nordbahn *(1873 Paris-Köln)* und der Ostbahn *(1874 Paris-Wien)*

Wagenbestand

1-4	Hernals	1872	Zweiachser
5	Simmering	1872	Zweiachser
6-10	Berlin	1873	Dreiachser
11-14	Berlin	1873	Zweiachser
15	Simmering	1873	Dreiachser
16	Evrard	1873	Zweiachser
17-19	Simmering	1874	Zweiachser
20-23	Simmering	1874	Zweiachser
24-35	Berlin	1874	Dreiachser
36-39	Berlin	1874	Zweiachser
40-41	Desouches	1875	Zweiachser
42-43	LC&DR	1873	Zweiachser
44-46	Berlin	1875	Dreiachser
47-52	Simmering	1875	Zweiachser
53	Berlin	1876	Dreiachser

Wageneinsatz

Paris – Wien	36	40	47	48	49	50
Paris – Köln	2	3	14	16		
Paris – Frankfurt	1	15	37	38		
Paris – Bordeaux	39	51	52	53		
Straßburg – München	4	11	17			
Berlin – Köln	45	46				
Berlin – Hamburg	27	28				
Berlin – Frankfurt	29	30				
Berlin – Breslau	31	32	34	35		
Berlin – Aachen	7	8	9	10		
Berlin – Eydtkuhnen	24	25	26	33		
Ostende – Köln	41	44				
Ostende – Basel	5	6	12	13		
Wien – Eger	18	19				
Bukarest – Suczawa	20	21	22	23		
London – Dover	42	43				

jemals gefahren worden ist, bald wieder aufgegeben worden sein. Wir müssen uns diesen wohl wie folgt vorstellen: Köln – Bingerbrück (Rheinische Bahn) – Mainz – Worms (Hessische Ludwigsbahn) – Ludwigshafen – Weissenburg (Pfalzbahn) – Straßburg – Basel (Reichseisenbahnen). Ab 1878 gab es dann jedenfalls einen ISG-Schlafwagen zwischen Frankfurt (Main) und Basel durch die Pfalz und das Elsaß. Die Kurse Straßburg – München und Paris – Frankfurt (über Metz – Saarbrücken – Mainz) waren 1875 bzw. 1876 hinzugekommen wie auch der Berlin-Köln.

Die folgenden Jahre galten der Konsolidierung des Erreichten. Der deutsche Markt schien zumindest vorläufig gesättigt, dahingegen wurden andere erschlossen.

Anfang der achziger Jahre gelang der CIWL nochmals eine kräftige Ausweitung sowohl der innerdeutschen als auch der deutsch-internationalen Schlafwagendienste: nicht weniger als zehn wurden zwischen 1881 und 1884 eröffnet. Von Anfang an war es das Ziel der Geschäftspolitik, das europäische Monopol im Schlafwagen- und jetzt auch im Speisewagenverkehr durchzusetzen. 1880 fuhren die ersten von der ISG bewirtschafteten *Restaurationswagen* zwischen Berlin und Bebra.[1] Das Jahr 1883 brachte die ersten beiden einer langen Reihe noch folgender internationaler Luxus-Expreßzüge: am 5. Juni 1883 den legendären *Orient-Expreß*, am 8. Dezember 1883 den *Calais-Nice-Rome-Express*. Daraufhin fügte sich die CIWL den stolzen Zusatz ET DES GRANDS EXPRESS EUROPEENS hinzu. Sie hatte 1884, als die Preußische Eisenbahnverwaltung zum großen Schlag gegen sie ausholte, einen ersten Gipfel erklommen.

Es gab eine später zur Direktion aufgewertete Betriebsabteilung in Berlin, der die deutschen Verkehre unterstanden, es gab eigene Reisebüros in Berlin, Breslau, Frankfurt am Main, Hamburg, Köln, München und Straßburg.

Den 1878 gefahrenen 13 Kursen gesellten sich zunächst 1881 zwei weitere deutsche hinzu: Berlin – München auf der Linie Leipzig – Hof – Lichtenfels – Bamberg – Nürnberg und ein zweiter Kurs Berlin – Frankfurt über die *Kanonenbahn* (Magdeburg – Güsten – Sangerhausen – Nordhausen – Kassel). Die bedeutendste Expansion erfolgte in den Jahren 1883 und 1884 durch die Einführung von acht neuen Deutschlandverkehren. Es waren dies Berlin – München auf der neuen Route über Hof – Regensburg, Köln – München über Mainz – Aschaffenburg, Hamburg – Köln, der bislang von der Österreichischen Nordwestbahn betriebene Schlafwagen Wien – Berlin über Tetschen – Dresden, dem die ISG einen Flügelkurs Wien – Hamburg, der allerdings nach zwei Jahren wieder aufgegeben werden musste, beistellte, Paris – Köln – Berlin, Paris – Basel (über Mülhausen i. E.) sowie den schönen Kurs Calais – Wien über Köln – Mainz – Aschaffenburg – Passau. Ebenfalls 1884 ist der zwischen Ostende und Basel geführte Schlafwagen bis bzw. ab Mailand über die soeben eröffneten Gotthardbahn verlängert und im Tageskurs auf dieser Linie ein Salonwagen eingestellt worden.

Das deutsche Schlafwagengeschäft war ein Grundpfeiler der CIWL. Der Grundstein zu einem Imperium war gelegt. Und die Grundmauern waren, dessen war man sich in Paris und Brüssel sicher, fest gefügt. Da ertönt plötzlich aus Berlin der Ruf: *Die Preußen kommen!* Wir werden sehen, ob das kunstvolle Gebäude CIWL zum Wanken gebracht werden kann.

Schlafwagenparade

Schlafwagen, nämlich solche Wagen, deren Sitze sämmtlich in comfortable Betten umstaltbar sind, erscheinen in der Wiener Ausstellung zum erstenmale. So der offizielle Bericht über die Weltausstellung 1873 in Wien. Und weiter: *Die Schlafwagen, wie sie von der Compagnie Internationale des [!] Waggons-Lits (Belgien) gebaut und an die Eisenbahnen des Continents verliehen werden, und wie sie die Waggonfabriken in Simmering und Hernals bei Wien auch ausgestellt hatten, sind nach dem Coupésystem. In der Mitte jeder Langseite ist eine Thür, die in einen Mittel- oder Vorraum mit Sitzen für Diener, sowie mit Toilette und Closet beiderseits und einen Zwischenraum führt, durch welchen man in das Endcoupé mit vier Sitzen gelangt. Aus dem Mittelraum führt eine Thür zu den zwei viersitzigen, durch Querwand und Thür getrennten übrigen Coupés, so daß der Wagen 12 Sitze, eventuell 12 Schlafstellen besitzt. Das nach der Mitte aufsteigende Dach hat einen Aufbau der Länge nach. Ein Lufttelegraph vermittelt die Correspondenz zum Diener. Die Heizung ist nach Thamm und Rothmüller.*

1 siehe Mühl, Albert: Speisewagen in Deutschland. Die Geschichte des Speisewagenbetriebs in Deutschland von den Anfängen bis zum Übergang auf die Mitropa. – Freiburg: EK-Verlag 1994.

In Deutschland im Jahr 1880 verwendete Schlafwagen der ISG

Ostende – Köln	6	7	13	16	
Ostende – Basel	18	19			
Berlin – Aachen	8	10			
Berlin – Hamburg	27	28			
Berlin – Breslau	31	34	35		
Berlin – Frankfurt (Main)	29	30	32		
Berlin – Köln	45	46	53		
Berlin – Eydtkuhnen	24	25	26	33	
Straßburg – München	1	4	11	17	
Frankfurt (Main) – Basel	3	9	12		
Paris – Frankfurt (Main)	38	39	40		
Paris – Köln	13	14	41	59	
Paris – Wien	36	37	48	49	50

1-4	Hernals	1872	Zweiachser
5	Simmering	1872	Zweiachser
6-10	Berlin	1873	Dreiachser
11-14	Berlin	1873	Zweiachser
15	Simmering	1873	Dreiachser
16	Brüssel	1873	Zweiachser
17-19	Simmering	1874	Zweiachser
24-35	Berlin	1874	Dreiachser
36-39	Berlin	1874	Zweiachser
40-41	Pantin	1875	Zweiachser
44-46	Berlin	1875	Dreiachser
53	Berlin	1876	Dreiachser
54-62	Brüssel	1877/78	Dreiachser

Nr. 2 Reserve in Paris, Nr. 5 Reparatur in Deutz, Nr. 44 (Berlin) fehlt.

Schlafwagenkurse der CIWL von 1873 bis 1887

1873	Ostsende – Köln	Bis 1914
1873	Ostende – Berlin	1874 Verviers – Berlin. 1876 Aachen – Berlin 1884 an KPEV
1873	Paris – Köln	Bis 1914
1874	Berlin – Hamburg	1885 an KPEV
1874	Paris – Straßburg – Wien	1884 aufgelassen. Paris – Wien über Arlberg.
1874	Ostende – Straßburg – Basel	1884 bis 1889 Ostende – Mailand. Bis 1914 Ostende – Basel
1874	Berlin – Eydtkuhnen	1886 an KPEV
1874	Berlin – Eisenach – Frankfurt	1889 an KPEV
1874	Berlin – Oderberg – Wien	1876 Berlin – Breslau. 1885 Berlin – Oderberg. 1887 an KPEV
1874	Köln – Basel *(am Rhein entlang)*	1876 aufgelassen
1875	Straßburg – München	1886 aufgelassen
1876	Paris – Metz – Saarbrücken – Frankfurt	Bis 1914
1876	Berlin – Köln	1886 an KPEV
1878	Frankfurt – Straßburg – Basel	1894 an KPEV
1881	Berlin – Kassel – Frankfurt	1889 an KPEV
1881	Berlin – Hof – Bamberg – München	1885 aufgelassen
1883	Berlin – Hof – Regensburg – München	1891 an KPEV
1883	Calais – Köln – Mainz – Wien	1887 aufgelassen. Dafür Calais – Köln und Mainz – Wien
1883	Köln – Mainz – München	1887 an KPEV
1883	Berlin – Dresden – Tetschen – Wien	Von ÖNWB. Bis 1914.
1883	Hamburg – Dresden – Wien	1885 aufgelassen
1883	Paris – Köln – Berlin	1887 aufgelassen
1884	Paris – Mülhausen – Basel	Bis 1914 (mit Unterbrechungen).
1887	Calais – Köln	1895 aufgelassen. Dafür Brüssel – Köln bis 1896
1887	Mainz – Aschaffenburg – Passau – Wien	1903 Frankfurt – Wien. Bis 1914

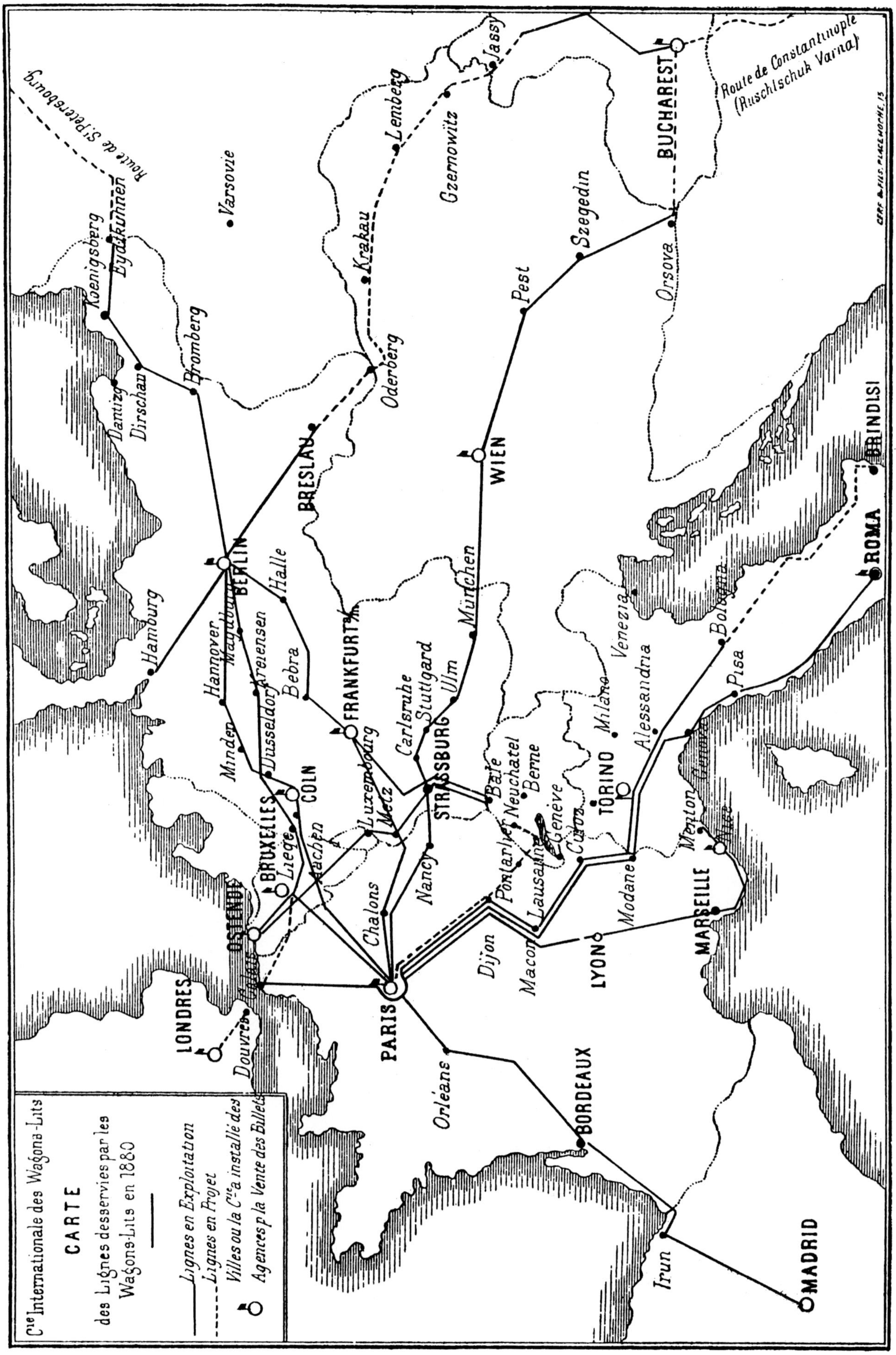

Karte der von der CIWL im Jahre 1880 befahrenen Strecken. Slg. Jürgen Klein

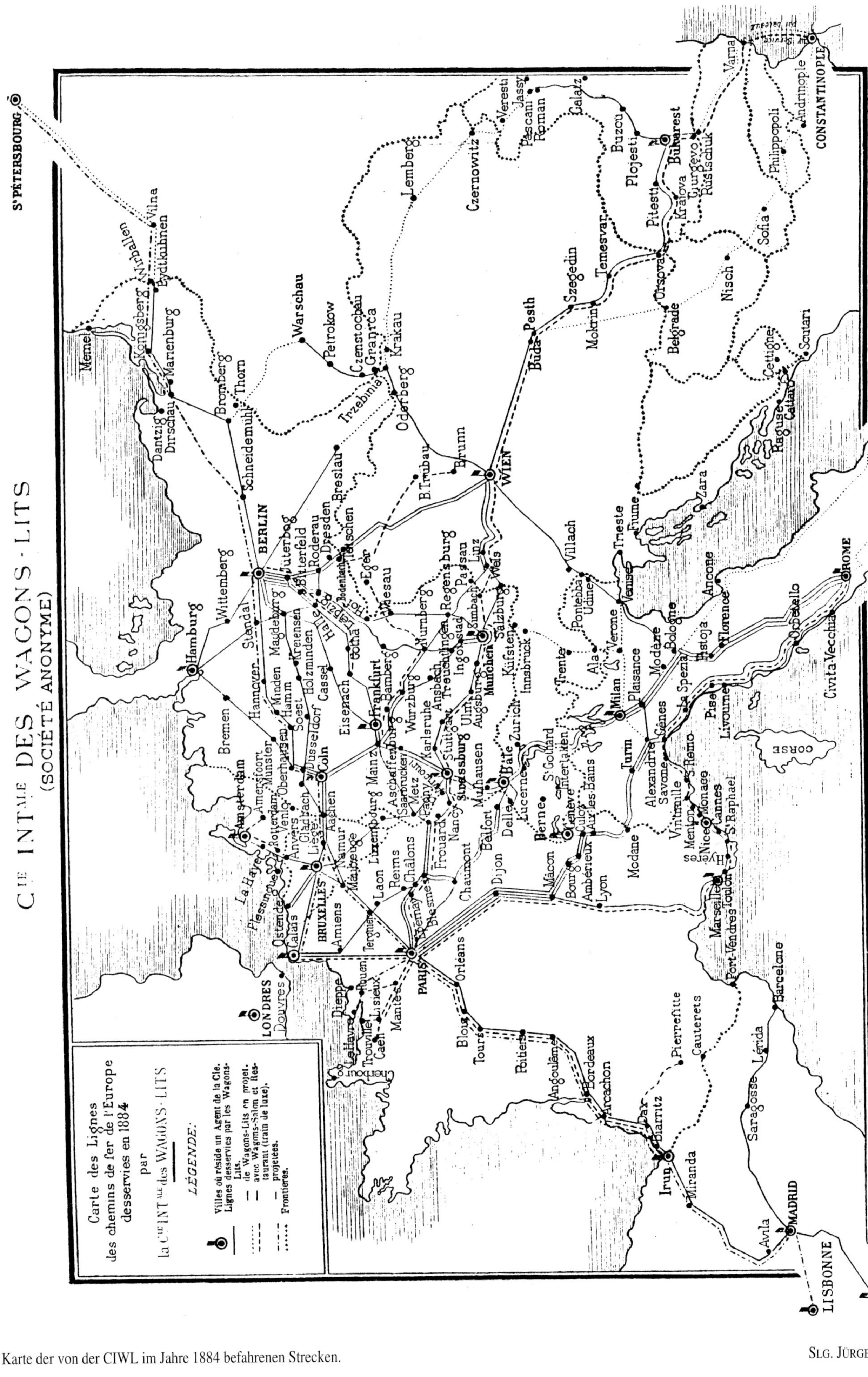

Karte der von der CIWL im Jahre 1884 befahrenen Strecken. SLG. JÜRGEN KLEIN

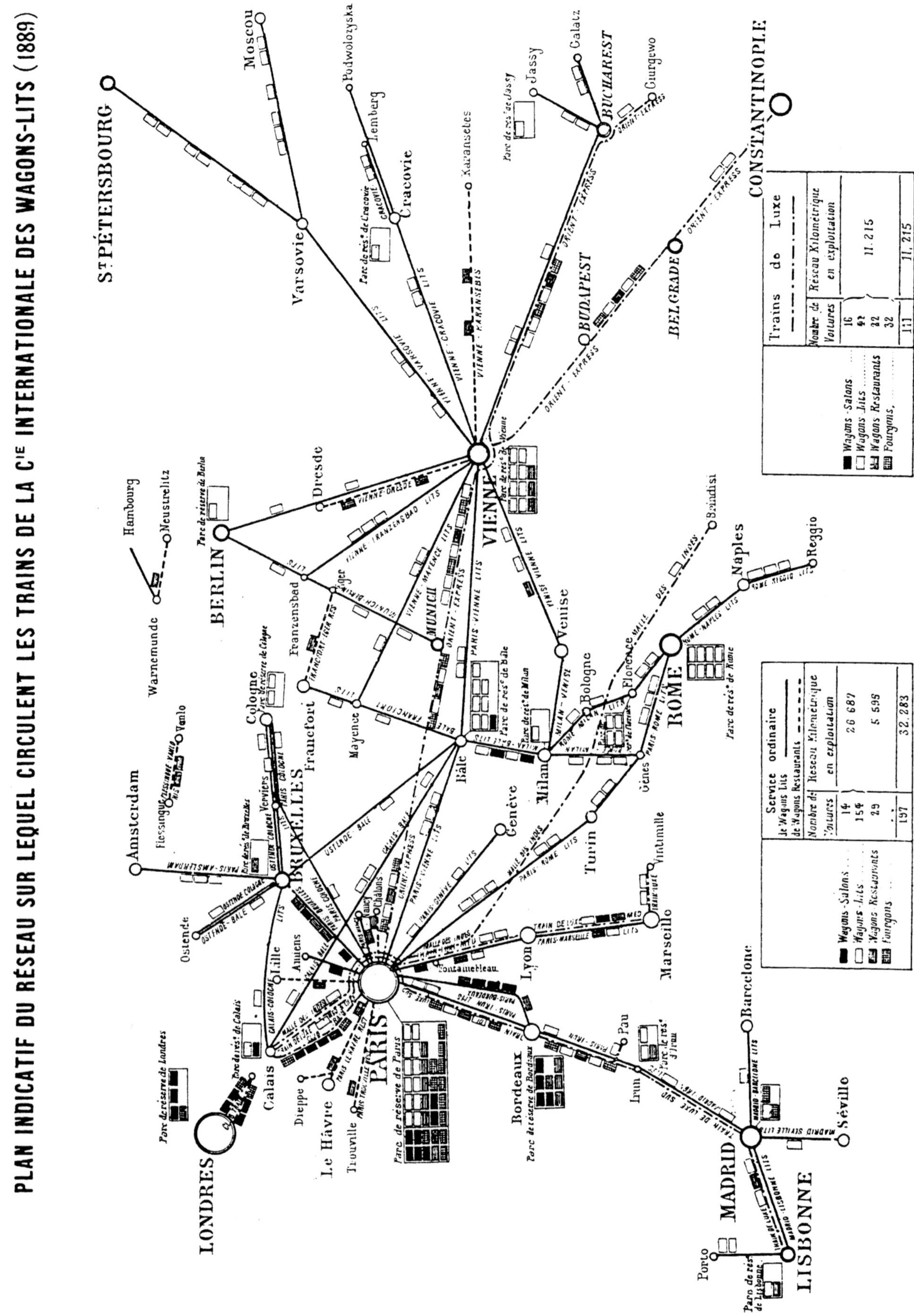

Karte der von der CIWL im Jahre 1889 befahrenen Strecken. Preußen ist auf dieser Karte ein weißer Fleck. SLG. DR. ALBERT MÜHL

Cie INTERNATIONALE DES WAGONS-LITS

1, RUE SCRIBE

Paris

DÉPARTS ET ARRIVÉES

		h. m.			h. m.
Paris-Bordeaux.	Départ gare de Lyon...	8 20 s.	Bucharest-Roman-Jassy.	Départ de Bucharest...	9 » s.
	Dép. Bordeaux-St-Jean.	6 30 s.		Départ de Jassy...... ..	4 29 s.
Paris-Cologne.	Départ gare du Nord...	8 » s.	Vienne-Orsova-Bucharest.	Départ de Vienne......	3 30 s.
	Départ de Cologne......	10 30 s.		Départ de Bucharest....	8 10 m.
Paris-Metz-Francfort-s.-M.	Départ gare de l'Est....	7 50 s.	Ostende-Bâle.	Départ d'Ostende.......	3 » s.
	Départ de Francfort....	4 50 s.		Départ de Bâle.........	5 30 s.
Paris-Lyon-Marseille. (SERVICE D'ÉTÉ).	Départ gare de Lyon...	7 15 s.	Ostende-Cologne.	Départ d'Ostende... ...	6 4 s.
	Départ de Marseille.....	6 20 s.		Départ de Cologne.....	10 50 s.
Paris-Marseille-Menton. (SERVICE D'HIVER).	Départ gare de Lyon....	7 15 s.	Berlin-Aix-la-Chapelle.	Départ de Berlin.......	10 » s.
	Départ de Menton......	10 55 m.		Départ Aix-la-Chapelle.	6 15 s.
Paris-Lausanne.	Départ gare de Lyon...	7 40 s.	Berlin-Breslau.	Départ de Berlin.......	11 » s.
	Départ de Lausanne....	4 25 s.		Départ de Breslau......	10 30 s.
Paris-Culoz-Genève. (SERVICE D'ÉTÉ).	Départ gare de Lyon....	8 » s.	Berlin-Cologne.	Départ de Berlin.	10 » s.
	Départ de Genève.......	3 25 s.		Départ de Cologne......	8 4 s.
Paris-Culoz-Turin. (SERVICE D'HIVER).	Départ gare de Lyon....	8 40 s.	Berlin-Eydtkuhnen.	Départ de Berlin.......	11 15 s.
	Départ de Turin.......	9 » m.		Départ de Eydtkuhnen..	2 22 s.
Calais-Paris-Brindisi.			Berlin-Francfort-s.-Mein	Départ de Berlin.......	8 » s.
				Dép. de Francfort-s.-M.	7 45 s.
Départ de Calais, tous les Samedis, à 1 h. 20 du m.			Berlin-Hambourg.	Départ de Berlin.......	11 » s.
				Départ de Hambourg...	10 45 s.
Départ de Brindisi selon l'arrivée des Bateaux.			Francfort-s.-Mein-Bâle.	Départ de Francfort....	8 45 s.
				Départ de Bâle.........	9 » s.
Paris-Vienne.	Depart gare de l'Est. ..	8 30 s.	Strasbourg-Munich.	Départ de Strasbourg...	9 6 s.
	Départ de Vienne......	7 50 s.		Départ de Munich......	7 10 s.

PARIS — 1, Rue Scribe, 1 — PARIS

Abfahrtszeiten sämtlicher CIWL-Schlafwagen im Jahre 1880 SLG. JÜRGEN KLEIN

Schlafwagenkurse der ISG 1883/84

Aachen (BMB)	– M.Gladbach – Neuss – Düsseldorf – Elberfeld – Hagen – Scherfede – Holzminden – Kreiensen – Börssum – Magdeburg – **Berlin Potsd. Bhf.**
Berlin Anh. Bhf.	– Dresden – Tetschen – **Wien Nordwestbahnhof**
Berlin Anh. Bhf.	– Halle – Erfurt – Bebra – **Frankfurt (Main)**
Berlin (Stadtbahn)	– Potsdam – Magdeburg – Güsten – Sangerhausen – Nordhausen – Kassel – **Frankfurt (Main)**
Berlin (Stadtbahn)	– Frankfurt (Oder) – Guben – Sommerfeld – Sorau – Kohlfurt – Liegnitz – Breslau – **Oderberg**
Berlin (Stadtbahn)	– Schneidemühl – Bromberg – Dirschau – Königsberg – **Eydtkuhnen**
Calais	– Lille – Brüssel/Nord – Köln – Mainz – Darmstadt – Aschaffenburg – Passau – **Wien**
Frankfurt (Main)	– Mainz – Worms – Ludwigshafen – Weissenburg – Straßburg – **Basel**
Hamburg	– **Berlin**
Hamburg	– Magdeburg – Halle – Dresden – Tetschen – **Wien Nordwestbhf.**
Köln	– Mainz – Darmstadt – Aschaffenburg – Würzburg – **München**
Köln	– Düsseldorf – Oberhausen – Dortmund – Hamm – Hannover – Stendal – **Berlin (Stadtbahn)**
München	– Nürnberg – Bamberg – Hof – Leipzig – **Berlin Anh. Bhf.**
München	– Regensburg – Hof – Leipzig – **Berlin Anh. Bhf.**
Ostende	– **Köln**
Ostende	– Brüssel/Nord – Namur – Luxemburg – Metz – Straßburg – **Basel**
Paris	– Aachen – Köln – Düsseldorf – Hannover – **Berlin (Stadtbahn)**
Paris	– Frouard – Pagny – Metz – Saarbrücken – Mainz – **Frankfurt (Main)**
Paris	– Straßburg – Stuttgart – München – Salzburg – **Wien**
Paris	– Mülhausen – **Basel**

Paris – Brüssel – Amsterdam
Paris – Le Havre
Paris – Trouville
Paris – Caen
Paris – Bologna (Malle des Indes)
Paris – Dijon – Turin – Rom
Paris – Marseille – Ventimiglia
Paris – Toulouse
Paris – Saint Malo
Calais – Rom (über St. Gotthard)
Calais – Bologna (Malle des Indes)
Paris – Bordeaux – Madrid – Sevilla
Wien – Budapest – Orsowa
Warschau – Trzebinia
Bukarest – Paskani
Orient-Express
Rome et Nice Express

Die Umgestaltung der Sitze geschieht ähnlich wie beim Nordbahn-Wagen, indem zwei gegenüberliegende Sitze die ebenerdige, ein aufgehängtes, herabzulassendes, mittelst Leiter zu ersteigendes Bett darüber, die obere Schlafstelle bildet... [2]

Die englische Fachzeitschrift ENGINEERING berichtet in der Novemberausgabe 1873 ausführlich über den Hernalser Wagen und veröffentlicht dazu hervorragende Zeichnungen, die hier wiedergegeben sind. *Amongst the sleeping carriages shown..., one well worthy of notice was that exhibited by the Hernalser Waggon-Fabriks-Actien-Gesellschaft, of Vienna... This carriage is one of four built by the same firm for the Compagnie Internationale de Wagons-Lits, and is intended for service between Paris and Vienna.* [3]

Der Direktor Hugo Zipperling in Simmering bei Wien stellt seinen *Schlafwagen I. Classe für 12 Personen* im *Organ für die Fortschritte des Eisenbahnwesens* (1873) persönlich vor: *Derselbe ist in der Maschinen- und Waggonbau-Fabriks-Actiengesellschaft in Simmering (vormals H. D. Schmid) gebaut und auf der Wiener Weltausstellung ausgestellt und hat eine Kastenlänge von 7,9 m, eine Kastenbreite von 2,6 m und eine Höhe von 2,65 m. Der Radstand beträgt 4,11 m und ist das Untergestelle wie auch die Federaufhängung nach den Normalien der k. k. priv. Kaiserin Elisabethbahn angefertigt...*

Durch zweckmässig angebrachte Vorhänge ist jedes Bett von dem gegenüber liegenden getrennt. Zwischen den Fauteuils ist ein zum Umklappen eingerichteter Tisch angebracht. Die Täfelung der Wände besteht aus Mahagoniholz, die Füllungen sind mit Palisander-Rosenholz und gebeiztem Ahorn ausgelegt. Die Fensterverkleidungen und Leisten bestehen aus Palisanderholz, der Plafond aus amerikanischem Ahorn und der Fussboden aus eichenen Parquetten. Die Überzüge der Fauteuils und Vorhänge sind aus drapfarbenem Seidenrips, die Fenstervorhänge aber aus Gross des naples... [4]

Die Historiographen der CIWL, angefangen von Roger Commault bis zu George Behrend, haben sich niemals die Mühe gemacht, zeitgenössische Fachliteratur zu Rate zu ziehen, sonst hätten sie alle nicht die fünf ersten Schlafwagen Nagelmackers immer wieder als Simmeringer Provenienz angegeben. Die Wagen 1-4 stammen aus Hernals und nur der fünfte aus Simmering. Der Autor hat den tatsächlichen Sachverhalt erstmals 1993 dargelegt. [5]

Einen dritten Schlafwagen – ebenfalls zweiachsig und mit oberen Betten in Längsrichtung, jedoch mit Einstiegen an den Wagenenden und Mittelgang – schickte die Klett'sche Maschinenfabrik in Nürnberg zur Wiener Ausstellung. Es war einer von vier, die 1873 an die Kaiser Ferdinands-Nordbahn geliefert wurden. Neben den drei *echten* Schlafwagen waren in Wien mehrere Personenwagen mit *Schlafeinrichtung* in der 1. Klasse zu sehen, wie sie seit einigen Jahren von zahlreichen europäischen Eisenbahnen in die Nachtzüge eingestellt wurden. Hier wurde das Schlaflager – ohne Matratze und Bettwäsche – durch Hervorziehen der gegenüberliegenden Sitze und gleichzeitiges Absenken der Rückenlehnen hergestellt.

Die sich letzten Endes jetzt erfolgreich erweisenden Aktivitäten der CIWL und wohl auch die Wiener Weltausstellung mochten die eine oder andere Direktion bewogen haben, einen Schlafwagenbetrieb in eigener Regie zumindest probeweise einzuführen.

Als erste eröffnete die preußische KED Hannover am 1. Juni 1874 den zugleich ersten *staatseigenen* Schlafwagenkurs zwischen Hamburg und Frankfurt am Main. Dazu erfahren wir aus der *Zeitung des Vereins Deutscher Eisenbahnverwaltungen (Jahrgang 1874): Hannoversche Staatsbahn. (Personenwagen mit Schlafeinrichtung.) Vom 1. Juni cr. ab werden in die zwischen Hamburg und Frankfurt a. M. coursirenden Nachtschnellzüge ... Personenwagen I. Classe mit Schlafeinrichtung eingestellt. Für die Benutzung eines Bettes in denselben werden ausser dem zu lösenden Fahrbillet I. Classe von den Billet-Expeditionen derjenigen Stationen, auf denen die vorbenannten Züge halten, Zusatz-Billets verausgabt...* Der Zuschlag für die gesamte Strecke betrug 2 ½ Thaler, der für die Teilstrecken Hamburg – Hannover bzw. Hannover – Frankfurt 1 ⅔ Thaler. In den amtlichen Kursbüchern jener Jahre werden diese Wagen stets als *Schlafwagen* – im Gegensatz zu *Schlafplatzwagen* – geführt. Auch in einem Bericht des *Organ* (Jahrgang 1886) über *Schlafplatzwagen* ist zu lesen: *3achs. Schlafwagen I. Cl. der K.E.D. Hannover mit 14 Schlafplätzen I. Cl. – Wagenlänge 9,9 m, Wagengewicht 15 030 kg.* Weitere Angaben konnten nicht in Erfahrung gebracht werden. Ein Jahr später richtete die Österreichische Nordwestbahn (ÖNWB) mit vier zweiachsigen

2 Officieller Ausstellungs-Bericht. Herausgegeben durch die General-Direction der Weltausstellung 1873. Transportmittel und anderes Betriebsmaterial für Eisenbahnen. – Wien 1873.
3 ENGINEERING, Nov. 14, 1873 (London), *S. 406 ff.*
4 Organ für die Fortschritte des Eisenbahnwesens. Neue Folge X. Band, 4. Heft 1873 (Wiesbaden), *S. 129 f.*
5 Mühl, Albert: 120 Jahre Schlafwagen. Die Geschichte der Schlafwagen in Deutschland 1873 bis 1893. – LOK MAGAZIN 182, Stuttgart 1993.

SLEEPING CARRIAGE, AT THE VIENNA EXHIBITION.

CONSTRUCTED BY THE HERNALSER-WAGGON-FABRIKS-GESELLSCHAFT, VIENNA.

(For Description, see opposite Page.)

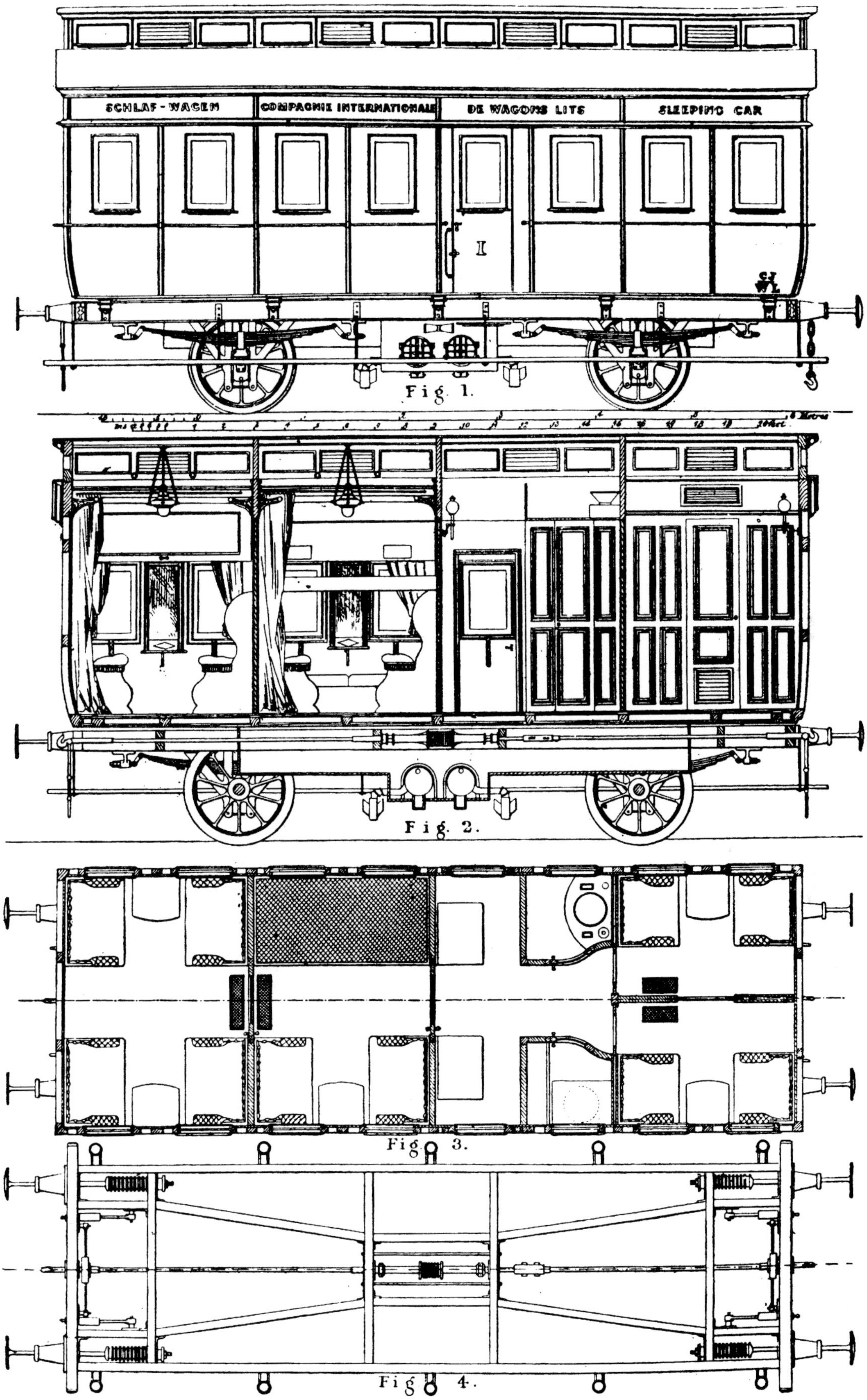

Werkzeichnungen des Schlafwagens No. 3 der CIWL (Hernals 1872) auf der Weltausstellung 1873 in Wien. AUS ENGINEERING 1873

Schlafwagen, die 1875 in Simmering gebaut worden waren, einen Kurs Wien – Berlin (über Tetschen und Dresden) ein. Diese wie auch die Wagenaufschriften, waren denen der CIWL nachgebildet (Zeichnung siehe S.29 oben). Dieser Dienst wurde erst 1883 von der CIWL übernommen. Als zweiter deutscher Schlafwagendienst in Staatsbetrieb wurde am 30. September 1877 der Kurs Frankfurt am Main – Basel Bad. Bhf. über Darmstadt – Heidelberg – Karlsruhe eingerichtet. Hierfür stellten die Großherzoglich Badischen Staatseisenbahnen und die staatliche Main-Neckar-Eisenbahn je zwei dreiachsige Schlafwagen mit vier Plätzen 1. und acht 2. Klasse ein. Auch von diesen kennen wir weder eine Beschreibung noch bildliche Dokumente. Nur die Wagennummern sind bekannt: BADEN 6606 und 6607, MNE 79 und 80 (Baujahr 1877).

Im Jahr darauf bot Georges Nagelmackers dem badisch-hessischen Staatsbahnschlafwagen Paroli, indem er auf der linksrheinischen Linie einen Kurs der ISG einrichtete. Seit Anfang der siebziger Jahre hatte sich hinsichtlich der Schweiz-Verkehre zwischen den rechts- und linksrheinischen Eisenbahnen ein immer schärfer werdender Konkurrenzkampf entwickelt. Verbündete auf der rechten Rheinseite waren die Badischen Staatseisenbahnen und die Main-Neckar-Eisenbahn, auf der linken Seite die Privaten Hessische Ludwigsbahn, die Pfälzischen Eisenbahnen sowie die Reichseisenbahnen in Elsaß-Lothringen. Der Kampf um Anteile im Personen- wie im Güterverkehr wurde mit harten Bandagen ausgefochten und überschritt zuweilen selbst die Grenzen der Legalität, so daß es zu Prozessen kommen musste. Nagelmackers verbündete sich nun seinereseits mit der linksrheinischen Gruppe und stellte ab 1878 in deren zwischen Frankfurt und Basel über Mainz – Ludwigshafen – Weißenburg – Straßburg verkehrende Nachtkurierzüge seine eigenen Wagen ein. Die Wettbewerbssituation lässt sich anhand der Fahrpläne und der Tarifierung erhellen. Das Beispiel (siehe diese Seite unten) ist dem Sommerfahrplan 1880 entnommen.

Der rechtsrheinische Zug führte zwar zwischen Darmstadt und Basel Kurswagen aus bzw. nach Köln und Mainz, dafür mussten die Reisenden ihn an den Zielorten im Morgengrauen verlassen und standen weit vor den Toren Basels sozusagen auf der *grünen Wiese*, während derjenige mit dem ISG-Schlafwagen direkt im Baseler Centralbahnhof ankam und abfuhr sowie auf der Rückfahrt Frankfurt zu einer *menschlichen* Zeit erreichte.

Am 15. April 1894 – das sei hier vorweggenommen – übernahmen preußische Staatsbahnwagen den linksrheinischen Kurs von der ISG, die am gleichen Tag ihrerseits den rechtsrheinischen ablöste. Wir werden darauf noch einmal zu sprechen kommen.

Nach diesem Exkurs gilt es, die einmal angefangene Geschichte der ISG-Schlafwagen wieder aufzunehmen und sie bis zum Ende der *Gründerzeit*, das mit der Einführung vierachsiger Schlafwagen (1883) und dem *Berliner Bann* (1884) in etwa zusammenfällt, fortzusetzen.

Dabei haben die in deutschen Fabriken gebauten und in Deutsch-landverkehren eingesetzten Wagen Vorrang. Wohl ist es auch we-der wünschenswert noch gar möglich, im gesteckten Rahmen alle die vonaneinander verschiedenen Bauarten detailgerecht abzuhan-deln. Unsere Schilderung wird sich also auf die Darstellung markanter Entwicklungen unter Einbeziehung nur wesentlicher Details beschränken. Dabei werden tabellarische Übersichten sowie bildliche Zeugnisse, soweit vorhanden, ihren gewiß ebenso guten Beitrag leisten wie Worte.

Georges Nagelmackers hatte, noch als Alleinunternehmer und in der sicheren Erwartung, daß sich aufgrund gemachter Zusagen der von ihm propagierte Kurs Paris – Wien kurzfristig realisieren ließe, die ersten fünf Schlafwagen in Österreich bestellt, wahrscheinlich auch wegen des erwarteten Reklameeffekts anlässlich der bevorstehenden Weltausstellung in Wien. Erste bindende Verträge kamen zwischen Oktober und Dezember 1872 für die Dienste Ostende – Köln, Ostende – Berlin und Paris – Köln zustande. Für drei Kurse reichten jedoch fünf Wagen nicht aus, zumal zwei in Wien ausgestellt werden sollten, wodurch sie in der Zeit vom 1. Mai bis 31. Oktober 1873 nicht zur Verfügung stehen würden. So erging, sicherlich noch vor der Jahreswende 1872/73, aus Lüttich ein Auftrag für weitere fünf Wagen (Nrn. 6-10) an die Berliner Actien-Gesellschaft zur Fabrikation von Eisenbahnbedarf. Diesen Dreiachsern, die 1873 geliefert wurden, folgten im selben Jahr, ebenfalls aus Berlin, vier kleinere Zweiachser (Nrn. 11-14). Von diesen beiden Bauarten sind keine Zeichnungen vorhanden, die den Lieferzustand beschreiben. Letztere wurden 1884 modernisiert, erstere – mit Ausnahme von Nr. 10 – 1886, und zwar von Rathgeber in München. Die Expansion gerade in Deutschland erforderte die Einstellung weiterer Wagen. In Berlin wurden 1874 zwölf Drei- und vier Zweiachser gebaut (Nrn. 24-35 und 36-39) und ein Jahr später nochmals drei Dreiachser (Nrn. 44-46) nachgeliefert.

Die Eisenbahnen in Preußen bevorzugten dreiachsige Personenwagen, die süddeutschen, österreichischen und französischen hingegen zweiachsige. Diesen wie auch den vor allem in Berlin vorgetragenen Wünschen, die Schlafwagen in den Ländern, in denen sie verkehrten, fertigen zu lassen, musste die CIWL Sorge tragen.

Nr. 19725. B. Die bisher in Basel stationirten Schlafwagen Nr. 6606 und 6607 sind zu Kupeewagen I. Klasse (mit Klappen zur Bezeichnung als II. Klasse) umgebaut und nach Baden stationirt. Die Wagen haben das für den Verkehr auf der französischen Ostbahn erforderliche elektrische Nothsignal erhalten.

Aus dem *Verordnungsblatt der Generaldirektion der Großherzoglich Badischen Staatseisenbahnen Nr. 10* vom 8. März 1895.

Schlafwagen ISG

0 km	Frankfurt M.N.Bf.	ab 20.45
389 km	Basel Central-Bf.	an 6.19
	Basel Central-Bf.	ab 21.00
	Frankfurt M.N.Bf.	an 7.14

Fahrpreis	1. Klasse	31.40 Mark
Fahrpreis	2. Klasse	20.85 Mark
Zuschlag	1. Klasse	6.00 Mark
Zuschlag	2. Klasse	5.00 Mark

Reisezeit Hinfahrt 9 Std. 34 Min.
Rückfahrt 10 Std. 14 Min.

Schlafwagen BADEN/MNE

0 km	Frankfurt M.N.Bf.	ab 21.35
339 km	Basel Bad.Bf.	an 5.50
	(Umsteigen)	ab 6.15
	Basel Central-Bf.	an 6.20
	Basel Central-Bf.	ab 20.15
	Basel Bad.Bf.	an 20.30
		ab 21.40
	Frankfurt M.N.Bf.	an 5.50

Fahrpreis	1. Klasse	30.80 Mark
Fahrpreis	2. Klasse	21.40 Mark
Zuschlag	1. Klasse	6.00 Mark
Zuschlag	2. Klasse	6.00 Mark

Reisezeit Hinfahrt 8 Std. 15 Min.
Rückfahrt 8 Std. 10 Min.

MANN BOUDOIR SLEEPING CAR

WAGON-LIT

SOME OF THE ROUTES
ON WHICH THESE MAGNIFICENT CARS
RUN IN THE EXPRESS TRAINS.

Principales lignes sur lesquelles circulent les Wagons-Lits :

Paris — Vienne. — Via Strasbourg, Stuttgardt et Munich, chemin de fer de l'est (gare de Strasbourg).

Paris — Cologne. — Express de nuit (gare du Nord).

Ostende — Bâle. — Via Luxembourg.

Verviers — Berlin. —Via Aix-la-Chapelle et Kreiensen. — Pour ce parcours, ayez soin de demander vos billets via Bleyberg et Kreiensen.

Ostende — Cologne. — Via Bruxelles.

Cologne — Bâle. — En longeant le Rhin.

Berlin — Saint-Pétersbourg. — Berlin à Eydtkuhnen.

Berlin — Hambourg.

Berlin — Francfort. — Via Erfurt.

Berlin — Vienne. — Via Breslau.

Vienne — Prague. — Par le Franz-Josephbahn.

As new routes are being opened every few weeks travellers should every where ask for **Mann Boudoir Sleeping Car**

Les services de wagons-lits s'étendant de jour en jour sur de nouveaux réseaux, les voyageurs, désireux de profiter des avantages nombreux que présentent ces voitures, feront bien demander les **Mann Boudoir Sleeping Car**, même sur les lignes qui ne sont pas indiquées ci-dessus.

Aushang mit den 1875 verkehrenden Schlafwagen, darunter Köln – Basel „am Rhein entlang".

Nr. 18.

Verordnungs-Blatt

der

Generaldirektion der Großherzoglich Badischen Staatseisenbahnen.

Karlsruhe, den 14. April **1894.**

Inhalt.

Allgemeine Verfügungen.

Sonstige Bekanntmachungen.

Fahrdienst.

Nr. **33305.** B. Bei den Zügen der Höllenthalbahn sind die Lampen in den besetzten Personenwagen beim Durchfahren der Tunnel auf der Zahnradstrecke zwischen Hirschsprung und Hinterzarten auch zur Tageszeit brennend zu erhalten.

Im Anhang I B Absatz 2 der Fahrdienstvorschriften ist hiervon Vormerkung zu machen.

Freifahrtwesen.

Nr. **32221.** G.D. Zur Deutschen Freikartenliste vom 1. Januar 1894 ist die 3. Veränderungsnachweisung erschienen; dieselbe wird den betreffenden Dienststellen alsbald f. H. zugehen.

Personenverkehr.

Nr. **34505.** B. Unter Bezugnahme auf die Einführungsbestimmungen zu dem deutschen Eisenbahn-Personen- und Gepäcktarif Theil I und dem als Theil II hierzu herausgegebenen badischen Personen- und Gepäcktarif Seite 2 wird hiermit bekannt gegeben, daß die Inbetriebnahme der für die Strecke Basel—Frankfurt a. M. durch die Eisenbahnschlafwagengesellschaft gestellten Schlafwagen in der Nacht vom 15./16. April erfolgt.

Die auf den Stationen noch vorhandenen Plakate mit der Abbildung der bisher benützten Schlafwagen wie auch die Bestimmungen und Dienstvorschriften über die Benützung der Schlafwagen auf der Strecke Frankfurt—Basel sind daher am 15. d. M. zu beseitigen und an das diesseitige Material- und Drucksachenbüreau einzusenden.

Modell des WL No. 1 (Hernals 1872) mit Firmenaufschrift nach 1876. Späterer Zustand.
AUFN.: CIWL-SLG. DR. WENDELAAR

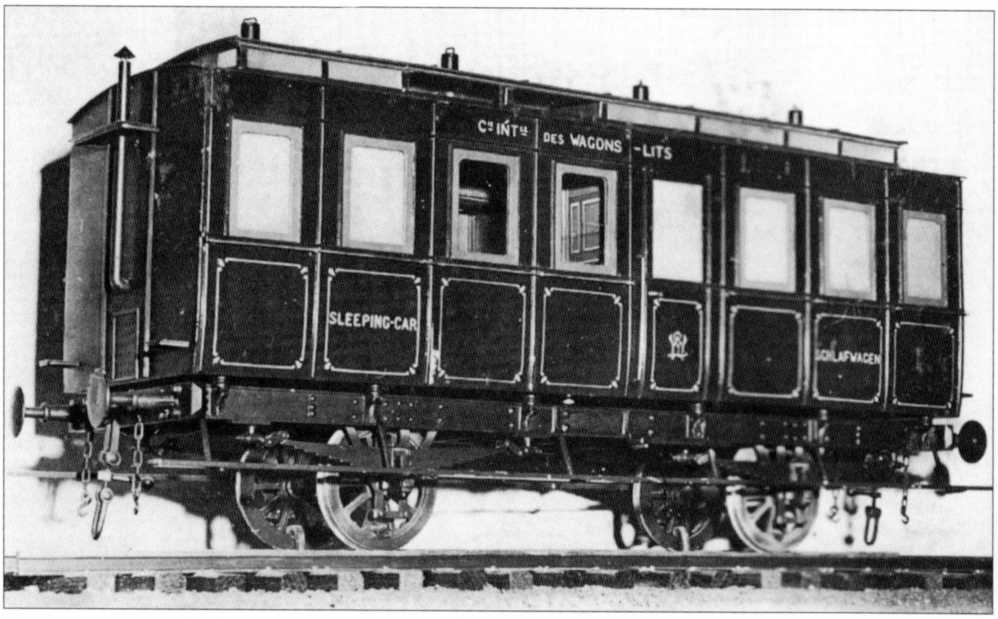

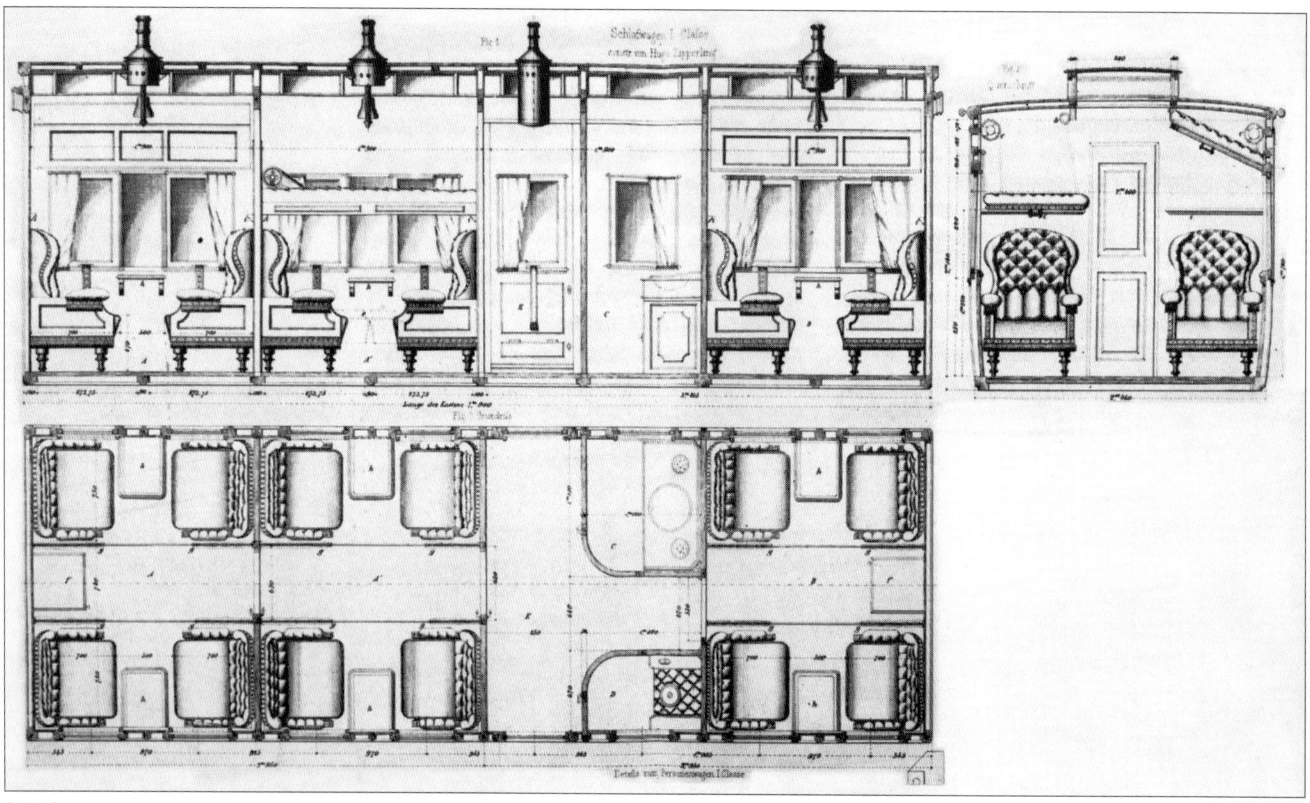

Schlafwagen No. 5 (Simmering 1872), ausgestellt 1873 in Wien. AUS ORGAN 1873

Berlin hat wenig später seinen Wunsch zur Bedingung für Vertragsabschlüsse erhoben und meinte nicht Deutschland, sondern Preußen als Fertigungsland. Wir kommen auf die Beschaffungs- und Vertragspolitik der CIWL noch zu sprechen.

Die Berliner Dreiachser der Jahre 1874/75 waren lange, geräumige Fahrzeuge mit Seitengang und Endeinstieg. Sie boten in der 1. Klasse sechs, in der 2. Klasse zehn Betten, in letzterer teilweise in Vierbettabteilen, an. Die deutschen Eisenbahnen forderten von Anfang an die Führung von Schlafwagen mit beiden Klassen, während die Franzosen ausschließlich solche der 1. Klasse – übrigens bis 1914 und noch später – zuliessen. Letzteres wirkte sich jedoch auf einige französisch-deutsche Kurse (Paris – Berlin, Paris – Frankfurt, u.a.) aus.

Die Berliner Zweiachser aus 1874, noch mit Mitteleinstieg geliefert, wurden – mit Ausnahme des Wagens Nr. 39 – 1886 in Dreiachser umgebaut. Der letzte Wagen aus Berlin und zugleich der letzte der Mann-Ära war Nr. 53, geliefert 1876: wiederum ein langer Dreiachser (7 500 mm Achsstand, Kastenlänge 10 800 mm, LüP 13 740 mm) mit zwei Vierbettabteilen 2. Klasse und dazwischen drei Zweibettabteilen für die 1. Klasse sowie je einem Waschraum und je einem WC an den Wagenenden, Seitengang und geschlossenen Plattformen, die später mit Übergangsbrücken und Faltenbälgen versehen worden sind.

Sehr bald nach Ablieferung dieses Wagens ging die Berliner AG zur Fabrikation von Eisenbahnbedarf – es ist die vormalige alte und renommierte Pflug'sche Waggonfabrik – in Konkurs.

Als zur Jahreswende 1876/77 Georges Nagelmackers wieder und endgültig alleiniger *Herr im Hause* war, verfügte er über 53 Schlafwagen – 31 Zwei- und 22 Dreiachser. In Deutschland (Berlin) waren 29 gebaut, 19 stammten aus Österreich, je zwei aus

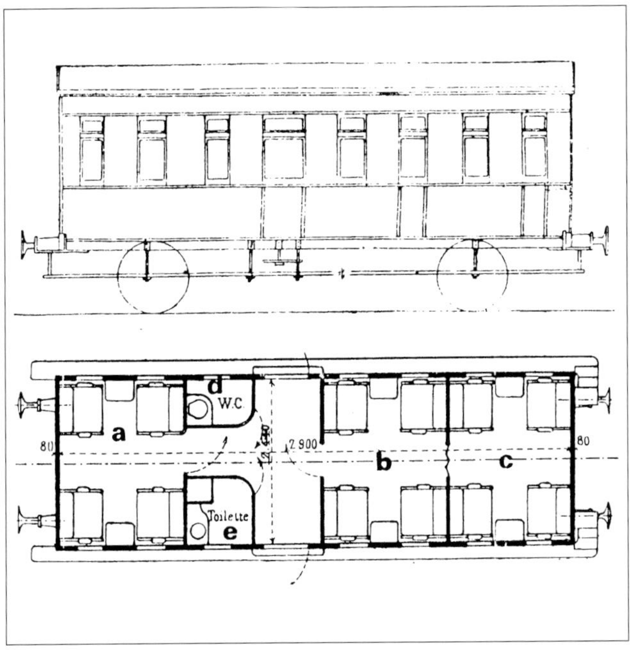

WL No. 5 nach Umbau mit Flachdach. SLG. DR. ALBERT MÜHL

Frankreich und England, einer aus Belgien. Mit ihnen wurden 16 Kurse gefahren – zwölf Deutschlandverkehre, je einer in Frankreich, Österreich, Rumänien und England.

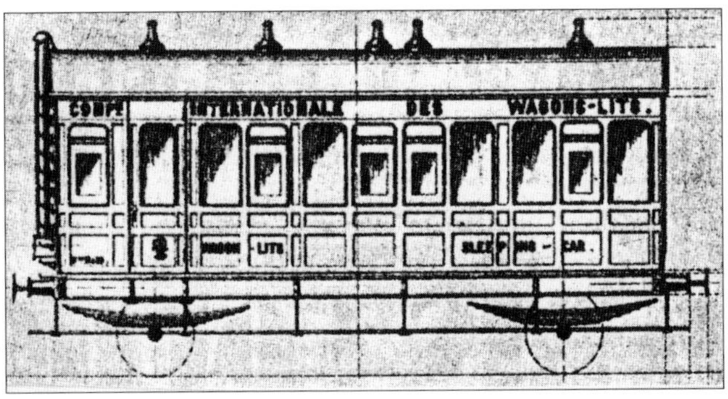

Schlafwagen 11-14 (Berlin 1873) nach Modernisierung 1884.
SLG. DR. ALBERT MÜHL

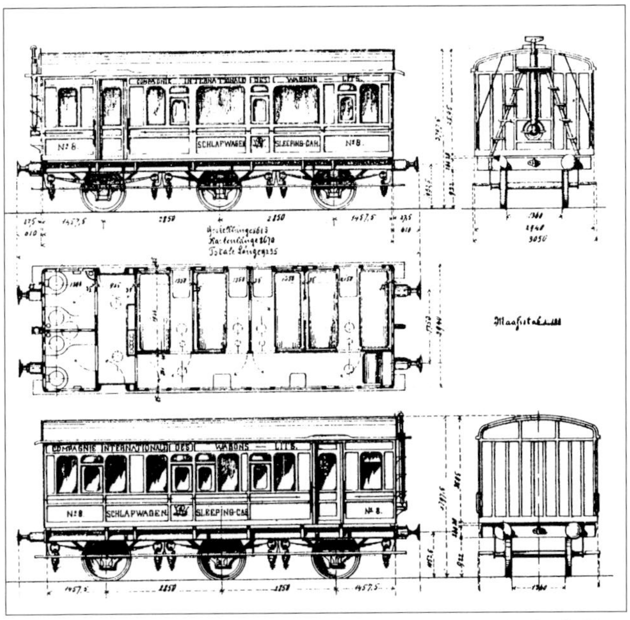

Schlafwagen 6-9 (Berlin 1873) nach Modernisierung durch Rathgeber in München 1886. SLG. DR. ALBERT MÜHL

Die originalgetreue Zeichnung des Wiener Ausstellungswagens von Hernals weist die Anschriften nach: SCHLAFWAGEN COMPAGNIE INTERNATIONALE DE WAGONS LITS SLEEPING CAR, die *Wagennummer 3*, die *Klassenbezeichnung I* an der Tür und das Firmensignet *CJWL* (zweizeilig). Ob diese Aufschriften der fünf ersten Wagen 1873 durch *Mann* ersetzt worden sind, ist nicht bekannt, aber wahrscheinlich. Wahrscheinlich auch, daß die folgenden Wagen mit Mann-Beschriftung geliefert worden sind. Diese zeigt das Foto des Wagens No. 15 (Simmering 1873): MANN BOUDOIR SLEEPING CAR über den Fenstern, SCHLAFWAGEN VOITURE-LITS in Wagenmitte zwischen zwei Abteiltüren. In die Türfenster ist das *Monogramm M* eingeäzt. Die (Werk-?) Aufnahme des Wagens 39 aus Berlin zeigt zwei Rundplaketten. Darinnen dreizeilig No. CITY OF ROUEN 39 sowie – auf der lesbaren linken – in Rundschrift den englischen Teil des Firmennamens MANN'S RAILWAY SLEEPING CARRIAGE CO. LIMITED. Höchstwahrscheinlich enthält die zweite Plakette das ausgeschriebene CIWL. Beachtenswert ist die Namensgebung.

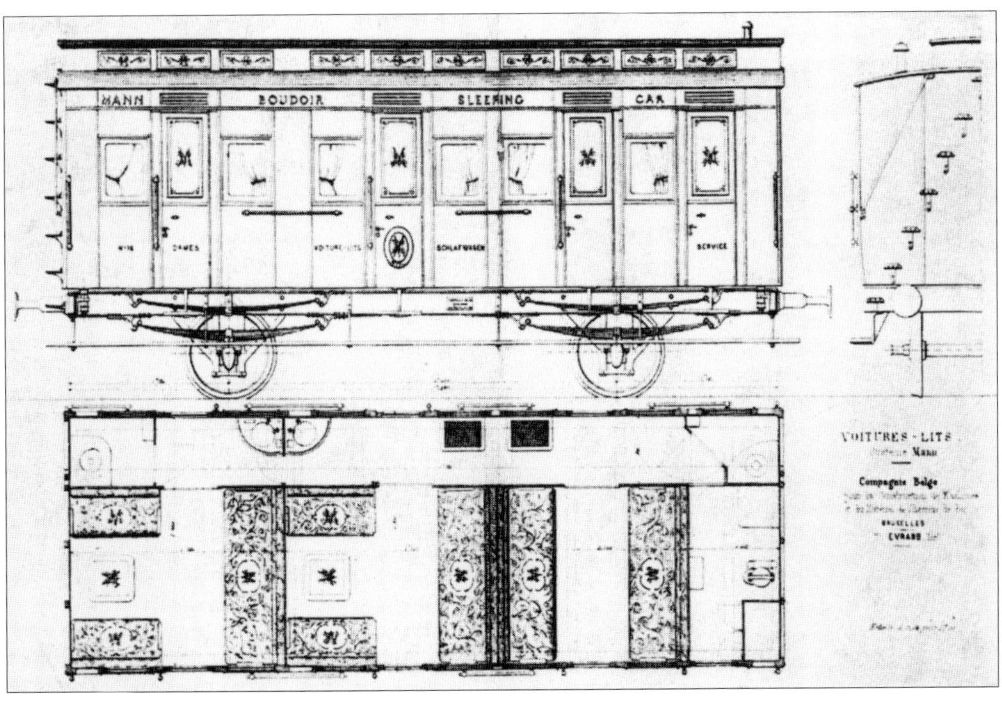

WL No. 16 (Evrard 1873) mit *Mann-Anschriften.*
SLG. DR. ALBERT MÜHL

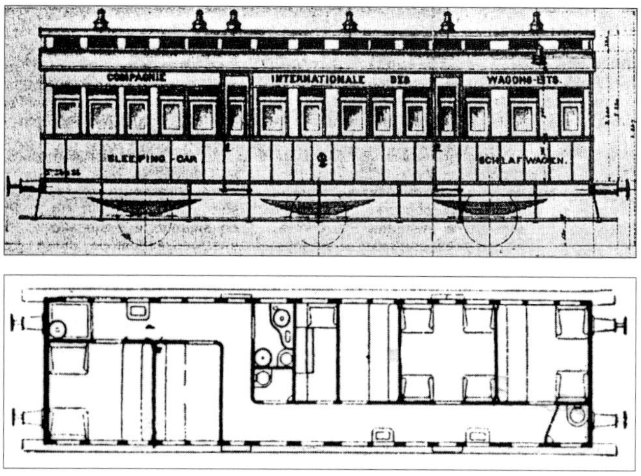

Schlafwagen 24-35 und 44-46 (Berlin 1874/75). SLG. DR. ALBERT MÜHL

Eine solche war durchaus üblich bei den in den USA und in Großbritannien laufenden Pullmanwagen, auf dem Kontinent jedoch völlig ungebräuchlich. Sie erfolgte in diesem Fall ganz bestimmt auf Wunsch des Colonels; daher auch die Wahl der englischen Version. Warum ausgerechnet *Rouen*, in dessen Nähe damals kein einziger Schlafwagen gekommen ist, bleibt rätselhaft. Es ist durchaus möglich, ja sogar wahrscheinlich, daß die Mann'schen Schlafwagen einer oder auch mehrerer Serien Städtenamen geführt haben. Die mehrfach geäusserte Feststellung jedoch, daß alle Wagen während der Mann-Ära Namen getragen hätten, ist in das Reich der Spekulation zu verweisen.

Unverzüglich nach Auflösung der Doppelfirma im Dezember 1876 sind die Mann-Aufschriften entfernt und durch CIWL – ausgeschrieben und jetzt mit *des* statt *de* – ersetzt worden.

Ausgerechnet über die Farbe des Aussenanstriches der CIWL-Schlafwagen schweigen sich die sonst so detailgetreuen zeitgenössischen Beschreibungen, in welchen keine Türklinke, kein Spiegel, kein Fensterriemen, keine Lampe, kein Klodeckel fehlt, aus. Bekannt ist, daß die drei 1883 von der CIWL er-worbenen österreichischen Hofzugwagen, die in Speisewagen umgebaut worden waren, blauen Lackanstrich hatten (WR 148 bis 150).

Die in den siebziger Jahren von fast allen Eisenbahnen des Kontinents verwendeten Wagenfarben waren Gelb für die 1., Grün für die 2. und Braun für die 3. Klasse, wobei gerade in jenen Jahren das im Eisenbahnbetrieb empfindliche Gelb dem gelb markierten Grün wich. Der in einen nur die 1. und 2. Klasse führenden Kurier- oder Schnellzug eingestellte Schlafwagen sollte doch sicherlich seine Sonderstellung gegenüber den grünen Sitzwagen farblich betonen. Grün kam also wohl kaum in Frage, auch nicht das Braun der 3. Klasse. Eine große Auswahl unter den passenden Farben gab es nicht. Die erwähnten blauen Speisewagen dürften keine Unikate gewesen sein. Im Hinblick auf die ganz auf den Patron Nagelmackers zugeschnittene zentralistische Führung des Unternehmens spricht alles dafür, daß die Wagenfarbe einheitlich Blau gewesen und erst gegen Ende der achziger Jahre der Teakholzverkleidung gewichen ist. Die Entscheidung der bekanntermaßen konservativen Generaldirektion für die Farbe Blau der Stahlwagen der zwanziger Jahre könnte als Anknüpfen an eine Tradition und als Indiz gewertet werden. Anzumerken bleibt noch, daß auch zweifarbige Lackierungen bekannt sind: Nrn. 60 (1877), 71 (1878), 74 (1880) und der erste Vierachser Nr. 75 (1880). Auf einem CIWL-Farbplakat von 1880 ist ein dreiachsiger Wagen der Bauart 1878 in **blau-**creme abgebildet.

Die ersten 1877/78 in Brüssel, Simmering und Paris für die *neue CIWL* gebauten 20 Schlafwagen (Nrn. 54-73) hatten – anstelle des bisher gebräuchlichen Oberlichtdaches – ein Tonnendach und nur eine Einstiegsplattform am Wagenende. Die kurzständigen Fahrzeuge (Achsstand 6 000 mm) boten nur zwölf Betten in zwei Voll- und zwei zwischen diesen liegenden Halbabteilen, deren Zwischenwand eine Türe aufwies. Die Ausmaße der Abteile wurden nun standardisiert: Länge des Vollabteils mit vier Betten 2150 mm, des Halbabteils mit zwei Betten 1 350 bis 1 400 mm, die Breite und somit die Länge des Bettes betrug 1 887 mm. Die Wagen waren für die Direktion Paris bestimmt und liefen in den Kursen Paris – Rom und Calais – Bologna (Malles des Indes); die beiden letzten in Spanien (Irun – Madrid). Wagen 60 (Evrard 1877) und 71 (Desouches 1878) waren – zweifarbig – auf der Weltausstellung 1878 in Paris ausgestellt.

Es folgen 1880 zwei als Probefahrzeuge bestellte Schlafwagen: der dreiachsige Nr. 74, gebaut von der Waggonfabrik van der Zypen & Charlier in Deutz und der erste Drehgestellwagen Nr. 75, über deren Hersteller man sich nicht einig ist – entweder Dyle et Bacalan (Werk Löwen) oder Joseph Rathgeber. Die Ergebnisse

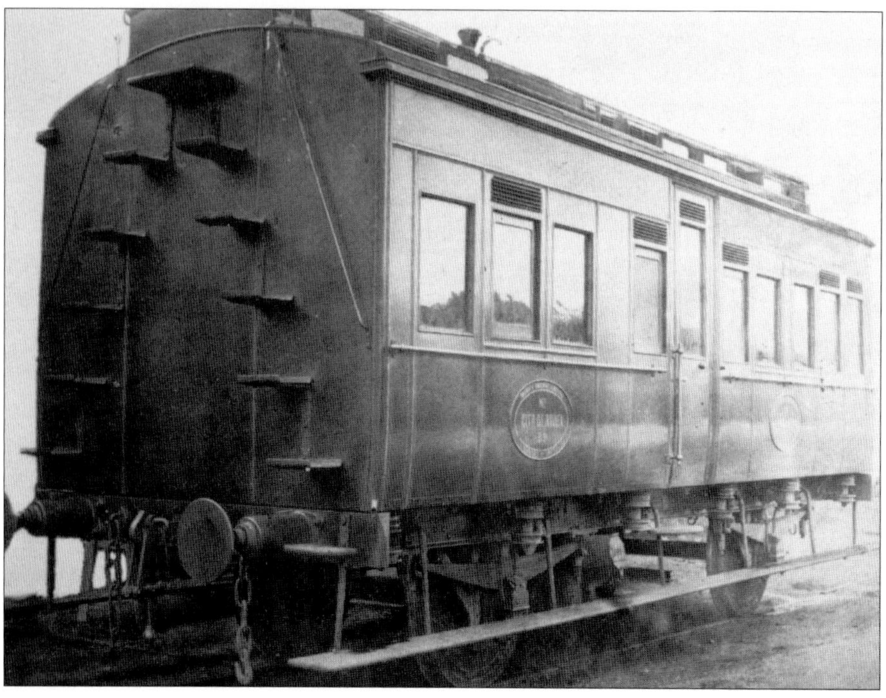

Mann-Schlafwagen No. 39 CITY OF ROUEN (Berlin 1874). SLG. DR. ALBERT MÜHL

ausgedehnter Versuchsfahrten – auch auf deutschen Strecken – führten 1883 zur Einführung des Vierachsers.

Der dreiachsige Wagen Nr. 74 war extrem lang ausgefallen: Achsstand 6 700 mm, Kastenlänge 10 440 mm, LüP 12 940 mm. Dieser erste Wagen mit offenen Plattformen und Übergangsblechen hatte 14 Betten in zwei Vollabteilen und, zwischen diesen, drei Halbabteile, von denen zwei durch Öffnen einer Zwischentür zu einem geräumigen Vollabteil 1. Klasse hergerichtet werden konnte. Er erwies sich als besonders langlebig und wurde erst nach 30 Jahren Dienst verkauft. Es war nicht – wie in publizierten Wagenlisten behauptet wird – der erste *Kurswagen*, sondern ein reinrassiger Schlafwagen.

Einen beachtlichen Großauftrag zur Lieferung von 31 Schlafwagen vergab die CIWL 1880 an die Waggonfabrik Jos. Rathgeber in München. Fertigung und Lieferung erstreckten sich bis Anfang 1882 (Nrn. 76-106). Der Wagen 103 war 1882 auf der Bayerischen Landesausstellung in Nürnberg ausgestellt und erhielt eine Goldmedaille. Die Abmessungen waren wieder etwas zurückgenommen: Achsstand 6 270 bzw. 6 400 mm (ab Nr. 94), Kastenlänge 10 230 mm, LüP 12 410 mm. Das *Innenleben* zwischen den offenen Plattformen und unter dem Tonnendach, auf das noch ein Lüftungsdach aufgesetzt war, bestand aus je einer Toilette mit Waschraum an den Wagenenden, denen sich ein Vollabteil 2. Klasse mit je vier Betten anschloß; dazwischen drei zweibettige Halbabteile 1. Klasse, zwei davon wieder mit der inzwischen zur Regel gewordenen Tür in der Zwischenwand. Der die Fertigung in München leitende Oberingenieur E. Schrauth teilte im *Organ* 1882 einige bemerkenswerte Konstruktionsmerkmale mit:

Der Constructeur dieser Wagen, Herr G a i n , Ingenieur en chef der Comp., war vor Allem bemüht, schon in der Verwendung des Materials sorgfältige Auswahl zu treffen. Für das ganze Untergestell und Kastengerippe wurde ausschliesslich Teakholz verwendet... Der grösseren Verwendung dieses Holzes für den

WL No. 51, abgestellt 1896 in Konstantinopel.
AUFN.: SLG. COUDERT

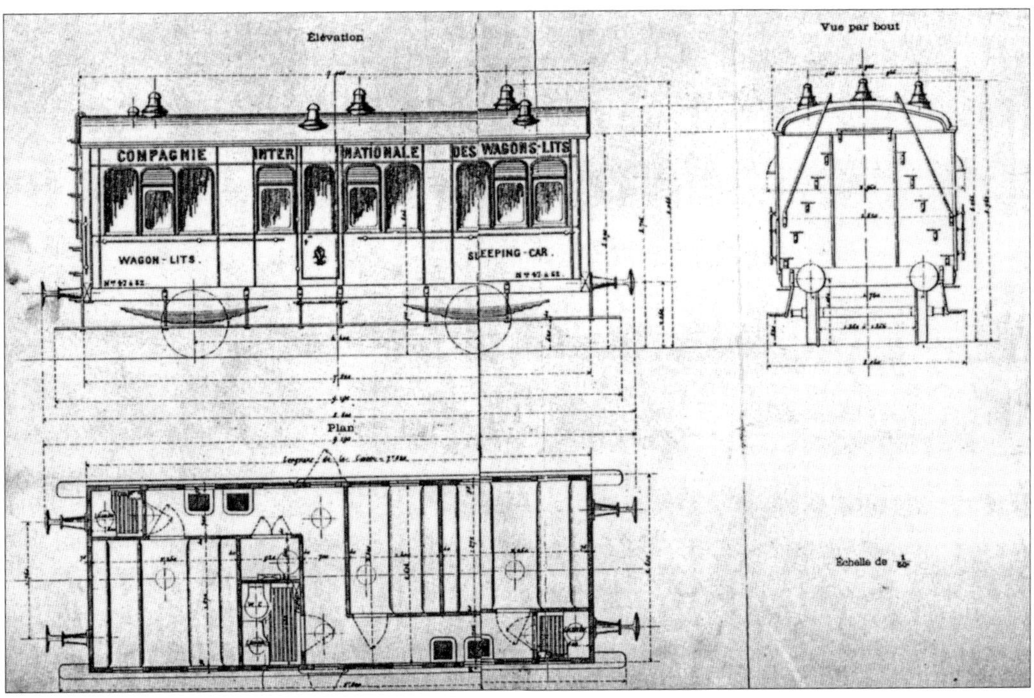

Schlafwagen 47-52 (Simmering 1875). SLG. DR. ALBERT MÜHL

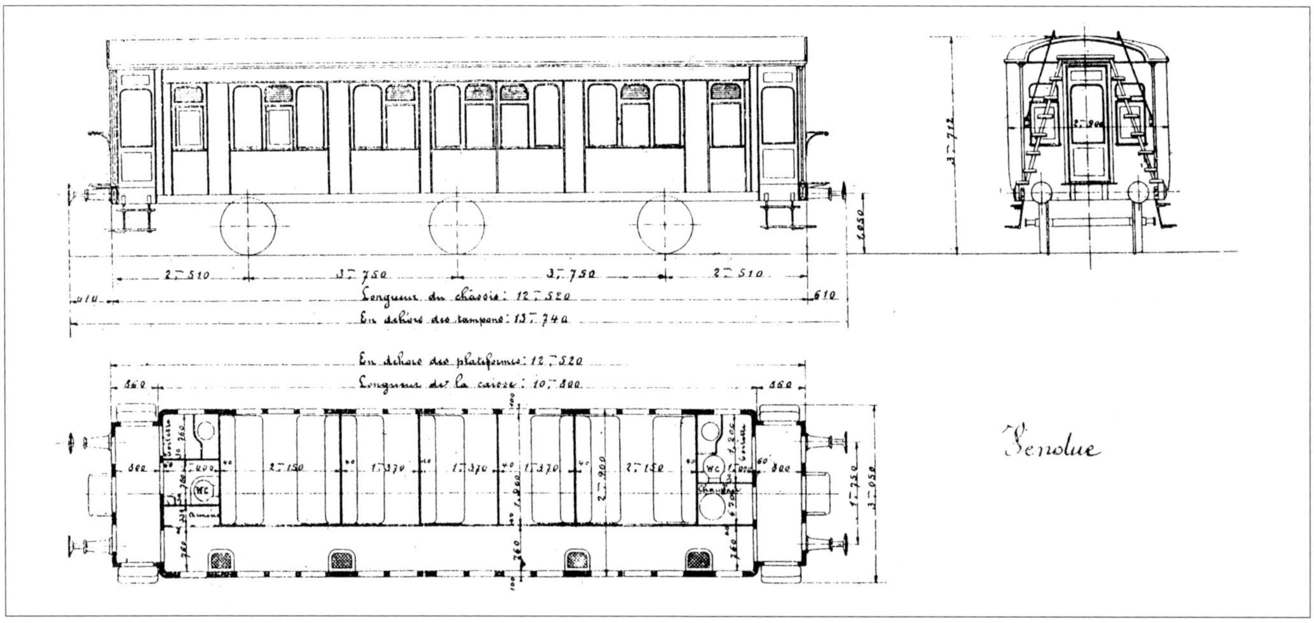

WL No. 53 (Berlin 1876) ist der letzte *Mann-Schlafwagen.*

SLG. DR. ALBERT MÜHL

WL No. 60 (Evrard 1877) in Zweifarbenanstrich für die Weltausstellung 1878 in Paris.

AUFN.: SLG. CURTET

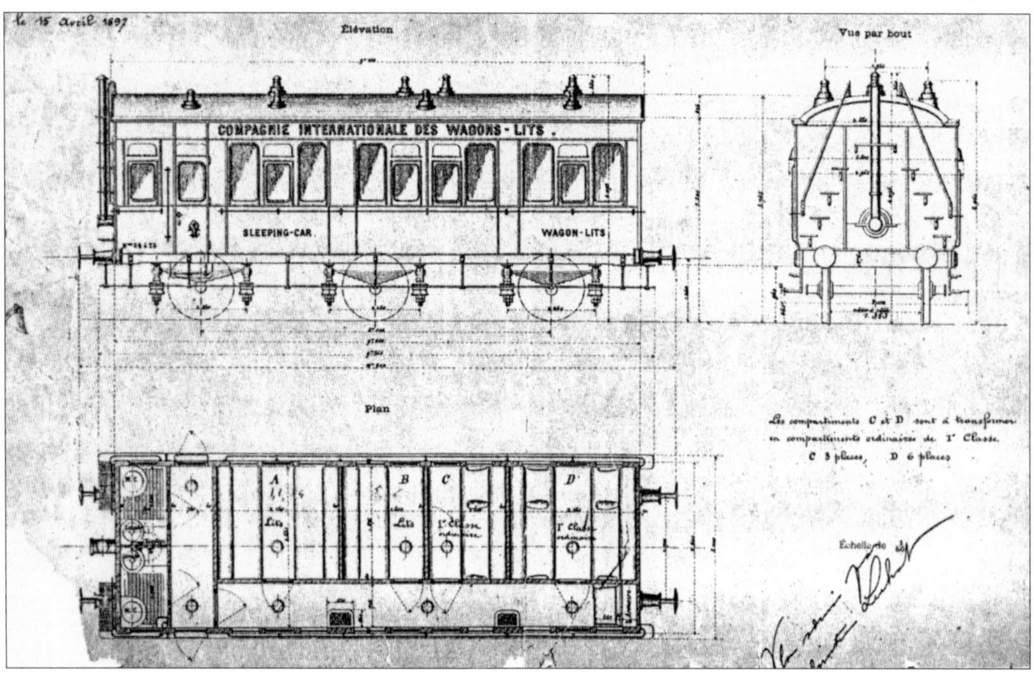

Schlafwagen Nummer 54-73 (1877/78).

SLG. DR. ALBERT MÜHL

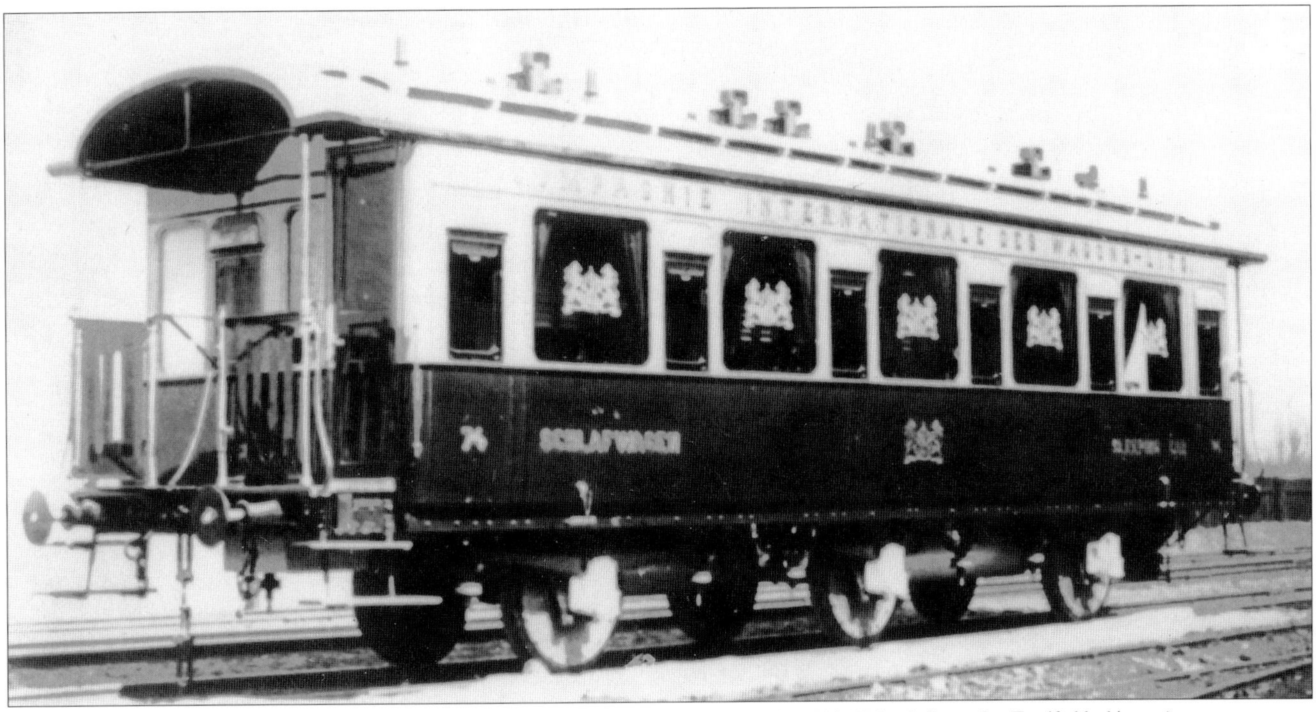

WL3i No. 74 ist der erste Wagen mit offenen Plattformen. Prototype von van der Zypen & Charlier 1880 (Holzscheibenräder, Zweifarblackierung).
AUFN.: SLG. DR. WENDELAAR

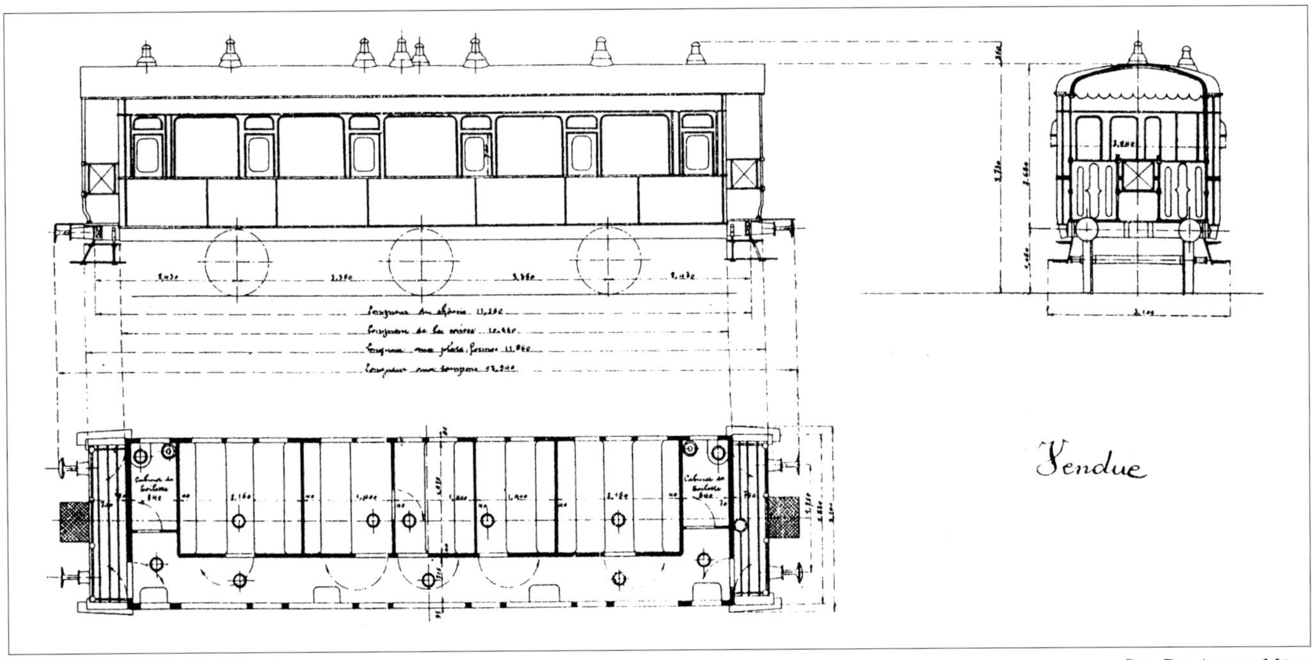

CIWL-Zeichnung des WL3i No. 74. SLG. DR. ALBERT MÜHL

Waggonbau auf unserem Continent steht nur der etwas hohe Preis entgegen, der den unserer besten ausgesuchtesten Eichenhölzer beinahe um das Dreifache übersteigt. Die innere und äussere Verschalung des Gerippes ist aus Carton hergestellt und zwar die äussere aus Carton von 9 mm, die innere aus solchem von 7 mm Stärke... Der Carton besitzt grosse Homogenität, wird in der Verarbeitung wie Holz behandelt, mit der Säge geschnitten, mit dem Hobel bearbeitet, lässt sich gut fourniren, ist sehr widerstandsfähig und bietet, als Verkleidungsmaterial für Waggons verwendet, seiner glatten ebenen Oberfläche halber grosse Vortheile gegenüber der sonst üblichen Blechverkleidung in der leichten Behandlung des Anstrichs, Lackierung und Dauer derselben; ausserdem ist der 9 mm dicke Carton immer noch leichter als das sonst zur Verwendung kommende Blech von 1 ½ mm Stärke... Unseres Wissens wird dieser Artikel bis heute in Deutschland nicht verfertigt und ist die Bezugsquelle für diesen Artikel England... Der Boden ist mit einer 25 mm dicken Filzdecke belegt, auf diese kommt eine Lage Linoleum und auf dieses elegante Brüsseler Teppiche... Das Untergestell dieser Wagen ist abweichend von den gewöhnlichen Wagenconstructionen, insofern eine exacte Trennung zwischen Kasten und Untergestell nicht vorhanden. Das Untergestell geht in den Kasten gleichsam über d.h. die Langträger des Untergestells sind zugleich die Längs-schwellen für den Kasten... Damit eine richtige Einstellung der Achsen in den Curven möglich, ist Vorsorge getroffen durch genügendes Spiel in den Führungen der Achsbüchsen... Die Räder sind Antivibrationsräder, ...dieselben sind Holzräder, welche zwischen Bandage und Nabe mit Teakholz ausgefüttert sind. Es wird dadurch das Tönen der Räder, verglichen mit eisernen Stern- oder Scheibenrädern, möglichst vermieden...

WL3i No. 77 aus der ersten Großserie von Rathgeber (Nr. 76-106 von 1880 bis 1882).
AUFN.: SLG. DR. WENDELAAR

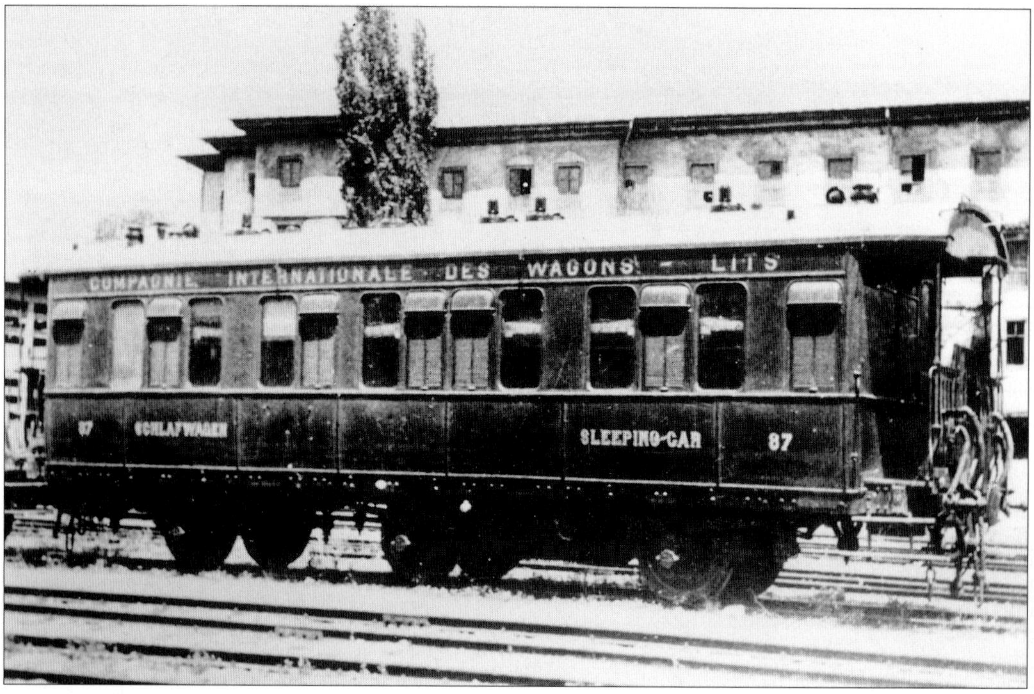

Schlafwagen Nummer 87 aus der gleichen Serie.
AUFN.: SLG. DR. WENDELAAR

Dieser Auftrag ist offensichtlich zur vollen Zufriedenheit des Auftraggebers abgewickelt worden, denn es folgten sogleich weitere. Rathgeber hat während der Jahre 1880 und 1883 nicht weniger als 55 Fahrzeuge für die CIWL gebaut, darunter die ersten acht Speisewagen, die ersten drei Breitspur-Schlafwagen für Spanien sowie die ersten sechs Serien-Schlafwagen mit Drehgestellen. Nach 1892 brachen dann, aus welchen Gründen auch immer, die Geschäftsbeziehungen zwischen Paris und München ab, während die seit 1883 zwischen der CIWL und der zweiten bedeutenden bayerischen Waggonfabrik, der Maschinenbau-Aktiengesellschaft Nürnberg, bestehenden sich für beide erfolgreich weiterentwickelten. [6]

6 siehe Mühl, Albert: Die *Nürnberger* der Internationalen Schlafwagen-Gesellschaft. – In: 150 Jahre Schienenfahrzeuge aus Nürnberg. Beiträge zur Geschichte des Waggonbaues. Freiburg: EK-Verlag 1994.

Die drei 1882 in München gebauten Schlafwagen Nummern 111-113 waren für den Kurs Berlin – Wien bestimmt, wo sie die Schlafwagen der Österreichischen Nordwestbahn ablösen sollten (1883). Es waren dies die ersten sogenannten *Kurswagen*, d. h. Schlafwagen, die ausser Schlafabteilen auch Sitzabteile aufweisen. Derartige Wagen hatten die deutschen Eisenbahnverwaltungen gefordert. Die Dreiachser wiesen ein Vollabteil 2. Klasse mit vier, drei Halbabteile 1. Klasse mit je zwei Betten, ein Halbabteil 1. Klasse mit drei und ein Vollabteil 2. Klasse mit sechs Sitzplätzen auf.

Die letzten dreiachsigen Schlafwagen bestellte Georges Nagelmackers im Januar 1883 bei Rathgeber. Die Wagen 117 und 118 sollten am 30. April bzw. am 10. Mai 1883 in München übergeben werden. Der Preis für das *komplette* Fahrzeug betrug 19 000 Mark. Die Wagen 119 und 120 sollten als *Rohbau* (Carcasse) geliefert und die Inneneinrichtung im CIWL-Werk

Verträge 1883 zwischen der Waggonfabrik Joseph Rathgeber und der CIWL über die Lieferung der kompletten Schlafwagen Nummern 117 und 118 sowie der Rohbauten für Nummern 119 und 120 (Carcasses). In der Zeichnung (Seite 26 oben) änderte Nagelmackers persönlich die Anordnung der Heizung (Chauffage). Slg. Coudert

Cie Intle des Wagons-Lits
DÉPART TECHNIQUE
Paris le 19 JANV. 83
Expédition N° 2. 911

Cahier des Charges
pour la
Construction de 2 Carcasses
de
Voitures à Lits N°s 119, 120.
et à places Ordinaires
pour 21 Voyageurs
sur trois Essieux

Contrat

Entre les Soussignés:
La Wagon Fabrik représentée par Mr Joseph Rathgeber 25 Marsstrasse à Munich, désignée ci-après comme première partie D'une part

Et la Compagnie Internationale des Wagons-Lits dont la direction siége, 69 Boulevard Haussmann à Paris, représentée par Mr Georges Nagelmakers, son administrateur Directeur général, désignée ci-après comme deuxième partie D'autre part

Il a été convenu et accepté ce qui suit.

Article 1er.

Objet du contrat. La première partie entreprend la livraison de: 2 Voitures à lits et à places ordinaires montées sur 3 Essieux. N° 117-118

à construire suivant les plans et le cahier des charges ci-annexé

Art. 2.

Prix. Le prix à payer à la première partie est de: (19.000) Dix neuf mille Marks pour une Voiture complètement terminée

Les objets dont nomenclature ci-annexée, seront fournis gratuitement par la deuxième partie et ne sont donc pas compris dans ce prix.

Art. 3.

Livraison Une Voiture le 30 Avril 1883 N° 117
Une " le 10 Mai 1883 N° 118

La livraison aura lieu à la gare de Munich mais le procès verbal de réception ne sera signé qu'ap que la voiture aura parcouru, à la satisfaction de l'Ingénieur en chef de la Compagnie des Wagons-Lits, ou de son délégué, une distance d'au moins cinquante Kilomètres.

Il est entendu que l'ajustage des coussinets sera fait par la première partie et sera soumis avant l'essai au contrôle et à l'approbation de l'Agent de la deuxième partie.

Si l'ajustage laissait à désirer ou si un chauffage de boite venait à se produire, la deuxième partie se réserve le droit de faire ajuster et rectifier à nouveau les coussinets par une tierce personne aux frais de la première partie.

Les frais du premier essai aussi bien que ceux des essais suivants que pourraient nécessiter des chauffages de boites ou l'état défectueux de la voiture seront à la charge de la première partie.

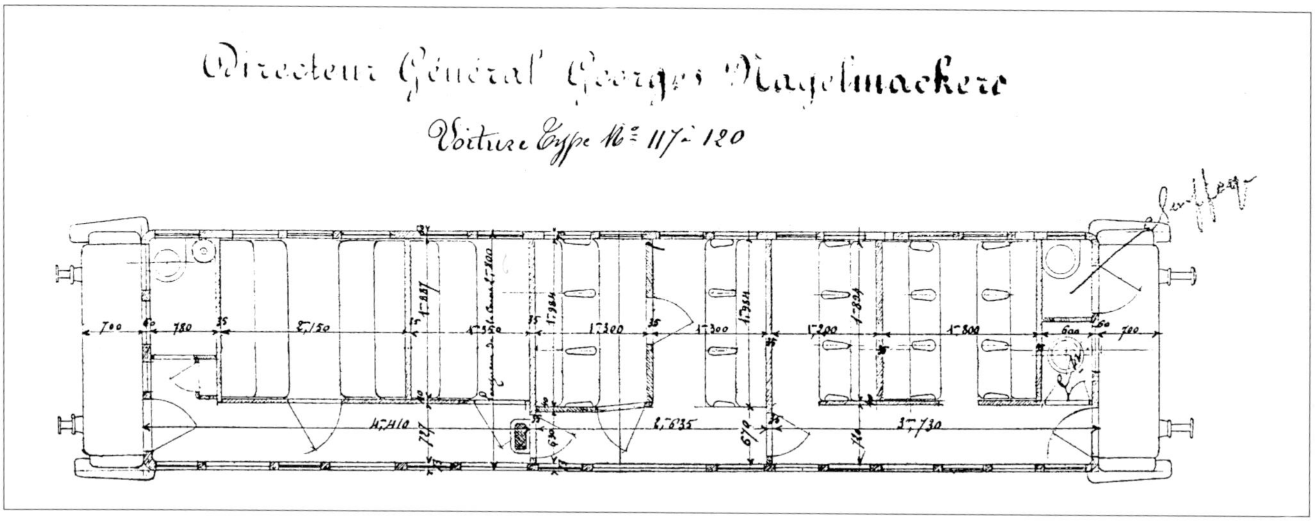

St. Ouen gefertigt und eingebaut werden. Diese Kurswagen waren für den im Sommer 1883 einzuführenden Dienst Hamburg – Wien, wo sie zwischen Dresden und Wien gemeinsam mit den Berliner Wagen laufen sollten, bestimmt. Er musste allerdings bereits nach zwei Jahren mangels Rentabilität wieder aufgelassen werden. Die Wagen hatten die Abmessungen ihrer Vorgänger Nrn. 111-113: Achsstand 6 700 mm, Kastenlänge 10 845 mm, LüP 13 025 mm und waren damit noch länger als Nr. 74. Ihre Abteileinteilung war verschieden: sechs Betten in einem Vollabteil 2. und einem Halbabteil 1. Klasse sowie zwei Halbabteile 1. Klasse mit je drei Sitzplätzen und zwei Vollabteile 2. Klasse mit insgesamt 12 Sitzplätzen. Die Sitzabteile hatten mit Ausnahme des ersten Coupés 1. Klasse keine Wände zum Seitengang und konnten nur mittels Vorhängen geschlossen werden.

Im gleichen Jahr erschienen die ersten serienmäßig gefertigten Drehgestell-Schlafwagen. Sechs lieferte Rathgeber (Nrn. 121-126), vier die Maschinenbau-Actien-Gesellschaft Nürnberg (Nrn. 127-130). Es handelt sich um für Deutschlandverkehre bestimmte Kurswagen 1. und 2. Klasse mit Schlaf- und Sitzabteilen zwar gleicher Bauart – offene Plattformen, Tonnendach, Seitengang – , jedoch mit dreierlei geringfügig unterschiedlichen Abmessungen wie mit drei verschiedenen Abteilkonzeptionen: 121-123 für Berlin – München mit 12 Schlaf- und 12 Sitzplätzen. Erstere waren verteilt auf eineinhalb Abteile 2. und drei 1. Klasse, letztere auf ein Halbabteil 1. und zwei Vollabteile 2. Klasse. 124-126 für Köln – München mit 10 Bett- und 12 Sitzplätzen: ein Vollabteil 2., drei Halbabteile 1. Klasse mit Betten, zwei halbe Sitzabteile 1. und ein Vollabteil 2. Klasse. 127-130 für Calais – Wien mit insgesamt 28 Plätzen in folgender

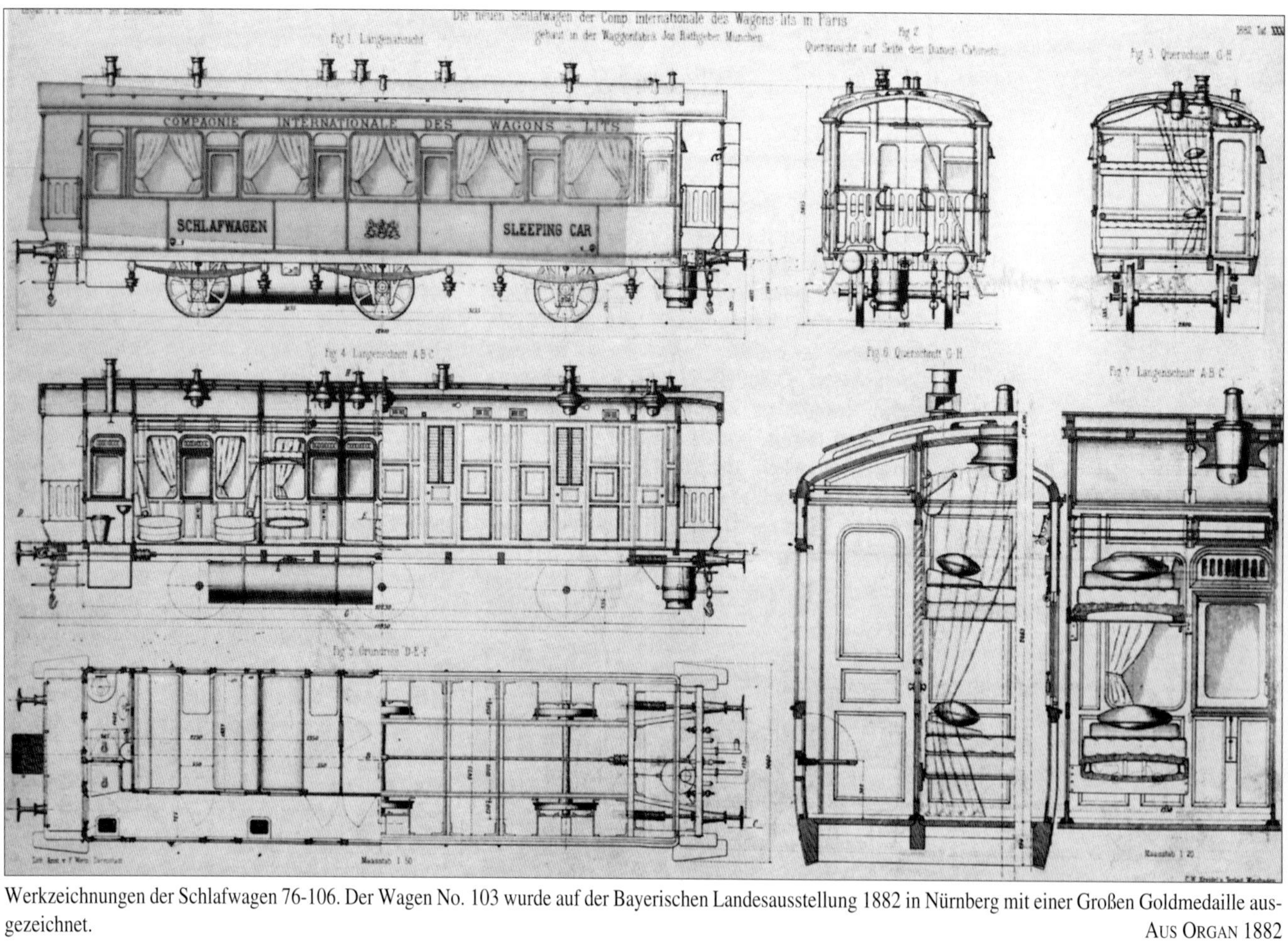

Werkzeichnungen der Schlafwagen 76-106. Der Wagen No. 103 wurde auf der Bayerischen Landesausstellung 1882 in Nürnberg mit einer Großen Goldmedaille ausgezeichnet.
AUS ORGAN 1882

Teilung: vier Betten 2. Klasse im Vollabteil und sechs 1. Klasse in drei Halbabteilen, sechs Sitzplätze 1. Klasse in zwei Halb- und 12 für die 2. Klasse in zwei Vollabteilen.

Genau zehn Jahre waren jetzt vergangen, seit die ersten Schlafwagen von Georges Nagelmackers über die Schienenstränge rollten. Die CIWL verfügte nun über 132 Schlafwagen und acht Speisewagen.

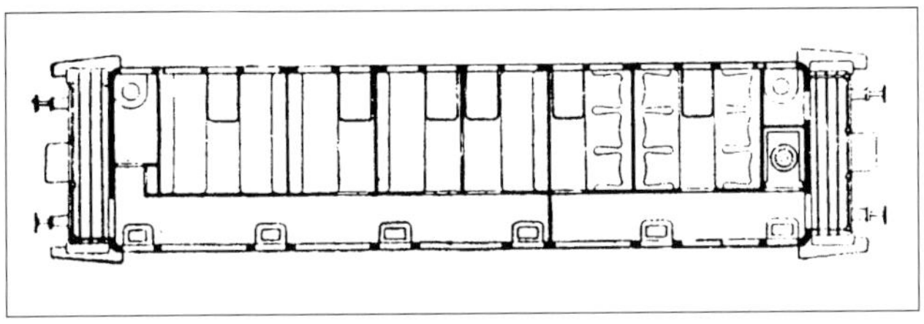

Kurswagen 1. und 2. Klasse Nummern 111-113 (Rathgeber 1882) für Berlin – Wien.

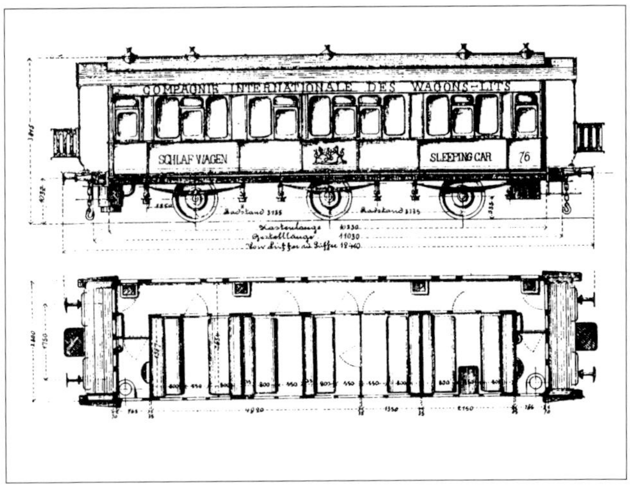

Rathgeber-Zeichnung der Serie 76-106.

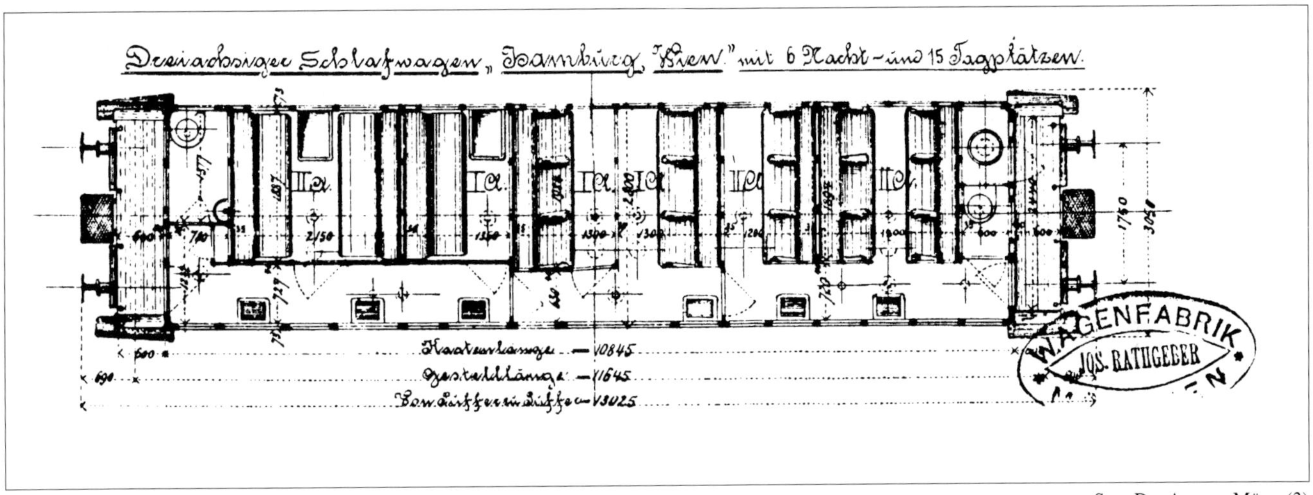

Rathgeber-Zeichnung der *Kurswagen* 117 bis 120 (1883) für Hamburg – Wien.

Slg. Dr. Albert Mühl (3)

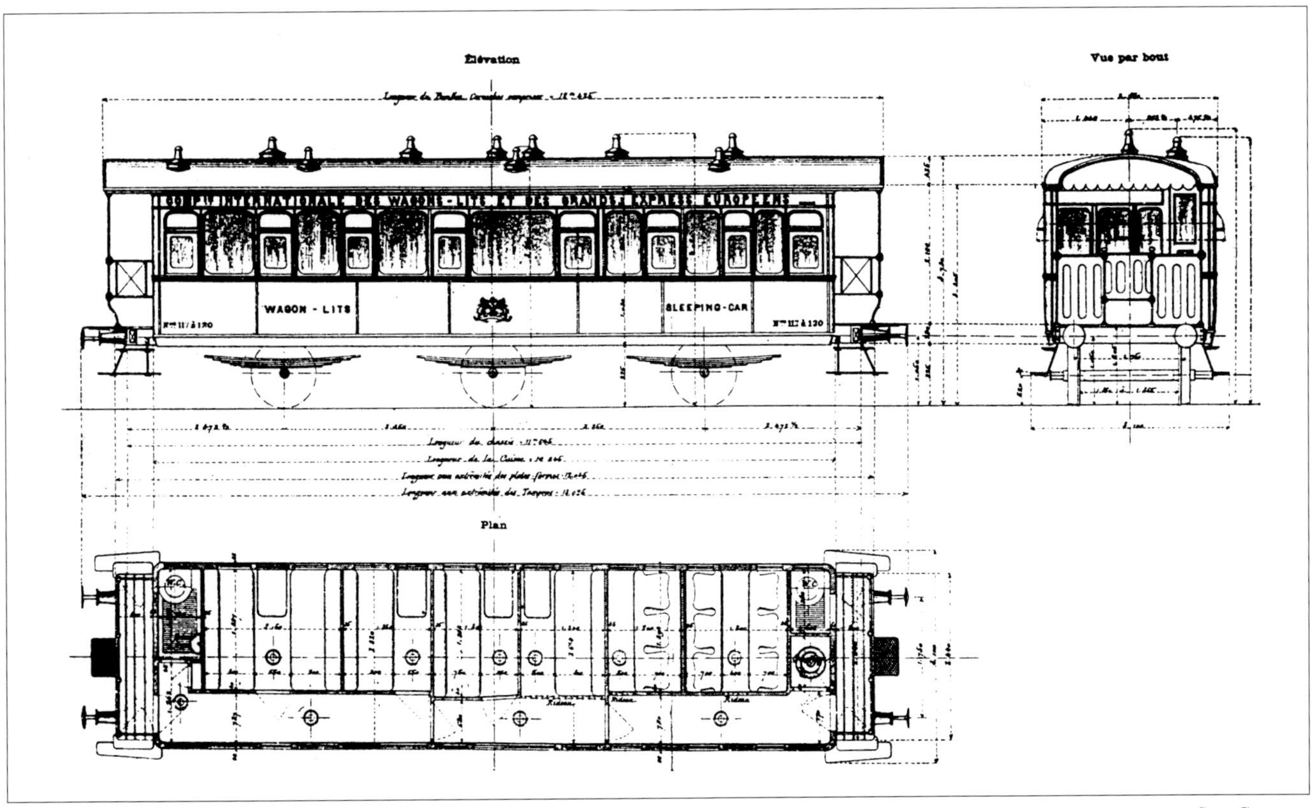

CIWL-Zeichnung der Wagen 117-120.

Slg. Coudert

Die in Deutschland verwendeten und in Deutschland gebauten Schlafwagen der ISG 1872-1889

Wg.-Nr.	Bauart	Herkunft	Bj.	Bemerkungen († = verschrottet)
1	WL2	Her	1872	1888 Umbau in 1023F (St. Ouen) (F = Gepäckwagen)
2				1888 Umbau in 1018F (St. Ouen)
3				1873 Weltausstellung Wien. 1888 Umbau in 1019F (Nür)
4				1888 Umbau 1020F (Nür)
5	WL2	Sim	1872	1873 Weltausstellung Wien. 1888 Umbau in 1021F (Nür)
6	WL3	Bln	1873	1886 Umbau (Mün). Modernisierung. 1904 verkauft in Wien.
7				1886 Umbau (Mün). Modernisierung. 1905 Lagerschuppen in Vlissingen.
8				1886 Umbau (Mün). Modernisierung. 1905 Ausstellung Lüttich als Nr. 1. † 1906.
9				1886 Umbau (Mün). Modernisierung. 1905 Lagerschuppen in Vlissingen.
10				1893 verkauft in Wien.
11	WL2	Bln	1873	1884 Umbau. 1893 verkauft.
12				1884 Umbau. † vor 1905.
13				1884 Umbau. 6. 1889 Nr. 18^{II}. † vor 1905.
14				1884 Umbau. † vor 1905.
24	WL3	Bln	1874	1891 Umbau in 1036R (Marly) (R = Gastransportwagen).
25				† vor 1905.
26				† vor 1905.
27				† 1896.
28				† vor 1905.
29				† vor 1905.
30				† vor 1905.
31				† vor 1905.
32				† vor 1905.
33				† vor 1905.
34				† vor 1905.
35				† vor 1905.
36	WL2	Bln	1874	1886 Umbau in WL3. 1888 Umbau in 1022F (St. Ouen)
37				1886 Umbau in WL3. 1889 Umbau in 1001F (Marly)
38				1886 Umbau in WL3. 1888 zerstört.
39				*City of Rouen*. † vor 1905.
44	WL3	Bln	1875	Bauart wie 24-35. † 1896.
45				Bauart wie 24-35. † 1891 nach Brand.
46				Bauart wie 24-35. † 1896.
53	WL3	Bln	1876	Letzter *Mann-WL*. 1910 verkauft.
74	WL3i	Dtz	1880	1909 verkauft.
76	WL3i	Mün	1880/81	1906 verkauft.
77				1906 verkauft.
78				† 1908 in Irun.
79				1908 verkauft.
80				† 1908 in Irun.
81				1909 verkauft.
82				† 1911 in Algier.
83				† 1911 in Algier.
84				1914 verkauft in Algerien.
85				† 1911 in Algier.
86				1904 verkauft.
87				1904 verkauft.
88				1908 verkauft.
89				1908 verkauft.
90				1905 verkauft.
91				1908 verkauft.
92				† vor 1905.
93				† vor 1905.
94				1908 verkauft.
95				† vor 1905.
96				1908 verkauft.
97				1905 verkauft.
98				1908 verkauft.
99				1909 verkauft.
100				1908 verkauft.
101				1908 verkauft.
102			1882	† vor 1905.
103				1904 verkauft.
104				† vor 1905.
105				† vor 1905.
106				† vor 1905.
108	WL3i	Mün	1883	Breitspur-WL für Spanien. 1887 *Sud Express*. 1911 verkauft in Irun.
109				Breitspur-WL für Spanien. 1887 *Sud Express*. 1911 verkauft in Irun.
110				Breitspur-WL für Spanien. 1887 *Sud Express*. 1911 verkauft in Irun.
111	WL3i	Mün	1882	Kurswagen I. und II. Cl. für Berlin – Wien. † vor 1905.
112				Kurswagen I. und II. Cl. für Berlin – Wien. † vor 1905.
113				Kurswagen I. und II. Cl. für Berlin – Wien. † vor 1905.
117	WL3i	Mün	1883	Kurswagen I. und II. Cl. für Hamburg – Wien. Zuletzt München. 1904 verkauft.
118				Kurswagen I. und II. Cl. für Hamburg – Wien. Zuletzt Budapest. 1905 verkauft.
119				Kurswagen I. und II. Cl. für Hamburg – Wien. Zuletzt München. 1903 verkauft.
120				Kurswagen I. und II. Cl. für Hamburg – Wien. Zuletzt München. 1903 verkauft.
121	WL4i	Mün	1883	Kurswagen I. und II. Cl. für Berlin – München. Zuletzt Köln – Ostende. 1909 verkauft.
122				Kurswagen I. und II. Cl. für Berlin – München. Sud Express. Zuletzt in Spanien. 1914 verkauft.
123				Kurswagen I. und II. Cl. für Berlin – München. 1908 verkauft.
124				Kurswagen I. und II. Cl. für Köln – München. 1908 verkauft..
125				Kurswagen I. und II. Cl. für Köln – München. 1911 verkauft.
126				Kurswagen I. und II. Cl. für Köln – München. 1909 zerstört (Entgleisung Türkei).
127	WL4i	Nür	1883	Kurswagen I. und II. Cl. für Calais – Wien. 1910 verkauft.
128				Kurswagen I. und II. Cl. für Calais – Wien. 1908 verkauft.
129				Kurswagen I. und II. Cl. für Calais – Wien. 1908 verkauft.
130				Kurswagen I. und II. Cl. für Calais – Wien.
158	WL4i	Mün	1884	Schlafwagen I. Cl.. 1905 in Spanien. † nach 1905.
159				Schlafwagen I. Cl.. 1905 in Spanien. † nach 1905.
160				Schlafwagen I. Cl.. 1905 in Spanien. 1908 verkauft.
169	WL4	Mün	1885	Schlafwagen I. Cl. für *Orient-Express* m. geschl. Plattform. 1911 verkauft.
170				Schlafwagen I. Cl. für *Orient-Express* m. geschl. Plattform. 1909 verkauft.
171				Schlafwagen I. Cl. für *Orient-Express* m. geschl. Plattform. 1909 verkauft.
172				Schlafwagen I. Cl. für *Orient-Express* m. geschl. Plattform. 1909 verkauft.
187			1886	Schlafwagen I. Cl. für *Orient-Express* m. geschl. Plattform. 1910 in Berlin verkauft.
188				Schlafwagen I. Cl. für *Orient-Express* m. geschl. Plattform. 1910 in Berlin verkauft.
253	WL4ü	Mün	1889	Schlafwagen I. Cl. für *Orient-Express* m. Oberlichtdach und Faltenbälgen, Teakholzverkleidung. 1909 verkauft.
254				Schlafwagen I. Cl. für *Orient-Express* m. Oberlichtdach und Faltenbälgen, Teakholzverkleidung. 1909 verkauft.

Herkunft:		
	Her	Hernalser Waggon-Fabriks-Actien-Gesellschaft, Hernals bei Wien
	Sim	Maschinen- und Waggonbau- Fabriks-Actien-Gesellschaft in Simmering bei Wien
	Bln	Actien-Gesellschaft zur Fabrikation von Eisenbahnbedarf, Berlin (vorm. Pflug & Comp.)
	Dtz	van der Zypen & Charlier, Deutz
	Mün	Waggonfabrik Jos. Rathgeber, München
	Nür	Maschinenbau-Actien-Gesellschaft Nürnberg (vorm. Klett & Cie.)

Herkunftsländer der ISG-Schlafwagen 1872-1889

Deutschland	Österreich	Frankreich	Belgien	Italien	England
6-14 (9)	1-5 (5)				
	15 (1)		16 (1)		
24-39 (16)	17-23 (7)	40/41 (2)			42/43 (2)
44-46 (3)	47-52 (6)				
53 (1)	63/64 (2)	65-73 (9)	54-62 (9)		
74 (1)			75 (1)		
76-106 (31)					
108-113 (6)					
117-130 (14)		131-137 (7)			
		142-144 (3)		145-147 (3)	
158-160 (3)		161-163 (3)		154 (1)	
169-172 (4)					
187/188 (2)		189/190 (2)			
253/254 (2)		237-241 (6)			
(92)	(21)	(32)	(11)	(4)	(2)
					= Total 162

In Deutschland gebaute Wagen: 56,8 % des Wagenparks *(davon 35,8 % v. Rathgeber)*
In Frankreich gebaute Wagen: 19,7 % des Wagenparks
In Österreich gebaute Wagen: 13 % des Wagenparks

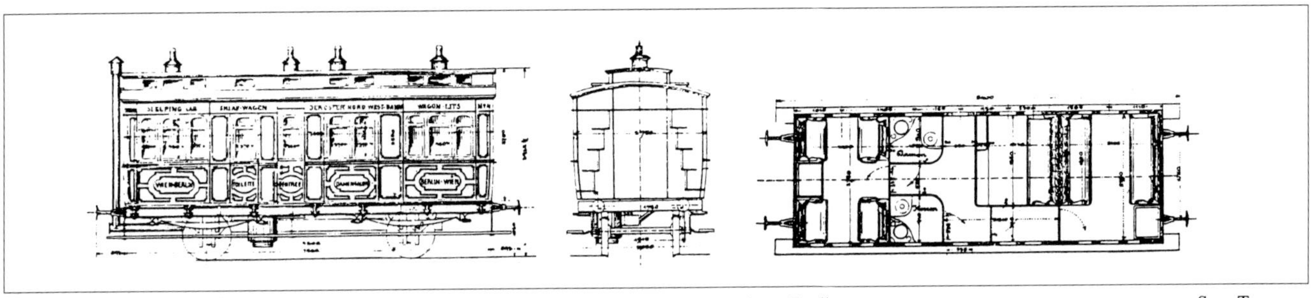

Schlafwagen Nrn. 1-4 der Österreichischen Nordwestbahn (Simmering 1875) für den Kurs Wien – Berlin. SLG. TAUSCHE

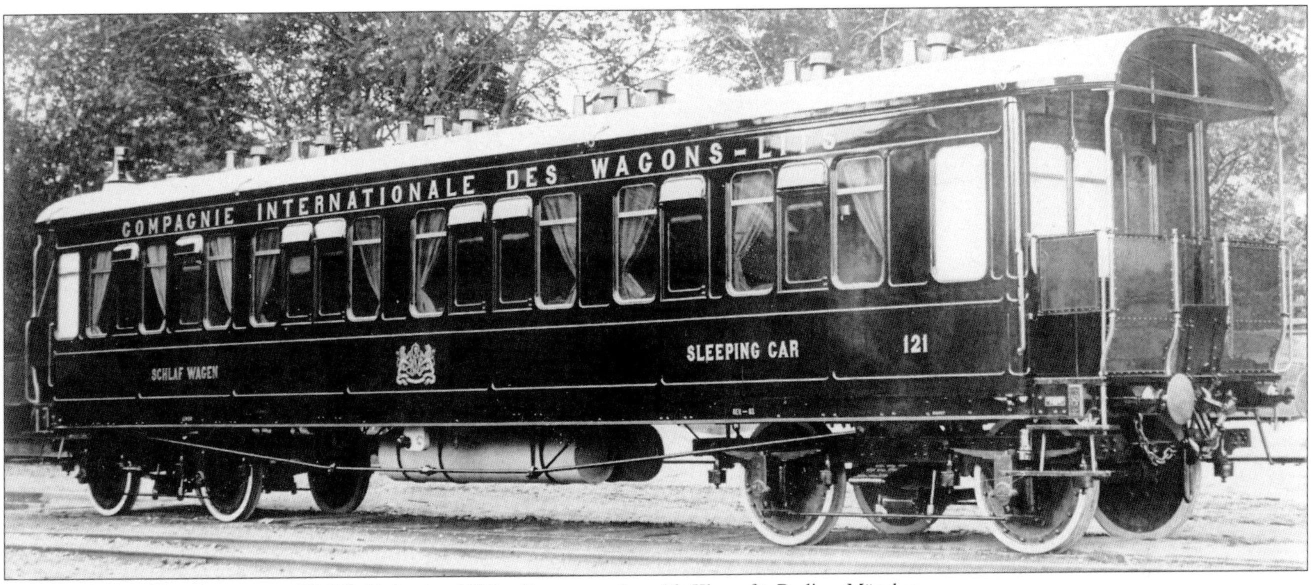

Die ersten Serien-Vierachser waren 121-123 (Rathgeber 1883) – Kurswagen 1. und 2. Klasse für Berlin – München.
AUFN.: WERKAUFNAHME JOS. RATHGEBER; SLG. DR. SCHEINGARBER

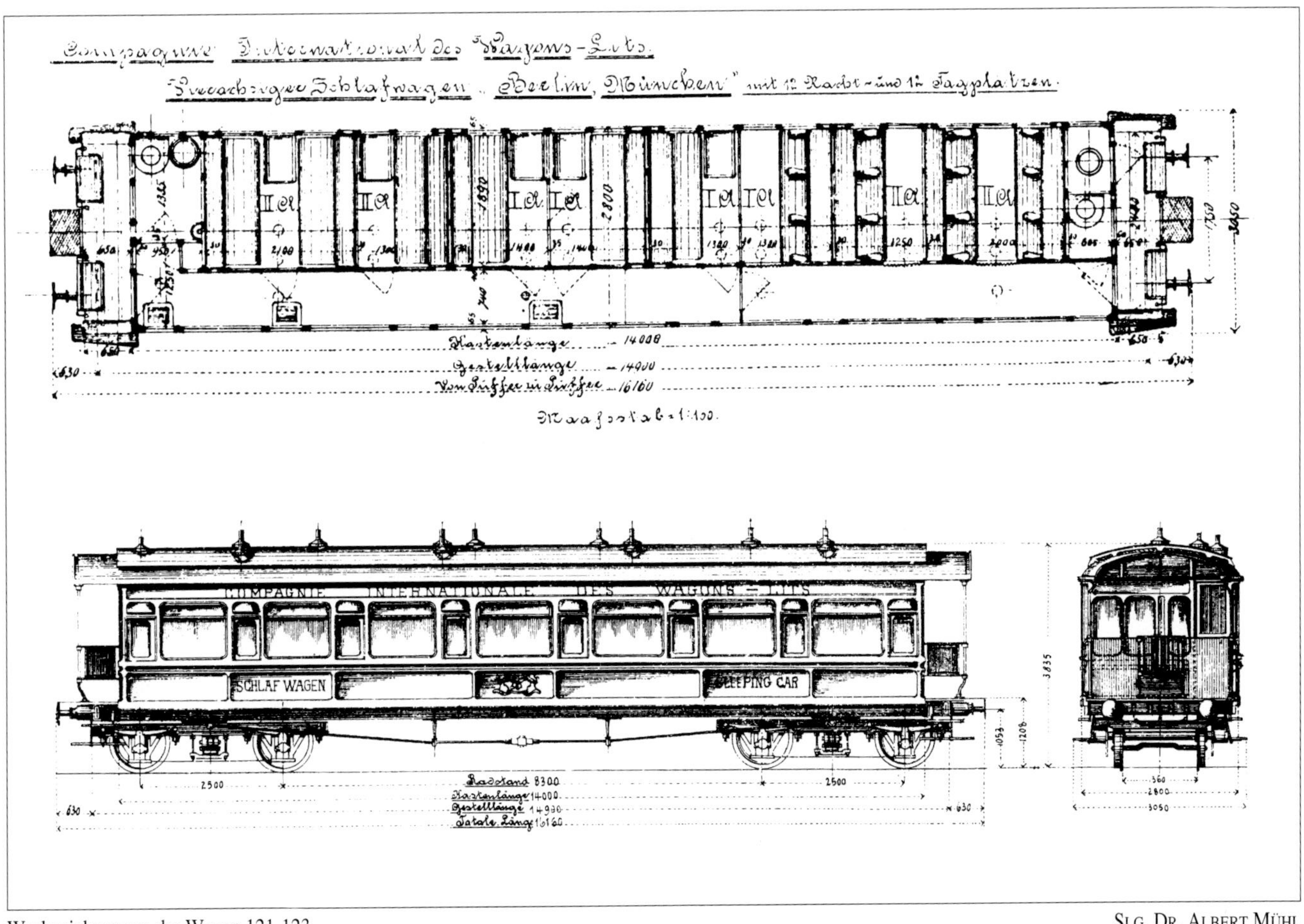

Werkzeichnungen der Wagen 121-123. SLG. DR. ALBERT MÜHL

CIWL-Zeichnungen der WL 121-123.

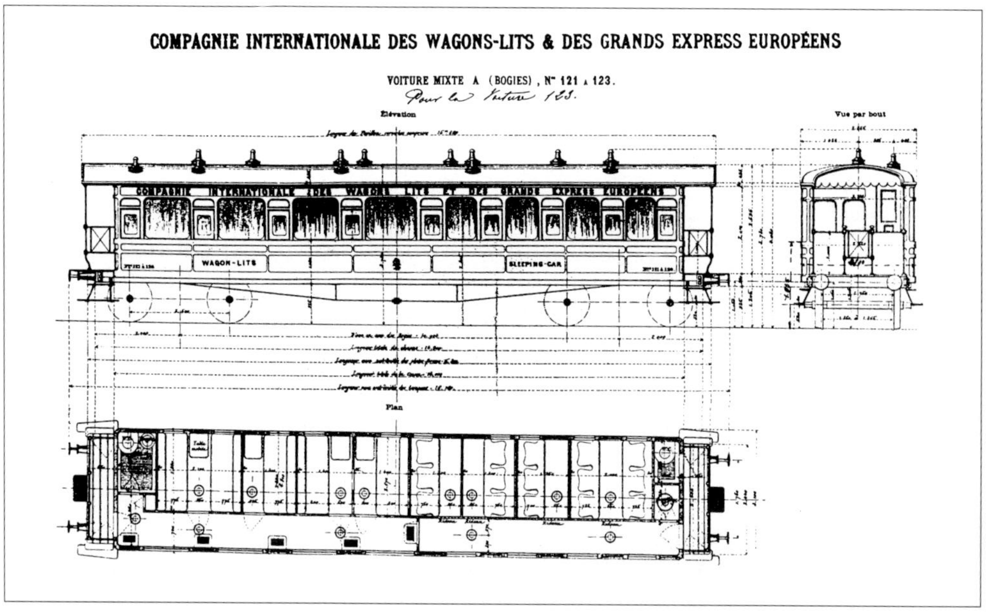

CIWL-Zeichnung der Kurswagen 124-126 (Rathgeber 1883) für Köln – München.

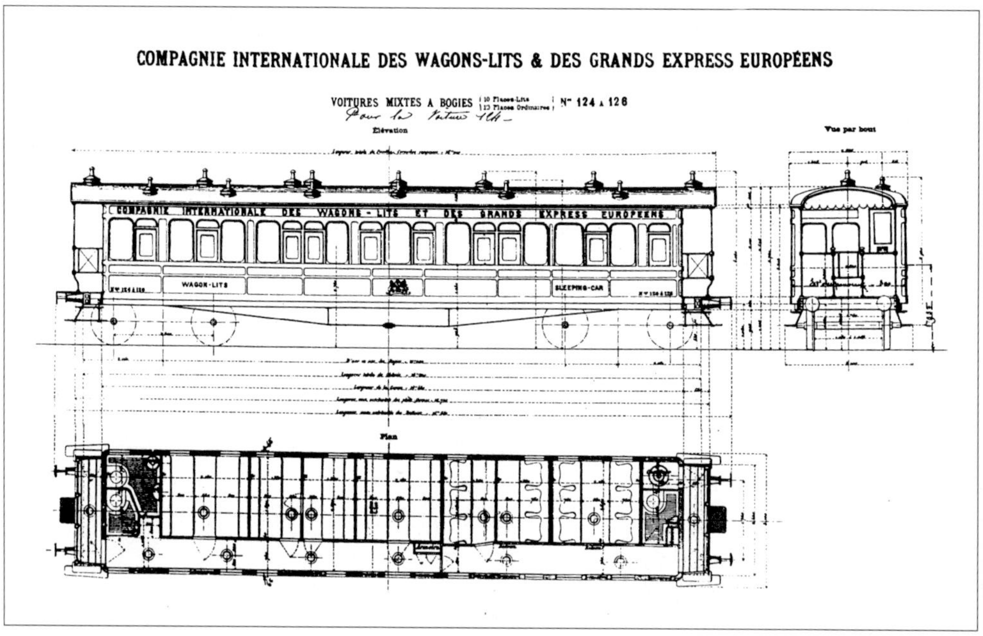

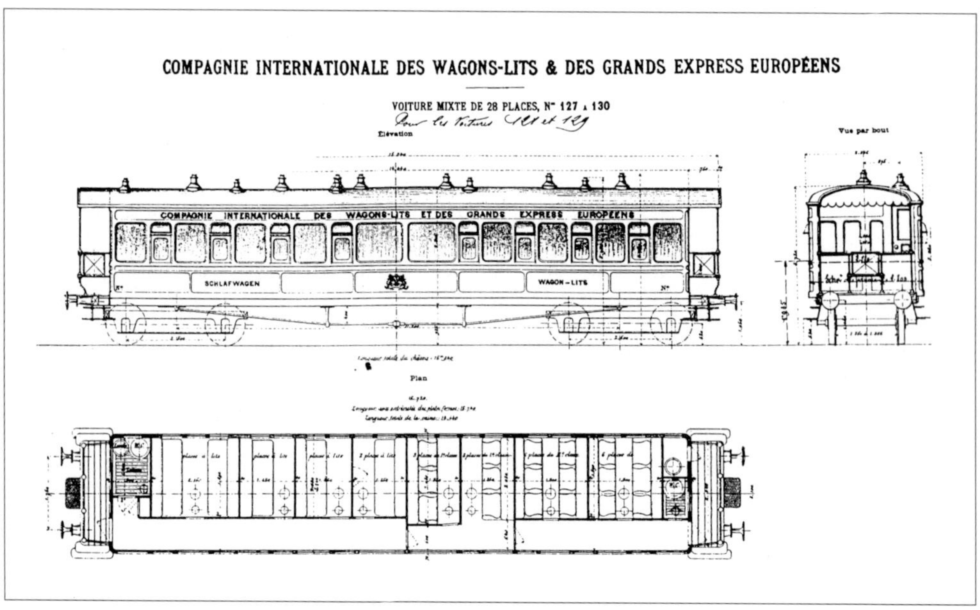

CIWL-Zeichnung der WL 127-130.
Slg. Coudert (3)

Kurswagen 127-130 (Maschinenbau-AG Nürnberg 1883) für Calais – Wien.

Aufn.: Werkaufnahme – Archiv MAN

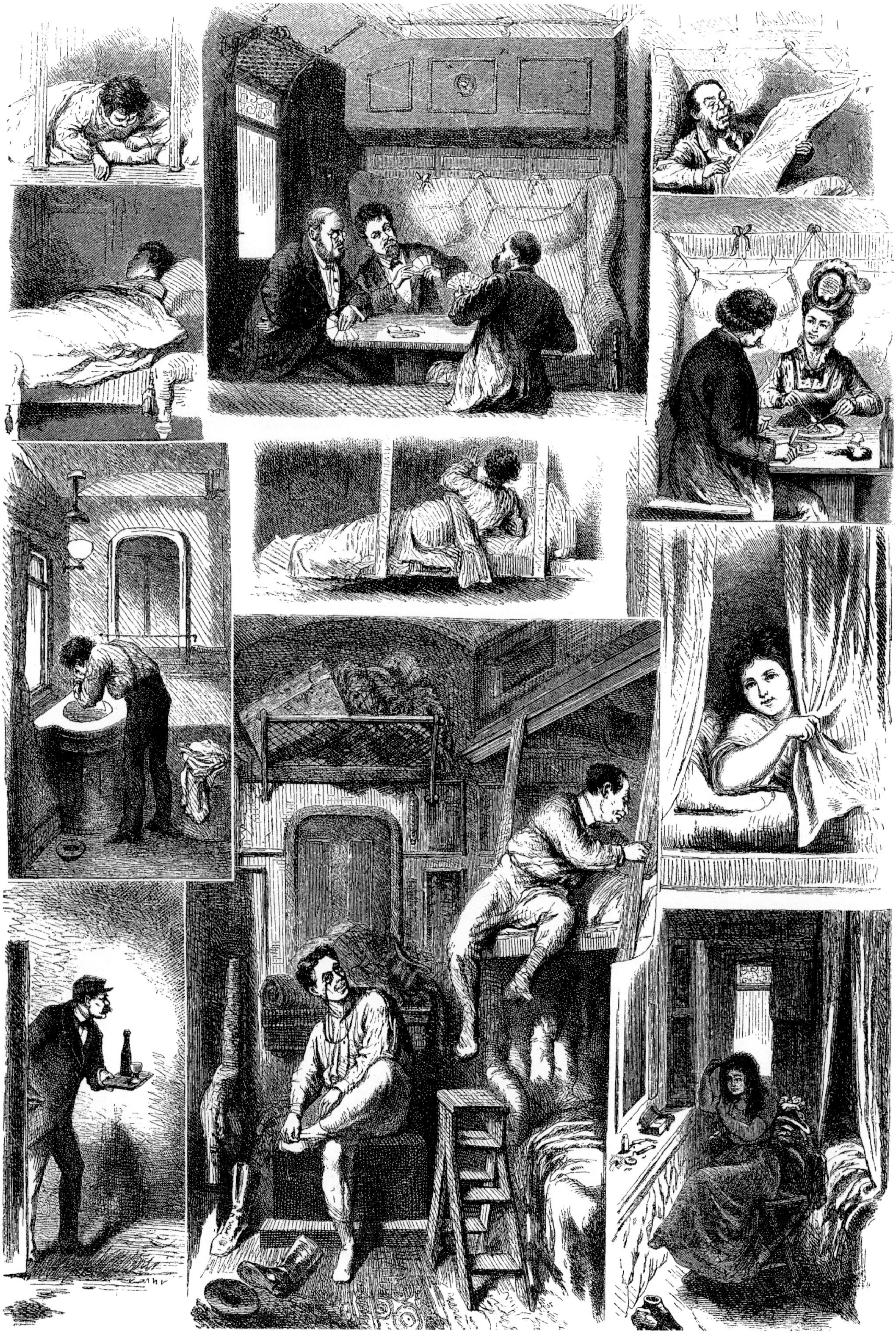

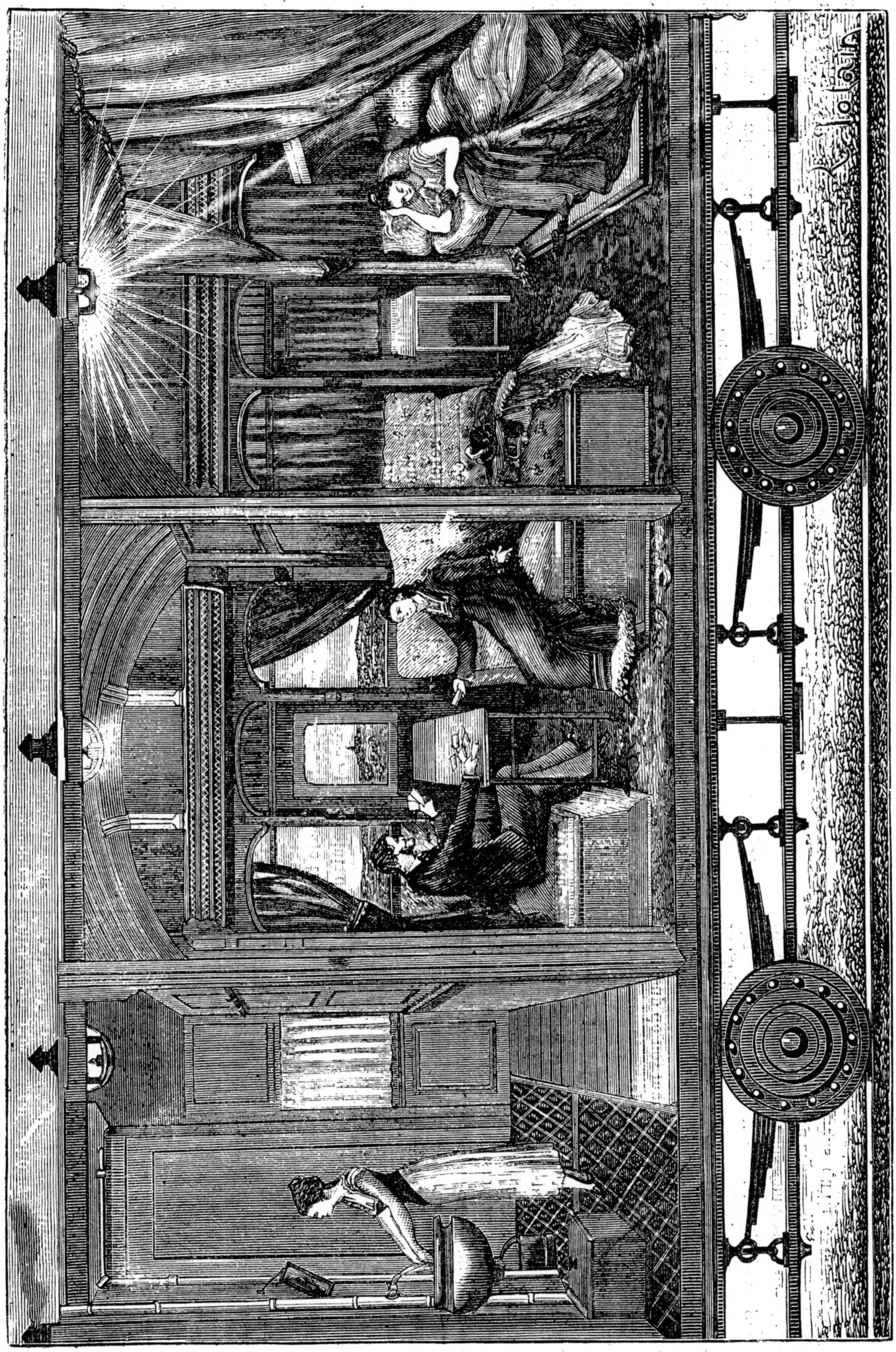

Links, oben und folgende Doppelseite: Zeitgenössische Ansichten vom *Innenleben* der Schlafwagen der ISG um 1880. SLG. JÜRGEN KLEIN

Cie Internationale

des Wagons-Lits

Kampf um Monopole

Man schreibt das Jahr 1884. Ein dichtgeknüpftes Netz von 23 Schlafwagenverkehren der CIWL überspannt das Deutsche Reich.

Seit Juni 1883 fährt der erste, ausschließlich aus Wagen der CIWL zusammengestellte internationale Luxuszug – der *Grand Express D'Orient – Train Express De Luxe* – zwischen Deutsch-Avricourt und Simbach durch Süddeutschland. Speisewagen laufen zwischen Berlin und Bebra. Das Deutschlandgeschäft ist Haupteinnahmequelle der CIWL. Georges Nagelmackers – Kopf, Herz und Seele des Unternehmens – glaubt das Monopol mit Händen greifen zu können. Da erteilt der Minister der öffentlichen Arbeiten Albert von Maybach, der oberste Aufsichtsbeamte der Königlich Preußischen Eisenbahnverwaltung (KPEV), den Eisenbahndirektionen die Weisung, zur Verlängerung anstehende Verträge mit der CIWL nicht zu erneuern, sondern Eigenbetrieb mit Schlafwagen aufzunehmen. Was war geschehen?

Die Preußen kommen!

Bereits im Jahre 1860 hatte der damalige preußische Minister für Handel, Gewerbe und öffentliche Arbeiten August von der Heydt die staatlichen Eisenbahnkommissionen aufgefordert, zu berichten, ob die Einrichtung von *Schlafstätten und von besonderen Coupés für gewisse Bedürfnisse* geboten sei. Die Eisenbahnkommission Coeln berichtete am 8. November 1860, daß die Coeln-Mindener Eisenbahn nicht beabsichtige, in den Schnell- und Courirzügen Schlafstellen vorzusehen, indem ein Bedürfnis sich nicht herausgestellt habe. Die Einrichtung könne umso mehr unterbleiben, als dadurch die schweren Kurierzüge noch mehr belastet würden. Auch die Direktion der Königlichen Ostbahn in Bromberg berichtete negativ.[7] Trotzdem fehlte es in den kommenden Jahren nicht an immer weiter verbesserten Einrichtungen an Schlafstellen

Albert von Maybach, Königlich Preußischer Minister der öffentlichen Arbeiten von 1878-1891 und oberster Dienstherr der Preußischen Eisenbahnverwaltung schleuderte 1884 den Bannstrahl gegen die Internationale Schlafwagen-Gesellschaft. AUFN.: MUSEUM FÜR VERKEHR UND TECHNIK, BERLIN

wenigstens für die Reisenden der 1. Klasse. Gerade die Preußische Ostbahn, die ihre Nachtzüge auf sehr langen Strecken zu führen hatte, tat sich darin besonders und frühzeitig hervor. Im *Organ 1865* wird darüber detailliert berichtet: *In den zwischen Berlin und Eydtkuhnen cursirenden Personenwagen I. Classe können ... durch Herausziehen der Sitze entsprechend auszustattende Schlafplätze hergerichtet werden ... Behufs Benutzung dieser Schlafvorrichtungen ist zu dem Fahrbillet I. Classe für die betreffende Strecke ein sog. Schlafbillet zum tarifmässigen Preise III. Classe hinzu zu lösen.* Die Direktion Bromberg wird es auch sein, die Anfang der achtziger Jahre die Pionierarbeit bei der Einführung des staatseigenen Schlafwagenbetriebes leistet.

Wir haben bereits erfahren, daß der erste preußische Staatsbahn-Schlafwagen 1874 zwischen Hamburg und Frankfurt am Main von der KED Hannover eingesetzt worden war.

Ab 1874 stellte die Preußische Ostbahn besonders luxuriöse *Salon-Coupé-Wagen I. Classe* mit Schlafeinrichtung in ihre Fernpersonenzüge, die zwischen Berlin und Eydtkuhnen sowie Berlin und Warschau mit Fahrzeiten bis zu 17 Stunden gefahren wurden, zusätzlich zum CIWL-Schlafwagen Berlin – Eydtkuhnen ein. Der im Kurs Berlin – Warschau laufende Schlafplatzwagen wurde ab Mai 1880 von der KED Bromberg als *Schlafwagen* geführt, während der CIWL-Schlafwagen Berlin – Eydtkuhnen vorläufig noch *vertraglich geschützt* war.

Im selben Jahr hatte der Minister einen von der KED Bromberg vorgelegten Schlafwagenentwurf *abgesegnet*, woraufhin fünf zweiachsige Wagen bestellt und nach Anlieferung im Sommerfahrplan 1881 in die Kurierzüge zwischen Berlin und Warschau eingestellt worden sind. Der *Courir-Zug 3* führte zwischen Berlin-Schles.Bhf. und Bromberg nunmehr sowohl den Schlafwagen der CIWL Berlin – Eydtkuhnen wie den Schlafwagen der KED Bromberg Berlin – Warschau. Dazu kamen Bromberger Schlafplatzwagen Berlin – Eydtkuhnen und Berlin – Insterburg. Die Zugtrennung erfolgte in Bromberg, von wo aus der preußische Schlafwagen über Thorn und Alexandrowo, von hier auf normalspuriger russischer Strecke der Warschau-Wiener Eisenbahn bis Warschau gefahren wurde. Abfahrt Berlin 23.15, Ankunft Warschau 14.45, Eydtkuhnen 15.58.

Der 1874 zwischen der CIWL und der Königlichen Ostbahn für die Dauer von sechs Jahren abgeschlossene Vertrag für Berlin-Eydtkuhnen wurde 1880 mit Genehmigung des Ministers für weitere sechs Jahre verlängert. In den Jahren 1881 und 1883 sind seitens der preußischen Verwaltung neue Verträge zugestanden worden. Alarmzeichen waren also offenbar keine erkennbar. Was Nagelmackers 1879 veranlasst haben mochte, der KPEV einen Anteil von 25 % der Bruttoeinnahmen aus dem preußischen Schlafwagengeschäft anzubieten[8] und ob das Angebot in Berlin angenommen worden ist, bleibt ungeklärt.

Die 1879 in Gang gebrachte Verstaatlichung der preußischen Privatbahnen war binnen fünf Jahren im Wesentlichen abgeschlossen, die Preußischen Staatseisenbahn im Frühjahr 1884 zum größten Eisenbahnunternehmen der Welt geworden. Es war dies das Werk des von 1878 bis 1891 amtierenden Ministers der öffentlichen Arbeiten Albert von Maybach, der jetzt beschloß, den *Betrieb der Schlafwagen durch die Internationale Schlafwagen-Gesellschaft auf den deutschen Eisenbahnen nach Möglichkeit zu*

7 nach Baumgarten: Schlafwagen und Speisewagen in Deutschland in ihrer geschichtlichen Entwicklung. – Verkehrstechnische Woche, 24. Jahrg., Heft 39, 24. September 1930. *S. 542.*

8 Baumgarten: a. a. O., *S. 547.*

beseitigen, wie er rückblickend am 11. Dezember 1890 an Reichskanzler Caprivi berichtete. Er war ein dogmatischer Verfechter des Staatsbahnsystems, dem als staatlich-nationale Einrichtung private Einflüsse fernzuhalten sind. Der Ankauf der Privatbahnen hat den Staat sehr viel Geld gekostet. Die Erschliessung neuer Einnahmequellen könnte dem Eisenbahnbudget zugute kommen. Er wusste, daß das Schlafwagengeschäft hohe Gewinne einfuhr. Maybach war ein preußischer Patriot. Unter der Führung des Königs von Preußen war Frankreich 1871 geschlagen und das Deutsche Reich gegründet worden. Seitdem betrachteten und behandelten sich Frankreich und das Deutsche Reich und innerhalb dessen in erster Linie die Vormacht Preußen als *Erzfeinde*. Der Firmensitz der CIWL befand sich zwar im neutralen Belgien, die Unternehmensführung residierte jedoch in Paris, in der Hauptstadt des *Erzfeindes*. Hier hatte Georges Nagelmackers ein internationales Machtzentrum geschaffen, das sowohl politischen als auch finanziellen Einfluß auszuüben in der Lage und auch gewillt war. Man wird wohl, ohne sich in Spekulationen zu verirren, die dargelegten – gewiß eher politisch sachgebotenen als persönlichen – Motive und das dargestellte Szenario miteinander kombinieren dürfen und auch müssen, um die Hinter- und die Beweggründe für die Weisung des Ministers, Verträge mit der CIWL nicht zu verlängern und Eigenbetrieb einzuführen, aus der Zeit heraus verstehen zu können. Die Ablösung eines Monopols durch ein eigenes war allemal beabsichtigt.

Von den im Sommerfahrplan 1884 betriebenen 23 innerdeutschen und deutsch-internationalen Schlafwagenkursen verlor die CIWL Zug um Zug binnen weniger Jahre – bis 1891 – nicht weniger als Zwölf infolge der Berliner Weisung, vier weitere durch Auflassung wegen Unrentabilität. Die nebenstehende Übersicht zeigt den erlittenen Verlust deutlicher als Worte.

Höhepunkt und Tiefpunkt der ISG-Verkehre in Deutschland

Sommer 1884		**Sommer 1891**
Aachen – Berlin	01.09.84 an KPEV	
Berlin – Hamburg	25.10.85 an KPEV	
Köln – Hamburg	15.08.86 an KPEV	
Berlin – Eydtkuhnen	01.10.86 an KPEV	
Köln – Berlin	15.10.86 an KPEV	
Berlin – Oderberg	01.01.87 an KPEV	
Köln – München	01.10.87 an KPEV	
Berlin – Eisenach – Frankfurt	01.01.89 an KPEV	
Berlin – Kassel – Frankfurt	01.01.89 an KPEV	
Berlin – München	01.07.91 an KPEV	
Paris – Straßburg – Wien	aufgelassen 1884 1886 über Arlberg	
Berlin – Hof – Bamberg – München	aufgelassen 1885	
Hamburg – Tetschen – Wien	aufgelassen 1885	
Straßburg – München	aufgelassen 1886	
Paris – Köln – Berlin	aufgelassen 1887. Vertrag von KPEV nicht verlängert.	
Calais – Passau – Wien	01.10.87 getrennt	
	Calais – Köln	Calais – Köln
	Mainz – Wien	Mainz-Wien
Ostende – Köln		Ostende – Köln
Paris – Köln		Paris – Köln
Ostende – Basel (– Mailand)		Ostende – Basel
Paris – Frankfurt		Paris – Frankfurt
Frankfurt – Straßburg – Basel		Frankfurt – Basel
Paris – Basel		Paris – Basel
Berlin – Tetschen – Wien		Berlin – Wien
Total: 23 Kurse		**9 Kurse**

In Paris reagierte man unverzüglich – mit großem Geschick und ebensolchem Erfolg. Die Geschäftspolitik wurde nun noch aggressiver. Die bereits bestehende Monopolstellung in Frankreich wie in Spanien wurde erheblich erweitert, sie wurde in Italien vollendet, neue Märkte in Österreich-Ungarn und auf dem Balkan wurden erschlossen, zusätzliche Verträge mit den süddeutschen Eisenbahnverwaltungen geschlossen, das Netz der Großen Expreßzüge enger geknüpft. Und die verfügte Verbannung aus Preußen wird auch nicht die gewünschte Beseitigung herbeiführen. Wir kommen an anderer Stelle auf alle diese Aspekte noch eingehend zu sprechen. Zunächst gilt es einmal, die preußischen Schlafwagen etwas näher unter die Lupe zu nehmen.

Bromberger Schlafwagen

Gleichzeitig mit den CIWL-Schlafwagen Berlin-Eydtkuhnen stellte die Ostbahn *Vierräderige Personenwagen I. Classe mit Saloncoupé, Dienercoupé und Toilette*, von welchen 1874/75 insgesamt 40 Stück von der Görlitzer Actiengesellschaft für Fabrikation von Eisenbahn-Material geliefert wurden, in ihre Kurierzüge ein. Diese waren für die damalige Zeit mit aufwendigem Komfort ausgestattet. Acht von den zehn Sitzplätzen konnten in bequeme Schlaflager verwandelt werden.[9] Ein Zuschlag wurde – im Gegensatz zu den Bettkarten der CIWL – nicht erhoben. Sie liefen im Sommer 1880 in den Nachtzügen Berlin – Warschau als *Schlafwagen* und sie sind von der KED Bromberg – zuletzt 1913 im Zusammenhang mit der Anfertigung des Modells eines *Abteils 1. Klasse mit Schlafeinrichtung* – als *Bromberger Schlafwagen* bezeichnet worden[10], was in der Fachliteratur zu Verwirrungen geführt hat. Diese Schlafplatzwagen jedoch auch noch mit den Personenwagen A, AB und B nach Blatt 5 der preußischen Normalien von 1878 in einen Topf unter der Bezeichnung *Bromberger Schlafwagen* zu werfen, ist nicht richtig.[11]

Nachdem der Minister einen entsprechenden Entwurf und den Antrag zum Betrieb eines eigenen Schlafwagenkurses zwischen Berlin und Warschau genehmigt hatte, vergab die KED Bromberg einen Auftrag zum Bau von fünf zweiachsigen Schlafwagen an die Breslauer Actien-Gesellschaft für Eisenbahnwagenbau, die 1881 geliefert und ab Mai in den genannten Kurs eingestellt wurden.

Dieser erste *echte* Bromberger Schlafwagen enthielt ein Abteil 1. Klasse mit vier Sitzplätzen, aus denen zwei Bettplätze für die Nacht eingerichtet werden konnten, ein Vollabteil mit vier und zwei Halbabteile mit je zwei Sitzen, in denen durch Herabklappen der über den Sitzen angebrachten Gestelle Bettplätze hergerichtet wurden. Der Einbau oberer Betten in der 1. Klasse war vorgesehen. Getrennte Damen- und Herrentoiletten, Waschraum und Dienerabteil vervollständigten die Einrichtung. Der *Schlafwagendiener* konnte von jedem Platz aus mittels eines *Drucklufttelegraphen* herbeigerufen werden. Die Wagen hatten Oberlichtdach, eingezogene Seitentüren, Seitengänge, Klose'sche Radialachsen, Dampfheizung und Fettgasbeleuchtung System Pintsch. Abmessungen: Achsstand 5 500 mm, Kastenlänge 9 000 mm, LüP 10 270 mm.[12] Sie wurden 1885 mit Inbetriebnahme der neuen Vierachser in Bromberg überflüssig und an die Direktion Altona, die den auslaufenden CIWL-Kurs Berlin – Hamburg abzulösen hatte, überstellt. Das wagengeschichtlich interessante Schicksal dieser ersten fünf *Bromberger* soll nachfolgend kurz nachgezeichnet werden. Die KED Altona stationierte die fünf Wagen in Berlin-Lehrter Bhf. und stellte sie in die Nachtzüge zwischen Berlin und Hamburg ein. 1892 wurden sie in der Hauptwerkstätte Wittenberge in Dreiachser mit Vereinslenkachsen umgebaut, einer von ihnen gleichzeitig oder wenig später zu einem Salonwagen. Die vier restlichen Schlafwagen sind Mitte der neunziger Jahre an eine andere Direktion abgegeben worden, woher sie um die Jahrhundertwende wieder nach Altona als Reservewagen im Lehrter Bhf. zurückkehrten. Bald nach 1902 wurden sie in Sitzwagen umgebaut.

9 Beschreibung mit Zeichnungen in Organ für die Fortschritte des Eisenbahnwesens, Jahrgang 1875, *S. 153 ff.*

10 Schriftwechsel zwischen KED Bromberg und Verkehrs-und Baumuseum Berlin 1913/14 (Archiv des Museums für Verkehr und Technik Berlin)

11 u.a. bei Konrad, Emil: Die Reisezugwagen der deutschen Länderbahnen. Band 1: Preußen. – Stuttgart 1982.

Personenwagen 1. Klasse mit Saloncoupé und Schlafeinrichtung der Königlichen Ostbahn (Görlitz 1875).
Aus ORGAN 1875

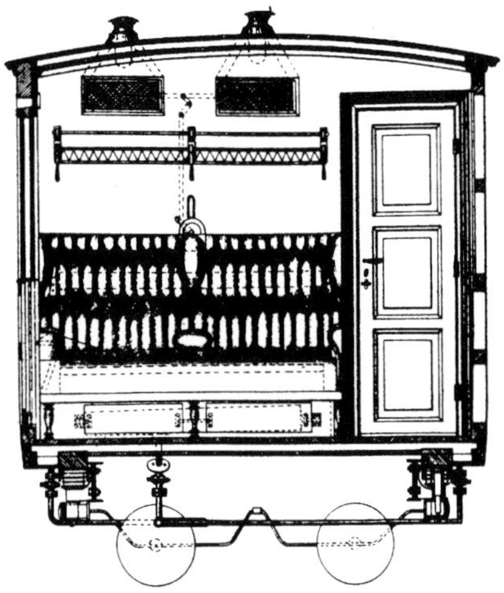

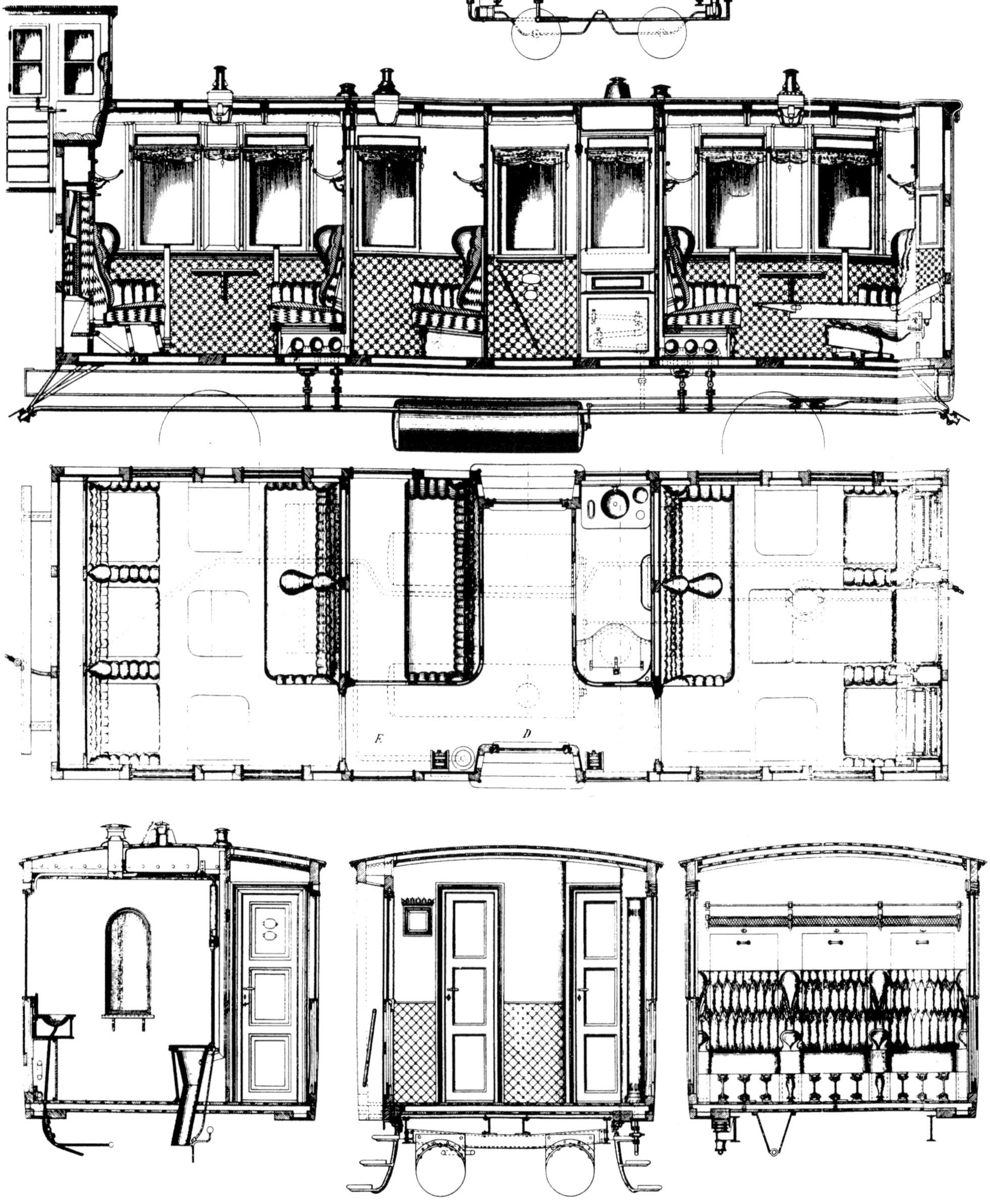

1881	1885		1901	1902			
Bro 96	Alt 20		Alt 24	Alt 01	+ 08/09		
Bro 97	Alt 21		Alt 25	Alt 02	+ 04/05	Umbau in AB 400 Alt ➟ AB 125	➟ B 245 Alt
Bro 98	Alt 22		Alt 26	Alt 03	+ 04/05	Umbau in AB 401 Alt ➟ AB 126	➟ B 246 Alt
Bro 99	Alt 23		Alt 27	Alt 04	+ 04/05	Umbau in AB 402 Alt ➟ AB 127	➟ B 247 Alt
Bro 100	Alt 24	Salon 8 Alt			+ 12		➟ B 135 Alt

Die KED Bromberg erhielt 1884 den Auftrag, einen neuen Schlafwagen aufgrund ihrer bisherigen Erfahrungen zu konzipieren. Sie entschied sich, sicherlich in Kenntnis der im Vorjahr in Erscheinung getretenen Vierachser der CIWL, für einen Drehgestellwagen und vergab, nach erteilter Genehmigung, einen Auftrag für vier Fahrzeuge an die Waggonfabrik Jos. Rathgeber in München, die die ersten Drehgestell-Schlafwagen für die CIWL gebaut hatte. Sie wurden 1885 geliefert und ersetzten die Zweiachser im Kurs Berlin – Warschau und verfügten nunmehr über ein Platzangebot von 20 Betten in vier Halbcoupés 1. und drei Vollabteilen 2. Klasse. Wir werden fortan Aufzählung und Darstellung von Abmessungen und konstruktiven Einzelheiten, die aus beigegebenen Zeichnungen gelesen werden können, unterlassen. *Die Koupé-Wände sind mit olivgrünem Plüsch..., die Sitze mit rothbraunem Plüsch überzogen, die Toiletten und der Seitengang sind bis zur Fensterbrüstung mit Linoleum, der obere Theil mit elegantem Lederbarchend bekleidet; der Boden hat zunächst Filzbelag, darauf Linoleum und auf diesem Velours-Teppiche; in beiden Vorplätzen liegen geplüschte Kokosmatten. Die sämtlichen Holztheile, Profileisen, Deckengesimse, Fensterumrahmungen sind aus amerikanischem Nußbaum gefertigt. Die Beschläge sind durchweg vernickelt... Die Gesammt-Ausstattung ist eine geschmackvolle, jeden übertriebenen Luxus vermeidende...* [13] Im Jahr darauf wurden vier Wagen gleicher Bauart – zwei von van der Zypen & Charlier in Deutz und zwei von der Breslauer AG geliefert – der Direktion Bromberg für den ab 1. Oktober 1886 von der CIWL zu übernehmenden Kurs Berlin – Eydtkuhnen zugewiesen.

Ebenfalls 1886 sind drei weitere *Bromberger* – zwei aus Breslau und einer aus Deutz –, als *Kurswagen*, d. h. mit Schlaf- und Sitzabteilen, an die KED Berlin für den Kurs Berlin – Köln geliefert worden.

Im darauffolgenden Jahr erhielt die KED Coeln (linksrheinische) fünf Kurswagen, gebaut in Deutz, für den Kurs Köln – München, der die infolge der Auflassung des CIWL-Schlafwagens Calais – Wien bzw. der Kurstrennung in Calais – Köln und Mainz – Wien entstandene Lücke zwischen Köln und Mainz füllte. Die Schlafabteilung bestand aus fünf Halbabteilen, die Kursabteilung aus zwei Halbabteilen 1. sowie je zwei Halbabteilen 1. und Vollabteilen 2. Klasse. Die Aufschriften lauteten:

	SCHLAF-WAGEN	
ABTHEILUNG	(Nr.)	ABTHEILUNG
MIT	(Adler)	FUER
SCHLAFEINRICHTUNG		DURCHGANGVERKEHR
I. II. CL.		I. II. CL.

Im Jahr 1888 wurden sieben Schlafwagen aus Breslau bei der KED Frankfurt am Main und fünf Kurswagen aus Deutz für die KED Berlin in Dienst gestellt. Zwei im Folgejahr an Berlin gelieferte Wagen (Breslau) vervollständigten die zweite Generation der *Bromberger Schlafwagen*, von denen nunmehr 30 Fahrzeuge zur Verfügung standen.

1885	Rathgeber	Bromberg	92-95		(4)
1886	v. d. Zypen	Bromberg	96", 97"		(2)
	Breslau	Bromberg	98", 99"		(2)
	Breslau	Berlin	61, 62	Kurswagen	(2)
	v. d. Zypen	Berlin	63	Kurswagen	(1)
1887	v. d. Zypen	Coeln lrh.	13-17	Kurswagen	(5)
1888	Breslau	Frankfurt	41-47		(7)
	v. d. Zypen	Berlin	64-68	Kurswagen	(5)
1889	Breslau	Berlin	69, 70		(2)
				Total	**(30)**

Den *Brombergern* folgten 1890/91 elf Kurswagen – noch mit offenen Plattformen und ohne Übergang, aber mit einem über den Bühnen herabgezogenen stark gewölbten Tonnendach:

1889	Breslau	Altona	12-14	(3)
	v. d. Zypen	Frankfurt	45", 46", 47", 48	(4)
1891	v. d. Zypen	Erfurt	19-22	(4)
			Total	**(11)**

12 Beschreibung mit Zeichnungen in Glasers Annalen für Gewerbe und Bauwesen. No. 107, 1. Dezember 1881. *S. 210 ff.*

13 Glasers Annalen... No. 249, 1. November 1887. *S. 171 ff.*

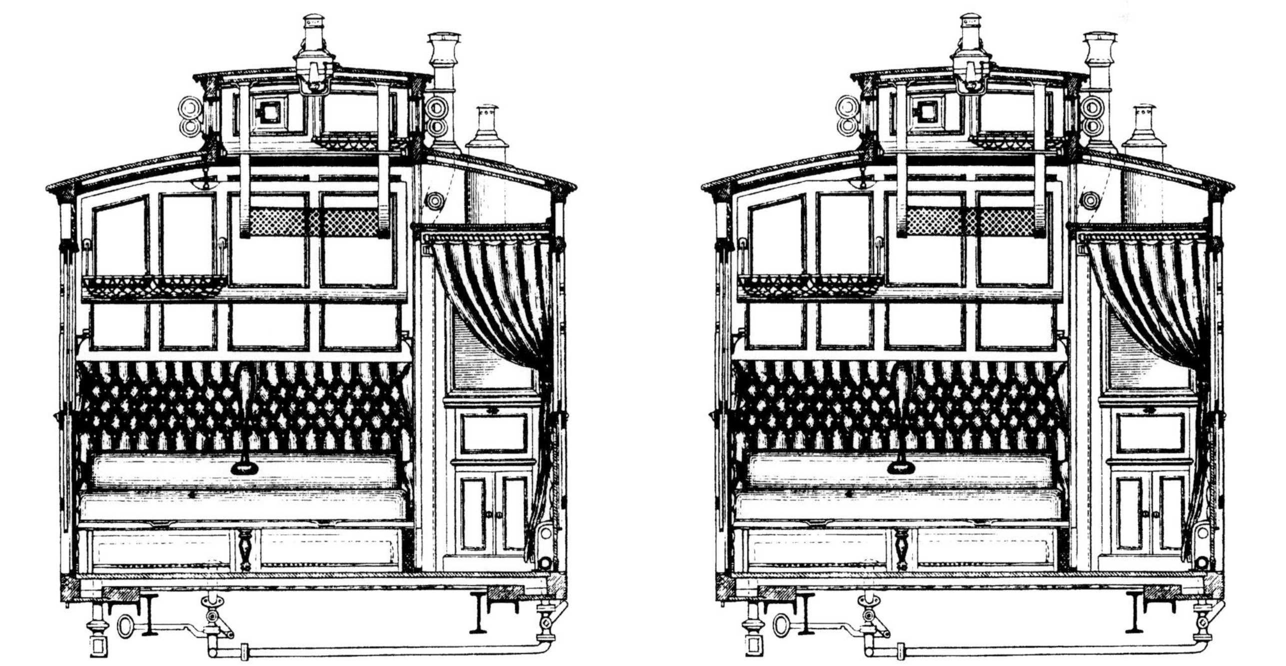

oben und folgende Seite: Der erste *Bromberger Schlafwagen* (Breslau 1881). Aus GLASERS ANNALEN 1881

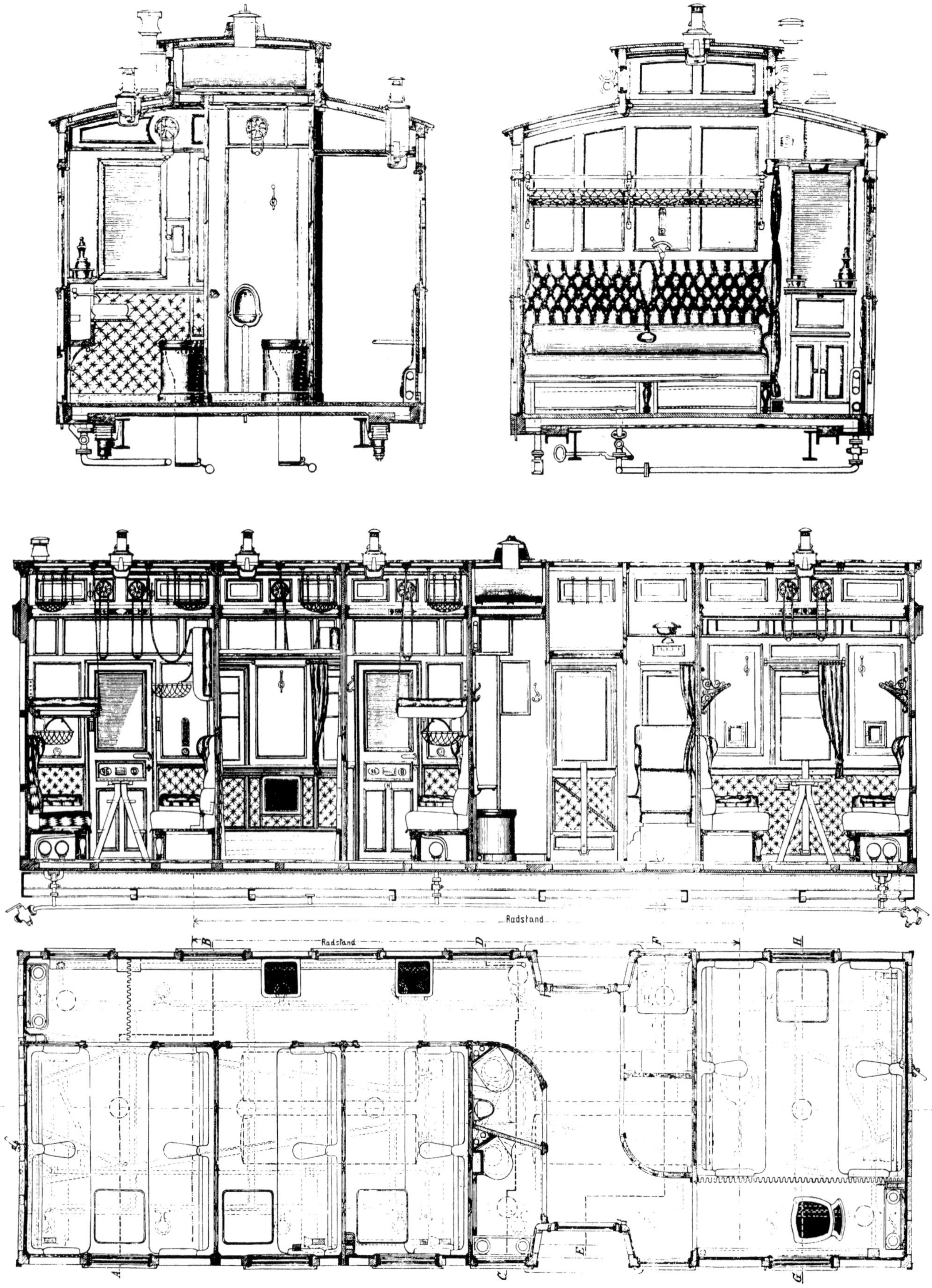
Radstand
Radstand
B
D
F
H
A
C
E
G

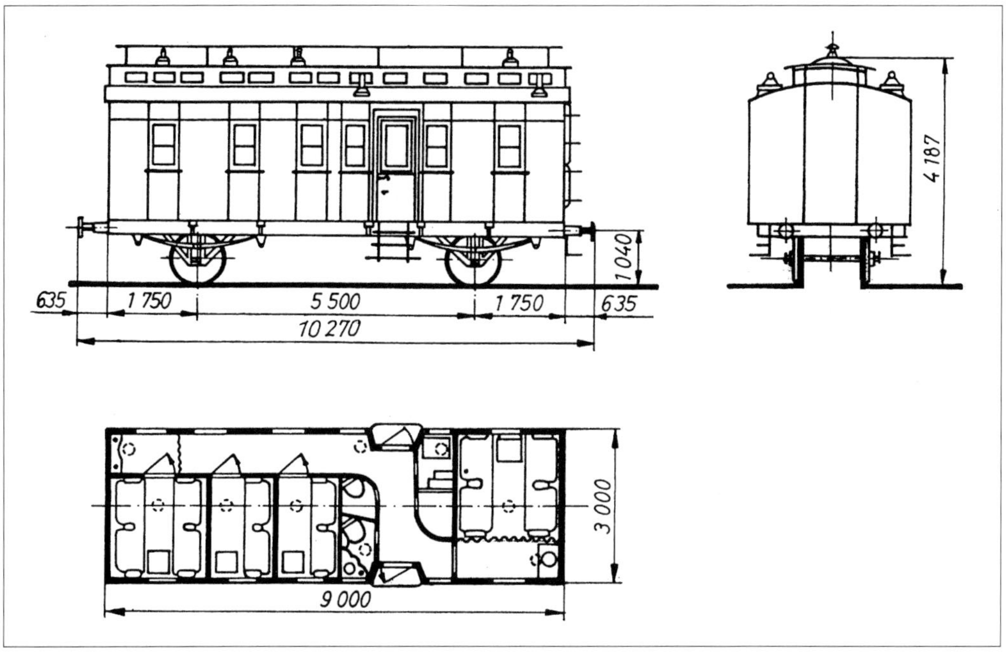

Übersichtsskizzen der ersten *Bromberger.* Slg. Theurich

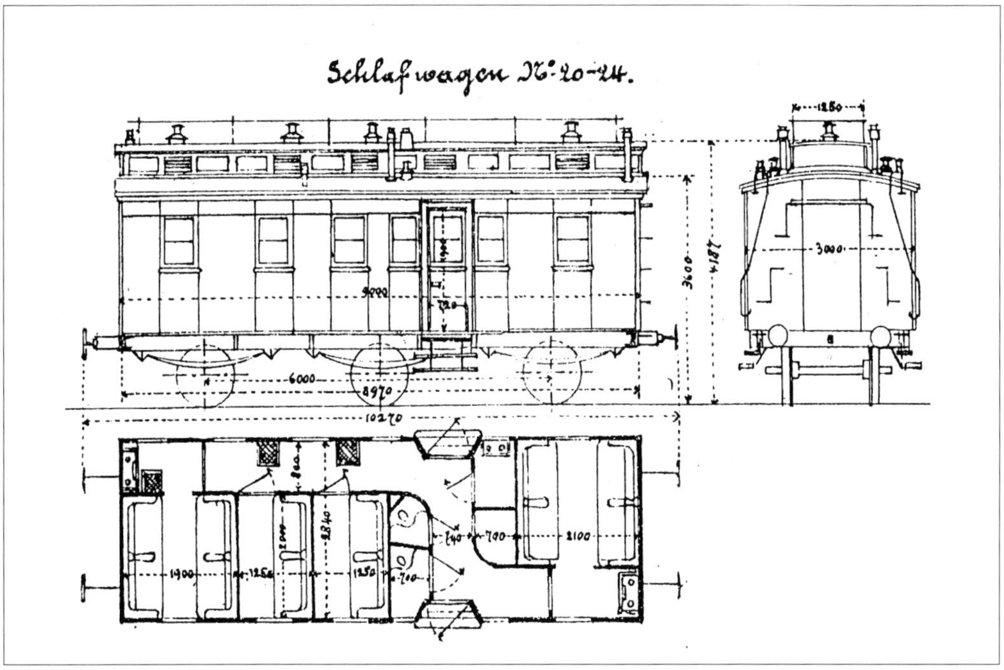

Die zweiachsigen *Bromberger* wurden 1892 von der KED Altona in dreiachsige Schlafwagen (Altona 20-24) umgebaut.
Slg. Dr. Albert Mühl

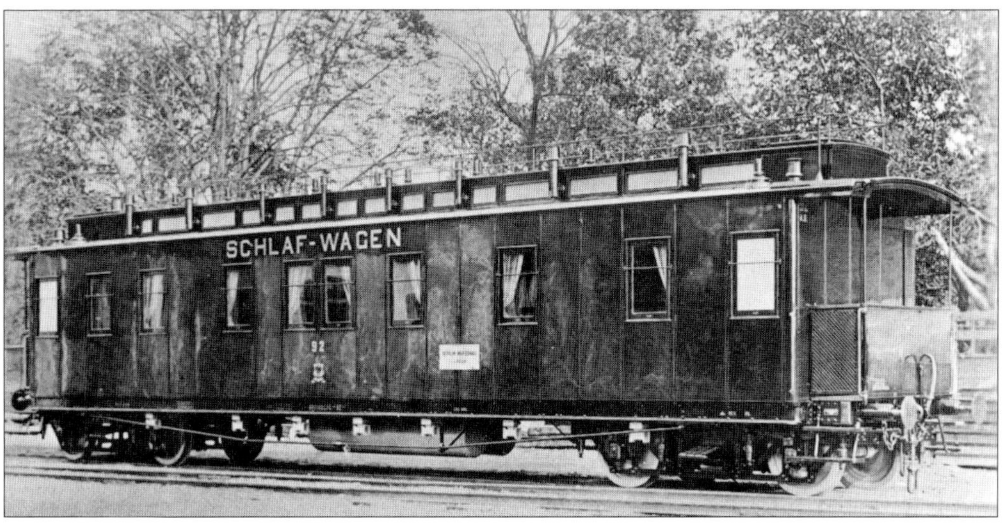

Bromberger Schlafwagen der zweiten Generation: WLAB4 *Bromberg 92-95* (Rathgeber 1885) für den zweiten Kurs Berlin – Warschau.

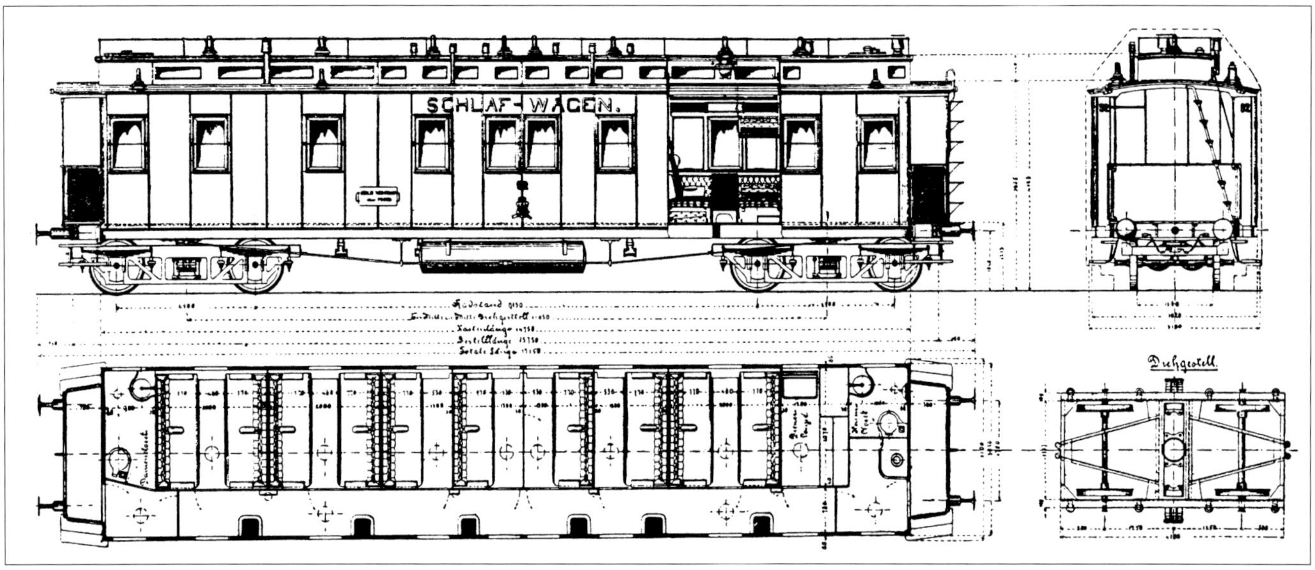

Werkzeichnung der Schlafwagen *Bromberg* 92-95. SLG. DR. ALBERT MÜHL (3)

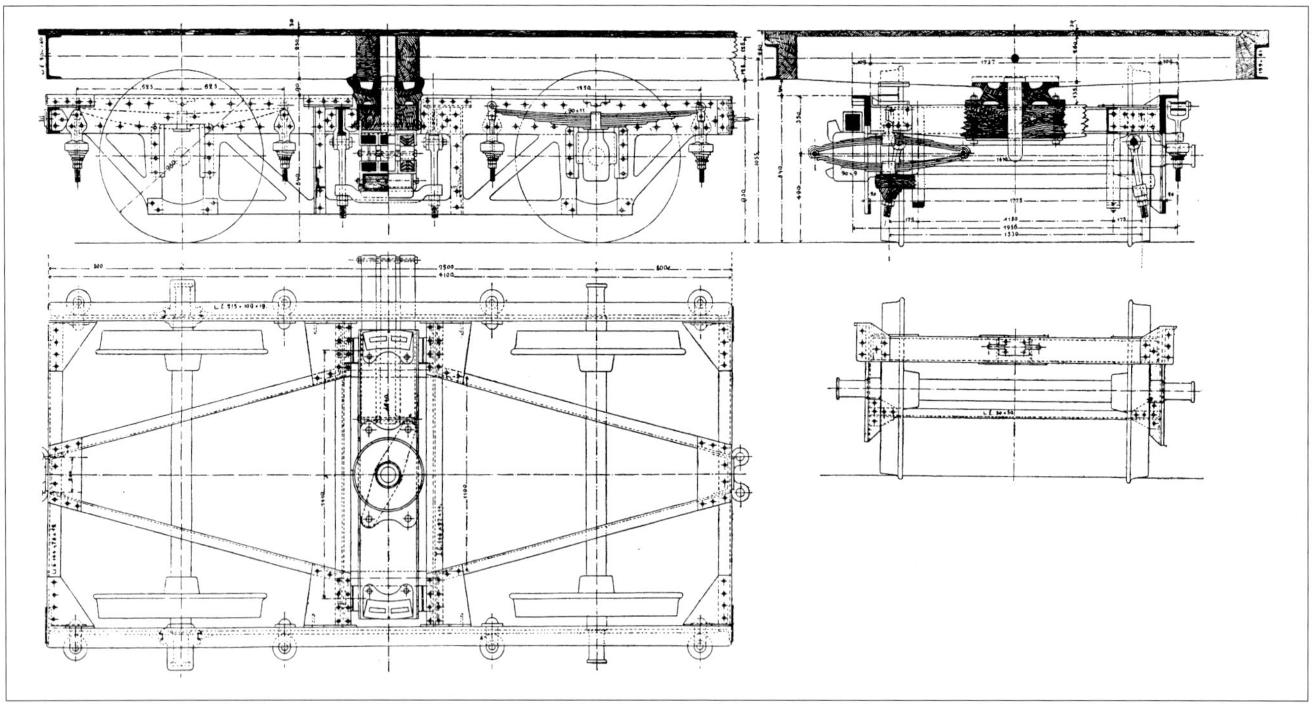

Drehgestell der *Bromberger*.

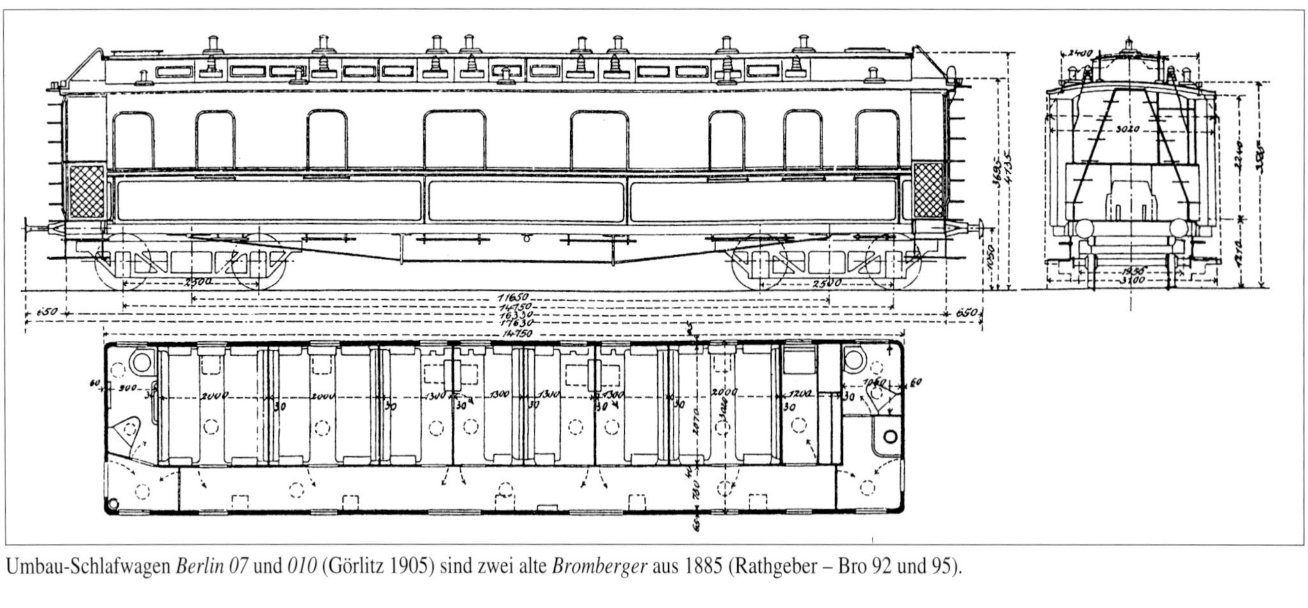

Umbau-Schlafwagen *Berlin 07* und *010* (Görlitz 1905) sind zwei alte *Bromberger* aus 1885 (Rathgeber – Bro 92 und 95).

WL *Altona 05* entstand 1905 durch den Umbau (Görlitz) des *Bromberger* Nr. 96 (Deutz 1886). AUFN.: WERKAUFNAHME GÖRLITZ, SLG. THEURICH

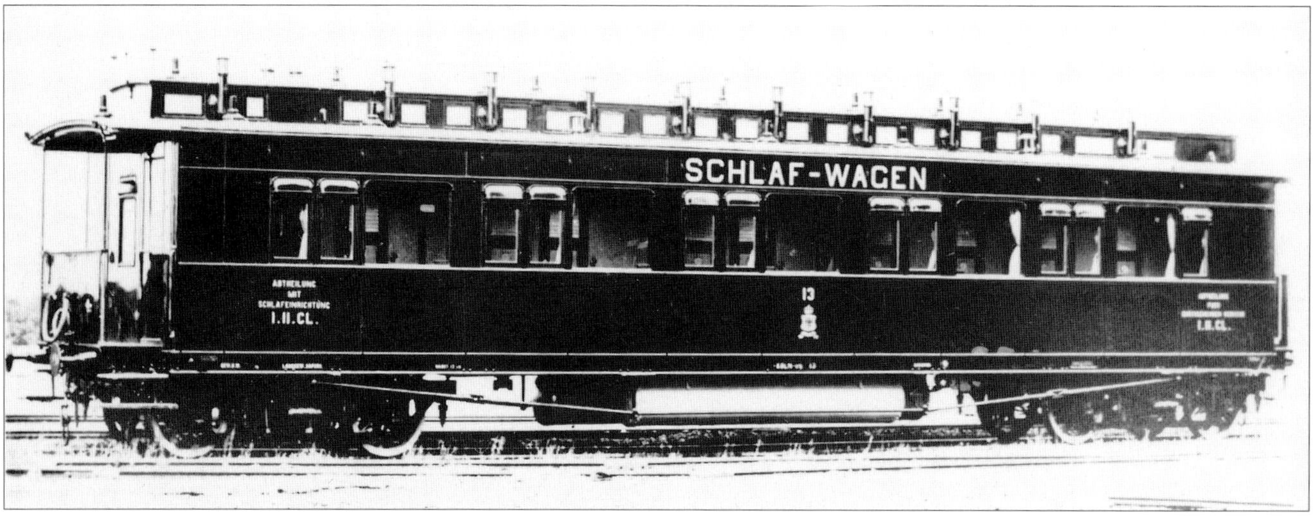

Kurswagen *Coeln linksrheinisch 13* (Deutz 1887) für Köln – München. AUFN.: SLG. DR. SCHEINGRABER

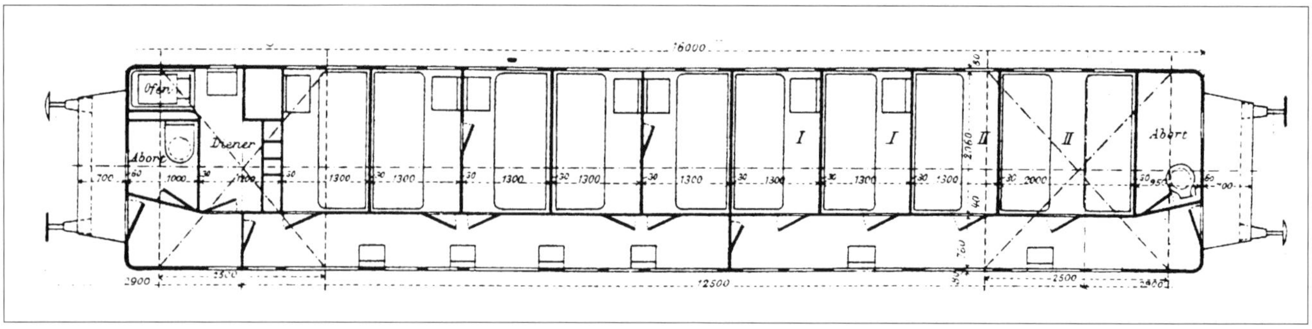

Kurswagen *Coeln lrh. 13-17.*

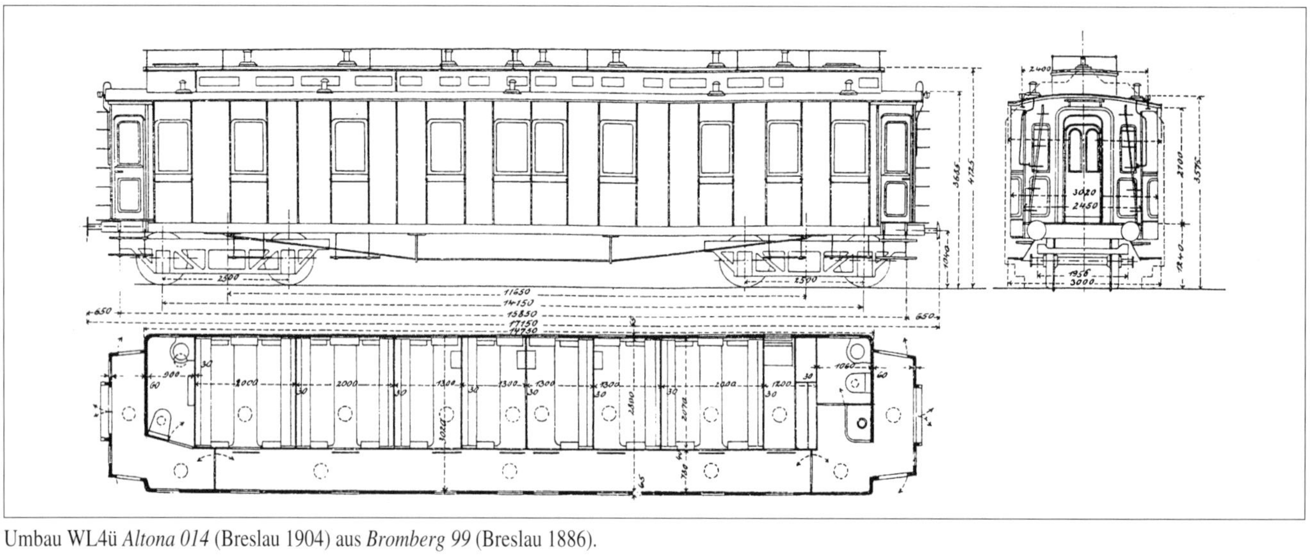

Umbau WL4ü *Altona 014* (Breslau 1904) aus *Bromberg 99* (Breslau 1886).

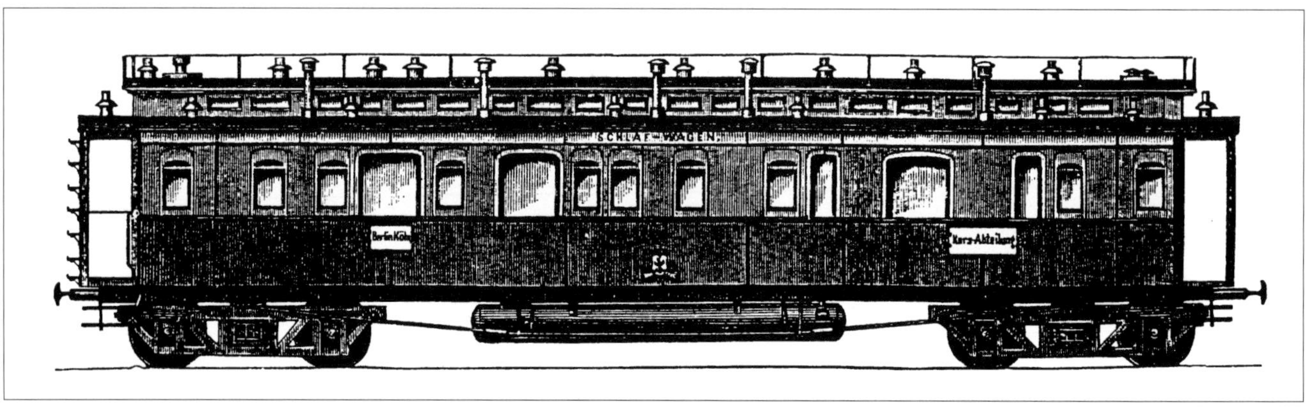

Zeitgenössische Darstellung eines Kurswagens (um 1888). SLG. DR. ALBERT MÜHL (3)

Kurswagen *Berlin 66* (Deutz 1888). Slg. Dr. Albert Mühl (3)

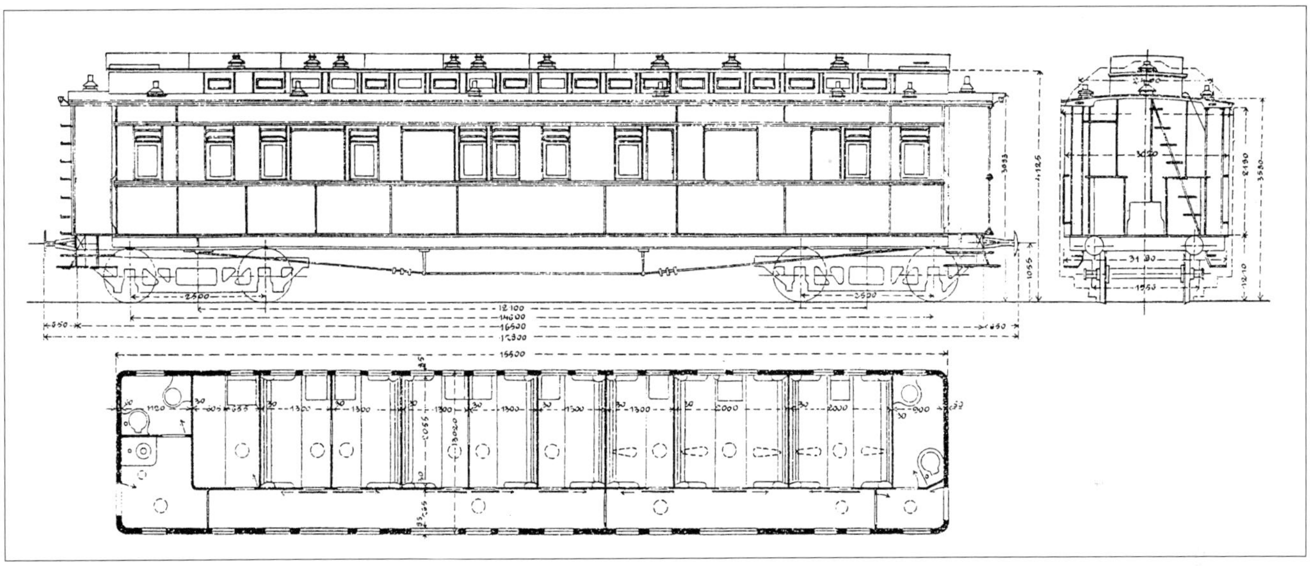

Kurswagen *Berlin 026* (Bsl 1888) im ursprünglichen Zustand. Der Wagen wurde geliefert als *Frankfurt 42*.

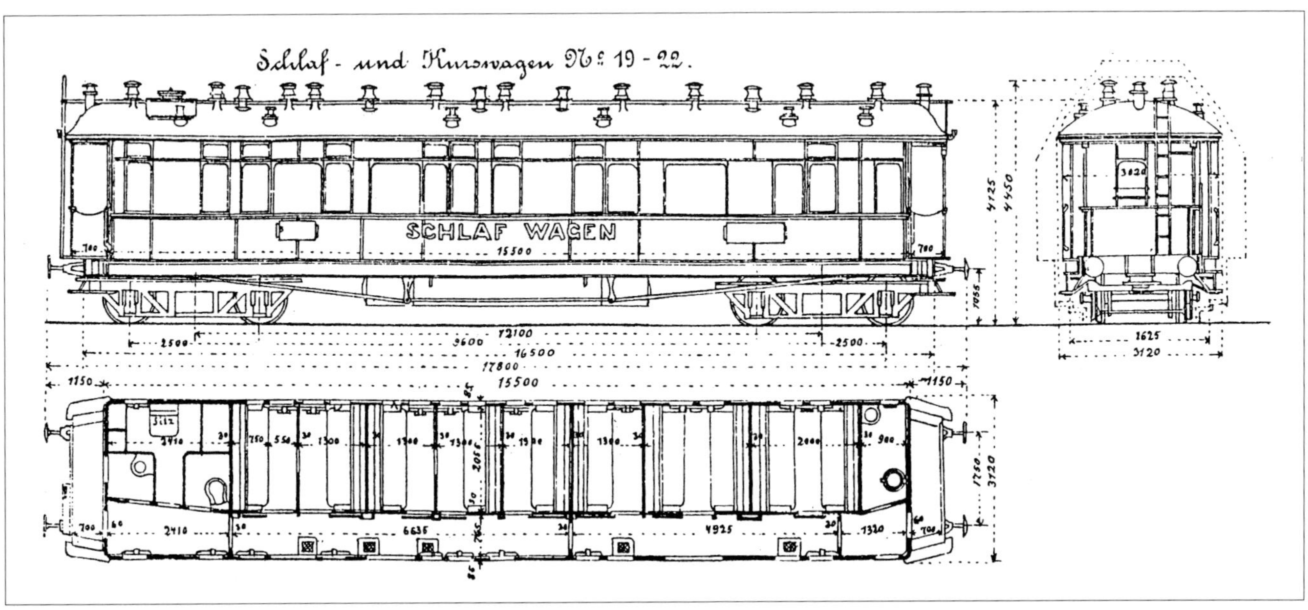

Kurswagen *Erfurt 19-22* (Deutz 1891).

WLAB4 *Frankfurt 47* (Deutz 1890) mit Tonnendach.

AUFN.: WERKAUFNAHME DEUTZ – SLG. DEPPMEYER

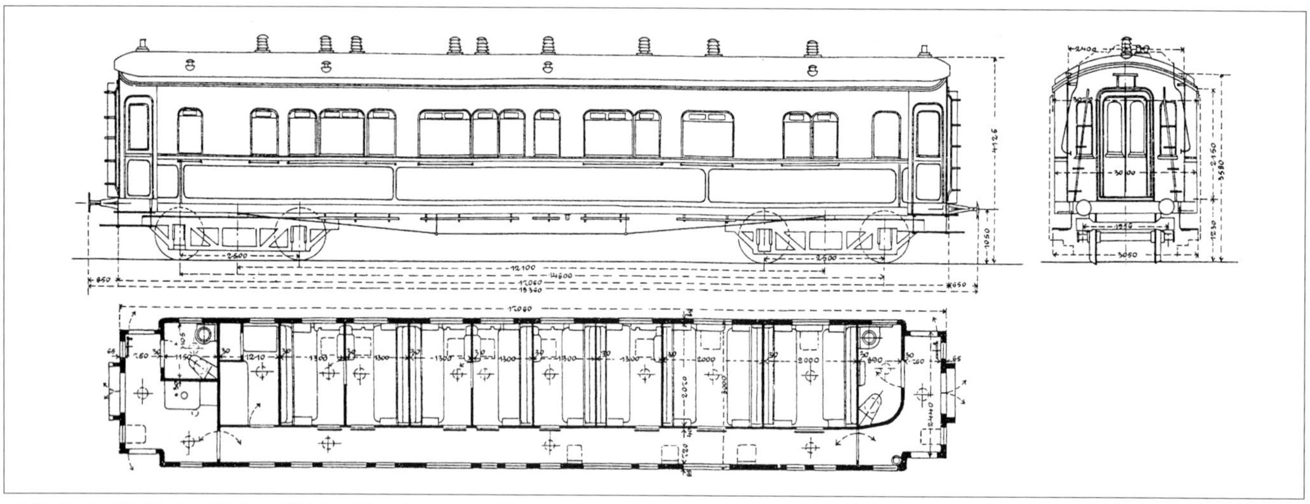

WL4ü *Berlin 041* (Umbau Görlitz 1905) *Frankfurt 48* (Deutz 1890).

SLG. DR. ALBERT MÜHL

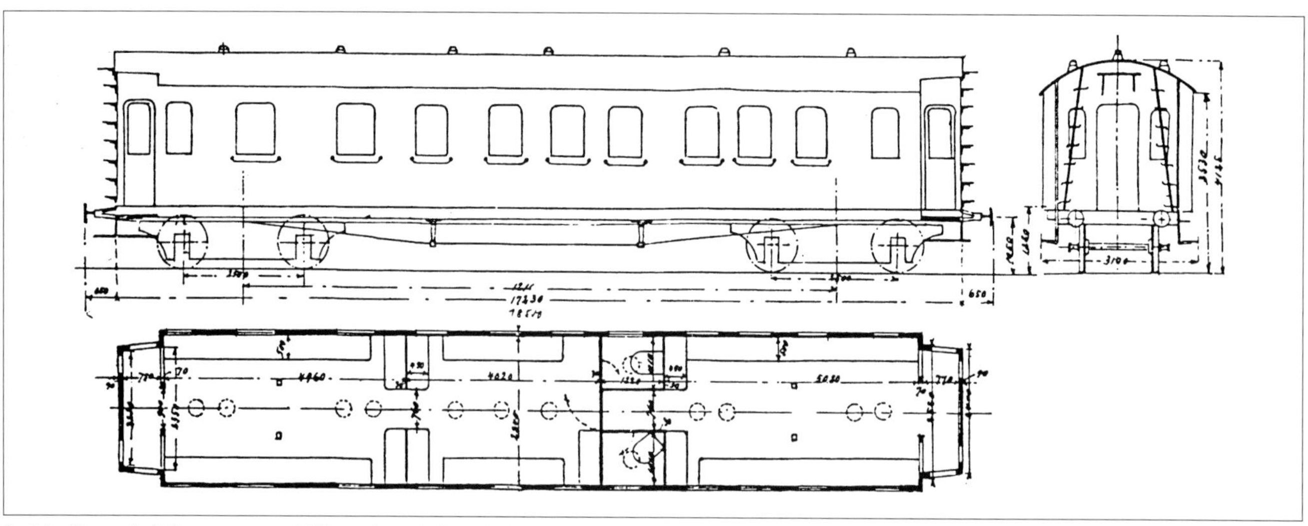

Drei der Tonnendach-Kurswagen von 1890 wurden zwischen 1913 und 1915 von der KED Altona in Personenwagen 4. Klasse *Altona D 3990-3992* umgebaut.

SLG. HOYER

Die Elberfelder Schlafplatzwagen

Am 1. September 1884 hatte die KPEV als ersten den Schlafwagenkurs Aachen – Berlin von der CIWL zu übernehmen. Hierfür stellte die KED Elberfeld besonderer Schlafplatzwagen in Dienst. Wer könnte diese besser beschreiben als deren spiritus rector, Oberingenieur W. Clauss, vormals Chef des Werkstätten- und Maschinenwesens der am 1. April 1885 verstaatlichten Braunschweigischen Eisenbahn und jetztiger Vorstand der Hauptwerkstätte Braunschweig? Der nachstehend abgedruckte Bericht ist in mehrfacher Hinsicht zugleich ein zeitgeschichtliches Stimmungsbild, wenn wir beispielsweise erfahren, daß die *jetzigen internationalen Schlafwagen der grossen Mehrzahl der Reisenden ... nicht sympatisch* sind und *auch der polyglotte fremduniformierte Schlafwagenbegleiter ... dem deutschen Reisenden unsympatisch* ist.

Zwei von den drei bestellten Wagen sind offensichtlich verspätet, nämlich erst 1885 geliefert worden. Ein vierter gleicher Bauart, jedoch mit Oberlichtdach, wurde 1892 in Dienst gestellt. Diese Schlafplatzwagen liefen bis Ende 1893 im Kurs Aachen – Berlin und wurden am 1. Januar 1894 durch Schlafwagen ersetzt. Sie sind daraufhin in Sitzwagen 1. und 2. Klasse mit Bremserhaus umgebaut worden.

1884	v. d. Zypen	Elberfeld	1894: AB 409 Magdeburg *
1885	v. d. Zypen	Elberfeld	1894: AB 410 Magdeburg **
1885	v. d. Zypen	Elberfeld	1894: AB 411 Magdeburg
1892	v. d. Zypen	Elberfeld	1894: AB 412 Magdeburg

* *an die Entente abgegeben*
** *an Elsass-Lothringen abgegeben*

Schlafplatzwagen *Elberfeld No. 271* (Deutz 1884/85). AUFN.: WERKAUFNAHME DEUTZ – SLG. DEPPMEYER

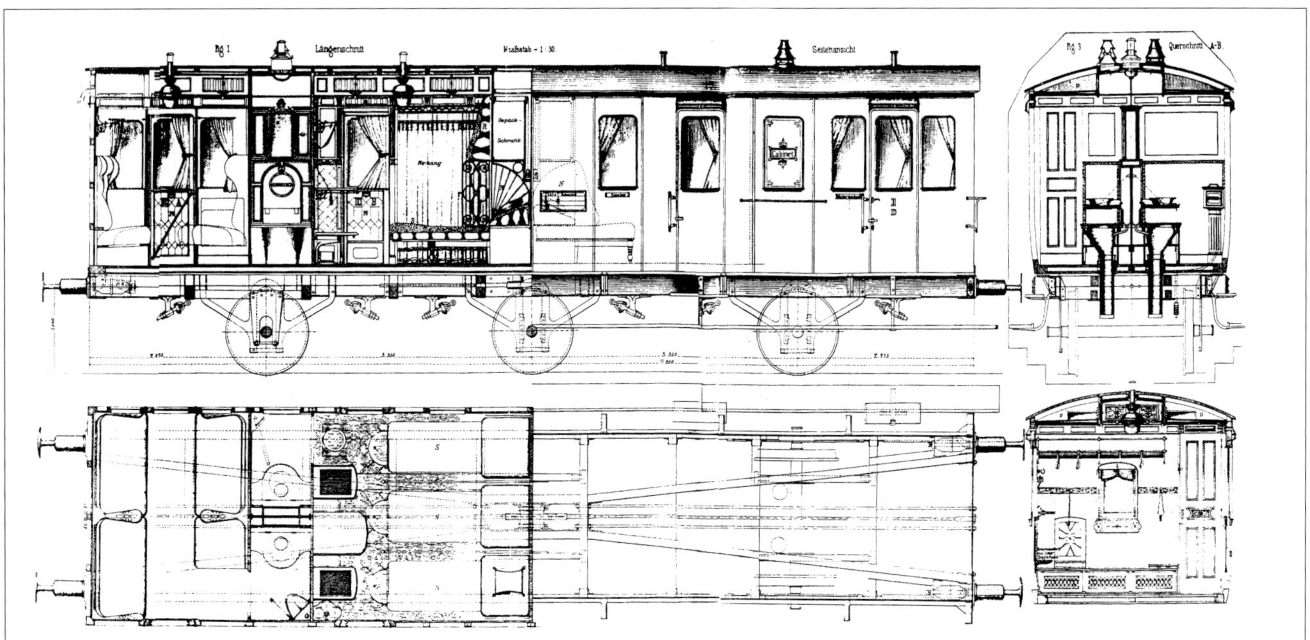

Elberfelder Schlafplatzwagen 1884/85. AUS ORGAN 1886

Danske
STATSBANER.

Bestemmelser
for
Benyttelsen
af de
preussiske Statsbaners
Sovevogne
paa Strækningen
Altona-Randers
og
Instrux
for
Sovevognsbetjentene.

Gyldige
fra den 19. Juni 1886.

Königl. Preußische
Staats-Eisenbahnen.

Bestimmungen
über die
Benutzung der Schlafwagen
der Preußischen Staats-Eisenbahn-Verwaltung
auf der Strecke
Altona-Randers
und
Dienstanweisung
für
Schlafwagenwärter.

Gültig
vom 19. Juni 1886 ab.

Altona.
Druck von Chr. Adolff in Ottensen.

Beschreibung der Schlafplatzwagen.

Tafel VI, Fig. 1 bis 6.

In der vorstehenden Denkschrift sind die wesentlichsten Gesichtspunkte für die Construction dieser Wagen mitgetheilt, sowie auch von anderer Seite dieselben bereits in einem im Februar 1885 in No. 14 der Zeitung des Vereins Deutscher Eisenbahnverwaltungen erschienenen Artikel ansführlich beschrieben worden sind, sodass nach einigen Berichtigungen eine theilweise Reproduction desselben zur Erläuterung der Zeichnungen genügen wird.

Die Untergestelle der Wagen bestehen mit Ausnahme der äusseren Rahmen aus Holz, die Räder aus Abt'scher Papiermasse und sind die Achsbüchsen mit den Tragfedern fest verbunden. Die Letzteren sind mit zweifachen Gummieinlagen zwischen den oberen Federlamellen nach Middelberg versehen, der Wagenoberkasten ruht durchweg auf Filz und die Achsbüchsen spielen frei in den Achshaltern – wodurch ein ganz vorzügliches ruhiges uud sanftes Fahren dieser Wagen thatsachlich erreicht worden ist. In den Compartiments I. Classe bildet Fig. 1 bis 5 den aus einer Nische N leicht herausziehbaren Schlafplatz S, R ist die durch das Gewicht q balancirte Rücklehne, T eine Doppelthür zur Unterstützung der Letzteren.

Mit jedem Schlafcoupé *) ist ein abgeschlossener, vom Coupé aus zugänglicher Raum verbunden, in welchem ein Abort und eine Waschvorrichtung angebracht sind; ausserdem ist in diesem Raume cin Schrank aufgestellt, in welchem sich Krüge mit frischem Wasser und Handtücher befinden. Nach beendigter Fahrt werden die Wagen einer sorgfältigen Revision unterworfen, welche sich auf betriebssichere Instandhaltung des Wagens, auf guten Zustand des Innern desselben, namentlich auf Schlafplatzeinrichtungen oder Ausstattungsgegenstände erstreckt. Für angenehme Erwärmung, Erleuchtung und Versorgung des Wagens mit frischem Wasser und reinen Handtüchern wird stets Sorge getragcm. Die Bedienung des Schlafplatzwagens und der Reisenden erfolgt durch einen von dem Zugführer zu bestimmenden Schaffner. Während der Fahrt ist der Schaffner für die gute Instandhaltung des Innern besorgt, so oft es erforderlich und angängig ist das Wasch- und Trinkwasser zu erneuern; er sorgt für die Erhaltung vollkommener Reinlichkeit der Aborte und Waschvorrichtungen, für reine Handtücher und gleichmässige Erwärmung und Erleuchtung der Wagen. Der Schaffner ist verpflichtet, die Reisenden auf die Bequemlichkeiten im Wagen aufmerksam zu machen und alles zu thun, um den Aufenthalt im Schlafwagen so angenehm als möglich zu machen. Auf den Zwischenstationen muss sich der Schaffner vor dem Schlafwagen aufstellen oder sich in dessen Nähe halten, um neu hinzukommenden Reisenden die Schlafplätze anzuweisen: er muss Reisende, welche auf einer Unterwegsstation den Schlafwagen verlassen, zeitig wecken, er muss wissen, wie viele Reisende sich in den Schlafcoupé's befinden und hat zur besseren Uebersicht die an den Aussenseiten angebrachten Tafeln durch Einschreibung des Reisezieles neben der Platznummer auszufüllen. Die Benutzung der Schlafcoupé's ist gegen Lösung eines Schlafplatzbillets den Reisenden gestattet, welche auf Grund eines Eisenbahnbillets erster Classe Anspruch auf Beförderung haben. Besitzer von Freifahrtberechtigungskarten haben auch für die Benutzung der Schlafplätze ein Billet zu lösen. Der Preis eines Schlafplatzbillets, welches auf den Zugangsstationen Berlin und Aachen bei der Billetexpedition zu lösen ist, beträgt ohne Unterschied der Strecke 4 Mark.

Die auf Unterwegsstationen hinzutretenden Reisenden, welche sich Schlafplätze, soweit solche noch unbesetzt sind, zu sichern wünschen, haben dies bei Lösung eines Fahrbillets erster Classe beziehungsweise unter Vorzeigung eines für den betreffenden Zug gültigen Fahrbillets bei der Billetexpedition der Zugangs- (Unterwegs-) Station anzumelden. Die im Besitze eines Anmeldescheins befindlichen Reisenden haben den Vorzug auf Verabfolgung eines Schlafplatzbillets denjenigen Reisenden gegenüber, welche ein solches nicht besitzen. Die Zahl der Anmeldungen, worüber die Billetexpedition kurze Aufschreibungen zu machen hat, wird dem Zugführer gleich nach Ankunft des Zuges mitgetheilt. Auf Vorzeigung des Anmeldescheins verausgabt der Zugführer in der Nummerfolge die Billets zur Benutzung der vorhandenen unbesetzten Schlafplätze gegen Entrichtung des Tarifpreises. Ausgabe der Schalfplatzbillets darf nur nach der Nummerfolge stattfinden. Reisende mit gültigen Eisenbahnfahrbillets erster Classe dürfen ohne Lösung eines Schlafplatzbillets ausnahmsweise nur dann in die Schlafcoupé's zugelassen werden, wenn letztere ganz oder grösstentheils unbesetzt sind: in den übrigen Wagen des Zuges aber dürfen diese Reisenden nicht untergebracht werden. Die Mitfahrt darf jedoch nur bis zur nächsten Station, wo genügende Plätze im Zuge frei werden und die Aufenthaltszeit ein Umsteigen zulässt, gestattet werden; die Benutzung der Lagerstellen ist in solchen Fällen untersagt, worauf die Reisenden aufmerksam gemacht werden.

In jedem Schlafplatzwagen befindet sich ausser den Schlafcoupé's erster Classe an jedem Ende des Wagens ein Coupé zweiter Klasse. Jedes dieser Coupé's enthält drei zweisitzige und ein einsitziges Sopha mit gepolsterten Rücklehnen und herausziehbaren Sitzen, welche in der Mitte der Wagenbreite durch bewegliche Anlehnen getrennt sind. Diese Coupé's von welchen eins ausschliesslich für Damen zu verwenden ist, dienen in erster Reihe für Reisende auf langen Strecken. Eine besondere Gebühr wird für die Benutzung dieser Coupé's nicht erhoben.

Die Wagen, von der Waggonfabrik v. d. Zypen & Charlier in Deutz erbaut, sind dreiachsig mit einem Radstand von 6,7 m. Besteigen wir zunächst ein Coupé erster Classe, so enthält dasselbe nur drei Sitze, denen gegenüber sich eine niedrige Bank befindet, unter der die Feuerungsvorrichtung angebracht ist. Ueber dieser Bank befindet sich ein kleiner Toilettespiegel, der aber herabgeklappt werden kann und auf seiner Rückseite ein kleines Tischchen repräsentiert, an dem drei Personen sehr bequem Karten spielen können. Sollen nun aus den Sitzen Betten hergestellt werden, so hat man nur die beiden Armlehnen des betreffenden Sitzes in die Höhe zu schieben und durch eine kunstreiche Vorrichtung tritt an die Stelle der Rückwand des Sitzes das mit Pfühl und Kopfkissen versehene Kopfende des Bettes hervor; der übrige Theil des Sitzes wird nun vorgezogen und das Bett ist fertig. Die drei sitze werden in der Nacht durch Vorhänge voneinander getrennt. Die Coupé's zweiter Classe, welche je sieben Sitzplätze enthalten, sind so eingerichtet, dass die Sitze bequem zusammengeschoben werden können und so ein gutes Nachtlager gewähren. Die Ausstattung der Wagen ist sehr schön. Die obengenannte Firma hatte schon auf der Düsseldorfer Ausstellung ihre grosse Leistungsfähigkeit im Waggonbau und ihr bemerkenswerthes Verständniss für das Kunsthandwerk bewiesen; hier hat sie Bedeutendes geleistet. Die inneren Thüren sind von sauber gearbeitetem Nussbaum, sämmtliche Beschläge in vernickelter Arbeit, die Gaslampen kleine Kunstwerke in ihrer Art. Auch das neben jedem Coupé befindliche Cabinet zeigt grossen Luxus der Ausstattung. Dabei ist die Ventilationseinrichtung vorzüglich; jedes Coupé – die Wagen höher als die gewöhnlichen – hat nicht weniger als sechs Ventilationsklappen. Eine hübsche Einrichtung ist es auch, dass an die Aussenseite des Wagens das Reiseziel jedes einzelnen Reisenden angeschrieben wird, so dass ein unnöthiges Wecken dem letzteren erspart bleibt.

*) Auszug aus dem Artikel der Zeitung des Vereins Deutscher Eisenbahn-Verwaltungen.

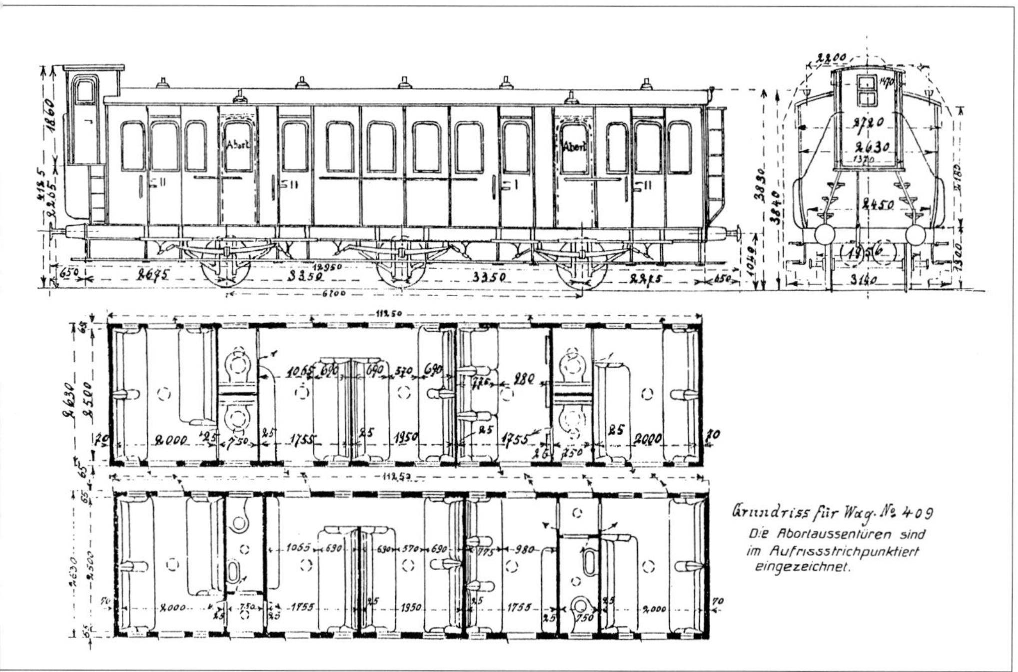

Die AB3 *Magdeburg 409-411* entstanden 1894 durch Umbau aus den Elberfelder Schlafplatzwagen der Lieferung 1884/85.
SLG. DR. ALBERT MÜHL (2)

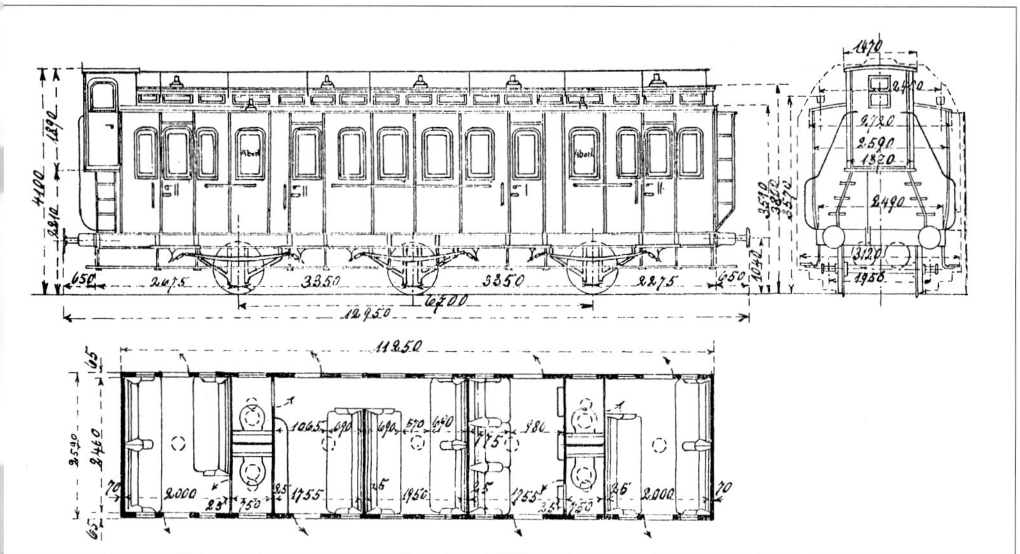

AB3 *Magdeburg 412:* Umbau 1894 aus dem nachgelieferten Schlafplatzwagen mit Oberlichtdach. Alle vier Wagen haben sich mit Ausnahme des Bremserhauses innerlich wie äusserlich kaum verändert.

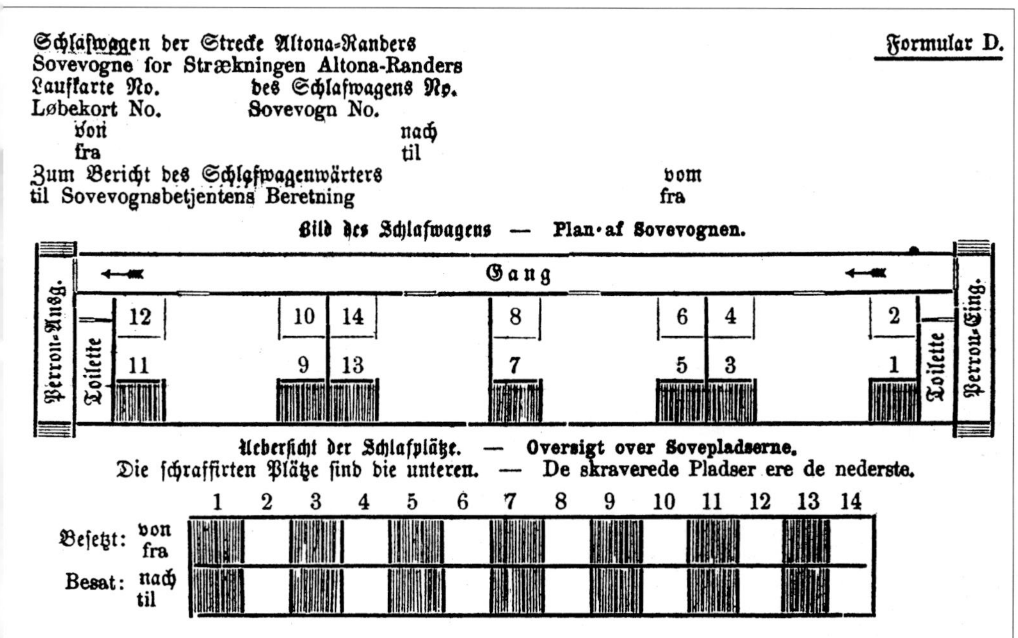

Schlafwagen der Strecke Altona-Randers **Formular D.**
Sovevogne for Strækningen Altona-Randers
Laufkarte No. des Schlafwagens No.
Løbekort No. Sovevogn No.
von nach
fra til
Zum Bericht des Schlafwagenwärters vom
til Sovevognsbetjentens Beretning fra

Bild des Schlafwagens — Plan af Sovevognen.

Perron-Ausg. | Toilette | Gang | 12 11 | 10 9 | 14 13 | 8 7 | 6 5 | 4 3 | 2 1 | Toilette | Perron-Eing.

Uebersicht der Schlafplätze. — Oversigt over Sovepladserne.
Die schraffirten Plätze sind die unteren. — De skraverede Pladser ere de nederste.

		1	2	3	4	5	6	7	8	9	10	11	12	13	14
Besetzt:	von fra														
Besat:	nach til														

Schlafwagen Altona-Randers 1886. Bestimmungen (S. 48) und Wagenabbildung aus der Dienstanweisung (links).
DSB JERNBANEMUSEET

Die Altonaer Schlafwagen – Eine Neuentdeckung

Als zweiter CIWL-Kurs stand der am 25. Oktober 1885 abzulösende Schlafwagen Berlin – Hamburg an. Die zum 1. Juli 1884 in Berlin errichtete Königliche Direktion der Berlin-Hamburger Eisenbahn, die am 1. April 1885 in die KED Altona eingegliedert wurde, war beauftragt worden, den Entwurf eines Schlafwagens vorzulegen. Gleichzeitig mit den Vierachsern in Bromberg, also 1885, erschienen bei der KED Altona drei dreiachsige Schlafwagen, die van der Zypen & Charlier gebaut hatte und deren Existenz bislang unbekannt war, bis sie unlängst in einem der deutschen Fachwelt bisher ebenso unbekannten Wagenverzeichnis der KED Altona aus dem Jahr 1886 [14] entdeckt wurden und so hier erstmals vorgestellt werden können.

Die dreiachsigen *Schlafwagen A.B.* mit Oberlichtdach, offenen Plattformen mit Übergangsbrücken und Seitengang hatten ein Halb- und drei Vollabteile mit insgesamt 14 Betten. Sie glichen den gleichzeitigen AB3i-*Heusinger*-Personenwagen, auch in den Abmessungen, wie ein Ei dem andern. Den Konstrukteuren im Maschinentechnischen Büro Altona war also im Gegensatz zu denen in Bromberg nichts Neues eingefallen.

Die drei Schlafwagen mit Kohlenheizung, die erst später durch eine Dampfheizung ersetzt wurde, und mit *Rohrleitung für die Luftdruck-Bremse von Carpenter, sowie für die Vacuum-Bremse von Hardy* waren für den am 1. Juni 1886 eröffneten Kurs zwischen Altona und Randers in Dänemark bestimmt. Nach dessen Auflassung bereits zum Jahresende 1887 wurde die Hardyleitung ausgebaut und die Wagen gingen nach Berlin-Lehrter Bahnhof, von wo aus sie zusammen mit den vorher hierher verlegten *Bromberger* Zweiachsern im Nachtkurs Berlin – Hamburg gelaufen sind. Gegen Ende der neunziger Jahre sind sie in Sitzwagen umgebaut worden.

1885	v. d. Zypen	Schlafwagen 25 Altona	AB3i 451 Alt
1885	v. d. Zypen	Schlafwagen 26 Altona	AB3i 452 Alt
1885	v. d. Zypen	Schlafwagen 27 Altona	AB3i 453 Alt

14 Illustrirtes Wagenpark-Verzeichniss der Königlichen Eisenbahn-Direction Altona. Aufgestellt im maschinentechnischen Bureau … Juni 1886.

Die Schlafwagen der KPEV am 31.12.1891

KED	Wagen				Kurse
Altona	WL4	12-14	Bsl 90	(3)	Hamburg – Frankfurt (ab 1.4.91)
	WL	20-24	Bsl 81	(5)	Berlin – Hamburg
	WL3i	25-27	Dtz 85	(3)	
Berlin	WL4	61-63	Bsl/Dtz 86	(3)	Berlin – Köln
	WL4	64-68	Dtz 88	(5)	Berlin – Oderberg
	WL4	69/70	Bsl 89	(2)	Berlin – Budapest
Bromberg	WL4	92-95	Mün 85	(4)	Berlin – Alexandrowo
	WL4	96-99	Bsl/Dtz 86	(4)	Berlin – Eydtkuhnen
Coeln lrh	WL4	13-17	Dtz 87	(5)	Köln – München
	WL4	18-20 *	Bsl 88	(3)	Köln – Basel
Elberfeld	Schlafplatzwagen		Dtz 84/85	(3)	Aachen – Berlin
Erfurt	WL4	19-22	Dtz 91	(4)	Berlin – München
Frankfurt	WL4	41-44	Bsl 88	(4)	Frankfurt – Eisenach – Berlin
	WL4	45-48	Dtz 90	(4)	Frankfurt – Nordhausen – Berlin
Insgesamt				**(52)**	**(13)**
Davon	WL4	41			
	WL3	3			
	WL	5			
	Sonst.	3			

* 1891 ex. Fft 45'-47'

„…Und Der Grossen Europäischen Expresszüge"

Für die *Internationale Eisenbahn-Schlafwagen-Gesellschaft Und Der Grossen Europäischen Expresszüge,* wie seit 1884 die ungeschickt formulierte voll ausgeschriebene deutsche Firmenbezeichnung lautete, bedeutete der sich zwischen 1884 und 1891 vollziehende *Rausschmiß* aus Preußen empfindliche Verluste, die jedoch – es ist bereits angedeutet worden – anderwärts zielstrebig und mit großem Erfolg kompensiert wurden. An der Schwelle zum 20. Jahrhundert gebot der alleinherrschede *Patron* Georges Nagelmackers über ein Geschäftsimperium, das sich von der Kanalküste bis St. Petersburg und zum Baikalsee, zum Goldenen Horn und nach Ägypten erstreckte. Er hatte 1894 eine eigene Hotelgesellschaft – die *Compagnie Internationale des Grands Hotels* – gegründet mit riesigen und luxuriösen Hotelpalästen u.a. in Ostende, Paris, an der Côte d'Azur, in Konstantinopel und Kairo. Er gründete 1896 mit Hilfe des Kölner Bankhauses Sal. Oppenheim jr. & Co., dessen Chef seinerseits am CIWL-Kapital beteilgt war und im Verwaltungsrat in Brüssel saß, die *Deutsche Eisenbahn-Speisewagen-Gesellschaft,* deren Wagen, die denen der ISG zum Verwechseln ähnlich waren, den weitaus überwiegenden Anteil ausgerechnet am Speisewagenbetrieb in Preußen

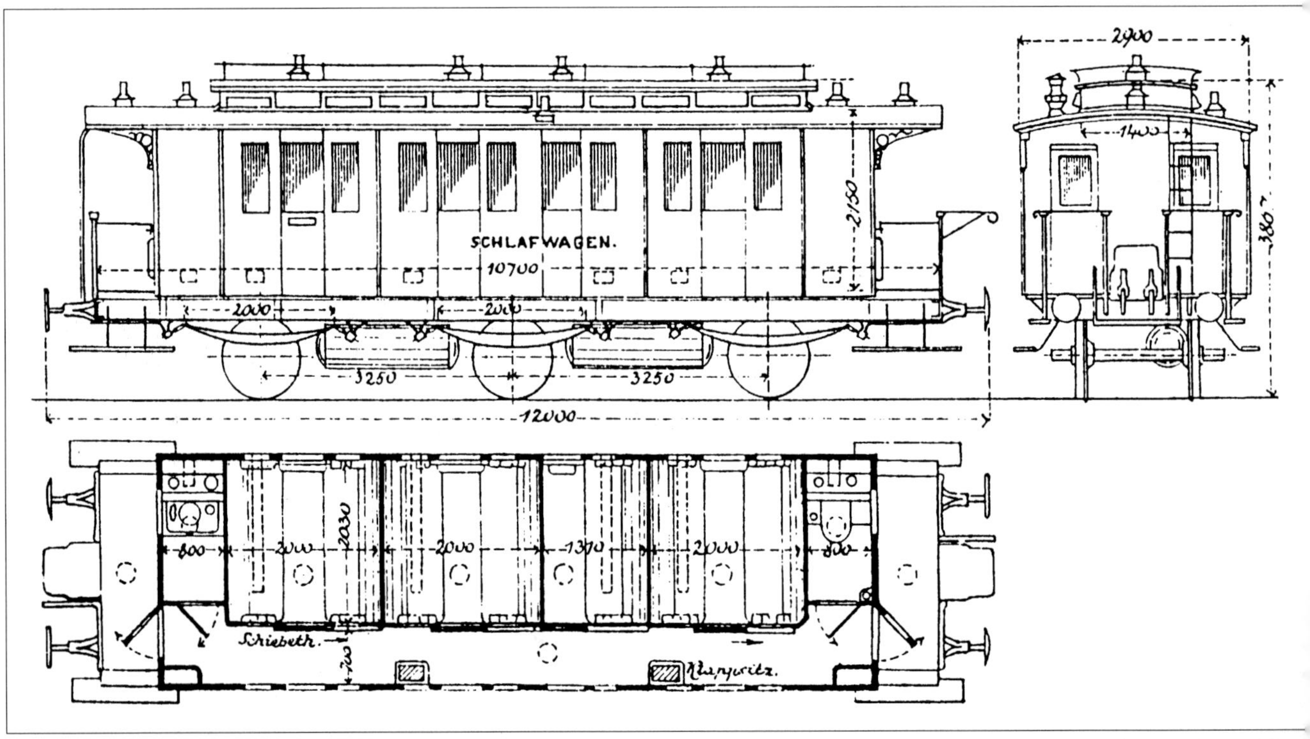

WL3i Altona 25-27 (Deutz 1885) für den kurzlebigen Kurs Altona – Randers. Slg. Dr. Albert Mühl

Die in Deutschland verkehrenden Luxuszüge der CIWL

883 . . Orient-Expreß
894 . . Ostende-Wien (-Orient) Expreß
895 . . Ostende-Karlsbad-Expreß (im Sommer mit Ostende-Wien-Expreß)
896 . . Nord-Expreß (Ostende/Paris – Berlin – St. Petersburg, *1899 auch* – Warschau, *1909* – Moskau)
897 . . Nord-Süd (Brenner)-Expreß (Berlin – Verona, *dann bis* Cannes)
900 . . Paris-Karlsbad-Express (Sommer)
900 . . Berlin-Budapest (-Orient)-Expreß (aufgelassen 1902)
901 . . Schweizer Expreßzüge (Berlin/Holland – Schweiz, verkehren 1901, 1903, 1904)
900 . . Riviera-Expreß (Berlin/Amsterdam – Ventimiglia, ab 1911 Lloyd-Riviera-Expreß)
902 . . Berlin-Neapel (-Palermo/ -Taormina) Expreß
904 . . Berlin-Marienbad-Wien (-Karlsbad)-Expreß, *ab 1907* Berlin-(Karlsbad-)Marienbad-Expreß
907 . . Dänemark-Expreß (Berlin – Kopenhagen, aufgelassen 1909)
908 . . Lloyd-Expreß (Altona – Genua, *ab 1911* vereinigt als Lloyd-Riviera-Express im Winter)
911 . . Gotthard-Expreß (Berlin – Basel – Mailand *und* – Genua, verkehrt nur im Sommer 1911)
912 . . Berlin-Tirol-Rom-Expreß

atten. Gleiches vollzog sich übrigens 1903 im Zuge der Nationalisie-ıng der Schweizer Privatbahnen durch Gründung der *Schweizeri-chen Speisewagen-Gesellschaft.*

Seit 1894 rollten bereits wieder die Teakholzwagen der CIWL uf preußischen Gleisen: als erster der *Ostende-Wien-Expreß* wischen Herbesthal und Hanau, als nächster 1896 der *Nord-Expreß* Ostende – und Paris – St. Petersburg zwischen Herbesthal nd Eydtkuhnen, ein Jahr darauf der *Nord-Süd-Expreß* Berlin – Verona zwischen Berlin und Leipzig. Die KPEV begegnete nfangs diesen internationalen Luxuszügen mit Skepsis oder gar Ablehnung. Die Gefahr, vom internationalen Verkehr ausgeschlos-en zu werden, das Drängen benachbarter Regierungen und Herr-cherhäuser, schließlich die Erfahrung, daß mit der Führung dieser Züge nicht unerhebliche Einnahmen erzielt werden konnten, be-wirkten in Berlin schon bald einen Sinneswandel. Wie die obige Übersicht zeigt, folgte noch eine beachtliche Reihe von Großen Expreßzügen.

Die Sonderrolle Süddeutschlands

Wenn auch der größte Anteil am Deutschlandgeschäft verloren-egangen war, pflegte die Pariser Generaldirektion mit noch größ-rer Sorgfalt als bisher ihre Beziehungen zu den Eisenbahnverwal-ungen Süddeutschlands, die, weil sie die Berliner Politik gegenüber er ISG nicht nachvollziehen wollten, ungetrübt blieben. Ihrer teil-weise bis in die ersten Kriegsjahre be- und erwiesenen Vertragstreue – der ISG-Kurs Stuttgart – Berlin ist erst am 1. Januar 1917 als letzter an die Mitropa übergeben worden – standen Übernahme und Führung der von der preußischen Verwaltung verlangten staatseigenen Schlafwagen im innerdeutschen Verkehr mit Preußen nicht im Wege. Schließlich sah sich letztere genötigt, Kompromisse einzugehen, indem sie ihrerseits ISG-Schlafwagen (und Speisewagen) im internationalen wie auch im Süd-Nord-Verkehr auf ihren Strecken zuließ. Übrigens haben auch sowohl die Sächsischen wie die Mecklenburgischen Staatseisenbahnen ihre Vertragsverhältnisse mit der ISG aufrechterhalten und laufend erweitert.

Die süddeutschen Generaldirektionen in Straßburg, Karlsruhe, Stuttgart und München ermöglichten es der CIWL, ihre 1891 übriggebliebenen Kurse binnen eines Jahrzehnts zu verdoppeln, wie nachstehende Übersicht ausweist.

Schlafwagenkurse der CIWL 1891 bis 1901

	Ostende – Köln	Bis 1914
	Ostende – Basel	Bis 1914
	Calais – Köln	1895 aufgelassen. Dafür Brüssel – Köln nur 1896
	Mainz – Wien	Ab 1903 Frankfurt – Wien. Bis 1914
	Paris – Köln	Bis 1914
	Paris – Frankfurt (über Metz)	Bis 1914
	Paris – Basel	Bis 1914
	Frankfurt – Straßburg – Basel	1894 an KPEV
	Berlin – Tetschen – Wien	Bis 1914
1892	München – Brenner – Verona	Bis 1914
1893	München – Salzburg – Wien	Bis 1914
1894	Frankfurt – Heidelberg – Basel	Von Baden/MNE. Ab 1.2.1901 bis Kassel. Bis 1914
1896	Wien – Bodenbach – Dresden	Bis 1914
1898	Berlin – Würzburg – Stuttgart	Bis 31.12.1916
1900	München – Avricourt	Bis 1914
1900	Dresden – Regensburg – München	Bis 1914
1900	München – Mannheim – Neunkirchen	Nur Winter 1900/1901
1901	Paris – Karlsruhe – Frankfurt	Nur Sommer. Paris – Karlsruhe in *Karlsbad-Expreß*. Bis 1914. 1 Klasse

Die ISG hatte mit den K. Württembergischen Staatseisenbahnen einen ersten, ab 1. Januar 1892 für zwölf Jahre gültigen Generalvertrag über die ausschließliche Zulassung von CIWL-Verkehren auf württembergischen Strecken abgeschlossen. Es folgten Generalverträge mit den Königlich Bayerischen Staatseisenbahnen – gültig ab 1. Mai 1904, mit den Großherzoglich Badischen und den

München-Zentralbahnhof 1906. Neben den abgestellten Salon- und Bahnpostwagen sind zwei ISG-Schlafwagen zu erkennen.
AUFN.: SLG. TAUSCHE

Schlafwagenkurse in Süddeutschland – Sommerfahrplan 1903

Jahr der Einführung (Jahr der Übernahme)	Kurs	Betreiber
Bayern		
1883/1887/1903	Frankfurt – Passau – Wien	ISG
(1887)	Köln – München	KPEV
(1891)	Berlin – München	KPEV
1892	München – Verona	ISG
1892	München – Wien	ISG
1898	Berlin – Würzburg – Stuttgart	ISG
1900	München – Avricourt	ISG
1900	München – Dresden	ISG
1900	Altona – München	KPEV
1901	Frankfurt – München	KPEV
1902	Wien – Bad Reichenhall	ISG
1902	München – Zürich	ISG
1903	Berlin – Nürnberg – München	KPEV
Württemberg		
1898	Berlin – Würzburg – Stuttgart	ISG
1900	München – Avricourt	ISG
Baden		
(1894)	Frankfurt – Heidelberg – Basel	ISG
1898	Berlin – Würzburg – Stuttgart	ISG
1900	München – Avricourt	ISG
1901	Paris – Karlsruhe – Frankfurt	ISG
Elsass-Lothringen		
1874	Ostende – Straßburg – Basel	ISG
1876	Paris – Metz – Frankfurt	ISG
1884	Paris – Basel	ISG
1891	Emmerich – Straßburg – Basel	KPEV
(1894)	Frankfurt – Straßburg – Basel	KPEV
1895	Berlin – Straßburg – Basel	Elsass-Lothringen
1900	München – Avricourt	ISG
1901	Paris – Karlsruhe – Frankfurt	ISG

Königlich Württembergischen Staatseisenbahnen (Vertragsverlängerung) und der Kaiserlichen Generaldirektion der Reichseisenbahnen in Elsaß-Lothringen – gültig ab 1. Mai 1905. Letzterer ist als Faksimile im Anhang abgedruckt. Derartige Generalverträge dienten der Absicherung der einmal erlangten Monopolstellung.

Hauptgegenstand des Vertrages ist die Verpflichtung der Eisenbahnverwaltung, die der ISG das Recht des Betriebs von Speise- und Schlafwagen auf ihren Linien einräumt, andere Unternehmer auf den Linien ihres Netzes nicht zuzulassen – mit zwei Ausnahmen: einmal dürfen Kurse auf bahneigenen Linien in eigener Regie oder durch andere Unternehmer betrieben werden, wenn zwischen Verwaltung und ISG hinsichtlich der Führung eines bestimmten Kurses kein Einverständnis herbeigeführt werden kann oder aber für den Fall, daß der einzurichtende Kurs sich auch über Linien anderer Bahnverwaltungen erstreckt und letztere der Übertragung des Dienstes an die ISG nicht zustimmen. Auch dann kann der Kurs entweder in eigener Regie oder durch andere Unternehmer betrieben werden. Die Generalverträge wurden auf eine Dauer von 30 Jahren abgeschlossen und konnten erstmals nach 15 Jahren gegenseitig gekündigt werden. Zusätzlich zu diesem Rahmenvertragswerk wurde für jeden einzelnen Kurs ein Sondervertrag geschlossen, der die speziellen Einzelheiten regelt. Zwei derartige Verträge sind im Anhang wiedergegeben.

Die von den süddeutschen Staatsbahnverwaltungen vertraglich geführten Schlafwagendienste – kurz vor Abschluß der eben erwähnten Generalverträge, können der Tabelle entnommen werden.

Da die CIWL auch mit den an Süddeutschland angrenzenden Eisenbahnen – den österreichischen k. k. Staatsbahnen, der Südbahn, den italienischen und den schweizerischen Eisenbahnen, der französischen Ostbahn – Generalverträge abgeschlossen hatte, blieb das ISG-Monopol südlich der Mainlinie weitgehend gewahrt; auf jeden Fall bei den internationalen Kursen sowie im innerdeutschen Verkehr zwischen München und Leipzig bzw. Dresden. Die Führung preußischer Schlafwagen im nord- und westdeutschen Verkehr konnte Bayern nicht verweigern, wenn gleich der Schlafwagen Altona – München jahrelang zwischen Würzburg und München als Sitzwagen laufen musste.

Baden und Württemberg konnten sich am längsten der Übernahme preußischer Schlafwagen entziehen. Den 1905 eingeführten Kurs Berlin – Basel über Frankfurt und Heidelberg folgte erst 1911 ein solcher zwischen Altona und Basel, wobei der im gleichen Zug geführte Schlafwagen aus Bremen in Mannheim abgehängt werden mußte. Letzterer wurde allerdings im Jahr darauf bis Ulm verlängert und wiederum ein Jahr später auf Stuttgart zurückgenommen. Es war dies der einzige KPEV-Schlafwagen, auf württembergischen Gleisen. Dafür konnten 1909 ein ISG-Schlafwagen Amsterdam – Friedrichshafen und noch 1912 sogar ein preußisch-badischer ISG-Dienst zwischen Dortmund und Basel

D 45 durchfährt in den frühen Morgenstunden eine Station zwischen Stuttgart und Crailsheim. Zugbildung (1906): württ. Lok AD-1520 Stuttgart – Crailsheim, bayer. Pw3ü Luzern – Nürnberg, ISG-WL4ü Luzern – Nürnberg, pr. ABC4ü Luzern – Leipzig, pr. C4ü Luzern – Berlin, pr. AB4ü Luzern – Berlin. Slg. Dr. Albert Mühl

ingeführt werden. Das Sträuben der Großherzoglichen Generalirektion in Karlsruhe, preußische Schlafwagen zuzulassen, bedeuete für Berlin gar kein Problem, denn es spielte die beiden am *isenbahnkrieg* zwischen den Rheinseiten beteiligten Generalirektionen geschickt gegeneinander aus und führte mit mehr oder veniger sanftem Druck auf Straßburg seine Schlafwagen eben lurch das Elsaß.

Für die in Reichseigentum befindlichen Eisenbahnen in den *eichslanden* war das Reichsamt für die Verwaltung der Eisenahnen in Elsaß-Lothringen in Berlin oberste Aufsichtsbehörde, eren Chef zugleich preußischer Minister der öffentlichen Arbeien, der die Oberaufsicht über die KPEV führte, war. Die Kaiseriche Generaldirektion in Straßburg ist zwar jahrzehntelang von Berlin aus *am langen Zügel* geführt worden, konnte und wollte sich edoch der Erfüllung mit Nachdruck vorgetragener Wünsche oder ar Forderungen nicht entziehen. Andererseits war sie in ganz erheblichem Maße in internationale Verkehre eingebunden:

(England –) Ostende – Basel (– Gotthard – Italien), (England –) Iolland – Basel (– Italien), Norddeutschland – Basel (– Italien), rankreich – Deutschland – Österreich (– Balkan). Dabei stand sie inerseits in Konkurrenz zur rechtsrheinischen Linie, andererseits zur benachbarten französischen Ostbahn, die nicht nur den *Engadin-Expreß,* sondern auch die Schlafwagen Paris – Wien und die Kurse im England-Schweiz-Verkehr (Calais, Boulogne) am Elsaß vorbei über Belfort – Delsberg – Basel führte. Eine pflegliche Behandlung sowohl der Ostbahn als auch der CIWL war daher geboten. So war nicht von ungefähr die Straßburger Generaldirektion geschäftsführende Verwaltung des *Orient-* wie des *Karlsbad-Expreß.*

Die KPEV setzte erstmals 1891 die Einstellung eines ihrer Schlafwagen im internationalen Nachtschnellzug Holland – Basel – Mailand (– Genua) zwischen Köln und Basel durch. 1894 wurde der ISG-Dienst Frankfurt – Basel auf die rechte Rheinseite *verlegt* und durch einen KPEV-Kurs ersetzt. Gleichzeitig kam die Aufforderung aus Berlin, eigene Schlafwagen als Naturalausgleich für die auf elsaß-lothringischen Strecken verkehrenden preußischen Wagen in den ab 1895 zu führenden Kurs Berlin – Basel einzustellen. Mit Beginn des Winterfahrplans 1905 hatte Straßburg gleich zwei preußische Schlafwagen zu übernehmen: Berlin (Stadtbahn) – Basel über Kassel – Frankfurt – Mannheim – Lauterburg und den bisher mit eigenen Wagen gefahrenen Dienst Berlin (Potsd. Bhf.) – Basel (über Lauterburg), wofür letztere in

WL4ü No. 412 im Kurs Basel – Cassel mit Aufschriften: I & II Classe.
AUFN.: SLG. DR. SCHEINGRABER

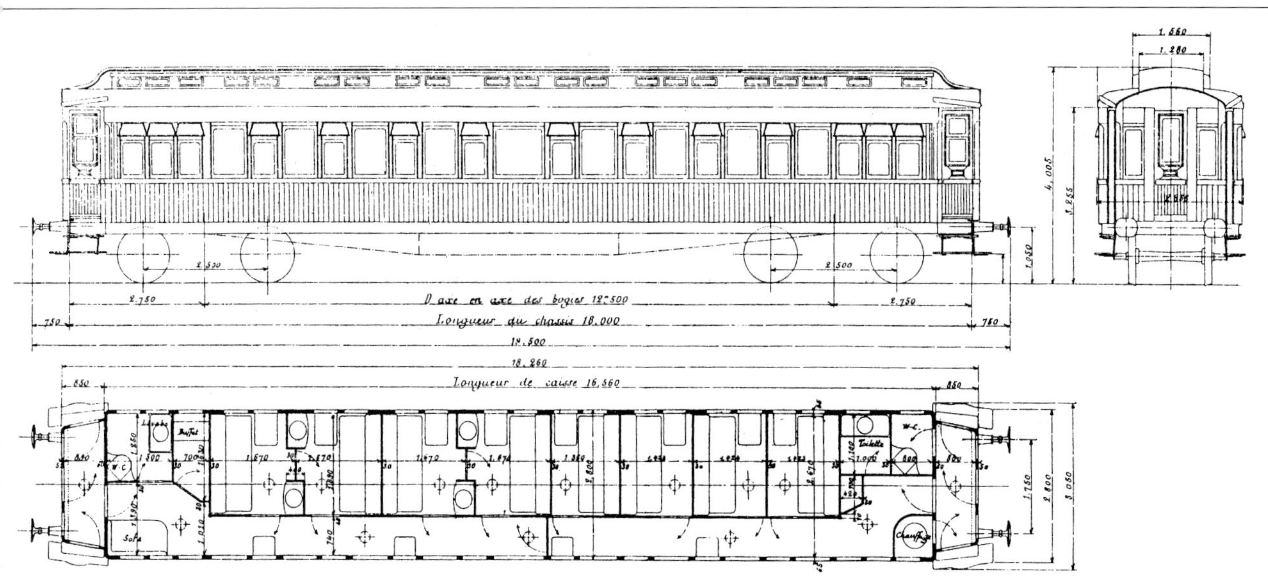

Die Schlafwagen 411-413 wurden 1894 in der CIWL-eigenen Fabrik in St. Denis für den zu übernehmenden Kurs Frankfurt – Basel gebaut. Sie verblieben bis 1914 in liesem Kurs. SLG. DR. ALBERT MÜHL

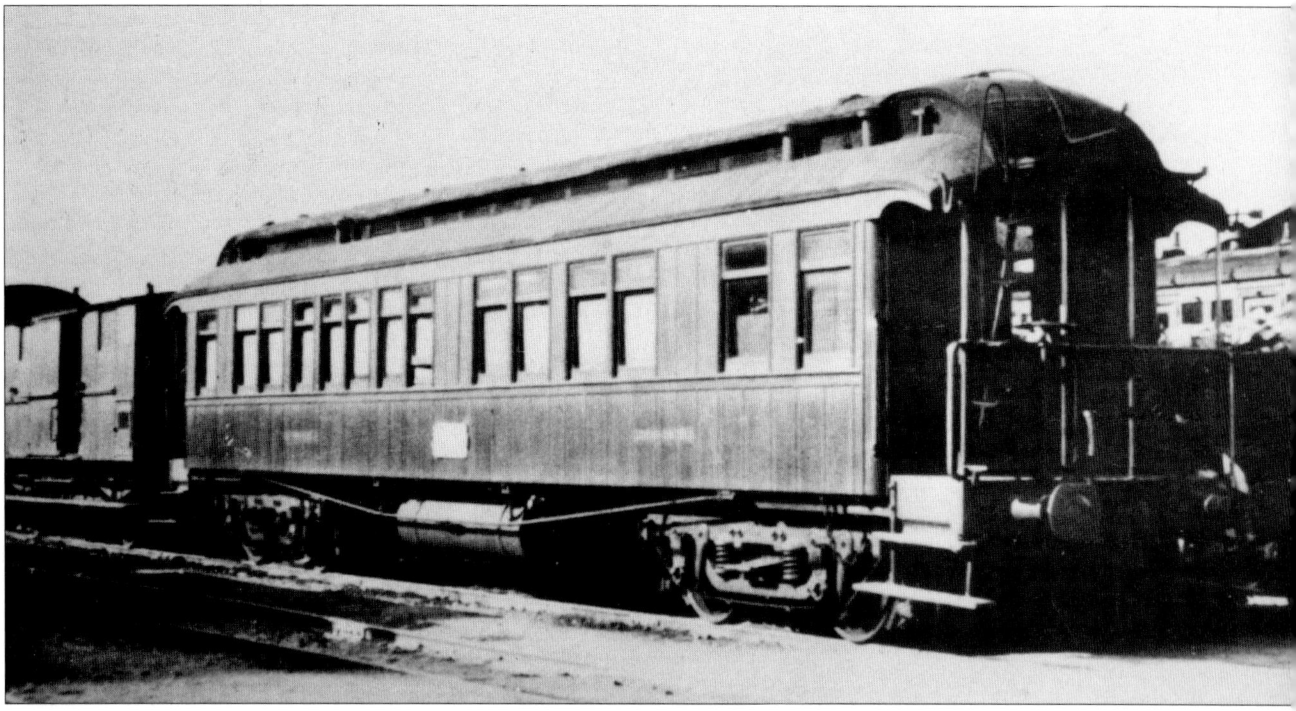

Pullman-Schlafwagen der ISG No. 221 im Kurs Basel – Ostende um 1900. AUFN.: SLG. DR. SCHEINGRABER

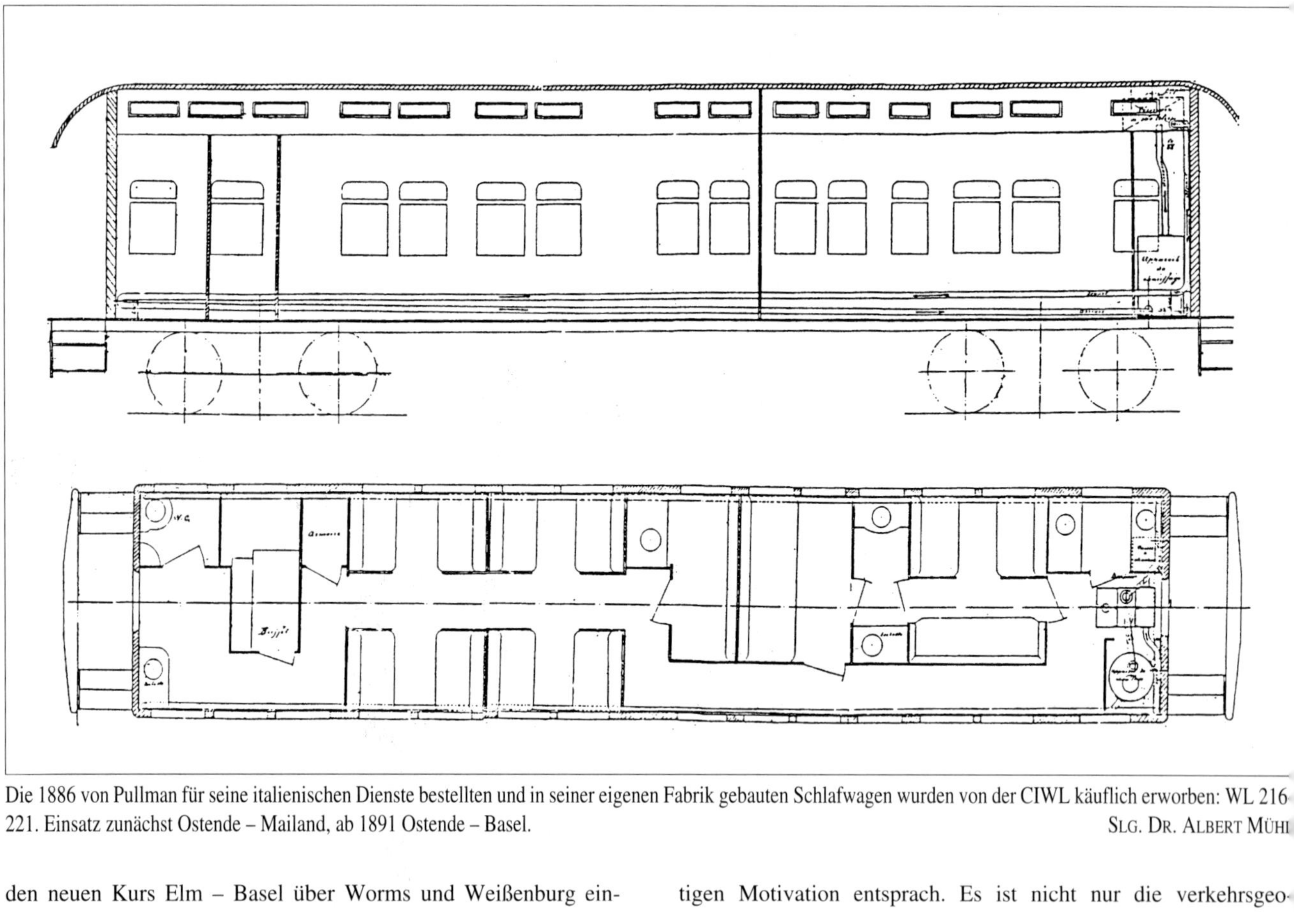

Die 1886 von Pullman für seine italienischen Dienste bestellten und in seiner eigenen Fabrik gebauten Schlafwagen wurden von der CIWL käuflich erworben: WL 216–221. Einsatz zunächst Ostende – Mailand, ab 1891 Ostende – Basel. SLG. DR. ALBERT MÜHL

den neuen Kurs Elm – Basel über Worms und Weißenburg eingestellt wurden. Damit verkehrten jetzt auf den Reichseisenbahnen ein Dienst mit eigenen, vier Kurse mit preußischen und sechs – 1905 war noch Paris – Baden-Baden hinzugekommen – mit ISG-Schlafwagen.

Wir sind hier der Zeit weit vorausgeeilt, wollten aber wohl aus guten Gründen die süddeutsche Sonderrolle im Zusammenhang darstellen. Bleibt noch, um den Sonderstatus vollends begreifen zu können, anzumerken, daß der beschrittene Weg einer mehrschichtigen Motivation entsprach. Es ist nicht nur die verkehrsgeographische Vorgabe gewesen, sondern es müssen auch sowohl die Politik der Wahrung der eigenen (Eisenbahn-) Souveränität Bayerns, Badens und Württembergs, als auch die südlich des Mains tradierten und entsprechend gepflegten Denkstrukturen und Handlungsweisen in nicht geringem Maße einbezogen werden. In Karlsruhe, in Stuttgart und vor allem und besonders in München war man eher geneigt, allem und jedem, was aus der Reichshauptstadt Berlin kam, mit Kritik, wenn nicht mit Mißtrauen oder gar Ablehnung zu begegnen.

Schnellzug Calais – Basel im Bahnhof Calais-Maritime 1913. Schlafwagen hinter Packwagen, dahinter vier D-Zugwagen der Reichseisenbahnen. Der Zug führte im Sommer Kurswagen nach Interlaken und Chur. AUFN.: SLG. TAUSCHE

Das goldene Zeitalter der Schlafwagen

Seit der 1891 vollendeten *Entfernung* der ISG aus Preußen – wenn auch nicht, wie eigentlich beabsichtigt, aus Deutschland – vollzog sich die Entwicklung des Schlafwagenbetriebes bis zum Ausbruch des Weltkrieges in drei Phasen. Während des folgenden ersten Jahrzehnts gelingt es der CIWL, ihre zuvor erzwungenen Verluste durch Einführung neuer süddeutscher Verkehre auszugleichen. Die KPEV holte zunächst einmal Atem, um dann daranzugehen, ihr innerdeutsches Netz enger zu flechten. Die zweite Phase brachte den Höhenflug schlechthin mit Jahr für Jahr – zwischen 1902 und 1906 – zusätzlich eröffneten Kursen beider Konkurrenten, gekennzeichnet auch durch eine starke Internationalisierung preußischer Verkehre. Das Netz wurde immer engmaschiger und am Ende dieser Periode beginnt sich eine gewisse Marktsättigung abzuzeichnen. Die Jahre 1907 bis 1914 schließlich dienten der Konsilidierung, der Schließung einiger Lücken durch Ergänzungen oder Korrekturen. Noch 1891 betrugen die Einnahmen der KPEV aus dem Schlafwagenbetrieb 491 000 Mark, 1901 war die Millionengrenze überschritten, und 1914 hatten sich Einnahmen wie Anzahl der Reisenden nahezu verdreifacht.

Schlafwagenbetrieb der KPEV 1886-1907

Betriebsjahr 01.04.-31.03.	Anzahl der Schlafwagen	Kurse KPEV	Einnahmen einschl. ISG (Mark)
1886/87	21 und 3 Schlafplatzwagen	9	275 793
1887/88	31 und 3 Schlafplatzwagen	9	320 285
1888/89	45 * und 3 Schlafplatzwagen	11	385 400
1889/90	47 * und 3 Schlafplatzwagen	12	501 234
1890/91	46 und 3 Schlafplatzwagen	12	491 034
1891/92	49 und 3 Schlafplatzwagen	14	511 795
1892/93	54 und 4 Schlafplatzwagen	14	490 680
1893/94	54	14	573 251
1894/95	58	17	615 640
1895/96	60 **	18	699 987
1896/97	60	14	767 404
1897/98	66	15	801 565
1898/99	69	15	894 450
1899/1900	74	15	991 823
1900/01	75	16	1 074 599
1901/02	76	17	1 031 060
1902/03	91	20	1 141 316
1903/04	101	23	1 285 398
1904/05	112	24	1 367 745
1905/06	132	25	1 661 423
1906/07	141	28	1 815 054

Quelle: Berichte über die Ergebnisse des Betriebes...

* Diese Angaben sind falsch. Es muß richtig heißen 34 (88/89) bzw. 41 (89/90).
** „darunter ein für Allerhöchste Herrschaften bestimmter Wagen".

Die Gesamteinnahmen aus dem Schlafwagenbetrieb für 1885/86 betrugen 163 497 Mark.

Auch die nachfolgenden Darstellungen sollen sich auf Beschreibung wesentlicher Sachverhalte und Zusammenhänge beschränken. Dabei werden die tabellarischen Zusammenstellungen gewiß deutlichere Überblicke zu verschaffen im Stande sein als verwirrende und obendrein ermüdende Aneinanderreihungen von Details.

Die Konkurrenten sammeln neue Kräfte (1891 bis 1901)

Nach der im Sommer 1891 abgeschlossenen Vollstreckung der Vertreibung des unerwünschten Konkurrenten ist die Preußische Eisenbahnverwaltung zunächst einmal mit anderen Dingen beschäftigt. Der Reisezugwagenpark musste von der Carpenter- auf die Westinghouse-Bremse umgerüstet werden. Für die 1892 einzuführenden *D-Züge* waren neue Fahrzeuge, darunter auch eine dazu passende neue Schlafwagengeneration, zu entwickeln und zu beschaffen. Erst drei Jahre später werden wieder Schlafwagendienste eingestellt: ein zweiter Kurs Berlin-Alexandrowo, der von der ISG *abgeworbene* Kurs Frankfurt – Basel und zwei Verkehre mit Bremerhaven (KED Hannover), die nach wenigen Wochen mangels Nachfrage wieder eingestellt werden. Der Budapester Schlafwagen wird 1895 aufgelassen, dafür jedoch der Kurs Berlin – Oderberg 1898 bis Wien verlängert. Vier weitere neue innerdeutsche Verbindungen folgen in Abständen bis 1901.

Schlafwagenkurse der KPEV 1874-1901

Tag der Einrichtung bzw. der Übernahme	Kurs	Bemerkungen
01.06.1874	Hamburg – Kassel – Frankfurt (M.)	
15.05.1880	Berlin – Warschau	Schlafplätze 1. Kl., 1881 Schlafwagen,
01.09.1884	Berlin – Aachen	Von ISG. Schlafplatzwagen; ab 01.01.1894 Schlafwagen; ab 01.07.1896 bis Verviers.
25.10.1885	Berlin – Hamburg	Von ISG.
01.06.1886	Berlin – Eydtkuhnen	Von ISG.
01.06.1886	Altona – Randers	Bis 31.12.1887.
15.08.1886	Hamburg – Köln	Von ISG.
15.10.1886	Berlin – Köln	Von ISG.
01.01.1887	Berlin – Oderberg	Von ISG; ab 01.06.1887 Berlin – Breslau; ab 01.06.1890 Berlin – Oderberg; ab 01.12.1898 bis Wien-Nord; 03.10.1907 an ISG.
01.10.1887	Köln – München	Von ISG.
01.01.1889	Berlin – Eisenach – Frankfurt (M.)	Von ISG.
01.01.1889	Berlin – Kassel – Frankfurt (M.)	Von ISG; ab 15.11.1895 bis Basel (über Lauterburg – Straßburg).
05.06.1889	Beriln – Breslau – Budapest *	1895 aufgelassen; 10.12.1906 an ISG,
01.06.1891	Köln – Straßburg – Basel	Ab 01.05.1896 ab Zevenaar; ab 1901 ab Emmerich und bis Zevenaar.
01.07.1891	Beriln – Hof – München	Von ISG.
01.04.1894	Beriln – Alexandrowo	
15.04.1894	Frankfurt (M.) – Straßburg – Basel	Von ISG.
12.07.1894	Beriln – Bremerhaven	01.10.1894 aufgelassen.
20.07.1894	Leipzig – Bremerhaven	01.10.1894 aufgelassen.
01.10.1897	Leipzig – Myslowitz	
01.05.1900	Altona – Würzburg	Ab 1903 bis München.
01.05.1900	Berlin – Hildesheim – Köln	
01.05.1901	Frankfurt (M.) – München	

* Berlin (Stadtbahn) – Breslau – Oderberg – Sillein – Galanta – Budapest-Westbahnhof
Sommer 1892: Berlin – Oderberg – Ruttka – Budapest-Ostbahnhof
Sommer 1893: Schlafwagen verkehrt nicht
Winter 1893/94 und Sommer 1894: Breslau – Oderberg – Ruttka – Budapest-Ostbahnhof
Sommer 1895: aufgelassen

Die Internationale Schlafwagen-Gesellschaft hingegen wird nach ihrem preußischen Desaster unverzüglich aktiv und sichert sich zusätzliche Verkehre in und mit Süddeutschland, darunter sogar einen innerdeutschen Kurs Berlin – Stuttgart (über Erfurt – Würzburg – Lauda – Osterburken), den die KPEV auf Drängen Bayerns, Badens und Württembergs zulassen und übernehmen muß, sowie einen zweiten Dienst Paris – Frankfurt, der zwischen Paris und Karlsruhe im *Karlsbad-Expreß* während dessen Verkehrszeit in der Sommersaison geführt wird.

Die Jahre der Hochkonjunktur (1902 bis 1906)

In der nun folgenden *heißen* Phase richteten KPEV und ISG Jahr um Jahr neue Kurse ein, insgesamt je zwölf. Die inzwischen modifizierte Devise der KPEV *Eigenbetrieb wo immer möglich, Fremdbetrieb wenn nötig* gestattete es ihr, die bislang keine glückliche Hand bei grenzüberschreitenden Schlafwagenverkehren zeigte, gewissermaßen in Form von Kompensationsgeschäften mit der ISG konkurrierende Auslandsverkehre zu eröffnen. Beispielhaft dafür ist der preußische Schlafwagen Hamburg – Kopenhagen über die Jütlandlinie als Konkurrenz zu Berlin – Kopenhagen über die Ostsee, sind die am gleichen Tage eingerichteten Kurse Berlin – Amsterdam (KPEV) und Berlin – Vlissingen (ISG).

Preußisch-internationale Schlafwagenverkehre blieben stets die Ausnahme, wohingegen die ISG längst im deutsch-internationalen Durchgangsverkehr fest etabliert war und und auch fortan immer wieder neue Kurse einrichtete.

Neu eröffnete Schlafwagenkurse 1902-1906

01.05.1902	Wien - Salzburg - Bad Reichenhall (nur So)	ISG
01.05.1902	München - Lindau - Zürich	ISG
01.05.1902	Berlin Lehrt. Bhf.- Bremen - Wilhelmshaven	KPEV
01.06.1902	Hamburg - Halle - Leipzig	KPEV
01.05.1903	Berlin Anh. Bhf.- Halle - Probstzella - München	KPEV
01.05.1903	Frankfurt (M) - Passau - Wien	ISG (anstelle Mainz - Wien)
01.10.1903	Berlin (Stadtbahn) - Schneidemühl - Danzig	KPEV
01.10.1903	Berlin Stett. Bhf. - Gedser - Kopenhagen	ISG
01.12.1903	Hamburg - Vamdrup - Kopenhagen	KPEV
01.07.1904	Altona - Wesel - Vlissingen	ISG
03.11.1904	Berlin (Stadtbahn) - Breslau - Kattowitz	KPEV
01.05.1905	Berlin (Stadtbahn) - Rheine - Amsterdam	KPEV
01.05.1905	Berlin Potsd. Bhf. - Wesel - Vlissingen	ISG
01.05.1905	Berlin Anh. Bhf. - Bebra - Frankfurt - Heidelberg - Basel	KPEV
01.05.1905	Paris - Straßburg - Baden-Baden	ISG (ab 01.05.1906 Heidelberg)
01.07.1905	Amsterdam - Nürnberg - Karlsbad (bis 15.09.)	ISG (ab 1906 Marienbad bzw. Bad Kissingen)
01.10.1905	Berlin (Stadtbahn) - Magdeburg - Kassel - Frankfurt (M) - Mannheim - Lauterburg - Basel	KPEV
01.10.1905	Elm - Frankfurt (M) - Worms - Weißenburg - Basel	Els.-Lothr. (ab 1907 Bebra, ab 1911 Berlin)
01.05.1906	Berlin (Stadtbahn) - Posen - Eydtkuhnen	KPEV
01.05.1906	Frankfurt (M) - Bremen (- Norddeich)	KPEV
01.05.1906	Nürnberg - Stuttgart - Zürich (- Luzern)	ISG
15.05.1906	Amsterdam - Würzburg - Bad Kissingen	ISG (bis 14.06.1908)
15.06.1906	Amsterdam - Nürnberg - Marienbad	ISG
01.09.1906	Berlin Stett. Bhf. - Stettin - Danzig	KPEV
01.10.1906	Hamburg - Gedser - Kopenhagen	ISG
10.12.1906	Berlin (Stadtbahn) - Sillein - Budapest West	ISG (Vertrag von KPEV an ISG), bis 31.05.1917

Schlafwagen über die Grenzen

Umreißen wir zunächst die Rolle der Preußischen Staatseisenbahnen im internationalen Schlafwagenverkehr. Mit allen an das Königreich Preußen angrenzenden Ländern – Rußland, Österreich-Ungarn, Belgien, die Niederlande und Dänemark – sind früher oder später, seien es dauerhafte oder sporadische, Schlafwagenverbindungen eingerichtet worden.

Die Führung durchlaufender Wagen zwischen Deutschland und *Rußland* auf der direkten Linie Berlin – St. Petersburg scheiterte an der russischen Breitspur. In Wirballen musste auf der Hinfahrt und in Eydtkuhnen – beide Stationen waren mit einer 2 km langen Doppelspur verbunden – auf der Rückfahrt der Zug gewechselt werden. Dahingegen gab es in Ostrowo einen normalspurigen Anschluß nach Warschau auf der Warschau – Wiener Eisenbahn. Seit 1880 führte die KED Bromberg zwischen Berlin und Warschau durchlaufende Schlafwagen (seit 1901 KED Berlin), zunächst über Schneidemühl – Bromberg – Thorn, später zeitweise zusätzlich einen Kurs über Posen – Thorn, vorübergehend auch nur auf Alexandrowo beschränkt. In Warschau musste in Richtung St. Petersburg bzw. Moskau in Breitspurzüge umgestiegen werden. Schlafwagen, die in Züge nach und aus Russisch-Polen eingestellt waren, werden an der Grenze in Kalisch (WWE) bzw. Skalmierzyce (KED Posen) und in Myslowitz (KED Kattowitz) ab- und angehängt.

Die beiden in Staatsbetrieb geführten Schlafwagenverbindungen mit *Österreich-Ungarn* entwickelten sich enttäuschend. Der 1889 eröffnete Kurs Berlin – Budapest ist bereits nach sechs Jahren, nachdem er im Sommer 1893 überhaupt nicht verkehrte und danach auf Breslau zurückgenommen wurde, mit Ablauf des Winterfahrplans 1894/95 eingestellt worden, obwohl der Vertrag weiterlief. Nach dessen Ablauf erhielt die ISG im Dezember 1906, die inzwischen einen Generalvertrag mit den Königlich Ungarischen Staatseisenbahnen (MAV) vereinbart hatte, diesen Dienst.

Auch der am 1. Dezember 1898 über Oderberg hinaus verlängerte Schlafwagen Berlin – Wien-Nord ging im Oktober 1907 aufgrund des Generalvertrags CIWL – k. k. Staatsbahn an erstere.

Mit *Belgien*, der Heimat der CIWL, konnte naturgemäß kein preußischer Schlafwagenbetrieb vereinbart werden.

Spät und auch nur quasi als Kompensationsgeschäft mit der ISG werden zwei Kurse mit den *Niederlanden* eingerichtet: 1905 Berlin – Amsterdan am gleichen Tage wie der ISG-Schlafwagen Berlin – Vlissingen; 1909 dann Altona – Amsterdam. Während der Saison fuhren sie Den Haag und Scheveningen-Kurhaus an. Im Jahr 1909 betrieb die ISG nicht weniger als acht deutsch-holländische Schlafwagenkurse.

Im Verkehr mit *Dänemark* blieb der anderthalb Jahre – von 1. Januar 1886 bis 31. Dezember 1887 – zwischen Altona und Randers gefahrene Kurs Episode. Erst nach der Einführung des Schlafwagens Berlin – Kopenhagen gleichzeitig mit Eröffnung des Fährbetriebs Warnemünde – Gedser, am 1. Oktober 1903, der bis Jahresende von den Mecklenburgischen Staatsbahnen und ab Januar 1904 von der ISG gefahren wurde, konnte die KPEV bei den Dänischen Staatsbahnen (DSB) die Führung eines eigenen Wagens ab 1. Dezember 1903 zwischen Hamburg und Kopenhagen auf der Jütlandroute über Vamdrup durchsetzen. Dafür musste sie später die ISG-Kurse Hamburg – Kopenhagen über die Ostsee (1906) und Hamburg – Frederikshavn (1907) zulassen.

Nach Inbetriebnahme der Ostseefähre Saßnitz – Trälleborg im Juli 1909 wurden durchgehende Züge von Deutschland nach *Schweden* und *Norwegen* eingeführt. Die Schlafwagen sind jedoch weder von der KPEV noch der CIWL, sondern von den Schwedischen Staatsbahnen (SJ) gestellt worden:

06.7.1909 bis 1914	Berlin - Stockholm	D 13/14 und D 17/18
06.7.1909 bis 15.9.1909	Berlin - Kristiania*	D 13/18
06.7.1909 bis 30.4.1910	Berlin - Gotenburg	D 17/14
01.5.1910 bis 14.6.1911	Hamburg - Gotenburg	D 3-17/14-4
01.5.1910 bis 14.6.1911	Hamburg - Kristiania	D 17-13/18-8
15.6.1911 bis 1914	Hamburg - Gotenburg**	D 5-17/14-6
15.6.1911 bis 1914	Hamburg - Kristiania**	D 17-13/18-8

* Kristiania (Christiania) 1924 umbenannt in Oslo
** ABC4ü mit Schlafplätzen 1. und 2. Klasse (ABCo2)

So beachtlich die Anzahl der in Staatsbetrieb geführten Verkehre gewesen ist, so gering war die der internationalen mit nicht mehr als vier an der Zahl.

Auslandskurse der KPEV im Sommerfahrplan 1914 (ab 1. Mai)

Berlin (Stadtbahn) - Bromberg - Warschau (2 Kurse)
Berlin (Stadtbahn) - Amsterdam/Haag/Scheveningen
Altona - Amsterdam/Haag/Scheveningen
Hamburg - Vamdrup - Fredericia - Kopenhagen

Hongrie. — Ungarn. 219

Strecke / Ligne **BUDAPEST-BERLIN**

Schlafwagen BUDAPEST-BERLIN

Speisewagen zwischen BUDAPEST-GALÀNTA und BRESLAU-BERLIN

I. und II. KLASSE

Ein Reisender mit einer Fahkarte I. Klasse kann für seine Person eine kleine Abteilung zu zwei Plätzen belegen gegen Entrichtung von 1 1/2 Zuschlägen I. Klasse. Die Vormerkgebühr wird in diesem Falle nur einmal erhoben.

Trains 1406-6-D 6	Ank.	Abf.
Budapest (Westb) (Wag.-Rest.)	—	6 50
Párkány-Nána	7 57	7 58
Ersekújvár	8 34	8 40
Galánta	9 15	9 17
Lipótvár	9 48	9 53
Anschl. n. u. v. Wien.		
Trencsén	10 53	10 54
Hölak-Trencsénteplicz	11 03	11 08
Zsolna	12 24	12 43
Csacza	1 16	1 18
Jablunkau	1 47	1 49
Teschen	2 14	2 16
Karwin	2 32	2 33
Oderberg	2 56	3 27
Ratibor	3 47	3 48
Kandrzin	4 13	4 18
Oppeln	4 51	4 52
Brieg	5 23	5 24
Breslau (Speisewagen)	5 56	6 06
Liegnitz	6 57	7 02
Sagan	8 03	8 05
Sommerfeld	8 32	8 37
Guben	8 59	9 01
Frankfurt a/O.	9 41	9 44
Berlin (Schles. Bhf.)	10 50	—
— (Alex. Pl.)	11 02	—
— (Friedr. Str.)	11 08	—
— (Zool. Gart.)	11 21	—
— (Charlottenb.)	11 29	—

D 5-5-1401	Ank.	Abf.
Berlin (Charlottenburg)	—	4 16
— (Zool. Gart	—	4 24
— (Friedr. Str.)	—	4 39
— (Alex. Pl.)	—	4 45
— (Schles. Bhf.)	—	4 57
Frankfurt a/O	6 06	6 09
Guben	6 49	6 51
Sommerfeld	7 16	7 21
Sagan	7 51	7 53
Liegnitz	8 49	8 53
Breslau	9 45	9 55
Brieg	10 28	10 29
Oppeln	11 01	11 02
Annaberg	11 24	11 27
Kandrzin	11 36	11 40
Ratibor	12 08	12 09
Oderberg	12 33	1 10
Karwin	1 33	1 34
Teschen	1 50	1 55
Jablunkau	2 20	2 25
Csacza	2 52	2 54
Zsolna	3 26	3 51
Hölak-Trencsénteplicz	5 11	5 18
Trencsén	5 26	5 27
Lipótvár	6 32	6 36
Galánta (Wag.-Rest.)	7 08	7 12
Ersekújvár	7 49	7 55
Párkány-Nána	8 29	8 30
Budapest (West)	9 40	—

Correspondance de et pour Constantinople, voir page 210.
Anschluss nach und von Konstantinopel, siehe Seite 210.

Zuschlagstarif, siehe Seite 328.

Reisende mit Fahrkarten I. Klasse können Zuschläge I. oder II. Klasse lösen.

Vormerkgebühr bei Vorausbestellung *pro Platz*, Mk. 1.— oder Kr. 1.20.

Wegen Vorausbestellung wende man sich gefl. an die Agenturen der Internationalen Schlafwagen-Gesellschaft, siehe Seiten 9 bis 13.

Wagon-Restaurant entre BUDAPEST-ZSOLNA

Train 1402	Arr.	Dép.
Budapest (Ouest)	—	7 05
Vácz	7 38	7 39
Párkány-Nána	8 25	8 26
Ersekújvár	9 06	9 12
Galánta	9 54	9 55
Szered	10 09	10 10
Lipótvár	10 26	10 36
Pöstyén	10 55	10 58
Trencsén	11 47	11 48
Hölak-Trencsénteplics	11 57	12 03
Zsolna	1 30	—

Train 1405	Arr.	Dép.
Zsolna	—	3 20
Hölak-Trencsénteplics	4 45	4 51
Trencsén	5 00	5 01
Pöstyén	5 49	5 51
Lipótvár	6 10	6 22
Szered	6 40	6 41
Galánta	6 56	6 57
Ersekújvár	7 37	7 43
Párkány-Nána	8 24	8 25
Vácz	9 09	9 10
Budapest (Ouest)	9 45	—

Correspondance à G. Lipótvár de et pour Vienne.

PRIX DES REPAS (vin non compris):
Déjeuner, Cour. 4.00. — Dîner, Cour. 3.60.

Les heures de nuit de 600 heures du soir à 559 du matin ont les minutes soulignées. Die Nachtzeiten von 600 abends bis 559 früh sind durch Unterstreichung der Minutenziffern gekennzeichnet.

ISG-Schlafwagen Berlin – Budapest. Aus Guide Continental 15. März 1914

116 Autriche. — Oesterreich.

Strecke / Ligne **WIEN - BERLIN**

Schlafwagen WIEN-BODENBACH-DRESDEN

via PRAG

I. und II. KLASSE

Ein Reisender mit einer Fahrkarte I. Klasse kann für seine Person eine kleine Abteilung zu zwei Plätzen belegen gegen Entrichtung von 1 1/2 Zuschlägen I. Klasse. Die Vormerkgebühr wird in diesem Falle nur einmal erhoben.

Dienst vom 1. Oktober bis 30. April.

Züge 205-61 / Anschluss v. Budapest.	Ank.	Abf.
Wien (St. E. G.)	—	10 00
Brünn	12 59	1 05
Skalitz-Boskowitz	1 44	1 46
Zwittau	2 23	2 24
B.-Trübau	2 41	2 48
Wildenschwert	2 59	3 00
Chotzen	3 15	3 17
Pardubitz	3 48	3 51
Kolin	4 29	4 31
Prag	5 40	5 55
Aussig	7 49	7 52
Bodenbach (Zollrev.)	8 15	8 35
Schandau	8 55	8 56
Pirna	9 21	9 22
Dresden (Hptb.)	9 39	—
Berlin (Anh. Bhf.)	12 48	—

D 56-208	Ank.	Abf.
Berlin (Anh. Bhf.)	—	4 30
Dresden (Hptb.)	—	7 05
Schandau	7 37	7 38
Bodenbach (Zollrev.)	7 39	6 20
Aussig	8 43	8 49
Theresienstadt	—	9 20
Unter-Berkowitz	—	9 58
Prag	10 57	11 12
Kolin	12 13	12 15
Pardubitz	12 58	1 02
Chotzen	1 36	1 40
B.-Trübau	2 09	2 16
Zwittau	2 34	2 35
Brunn	3 45	3 50
Wien (St. E. G.)	6 55	—
Anschluss n. Budapest.		

Zuschlagstarif pro Platz:

		I. Kl.	II. Kl.
Wien-Dresden	Mk.	10.50	8.50
	oder Kr.	12.40	10.00
Wien-Prag	Kr.	10.60	6.00
Prag-Dresden	Kr.	6.00	4.80
Dresden-Prag	Mk.	5.00	4.00

Vormerkgebühr bei Vorausbestellung *pro Platz*:
Im internationalen Verkehr, Kr. 1.20 oder Mk. 1; im internen Verkehr in Oesterreich, Kr. 1.00.

Wegen Vorausbestellung wende man sich gefl. an die Agenturen der Internationalen Schlafwagen-Gesellschaft, in Wien, Prag oder Dresden, siehe Seiten 9 bis 13.

Speisewagen WIEN-BERLIN

via BODENBACH

I. und II. KLASSE

Züge 301-D 53.	Ank.	Abf.
Wien (Nordbhf.)	—	7 53
Lundenburg	9 12	9 18
Brünn	10 22	10 29
Skalitz-Boskowitz	11 08	11 10
Zwittau	11 44	11 45
Böhm-Trübau	12 01	12 06
Breslau, an. 4 20.		
Chotzen	12 36	12 38
Pardubitz	1 07	1 10
Kolin	1 48	1 49
Prag	2 48	2 56
Kralup	3 24	3 25
Theresienstadt	—	4 24
Aussig	4 56	4 59
Bodenbach (Deut. Zoll.-Revision)	5 29	5 45
Schandau	6 14	6 15
Dresden (Hptbhf.)	6 53	7 15
— (Neustadt)	7 21	7 23
Leipzig (Dresd. Bf.) an. 9.05		
Röderau	8 07	8 12
Berlin (Anh. Bhf.)	10 26	—

D 62-306	Ank.	Abf.
Berlin (Anh Bhf.)	—	8 05
Elsterwerda	9 58	10 03
Grossenhain	10 22	10 23
Dresden (Neustadt)	10 58	11 00
— (Hptbhf.)	11 06	11 30
Leipzig (Dresd. Bhf.) ab. 9 30		
Pirna	11 47	11 48
Schandau	12 09	12 10
Bodenbach (Oest. Zoll.-Revision)	12 39	12 57
Aussig	1 20	1 23
Kralup	2 48	2 49
Prag	3 17	3 25
Kolin (Anschluss von Reichenberg)	4 26	4 28
Pardubitz	5 09	5 13
Chotzen	5 48	5 52
Böhm-Trübau	6 21	6 23
Zwittau	6 41	6 42
Skalitz-Boskowitz	7 15	7 16
Brünn	7 57	8 05
Lundenburg	9 05	9 11
Wien (Nordbhf.)	10 30	—

Erstes Frühstück, Kr **1 20** — Mk. **1.00** — Mittagessen, Kr. **4.00**
Abendessen Kr **3.50** = Mk. **2 50**.

Reisenden III. Klasse ist der Zutritt ohne Aufzahlung während der Dauer einer Mahlzeit gestattet auf der Fahrt Berlin-Wien zwischen Berlin und Bodenbach und Bodenbach-Kralup und auf der Fahrt Wien-Berlin zwischen Böhm-Trübau-Kolin und Bodenbach-Berlin.

ISG-Schlafwagen Berlin – Wien über Bodenbach und Prag.
Aus Guide Continental 15. März 1914

114 Strecke / Ligne **WIEN-BERLIN**

Schlafwagen WIEN-BERLIN

viâ ODERBERG

I und II KLASSE

Speisewagen zwischen BRESLAU-BERLIN

Ein Reisender mit einer Fahrkarte I. Klasse kann für seine Person eine kleine Abteilung zu zwei Plätzen belegen gegen Entrichtung von 1 1/2 Zuschlägen I. Klasse. Die Vormerkgebühr wird in diesem Falle nur einmal erhoben.

Z. 3-D 6	Ank.	Abf.
Wien (N. B.)	—	10 15
Lundenburg	11 27	11 35
Prerau	1 10	1 25
M. Ostrau	2 16	2 48
Oderberg	2 58	3 27
Ratibor	3 47	3 48
Kandrzin	4 16	4 18
Oppeln	4 51	4 52
Brieg	5 23	5 24
Breslau (Hbhf.) (Speisewagen)	5 56	6 06
Liegnitz	6 57	7 02
Sagan	8 03	8 05
Sommerfeld	8 32	8 37
Guben	—	9 01
Frankfurt a/O.	9 41	9 44
Berlin (Schles. Bhf.)	10 50	–
— (Alex. Platz.)	11 02	—
— (Fried. Str.)	11 08	—
— (Zoologischer Garten)	11 21	—
— (Charlottenburg)	11 29	—

D 5-4	Ank.	Abf
Berlin (Charlottenburg)	—	4 16
— (Zoologischer Garten)	—	4 24
— (Fried. Str.)	—	4 39
— (Alex. Platz)	—	4 45
— (Schl. Bhf.)	—	4 57
Frankfurt a/O.	6 06	6 09
Guben	—	6 51
Sommerfeld	7 16	7 21
Sagan	7 51	7 53
Liegnitz	8 49	8 53
Breslau (Hbhf.)	9 45	9 55
Brieg	—	—
Oppeln	11 01	11 02
Kandrzin	11 36	11 40
Oderberg	12 33	1 07
M. Ostrau	1 19	1 21
Prerau	2 42	2 55
Lundenburg	4 32	4 40
Wien (N. B.)	6 00	—

Zuschlagstarif pro Platz:

		I. Kl.		II Kl.
Berlin-Wien	Mk.	12.00	Mk.	9.50
Breslau-Wien	"	10.00	"	8.00
Wien-Berlin	Kr.	14.20	Kr.	11.20
Wien-Breslau	"	11.80	"	9.40

Vormerkgebühr bei Vorausbestellung *pro Platz*, im internationalen Verkehr, Kr. 1.20 oder Mk. 1.00. — Im internen Verkehr in Oesterreich, Kr. 1 00.

Wegen Vorausbestellung wende man sich gefl. an die Agenturen der Int. Schlafwagen-Gesellschaft in Wien, Berlin oder Breslau, siehe Seiten 9 bis 13.

Speisewagen WIEN-TETSCHEN (Berlin).

Zug S 3	Ank.	Abf.
Wien (Nordwestbahn)	—	8 50
Oberhollabrunn	9 37	9 37
Znaim	10 28	10 33
Mährisch-Budwitz	11 23	11 24
Okrischko	12 02	12 04
Iglau	12 35	12 37
Deutschbrod	1 02	1 08
Swetla	1 24	1 25
Golc-Janikau	—	1 55
Caslau	2 06	2 07
Sedletz-Kuttenberg	2 17	2 18
Kolin	2 29	2 30
Gross-Wosek	2 39	2 47
Nimburg	3 02	3 05
Lissa	3 19	3 22
Wschetat-Priwor	3 43	3 47
Melnik	3 58	3 59
Leitmeritz (Stadt)	4 35	4 35
Schreckenstein	4 57	4 58
Gr.-Priesen	5 07	5 08
Tetschen	5 25	
Dresden (Hauptbhf.)	6 53	—
Leipzig (Dresd. B.)	9 04	—
Berlin (Anh. Bhf.)	10 26	—
London via Vlissing.	7 33	—

Zug S 4	Ank	Abf
London via Vlissing.	—	10 00
Berlin (Anh. Bhf.)	—	8 05
Leipzig (Dresd. Bhf)	—	9 30
Dresden (Hauptbhf.)		11 30
Tetschen	—	1 00
Schreckenstein	1 26	1 28
Leitmeritz (Stadt)	—	1 51
Melnik	2 26	2 27
Wschetat-Priwor	2 37	2 40
Lissa	3 01	3 02
Nimburg	3 16	3 17
Gross-Wosek	3 31	3 36
Kolin	3 45	3 46
Sedletz-Kuttenberg	3 58	3 59
Caslau	4 10	4 11
Golc-Janikau	—	4 28
Deutschbrod	5 17	5 25
Iglau	5 53	5 55
Okrischko	6 27	6 28
Mährisch-Budwitz	7 04	7 05
Znaim	7 47	7 52
Oberhollabrunn	8 44	8 44
Wien (Nordwestbahn)	9 36	—

Erstes Frühstück, Kr. 1.20. — Mittagessen, Kr. 3.00 und 4.00. Abendessen, Kr 2.50 und 3.50.

Reisende III. Klasse können den Speisewagen ohne Aufzahlung nur zu den in jedem Wagen durch Anschlag kundgemachten Stunden behufs Einnahme der Mahlzeiten benützen.

Verbindungen: In **Gr.-Wosek** von und nach Trautenau, Königgrätz, von und nach Prag; in **Nimburg** von bezw. nach Reichenberg; in **Tetschen** von und nach Dresden, Berlin, Leipzig, Hamburg, Bremen, Cöln, u. s. w.

ISG-Schlafwagen Berlin – Wien über Breslau und Oderberg.
Aus Guide Continental 15. März 1914

Holland-Niederland. 138

Schlafwagen zwischen VLISSINGEN-NÜRNBERG

		Ank.	Abf.			Ank.	Abf.
Vlissingen	Speisewagen	—	7 00	**Nürnberg**		—	8 39
Rosendaal		8 03	8 06	Fürth		8 58	8 59
Boxtel		9 10	9 14	Neustadt a/Aisch		9 35	9 36
Wesel (M. E. Z.)		11 49	11 51	Kitzingen		10 16	10 17
Oberhausen		12 16	12 30	Würzburg		10 39	10 47
Duisburg		12 39	12 41	Aschaffenburg		12 15	12 25
Düsseldorf		1 01	1 05	Hanau		12 49	12 51
Cöln H. B.		1 41	1 50	Frankfurt a/M.		1 20	1 33
Bonn		2 22	2 24	Mainz		2 17	2 33
Coblenz		3 21	3 26	Bingerbrück		3 04	3 10
Rüdesheim		—	—	Coblenz		4 06	4 10
Wiesbaden H. B.		5 02	5 14	Bonn		5 06	5 08
Frankfurt H. B.	Speisewagen	5 58	6 15	Cöln H. B.		5 41	5 48
Hanau		6 45	6 46	Düsseldorf		6 22	6 24
Aschaffenburg		7 12	7 33	Duisburg		6 44	6 45
Gemünden		8 35	8 37	Oberhausen		6 54	7 02
Würzburg		9 12	9 32	Wesel	Speisewagen	7 25	7 26
Kitzingen		10 01	10 02	Boxtel (Amst. Z.)		8 35	8 40
Neustadt a/Aisch		10 46	10 47	Rosendaal		9 30	9 40
Fürth		11 22	11 23	**Vlissingen**		10 44	—
Nürnberg		11 31	—				

Zuschlagstarif pro Platz: Vlissingen-Nürnberg I. Kl. Mk. 12.00; II. Kl. Mk. 10.00. Vlissingen-Würzburg I. Kl. Mk. 11.00; II. Kl. Mk. 8.50.

Vormerkgebühr bei Vorausbestellung pro Platz . . . Mk. 0 50

Bei Bezahlung von 1 Schlafwagenkarte I. Klasse und 1 Fahrkarte I. Klasse wird dem Reisenden für seine Person ein kleines Abteil I. Klasse (Halbcoupé) eingeräumt.

Schlafwagen AMSTERDAM-FRIEDRICHSHAFEN

	Ank.	Abf.		Ank.	Abf.
Amsterdam	—	7 50	**Friedrichshafen** (H. B.)	—	6 22
Utrecht	8 21	8 33	Ravensburg	6 56	6 57
Arnheim	9 31	9 34	Aulendorf	7 23	7 24
Emmerich	10 50	1 05	Biberach	7 47	7 48
Wesel	11 35	11 39	Laupheim	8 02	8 03
Oberhausen	12 03	12 30	Ulm	8 23	8 34
Duisburg	12 39	12 41	Geislingen	9 10	9 11
Düsseldorf	1 01	1 05	Göppingen	9 28	9 29
Cöln	1 40	1 50	Plochingen	9 46	9 47
Coblenz	3 21	3 26	Esslingen	—	9 47
Wiesbaden	5 02	5 20	Cannstatt	10 07	10 08
Mainz	5 34	5 37	Stuttgart	0 15	10 22
Mannheim	6 55	7 03	Ludwigsburg	10 37	10 47
Bruchsal	7 47	7 53	Pforzheim	11 19	11 24
Mühlacker	8 26	8 32	Karlsruhe	11 55	12 09
Bietigheim	8 52	8 53	Mannheim	12 58	1 05
Stuttgart	9 16	9 22	Mainz	2 21	2 33
Plochingen	9 43	9 44	Bingerbrück	3 04	3 10
Geislingen	10 19	10 21	Coblenz	4 06	4 10
Ulm	10 53	1 01	Bonn	5 06	5 08
Laupheim	11 23	11 24	Cöln	5 41	5 48
Biberach	11 38	11 39	Düsseldorf	6 22	6 24
Aulendorf	12 01	12 02	Duisburg	6 44	6 45
Ravensburg	12 22	12 23	Oberhausen	6 54	7 32
Meckenbeuren	12 33	12 34	Wesel	8 02	8 04
Friedrichshafen (H. B.)	12 51	—	Emmerich	8 39	8 45
			Arnheim	9 01	9 05
			Utrecht	10 01	10 07
			Amsterdam (W. P.)	0 42	—

Zuschlagstarif pro Platz:

		I. Kl.	II. Kl.
Amsterdam-Stuttgart	Mk.	11.00	9.00
» Friedrichshafen	»	14.00	11.00
Oberhausen-Ulm	»	9.50	7.00
» Friedrichshafen	»	11.00	8.00
Cöln-Stuttgart	»	6.00	5.10
» Friedrichshafen	»	9.00	7.00

Vormerkgebühr bei Vorausbestellung pro Platz . . . Mk. 0 50

Bei Bezahlung von 1 Schlafwagenkarte I. Klasse und 1 Fahrkarte I. Klasse wird dem Reisenden für seine Person ein kleines Abteil I. Klasse (Halbcoupé) eingeräumt.

Speisewagen VLISSINGEN-WIESBADEN

	Ank.	Abf.	D 171	Ank.	Abf.
Vlissingen (W. E. Z.)	-	5 10	**Wiesbaden**	—	3 12
Rosendaal	6 10	6 12	Rüdesheim	3 41	3 42
Boxtel	7 06	7 11	Niederlahnstein	4 38	4 42
Gennep	7 58	9 00	**Cöln-Deutz**	6 20	6 21
Goch (M. E. Z.)	9 14	9 34	Mülheim	6 28	6 29
Wesel	—	—	Düsseldorf	6 57	6 58
Oberhausen	10 33	11 07	Duisburg	7 18	7 19
Duisburg	11 16	11 17	Oberhausen	7 28	7 35
Düsseldorf	11 37	11 39	Wesel	8 00	8 02
Mülheim	12 07	12 08	Goch	8 40	8 42
Cöln-Deutz	12 16	12 18	Gennep (W. E. Z.)	8 56	8 04
Coblenz	1 39	1 41	Boxtel	8 53	8 56
Niederlahnstein	1 49	1 53	Rosendaal	9 48	9 51
Rüdesheim	2 44	2 45	**Vlissingen**	10 50	—
Wiesbaden	3 16	—			

Deutsch-Holländische Schlafwagenkurse – Sommerfahrplan 1909.
Aus Guide Continental Mai 1909

Allemagne. — Deutschland. 73

Ligne Strecke HAMBURG-FREDERIKSHAVN

Schlafwagen HAMBURG-FREDERIKSHAVN

I. und II. KLASSE

Ein Reisender mit einer Fahrkarte I. Klasse kann für seine Person eine kleine Abteilung zu zwei Plätzen belegen gegen Entrichtung eines Zuschlages I. Klasse. Die Vormerkgebühr wird in diesem Falle nur einmal erhoben.

D 40 D 46-917	Ank.	Abf.	D 970-Z 551-D 3	Ank.	Abf.
Hamburg (Hbf.)	—	9 00	**Frederikshavn**		6 45
— (Dammtor)	—	9 06	Hjörring	7 33	7 36
Altona (Hbf.)	9 14	9 19	Norre-Sundby	8 10	8 11
Elmshorn	9 45	9 46	Aalborg	8 20	8 34
Neumünster	10 23	10 33	Hobro	9 29	9 31
Rendsburg	11 11	11 12	Randers	10 01	10 21
Schleswig	11 35	11 36	Langaa	10 34	10 35
Jübeck	—	11 48	Aarhus (H.)	11 18	11 30
Flensburg	12 11	12 18	Skanderborg	12 02	12 06
Tingleff	12 44	12 45	Horsens	12 36	12 38
Rothenkrug	1 00	1 01	Vejle	1 17	1 19
Woyens	1 19	1 21	**Fredericia**	1 50	2 06
Vamdrup (Grenze)	1 40	1 58	Kolding	2 33	2 35
Kolding	2 16	2 18	Vamdrup (Grenze)	2 57	3 08
Fredericia	2 39	2 56	Woyens	3 29	3 43
Vejle	3 20	3 22	Flensburg	4 41	4 45
Horsens	3 52	3 54	Jübeck	5 18	5 19
Skanderborg	4 23	4 25	Schleswig	5 32	5 33
Aarhus (H.)	4 50	5 00	Duvenstedt	—	5 55
Langaa	5 42	5 45	Rendsburg	6 03	6 04
Randers	5 57	6 08	Neumünster	6 59	7 12
Hobro	6 39	6 40	Elmshorn	7 47	7 48
Aalborg	7 32	7 45	Altona (Hbf.)	8 17	8 25
Hjörring	8 38	8 40	— (Holstenstrasse)	8 30	—
Frederikshavn	9 13	—	**Hamburg** (Sternsch.)	8 34	—
			— (Dammtor)	8 39	—
			— (Hbf.)	8 44	—

Zuschlagstarif pro Platz:

Hamburg-Frederikshavn oder umgekehrt	I. Kl.	Mk.	10 00	oder	Kr.	8 90
»	II.	»	6 75	»	»	6 00
Hamburg-Fredericia oder umgekehrt	I.	»	6 00	»	»	5 35
» »	II.	»	4 50	»	»	4 00
Fredericia-Frederikshavn oder umgekehrt	I.	»	6 00	»	»	5 35
» »	II.	»	4 50	»	»	4 00
Vormerkgebühr (location) bei Vorausbestellung *pro Platz*		»	0 50	»	»	0 50

Wegen Vorausbestellung wende man sich gefl. an die Agenturen der Internationale Schlafwagen-Gesellschaft, siehe Seiten 9 bis 13.

Strecke Ligne HAMBURG-KOPENHAGEN

Schlafwagen HAMBURG-KOPENHAGEN

I. und II. KLASSE

Ein Reisender mit einer Fahrkarte I. Klasse kann für seine Person eine kleine Abteilung zu zwei Plätzen belegen gegen Entrichtung eines Zuschlages I. Klasse. Die Vormerkgebühr wird in diesem Falle nur einmal erhoben.

D 93-10	Ank.	Abf.	D 9-74	Ank.	Abf.
Kopenhagen	—	8 10	**Hamburg** (H.)	—	12 00
Orehoved	10 42	11 02	Wandsbeck	—	12 08
Gjedser	11 51	12 14	Lübeck	12 58	1 03
Warnemünde	2 14	2 40	Kleinen	2 03	2 04
Rostock	2 55	3 03	Rostock	3 07	3 11
Bützow	3 30	3 31	Warnemünde	3 25	3 45
Kleinen	4 08	4 11	Gjedser	5 45	6 06
Lübeck	5 08	5 13	Orehoved	6 48	6 58
Bad Oldesloe	5 34	5 35	**Kopenhagen**	9 42	—
Wandsbeck	—	6 07			
Hamburg (H.)	6 15	—			

Die mit dem Schlafwagen von Kopenhagen kommenden Reisenden können bei Ankunft in Hamburg (6 15) bis 7 Uhr Morgens im Wagen verbleiben.

Zuschlagstarif pro Platz:

Hamburg Kopenhagen oder umgekehrt	I. Kl.	Mk.	10 00	oder	Kr.	8 90
» »	II.	»	6 75	»	»	6 00
Rostock od. Warnemünde-Kopenhagen od. umgek.	I.	»	6 00	»	»	5 35
» » »	II.	»	4 50	»	»	4 00
Vormerkgebühr (location) bei Vorausbestellung *pro Platz*		»	0 50	»	»	0 50

Wegen Vorausbestellung wende man sich gefl. an die Agenturen der Internationalen Schlafwagen-Gesellschaft, siehe Seiten 9 bis 13.

Les heures de nuit de 6 00 heures du soir à 5 59 du matin ont les minutes soulignées
Die Nachtzeiten von 6 00 abends bis 5 59 früh sind durch Unterstreichung der Minutenziffern gekennzeichnet.

Deutsch-Dänische und innerdänische Schlafwagenkurse – Sommerfahrplan 1914

156 Danemark — Dänemark

Ligne Strecke KOPENHAGEN-FREDERIKSHAVN

Schlafwagen KOPENHAGEN-RANDERS-AALBORG

Ein Reisender mit einer Fahrkarte I. Klasse kann für seine Person eine kleine Abteilung zu zwei Plätzen belegen gegen Entrichtung eines Zuschlages I. Klasse. Die Vormerkgebühr von Kr. 0.50 wird in diesem Falle nur einmal erhoben.

Züge 45-917	Ank.	Abf.	Züge 970-12	Ank.	Abf.
Kopenhagen (Kjöbenhavn)*	—	8 30	Frederikshavn	—	6 45
Roskilde	9 03	9 05	**Aalborg**	—	8 34
Korsör	10 16	10 27	Hobro	9 29	9 31
Nyborg (Fgh.)	11 45	11 47	**Randers**	10 01	10 22
— (Stat.)	11 49	12 04	Langaa	10 34	10 35
Ullerslev	12 18	12 18	Aarhus	11 18	11 30
Odense	12 37	12 42	Skanderborg	11 02	12 06
Aarup	1 11	1 11	Horsens	12 36	12 38
Middelfart	1 37	1 38	Vejle	1 17	1 19
Strib	1 45	1 54	**Fredericia**	1 50	2 22
Fredericia	2 12	2 56	Strib	2 37	2 53
Vejle	3 20	3 22	Odense	3 45	3 49
Horsens	3 52	3 54	Nyborg (Stat.)	4 15	4 17
Skanderborg	4 23	4 25	— (Fgh.)	4 19	4 35
Aarhus	4 50	5 00	Korsör	5 50	6 28
Langaa	5 42	5 45	**Kjöbenhavn** (Kopenhagen)	8 12	—
Randers	5 57	6 08			
Hobro	6 39	6 40			
Aalborg	7 32	—			
Frederikshavn	9 13	—			

Die von Kopenhagen kommenden Reisenden nach Frederikshavn können ab Aalborg bis Frederikshavn in dem Schlafwagen Hamburg-Frederikshavn ohne Zahlung eines Zuschlages Platz nehmen.

Zuschlag pro Platz: I. Klasse, Kr. 8 90; II. Klasse, Kr. 6 00.

Schlafwagen KOPENHAGEN-RANDERS

Ein Reisender mit einer Fahrkarte I. Klasse kann für seine Person eine kleine Abteilung zu zwei Plätzen belegen gegen Entrichtung eines Zuschlages I. Klasse. Die Vormerkgebühr von Kr. 0.50 wird in diesem Falle nur einmal erhoben.

Züge 49-927	Ank.	Abf.	Züge 968-12	Ank.	Abf.
Kopenhagen (Kjöbenhavn)	—	12 00	**Randers**	—	9 29
Korsör	1 39	1 55	Langaa	9 44	9 58
Nyborg (Fgh.)	3 13	3 16	Aarhus	10 52	11 05
— (Stat.)	3 18	3 36	Skanderborg	11 36	11 40
Odense	4 06	4 11	Horsens	12 11	12 15
Strib	5 05	5 10	Vejle	12 50	12 54
Fredericia	5 28	6 02	**Fredericia**	1 22	2 22
Vejle	6 29	6 31	Strib	2 37	2 53
Horsens	7 07	7 09	Odense	3 45	3 49
Skanderborg	7 45	7 48	Nyborg (Stat.)	4 15	4 17
Aarhus	8 16	8 26	(Fgh.)	4 19	4 35
Langaa	9 35	9 51	Korsör	5 50	6 28
Randers	10 11	—	**Kjöbenhavn** (Kopenhagen)	8 12	—

Zuschlagstarif pro Platz:

Kopenhagen-Fredericia	I. Kl.	Kr.	5.35
— —	II. Kl.	Kr.	4.00
Kopenhagen-Randers oder umgekehrt u. Fredericia-Kopenhagen	I. Kl.	Kr.	8.90
— — —	II. Kl.	Kr.	6.00

Ligne Strecke KOPENHAGEN-ESBJERG

Schlafwagen KOPENHAGEN-ESBJERG

Ein Reisender mit einer Fahrkarte I. Klasse kann für seine Person eine kleine Abteilung zu zwei Plätzen belegen gegen Entrichtung eines Zuschlages I. Klasse. Die Vormerkgebühr von Kr. 0.50 wird in diesem Falle nur einmal erhoben.

Züge 49-918-1017	Ank	Abf.	Züge 1034-915-12	Ank.	Abf.
Kopenhagen (Kjöbenhavn)	—	12 00	**Esbjerg**	—	12 18
Korsör	1 39	1 55	Bramminge	12 35	12 37
Nyborg (Frgh.)	3 13	3 16	Lunderskov	1 17	1 22
— (Stat.)	3 18	3 36	Kolding	1 35	1 38
Odense	4 06	4 11	Fredericia	2 00	—
Strib	5 05	5 10	Fredericia (Frgh.)	—	2 52
Fredericia	5 28	5 45	Strib	3 07	3 22
Kolding	6 06	6 08	Odense	4 10	4 14
Lunderskov	6 23	6 30	Nyborg (Stat.)	4 38	4 40
Bramminge	7 28	7 31	Nyborg (Frgh.)	4 42	4 55
Esbjerg	7 53	—	Korsör	6 13	6 28
			Kopenhagen (Kjöbenhavn)	8 12	—

Zuschlagstarif pro Platz:

		I Kl.	II Kl.
Kopenhagen-Esbjerg	Kr.	8 90	6 00
Kopenhagen-Fredericia	»	5 35	4 00
Fredericia-Esbjerg	»	5 35	4 00

Aus Guide Continental Sommer 1914

76 **Allemagne. — Deutschland.**

Strecke / Ligne **BERLIN-KOPENHAGEN**

Schlafwagen BERLIN-KOPENHAGEN

Direkter Verkehr ohne Umsteigen durch Vermittlung der grossen Dampffährboote Warnemünde-Gjedser.

Ein Reisender mit einer Fahrkarte I. Klasse kann für seine Person eine kleine Abteilung zu zwei Plätzen belegen gegen Entrichtung eines Zuschlages I. Klasse. Die Vormerkgebühr wird in diesem Falle nur einmal erhoben.

D 15-74	Ank.	Abf.
Berlin (Stett. Bhf.)	—	11 15
Löwenberg	12 03	12 04
Gransee	—	12 18
Neustrelitz	12 57	1 02
Waren	1 34	1 35
Güstrow	2 24	2 25
Rostock	2 58	3 02
Warnemünde	3 16	3 45
Gjedser	5 45	6 06
Orehoved	6 48	6 58
Masnedö	—	7 32
Kopenhagen	9 42	—

D 93-11	Ank.	Abf.
Kopenhagen	—	8 10
Orehoved	10 42	11 02
Gjedser	11 51	12 14
Warnemünde	2 14	2 32
Rostock	2 46	2 51
Güstrow	3 27	3 29
Waren	4 20	4 23
Neustrelitz	4 55	5 00
Gransee	—	5 40
Berlin (Stett Bhf.)	6 38	—

Zuschlagstarif pro Platz: I. Kl. II. Kl. I. Kl. II. Kl.
Berlin-Kopenhagen od. umgekehrt . . . . Mk. 10.00 6.75 oder d. Kr. 8.90 6.00
Rostock-Kopenhagen „ . . . . „ 6.00 4.50 „ „ 5.35 4.00
Vormerkgebühr bei Vorausbestellung *pro Platz*, Mk 0.50 oder Kr. 0.50.
Für jeden reservierten Platz ist der Zuschlag für die ganze Strecke Berlin-Kopenhagen zu entrichten. — Wegen Vorausbestellung wende man sich gefl. an die Agenturen der Internationalen Schlafwagen-Gesellschaft, siehe Seiten 9 bis 13.

Schlafwagenkurse Berlin – Kopenhagen im Sommerfahrplan 1914
Aus Guide Continental Sommer 1914

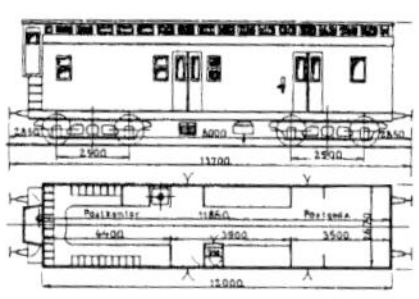
Post4 Berlin – Kopenhagen
Stn 2344-2347
Kaiserliche Deutsche Post
Nr. 34 Bahnpostamt
Berlin 3

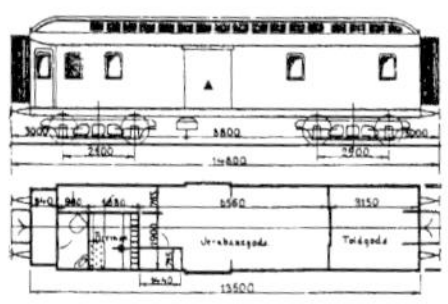
Pw4ü Berlin – Kopenhagen
Schw 961-965

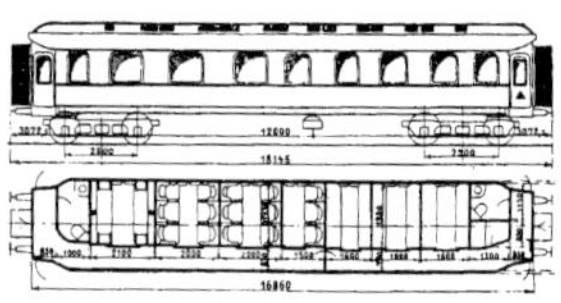
ABC4ü Berlin – Kopenhagen
Schw 201-205

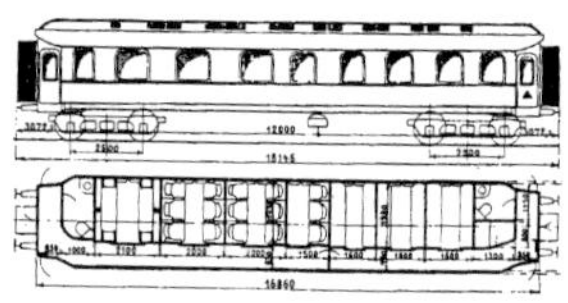
AB4ü Berlin – Orehoved
Schw 179-185

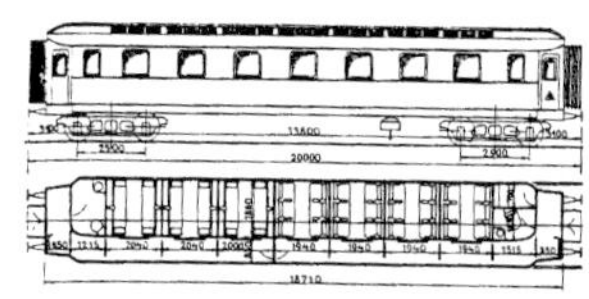
WL4ü Berlin – Kopenhagen
CIWL

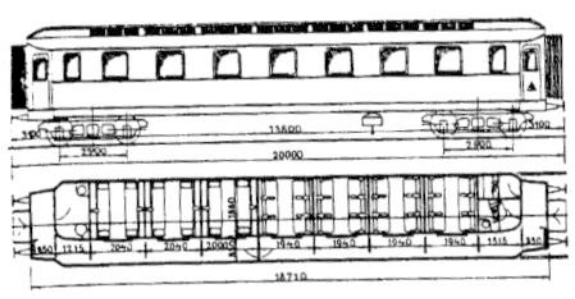
WL4ü Hamburg – Kopenhagen
CIWL
aus D 9

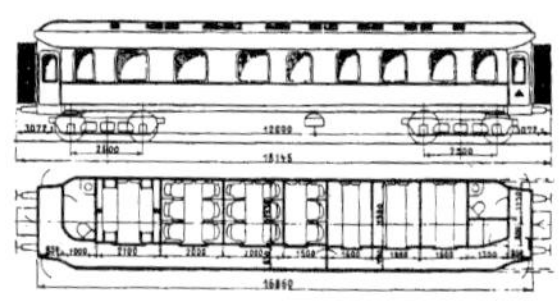
ABC4ü Hamburg – Orehoved
Schw 201-205

Wagenbelegung der Fähre Warnemünde – Gedser im Sommerfahrplan 1913. Deutsche Wagen aus D 15 für Zug 74 DSB. Fähre b.

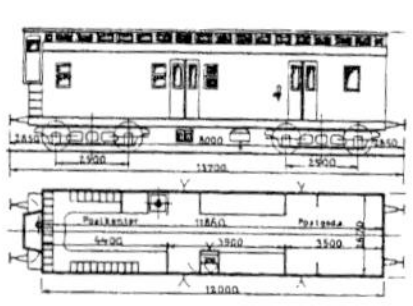
Post4 Kopenhagen – Berlin
Stn 2344-2347
Nr. 34 Bahnpost
Kaiserliche Deutsche Post

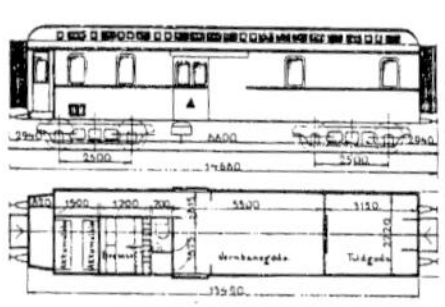
EJ Kopenhagen – Berlin
(Pw4ü) DSB 2248/2249

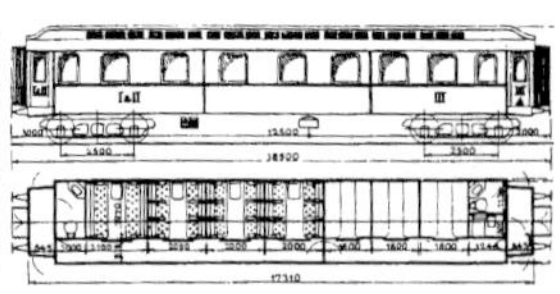
AT Kopenhagen – Berlin
(ABC4ü) DSB 261-264

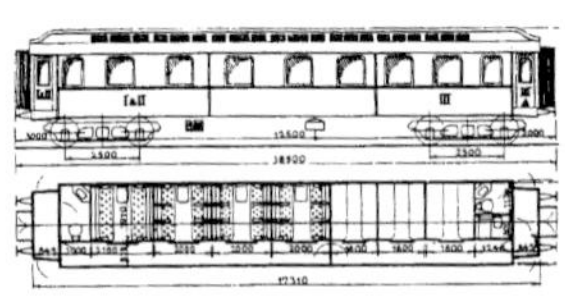
AM Orehoved – Berlin
(AB4ü) DSB 389-396

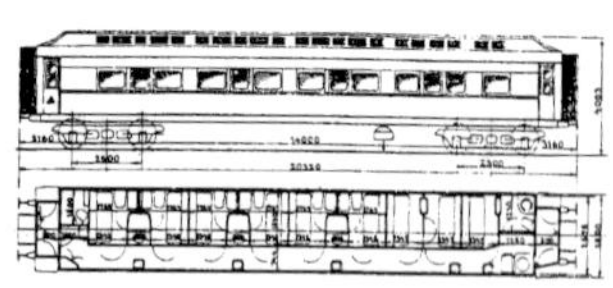
WL4ü Kopenhagen – Berlin
CIWL

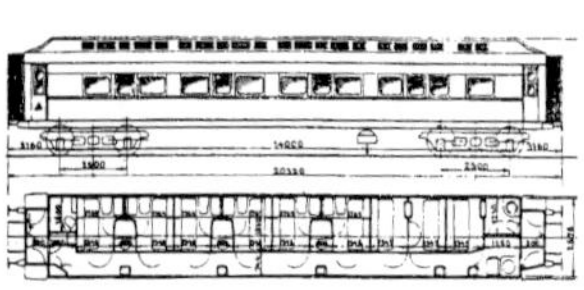
WL4ü Hamburg – Kopenhagen
CIWL

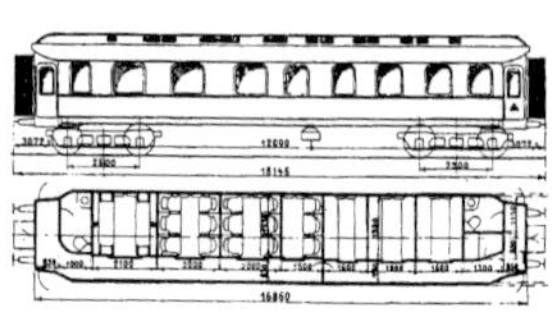
ABC4ü Hamburg – Orehoved
Schw 201-205
für D 10

Wagenbelegung der Fähre Gedser – Warnemünde im Sommerfahrplan 1913. DSB-Zug 93 für D 16. Fähre a.

Slg. Dr. Albert Mühl

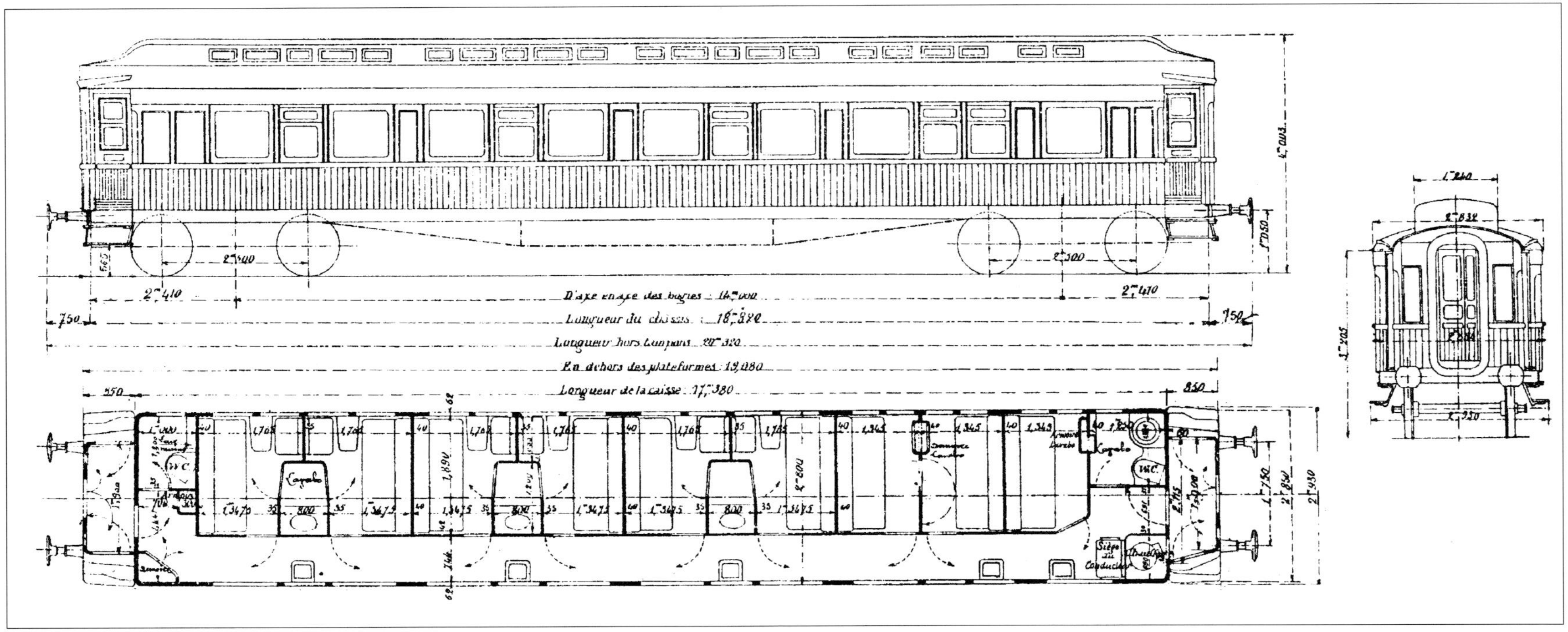

Die Schlafwagen 1743-1750 (Scandia 1907) wurden für den deutsch-dänischen Verkehr sowohl via Gedser (Hamburg – Kopenhagen) als auch über Vamdrup (Hamburg – Frederikshavn) beschafft.

Slg. Dr. Albert Mühl

Fährboot-Schlafwagen No. 1749 mit dänischen Aufschriften *Internationale Sovevogns Selskab.*

Aufn.: Slg. Dr. Wendelaar

Die Vollendung – Ein Netz ohne Lücken

Die Jahre zwischen 1907 und 1913 nutzten KPEV wie ISG, ihre bereits dicht geknüpften Netze zu vervollständigen, so daß am Ende dieser Periode kein Nachtschnellzug ohne einen oder mehrere Schlafwagen verkehrte; übrigens auch kein Tagesschnellzug ohne Speisewagen.

Neue KPEV-Kurse 1907-1914

1907	Berlin (Stadtbahn) – Belzig (später Magdeburg) – Nordhausen – Kassel – Gießen – Koblenz – Metz
1907	Berlin Anh. Bhf. – Erfurt – Bad Kissingen (nur So 1907)
1907	Frankfurt (M) – Kassel – Halle – Leipzig
1907	Leipzig – Halberstadt – Altenbeken – Elberfeld – Krefeld (ab 1910 Köln statt Krefeld)
1907	Oberhausen – Essen – Kassel – Gera – Eger (ab 1910 Köln statt Oberhausen)
1908	Berlin Anh. Bhf. – Halle – Probstzella – Augsburg – Lindau (nur Sommer)
1908	Altona – Hannover – Frankfurt (M) – Wiesbaden
1908	Altona – Amsterdam
1909	Berlin (Stadtbahn) – Magdeburg – Kassel – Frankfurt (M) – Saarbrücken (1910/11 Bingerbrück, ab 1912 Frankfurt)
1910	Leipzig – Breslau – Kattowitz (vorher Myslowitz)
1911	Altona – Hannover – Frankfurt (M) – Mannheim – Karlsruhe – Basel Bad. Bhf.
1911	Bremen – Hannover – Frankfurt (M) – Mannheim (1912 Ulm, ab 1913 Stuttgart)
1911	Kassel – Breslau – Kattowitz
1911	Berlin (Stadtbahn) – Posen – Kalisch
1911	Köln – Altona – Kiel (vorher Altona)
1911	Altona – Würzburg – München (vorher Würzburg)
1913	Berlin Anh. Bhf. – Halle – Probstzella – Nürnberg – Augsburg – München (1.7.-15.7.) Schlafwagenzug (nur Hinfahrt) (D 168)
1913	Berlin Anh. Bhf. – Halle – Probstzella – Nürnberg – Augsburg – Lindau (20.6.-30.8) Schlafwagenzug (nur Hinfahrt) (D 168)

Neue ISG-Kurse 1907-1914

01.05.1907	München – Köln – Vlissingen (ab 01.05.09 Nürnberg – Vlissingen)
03.10.1907	Berlin (Stadtbahn) – Oderberg – Wien Nord (von KPEV)
01.11.1907	Hamburg – Vamdrup – Frederikshavn
01.05.1908	Dresden – Wesel – Vlissingen
01.05.1909	Amsterdam – Mannheim – Stuttgart – Friedrichshafen (ab 01.10.09 nur Stuttgart)
01.05.1910	München – Villach – Triest
01.05.1911	Berlin Anh. Bhf. – Leipzig – Karlsbad (nur Sommer)
01.05.1911	München – Straßburg – Nancy (vorher Avricourt)
01.10.1911	Berlin (Stadtbahn) – Budapest – Konstantinopel
01.10.1911	Stuttgart – München – Villach – Triest
(1911)	Paris – Straßburg – Stuttgart
1912	Dortmund – Mainz – Mannheim – Karlsruhe – Basel SBB (nur 1912)
01.12.1913	München – Brenner – Verona – Venedig (vorher Verona) 1. Klasse
(1913)	Dresden – Bodenbach – Wien Ost
(1913)	Leipzig – Dresden – Tetschen – Wien NW
(1913)	Nancy – Metz – Frankfurt (M) (nur Hinfahrt)

Bemerkenswert ist der systematische Ausbau der deutsch-holländischen Verkehre durch die ISG. Sie hatte sich für die Führung der Vlissinger Schlafwagen (und Speisewagen) die Exklusivrechte vertraglich gesichert. Vlissingen spielte ein bedeutende Rolle im deutsch-englischen Verkehr. Hier bestand Anschluß an das Schiff nach Harwich und dort an die *Boat Trains* nach London. Zusätzlich zu den Schlafwagen aus Altona (1904) und Berlin (1905) werden solche aus und nach München (1907, ab 1909 Nürnberg) sowie Dresden (1908) eingerichtet. Noch intensiver werden die Verbindungen mit der Metropole Amsterdam gepflegt.

1905	01.07.-15.09	Amsterdam – Karlsbad	(Nürnberg – Karlsbad in *Ostende-Karlsbad-Expreß*)
1906	15.05.-14-06	Amsterdam – Bad Kissingen	
	15.06.-15.09.	Amsterdam – Marienbad	(Nürnberg – Karlsbad in *Ostende-Karlsbad-Expreß*)
1907	wie Vorjahr		
1908	15.05.-14.06	Amsterdam – Bad Kissingen	(letztmalig)
	15.05.-15.09	Ostende – Marienbad	(in *Ostende (– Karlsbad) – Wien-Expreß* bis 1914)
1909	01.05.-30.09	Amsterdam – Friedrichshafen	
	01.10.	Amsterdam – Stuttgart	(bis 1914)
1910	01.05.-15.09	Ostende – Bad Kissingen	(Ostende – Würzburg in *Ostende (– Karlsbad) – Wien Expreß*. Nur 1910.)

Mit der Innerschweiz gab es zwei Schlafwagenverbindungen aus Bayern: dem seit 1902 gefahrenen Kurs zwischen München und Zürich folgte am 1. Mai 1905 einer aus und nach Nürnberg: zunächst nach und von Luzern, ab Winter Zürich. Letzterer wird, ab 1906 nur mit 1. Klasse, während der Verkehrszeiten des *Engadin-Expreß* in der Sommer- und Wintersaison ab und bis Zürich im Luxuszug nach und von Chur gefahren.

Nach Eröffnung der Tauernbahn 1909 propagierte die CIWL einen *Tauern-Expreß* Paris – Triest, der sich jedoch nicht realisieren ließ. Immerhin erhielt sie je einen Schlafwagenkurs München Triest (1910) und Stuttgart – Triest (1911).

Als ganz besonderen Erfolg kann die CIWL den Kurs Berlin Konstantinopel, der am 1. Oktober 1911 zustandekommt, verbuchen. Dieser Schlafwagen lief südlich Budapest in einem der beiden *Konventionszüge* zusammen mit anderen. Wir werden ihm, der allerdings während der beiden aufeinanderfolgenden Balkankriege 1912/13 nicht verkehrte, im Weltkrieg unter anderer Flagge wieder begegnen.

Seit der Auflassung des Kurses Berlin – Paris im Jahre 1887 wurden die deutsch-französischen Schlafwagenverbindungen nur noch von den Rändern geführt. Wer von Berlin im Schlafwagen nach Paris reisen wollte, musste den *Nord-Expreß* benutzen und neben einer Fahrkarte 1. Klasse den Zuschlag von 37.50 Mark bezahlen. Nachdem sich die französischen Bahnen hartnäckig weigerten, in den Schlafwagen auch die 2. Klasse zuzulassen, wie es die deutschen Verwaltungen auf ihren Strecken verlangten, kam wenig Bewegung in die Verkehre und es hat jahrzehntelang nur die Schlafwagen 1. Klasse zwischen Köln bzw. Frankfurt und Paris gegeben. Erst 1911 – sehr spät also – durfte der Münchner Wagen im Schnellzug Wien – Paris, der bislang in Avricourt an der Grenze abgehängt wurde, nach Frankreich hinein bis Nancy gefahren werden. Im selben Jahr wurde ein Kurs zwischen Paris und Stuttgart eingeführt, zunächst nur mit 1. Klasse, bis sich die französische Ostbahn 1914 bequemte, ausnahmsweise auch die 2. Klasse zuzulassen. Der seit 1913 nur auf der Hinfahrt verkehrende Wagen Nancy – Frankfurt führte die 1. und 2. Klasse. Besonders stark frequentierte Kurse mussten schon bald mit zwei Schlafwagen gefahren werden, so zwischen Berlin und Warschau, Eydtkuhnen, Frankfurt am Main und Köln. Vor allem aber zu Beginn der Sommerferien war der Andrang von Reisenden nach den südlichen Gefilden derartig groß, daß drei und mehr Schlafwagen eingesetzt wurden. Diese liefen in Vorzügen, wie z. B. der *2. und 3. Schlafwagen Berlin – München* im Vz. D 39, da der D 39 Berlin – München – Italien keine zusätzlichen Wagen mehr aufnehmen konnte, oder der D 166 Holland – Basel – Italien mit dem Schlafwagen Emmerich – Basel, den sich die KPEV bereits 1891 gesichert hatte, der bei der Ankunft in Köln mit mehr als drei Schlafwagen – im Sommer – in zwei Züge (Vz. D 166 und D 166) geteilt und die Schlafwagen im Vorzug bis Straßburg gefahren wurden. Der Schlafwagen Emmerich – Basel war übrigens als einziger mit einem Anteil von über 90 % der 1. Klasse gebucht, was interessante Rückschlüsse auf dessen Klientel zulässt. Im Sommer 1913 richtete die KPEV erstmals einen Schlafwagenzug (D 168), der vom 1. bis 15. Juli ab Berlin verkehrte und jeweils mehrere Schlafwagen nach München und Lindau führte, ein.

Im Zuge der Vermehrung der Kurse war es auch keine Seltenheit, auf den Abgangsbahnhöfen Züge zu beobachten, in die zwei oder drei Schlafwagen mit verschiedenen Zielorten eingestellt waren. Sie wurden unterwegs aus dem Zug herausgenommen und an einen anderen, meist ebenfalls Schlafwagen führenden Zug angehängt. In diesen Zügen liefen nicht nur preußische Wagen unter sich, sondern mit diesen zusammen auch solche der ISG.

Ligne Strecke **STUTTGART-MUNCHEN-TRIEST**

Schlafwagen zwischen STUTTGART-TRIEST

Speisewagen zwischen STUTTGART-MUNCHEN und VILLACH-TRIEST.

Ein Reisender mit einer Fahrkarte I. Klasse kann für seine Person eine kleine Abteilung zu zwei Plätzen belegen gegen Entrichtung von 1 1/2 Zuschlägen I. Klasse.

Dreimal wöchentlich.

Montag, Donnerstag und Samstag. Zug 703.	Ank.	Abf.	Dienstag, Donnerstag und Samstag Zug 704.	Ank.	Abf.
Stuttgart	—	8 45	**Triest** (St. Bhf.)	—	6 25
Cannstatt	8 51	8 52	Görz	7 44	7 48
Plochingen	9 12	9 14	Assling	9 46	9 49
Göppingen	9 30	9 31	Villach (Hbf.)	10 32	10 37
Geislingen	9 50	9 52	Spittal-Milstättersee	11 10	11 15
Ulm	10 25	10 31	Badgastein	12 47	12 49
Günzburg	10 51	10 52	Schwarzach-St-Weit	1 30	1 42
Augsburg	11 46	11 51	Bischofshofen	1 57	2 02
München	12 40	12 55	Salzburg	3 07	3 25
Salzburg	3 20	3 40	Freilassing	—	3 33
Bischofshofen	4 36	4 43	Teisendorf	—	3 51
Schwarzach-St-Weit	5 00	5 01	Traunstein	4 18	4 20
Badgastein	5 59	6 00	Prien	4 47	4 49
Spittal-Milstättersee	7 18	7 19	Rosenheim	5 16	5 20
Villach (Hbf)	7 50	7 55	**München** (Ost)	6 15	6 17
Assling	8 49	8 55	— (H. B.)	6 30	7 00
Görz	10 37	10 43	Augsburg	7 49	7 52
Triest (St. Bhf.)	12 00	—	Ulm	9 03	9 10
			Geislingen	9 45	9 46
			Göppingen	10 02	10 04
			Esslingen	—	10 29
			Stuttgart	10 44	—

Zuchlagstarif pro Platz :

	I. Kl.	II. Kl.
Stuttgart oder München-Triest oder umgekehrt.	Mk. 15 00	Mk. 11 50
— — —	Kr. 18 00	Kr. 13 80
Stuttgart-Villach	Mk. 12 00	Mk. 8 50
—	Kr. 14 40	Kr. 10 20
München-Rosenbach oder umgekehrt	Mk. 12 00	Mk. 8 50
— —	Kr. 14 40	Kr. 10 20
Bad-Gastein-München oder umgekehrt	Mk. 12 00	Mk. 8 50
— — —	Kr. 14 40	Kr. 10 20
Salzburg-Triest oder umgekehrt	Mk. 8 85	Mk. 8 00
— —	Kr. 10 60	Kr. 9 60

Vormerkgebühr bei Vorausbestellung, *pro Platz*. Mk. 1.00 oder Kr. 1.20.

Les heures de nuit de 600 heures du soir à 559 du matin ont les minutes soulignées. Die Nachtzeiten von 600 abends bis 559 früh sind durch Unterstreichung der Minutenziffern gekennzeichnet.

Allemagne. — Deutschland 68

Strecke Ligne **MÜNCHEN-TRIEST** (viâ Tauernbahn)

Schlafwagen MÜNCHEN-BAD-GASTEIN-TRIEST

Ein Reisender mit einer Fahrkarte I. Klasse kann für seine Person eine kleine Abteilung zu zwei Plätzen belegen gegen Entrichtung von 1 1/2 Zuschlägen I. Klasse.

D. 129/501/705.	Ank.	Abf.	D. 56,702.	Ank.	Abf.
München (H. B)	—	9 17	**Triest** (k. k. St-B.)	—	5 00
— (Ost)	9 29	9 31	Opcina (Stsbhf.)	—	5 32
Dorfen	10 10	10 11	St-Daniel-Kobdil	—	5 53
Mühldorf	10 34	10 36	Prvacina	6 10	6 11
Freilassing	11 44	11 45	Görz (St-B.)	6 25	6 31
Salzburg	11 53	12 12	Canale	—	6 57
Hallein	—	12 30	S. Lucia-Tolmein	—	7 11
Bischofshofen	1 07	1 11	Podbrdo	—	7 51
St-Johann	-	1 21	Feistritz-Wocheinersee	—	8 02
Schwarzach-St-Veit	1 27	1 31	Veldes	—	8 24
Badgastein	2 33	2 35	Assling	8 39	8 43
Böckstein	2 49	2 50	Rosenbach	8 59	9 03
Mallnitz	—	3 06	Villach (H. B.)	9 36	9 54
Spittal-Millstättersee	3 48	3 49	Spittal-Millstättersee	10 33	10 41
Villach (H. B.)	4 28	4 33	**Badgastein**	12 27	12 30
Rosenbach	5 18	5 19	Hofgastein	—	12 42
Assling	5 35	5 40	Schwarzach-St-Veit	1 12	1 17
Veldes	—	5 53	Bischofshofen	1 32	1 38
Feistritz-Wocheinersee	—	6 14	Hallein	—	2 25
S. Lucia-Tolmein		6 49	Salzburg	2 46	3 25
Görz (St-B.)	7 25	7 29	Freilassing	—	3 33
St-Daniel-Kobdil	—	8 09	Teisendorf	—	3 51
Opcina (Stsbhf).	—	8 30	Traunstein	4 18	4 20
Triest (k. k. St-B.)	8 50	—	Prien	4 47	4 49
			Rosenheim	5 16	5 20
			München (Ost)	6 15	6 17
			— (H. B.)	6 30	—

Zuschlagstarif. Pro Platz	I. Kl.		II. Kl.	
München-Triest oder umgekehrt	Mk. 15 »	Kr. 18 »	Mk. 11.50	Kr. 13.80
München-Rosenbach oder Badgastein München oder umgekehrt	Mk. 12	Kr. 14.40	Mk. 8.50	Kr. 10.20
Salzburg-Triest oder umgekehrt	Mk. 8.85	Kr. 10.60	Mk. 8 »	Kr. 9.60

Vormerkgebühr bei Vorausbestellung, im internationalen Verkehr, Mk. 1.00 oder Kr. 1.20; im internen Verkehr in Österreich, Kr. 1.00.

Speisew. zwischen MÜNCHEN-VILLACH-TRIEST

Schlafwagenkurse nach Triest über die Tauernbahn – Winterfahrplan 1911.

AUS GUIDE CONTINENTAL OKTOBER 1914

Allemagne. — Deutschland. 81

Strecke Ligne **BERLIN-BUDAPEST-CONSTANTINOPLE**

Schlafwagen BERLIN-CONSTANTINOPEL

Speisewagen zwischen BERLIN-BRESLAU, RUTTKA-BELGRAD und NISCH-MUSTAPHA-PACHA

Ein Reisender mit einer Fahrkarte I. Klasse kann für seine Person eine kleine Abteilung zu zwei Plätzen belegen gegen Entrichtung von 1 1/2 Zuschlägen. Die Vormerkgebühr wird in diesem Falle nur einmal erhoben.

D 19-9-301-904-4-7	Ank.	Abf.	4-903-304-10-D 18	Ank.	Abf.
Berlin (Charlottenb.)	—	7 11	**Constantinopel**	—	6 28
— (Zool. Gart.)	—	7 19	Tcherkesskeui	11 12	11 25
— (Friedr. Str.)	—	7 33	Kouleli-Bourgas	3 24	3 34
— (Schles. Bhf.)	—	7 45	**Adrianopel** (Zollr.)	4 29	5 00
Liegnitz	11 08	11 11	Mustapha-Pacha	6 10	6 50
Breslau	12 00	12 08	Harmanli	7 46	8 08
Oppeln	1 12	1 13	Tirnovo-Seïmen	8 32	8 42
Kandrzin	1 46	1 50	Papasli	10 30	10 35
Ratibor	2 17	2 18	**Philippopel**	11 25	11 35
Oderberg	2 40	3 20	Sarambey	12 58	1 06
Karwin	3 45	3 46	Bellovo	1 23	1 24
Teschen	4 03	4 07	Ichtiman	2 51	3 03
Csacza	5 00	5 02	Vacarel	3 38	3 42
Zsolna	5 37	5 48	**Sofia**	5 01	5 40
Ruttka	6 10	6 20	Tzaribrod	7 23	—
Zólyom	8 34	8 40	— (M.E.Z.	—	6 45
Losonc	9 44	9 45	Pirot (Zollr.)	7 13	7 56
Fülek	10 00	10 06	**Nisch**	9 37	10 47
Hatvan	11 35	11 40	Lapovo	1 48	2 00
Budapest (Ost.Bhf.)	12 50	3 20	**Belgrade**	4 51	5 41
— Ferenczváros	3 30	3 31	Zimony (Zollr.)	5 49	6 19
Kiskörös	5 19	5 26	India	7 00	7 05
Kiskunhalas	5 54	5 55	Ujvidék	7 48	7 55
Szabadka	6 36	6 48	Ujverbász	8 37	8 38
Ujverbász	7 53	7 55	Szabadka	9 38	9 50
Ujvidék	8 37	8 44	Kiskörös	10 58	11 05
India	9 34	9 37	Budapest - Ferencz-város	12 50	12 51
Zimony	10 18	10 28	**Budapest** (Ost. Bhf.)	1 00	2 20
Belgrade (Zollr.)	10 38	11 35	Hatvan	3 30	3 37
Lapovo	2 21	2 31	Fulek	5 22	5 29
Nisch	5 36	6 30	Losoncz	5 45	5 47
Pirot	8 19	8 34	Zólyom	6 57	7 05
Tzaribrod (Zollrev.)	9 10	—	**Ruttka**	9 23	9 36
— (E. O. Z.)	—	10 53	Zsolna	10 00	10 10
Sofia	12 46	1 00	Csacza	10 42	10 44
Vacarel	2 15	2 17	Teschen	11 40	11 46
Sarambey	4 24	4 39	Karwin	12 03	12 04
Philippopel	6 07	6 21	Oderberg	12 30	1 04
Tirnovo-Seïmen	9 04	9 12	Ratibor	—	1 24
Harmanli	9 36	9 45	Kandrzin	1 49	1 54
Mustapha-Pacha	10 41	11 05	Breslau	3 24	3 30
Adrianopel (Zollr.)	12 00	12 29	Frankfurt a/O	6 28	6 31
Kouleli-Bourgas	1 22	1 24	**Berlin** (Schles. Bhf.)	7 35	—
Tcherkesskeui	5 40	5 52	— (Friedr. Str.)	7 45	—
Constantinopel	10 11	—	— (Zoolog. Gart.)	7 59	—
			— (Charlottenb.)	8 07	—

Zuschlagstarif siehe Seite 328.

Vormerkgebühr bei Vorausbestellung *pro Platz*	Mk. 1.60 oder Fr. 2.00
Für deutsche-österreichische-ungarische Strecken	» 1.00
Für deutsche Strecken	» 0 50
Für österreichische Strecken	Kr. 1.00

Wegen Vorausbestellung wende man sich gefl. an die Agenturen der Internationalen Schlafwagen-Gesellschaft, siehe Seiten 9 bis 13.

Schlafwagen BUDAPEST-CONSTANTINOPEL

Siehe Seite 210.

Les heures de nuit de 600 heures du soir à 559 du matin ont les minutes soulignées. Die Nachtzeiten von 600 abends bis 559 früh sind durch Unterstreichung der Minutenziffern gekennzeichnet.

ISG-Schlafwagen Berlin – Constantinopel.

AUS GUIDE CONTINENTAL 15. MÄRZ 1914

Einige Beispiele seien herausgegriffen. Der D 40 fuhr in Hamburg Hbf. mit den Schlafwagen Hamburg – Kopenhagen (KPEV) und Hamburg – Frederikshavn (ISG) ab. Letzterer fuhr von Fredericia mit zwei aus Kopenhagen kommenden CIWL-Wagen nach Norden weiter, während ersterer mit gleich drei innerdänischen CIWL-Wagen (aus Esbjerg, Randers und Aalborg) nach Kopenhagen weiterfuhr. Der Kurs Berlin – Kopenhagen wurde im Sommer mit zwei ISG-Wagen gefahren, zu denen sich in Warnemünde ein dritter aus Hamburg gesellte, sodaß die Überfahrt nach Gedser in zwei Fähren im Abstand von zehn Minuten erfolgen musste. Der D 180 verließ den Anhalter Bahnhof in Berlin mit drei Schlafwagen – nach Frankfurt und nach Metz (KPEV) und nach Basel (Reichseisenbahnen), der D 128 den Berliner Schlesischen Bahnhof mit den KPEV-

WL 660 (St. Denis 1900) mit Wagenlaufschild *Vlissingen – Berlin.* AUFN.: SLG. DR. WENDELAAR

Dieser Wagen lief viele Jahre in diesem Kurs. AUFN.: SLG. DR. WENDELAAR

Schlafwagen mit Kursabteilung 760B. Wagenlaufschild *(London) Vlissingen – … – Dresden N.* AUFN.: SLG. DR. WENDELAAR

Die Kurswagen 760-762 (Miani 1900) gehörten viele Jahre zur ISG Betriebsabteilung Vlissingen. Sie liefen in den Kursen nach Nürnberg und Dresden.

SLG. DR. ALBERT MÜHL

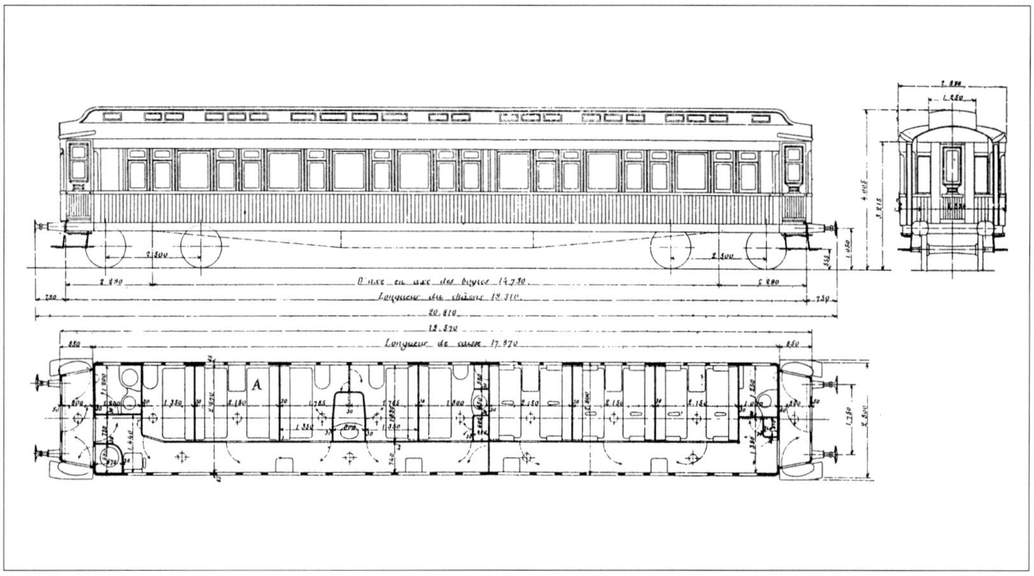

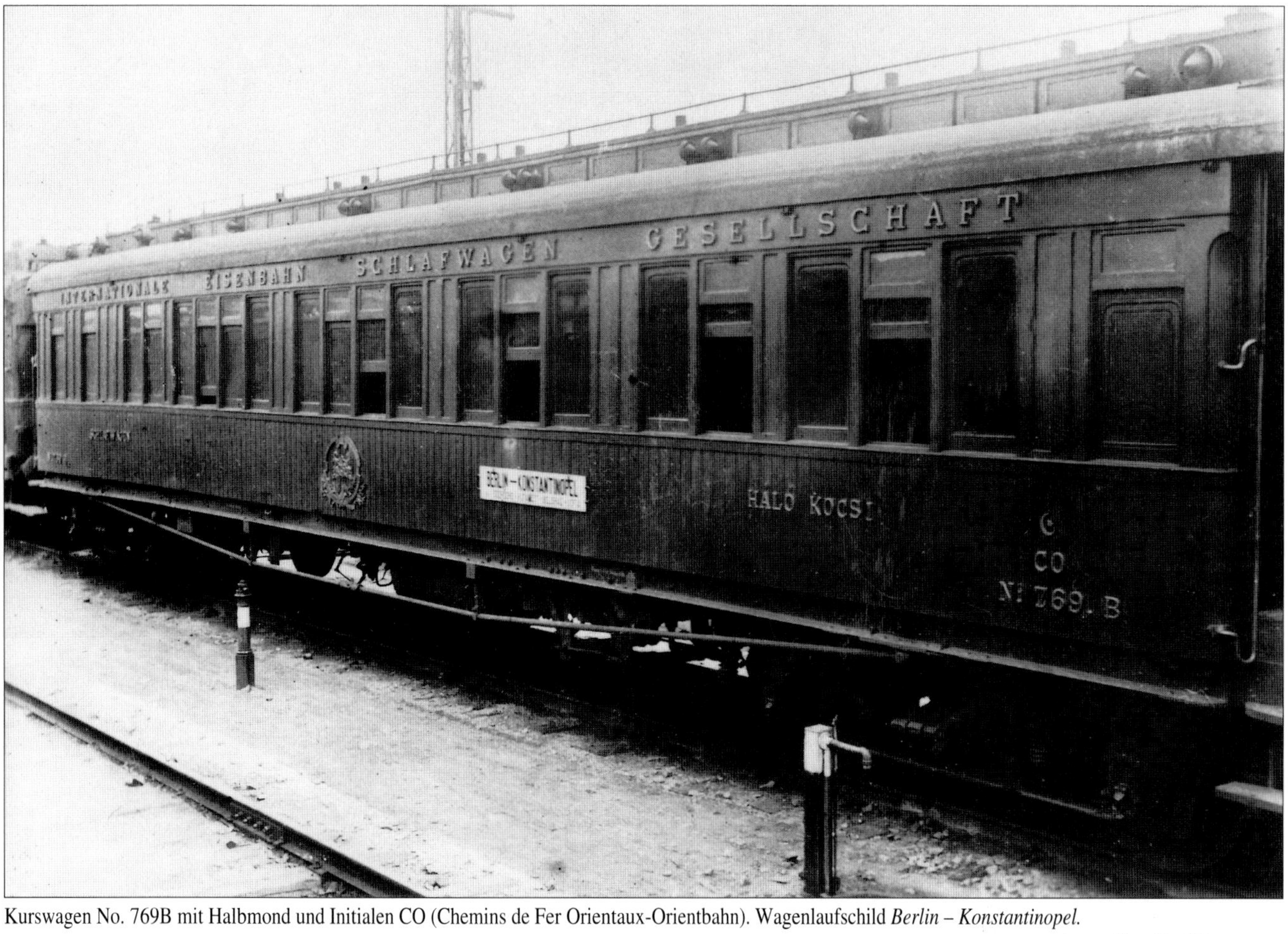

Kurswagen No. 769B mit Halbmond und Initialen CO (Chemins de Fer Orientaux-Orientbahn). Wagenlaufschild *Berlin – Konstantinopel.*

AUFN.: SLG. DR. WENDELAAR

Schlafwagen nach Bremerhaven und Amsterdam und dem ISG-Wagen nach Vlissingen; und der D 5 fuhr in Charlottenburg ab mit den beiden ISG-Schlafwagen nach Budapest und Wien.

Die KPEV hat in ihrem jährlichen *Bericht über die Ergebnisse des Betriebes* für die *Rechnungsjahre* (jeweils vom 1. April bis 31. März) für jeden einzelnen Schlafwagenkurs die Anzahl der Reisenden und die erzielten Einnahmen ausgewiesen – allerdings nur für 1886/87 bis 1906/07 (siehe Anhang). Daraus lassen sich die Belegungsquoten sowohl in den beiden Klassen als auch – im Jahresdurchschnitt – diejenige eines Schlafwagens pro Nacht errechnen. (Siehe S. 66 oben.)

Wie ersichtlich, hat es *Renner* und *Schlußlichter* gegeben. Kurse, die die regelmässige Einstellung von mindestens zwei Wagen erforderten, und Schlafwagen, die nicht selten leer durch die Nacht gefahren sind. So hatte beispielsweise die ISG jahrelang mit ihrem rechtsrheinischen Kurs Frankfurt – Basel mit 36 oder 27 Reisenden im Jahr (1903/04 bzw. 1904/05) und mit Wagenbelegungsquoten von 0,75 bzw. 0,9 in den Jahren zuvor, ihre liebe Not. In den Fahrplänen stand zu lesen: *Auf der Rückfahrt bis Cassel verlängert, wenn mehr als zwei Reisende!* Normalerweise hätte ein derartig defizitärer Kurs unverzüglich aufgelassen werden müssen. Man wollte wohl gerade in diesem Falle *Flagge zeigen* und der Verlust

Auswahl aus dem Geschäftsbericht 1906/07

Kurs	Reisende 1. Klasse	Reisende 2. Klasse	Reisende pro Nacht/Wagen
Berlin – Bromberg – Warschau	22 %	78 %	29,4
Berlin – Posen – Warschau	21 %	79 %	2,9
Berlin – Karlsruhe – Basel	36 %	64 %	34,6
Berlin – Straßburg – Basel	33 %	67 %	27,3
Berlin – Eydtkuhnen	31 %	69 %	29,2
Berlin – Hannover – Köln	38 %	62 %	25,4
Berlin – Budapest	39 %	61 %	17,5
Altona – Köln	43 %	57 %	13,7
Altona – Frankfurt	52 %	48 %	10,0
Zevenaar – Basel	94 %	6 %	13,1
Berlin – Amsterdam	37 %	63 %	6,2
Frankfurt – München	37 %	63 %	4,6
Leipzig – Myslowitz	21 %	79 %	1,8
Köln – Paris (ISG)	100 %	-	12,0
Frankfurt – Paris (ISG)	100 %	-	7,4
Berlin – Wien (ISG)	45 %	55 %	9,4
Frankfurt – Basel (ISG)	40 %	60 %	6,9

ließ sich unter den hohen Gewinnen in der Gesamtbilanz verbergen. Der Kurs hat sich dann bald auch wieder *erholt.*

War die Führung eines Kurswagens angeordnet, wurde, nachdem die KPEV ihre alten Kurswagen in Vollschlafwagen umgebaut hatte, eine bestimmte Anzahl der Schlafwagenabteile nicht mit Betten hergerichtet, sondern als Sitzabteile – zwei Personen in der 1., drei in der 2. Klasse angeboten. Ein zusätzliches Schlafplatzangebot bestand übrigens darin, daß eine stattliche Zahl von D-Zugwagen *Schlafeinrichtung* für drei bzw. sechs Reisende 1. Klasse bereithielten.

Die Schlafwagen stehen den Reisenden 1. und 2. Kl. gegen Zulösung von B e t t k a r t e n der gleichen Klasse zur Verfügung. Reisende 1. Kl. können jedoch auch Bettkarten 2. Kl. lösen; lösen sie solche 1. Kl., so haben sie Anspruch darauf, daß von den zwei übereinander angebrachten Betten das zweite nicht belegt wird." Diese Bestimmung galt seit Sommer 1901 für die Wagen der KPEV. Für die CIWL, die überall dort, wo sie das Monopol besaß wie in den romanischen Ländern, ausschließlich Schlafwagen 1. Klasse führte und die 2. Klasse nur auf Verlangen der deutschen Eisenbahnen einführte, galt: „*Reisende 1. Kl., die ein kleines Abteil für eine Person allein wünschen, haben hierfür auf den meisten Linien 1 1/2 Zuschläge zu entrichten.*

Die preußischen Schlafwagen hatten zehn Halbabteile mit insgesamt 20 Betten, also mit 10 Betten für die 1. Klasse. Die Wagen der ISG hatten 16 oder 18 Betten.

Für einen preußischen Schlafwagen kostete die Bettkarte – je nach Kurs – acht, zehn oder zwölf Mark in der 1. Klasse und 6.50, acht oder zehn Mark in der 2. Klasse. Die ISG passte sich bei den preußischen Verkehren diesen Sätzen an, zumal der Minister diese zu genehmigen hatte. Auf den ausserpreußischen Linien verlangte sie höhere Preise. So kosteten die Bettkarten für beide Kurse Berlin – Wien 12.00 bzw. 9.50 Mark, der Kurs Dresden – Wien jedoch 20 bzw. 10 Mark, Stuttgart/München – Triest 15.00 und 11.50, München – Venedig (nur 1. Kl.) 16.50, Frankfurt – Paris 16.90 Mark.

Bilanz

In der am 1. Mai 1914 beginnenden letzten Friedens-Fahrplanperiode betrieben die Preußisch-Hessischen Staatseisenbahnen mit eigenen Fahrzeugen 38, die Reichseisenbahnen in Elsaß-Lothringen einen, die Schwedischen Staatsbahnen vier und die Internationale Schlafwagen-Gesellschaft – wie die KPEV – 38 Schlafwagenkurse. An letzteren waren die *Preußen* mit 19 einnahmemäßig beteiligt und sie erzielten aus dem gesamten Geschäft mehr als drei Millionen Einnahmen für die Beförderung von knapp 430 000 Fahrgästen.

Bilanzen wurden und werden stets in Form übersichtlicher Tabellen erstellt und vorgelegt. Dies soll auch hier geschehen.

Ausgewählte Ergebnisse des Schlafwagenbetriebes

	1887/88	1900/01	1906/07	1913/14
KPEV Kurse	9	16	28	43*
Schlafwagen	31	75	141	243
Reisende	34 524 (53,4 %)	126 491 (81,1 %)	221 420 (87,75 %)	
ISG Kurse	9	6	12	19
Reisende	30 151 (46,6 %)	29 430 (18,9 %)	30 905 (12,25 %)	
Reisende insges.	**64 675 (100 %)**	**155 921**	**252 325**	**429 777**
Reisende 1. Klasse	33 358 (51,6%)	72 771 (46,7 %)	99 989 (39,6 %)	101 918 (23,7 %)
Reisende 2. Klasse	31 317 (48,4 %)	83 150 (53,3 %)	152 336 (60,4 %)	327 859 (76,3 %)
Einnahmen aus Staatsbetrieb	288 679 (90,1 %)	1 060 000 (98,6 %)	1 799 204 (99,13 %)	
Einnahmen aus ISG-Betrieb	31 606 (9,9 %)	14 599 (1,4 %)	15 850 (0,87 %)	
Einnahmen inges.	**320 285 (100 %)**	**1 074 599**	**1 815 054**	**3 078 454**

** davon ein Kurs Elsaß-Lothringen und vier Kurse Schwedische Staatsbahnen (SJ)*
Quelle: Berichte über die Ergebnisse des Betriebes...

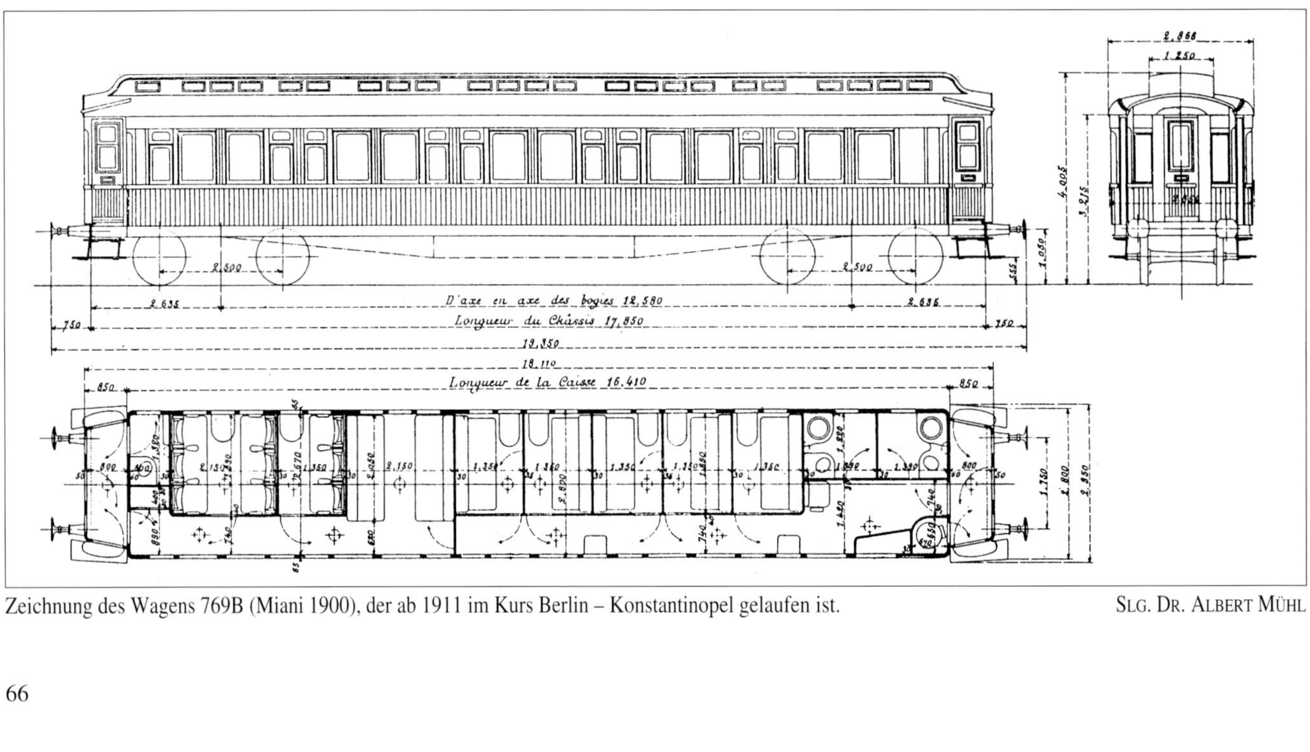

Zeichnung des Wagens 769B (Miani 1900), der ab 1911 im Kurs Berlin – Konstantinopel gelaufen ist. SLG. DR. ALBERT MÜHL

Schlafwagenkurse – Sommerfahrplan 1914 (ab 1. Mai)

1. Preußisch-Hessische Staatseisenbahnen

a. Inlandskurse

Altona	– Bebra – Frankfurt (M) – Mannheim – Karlsruhe – Basel S.B.Bf.	D 64-D 106
	R über Heidelberg – Mannheim. Mit Kursabteilung 2. Kl.	D 1-D 74-D 63
Altona	– Uelzen – Stendal – Magdeburg – Zerbst – Leipzig – Riesa	
	– Dresden	D 181
	R über Leipzig – Halle	D 182
Altona	– Würzburg – München	D 88/87
Altona	– Kassel – Frankfurt (M) – Wiesbaden	D 76-D 376/375-75
Berlin Potsd. Bf.	– Kreiensen – Elberfeld – M.-Gladbach – Aachen	D 36/35
Berlin Potsd. Bf.	– Hannover – Essen – Köln	D 10/9
Berlin Lehrt. Bf.	– Altona	Z 206/205
Berlin Lehrt. Bf.	– Stendal – Uelzen – Bremen – Norddeich (14.6.-14.9.)	D 102-112/109
Berlin Stett. Bf.	– Stettin – Stolp – Danzig	Z 591/598
Berlin Anh. Bf.	– Halle – Frankfurt (M) – Worms – Neustadt (H) – Weißenburg	
	– Straßburg – Basel S.B.Bf.	D 42/41
Berlin Anh. Bf.	– Halle – Frankfurt (M) – Darmstadt – Karlsruhe – Basel S.B.Bf.	D 2/1a-1
Berlin Anh. Bf.	– Halle – Frankfurt (M)	D 2/1
Berlin Anh. Bf.	– Halle – Frankfurt (M) – Mainz – Saarbrücken	D 204/203
Berlin Anh. Bf.	– Halle – Nürnberg – München	D 50/49
Berlin Anh. Bf.	– Leipzig – Hof – München	D 26/21
Berlin Anh. Bf.	– Halle – Nürnberg – Augsburg – Lindau (20.6.-30.8.)	D 70/69
Berlin Anh. Bf.	– Halle – Nürnberg – München	D 168
	Schlafwagenzug 1.7.-15.7.	
Berlin Anh. Bf.	– Halle – Nürnberg – Augsburg – Lindau	D 168-70
	Schlafwagenzug 1.7.-15.7.	
Berlin (Stadtb.)	– Stendal – Hannover – Essen – Köln	D 6/5
Berlin (Stadtb.)	– Magdeburg – Kreiensen – Kassel – Frankfurt (M)	D 180/179
Berlin (Stadtb.)	– Magdeburg – Kassel – Giessen – Koblenz – Trier – Metz	D 180-126/125-179
	(mit Kursabt. 1. u. 2. Kl.)	
Berlin (Stadtb.)	– Stendal – Bremen – Oldenburg – Wilhelmshaven	D 128-146-112-Z 122
	(bis 14.6. und ab 14.9) mit Kursabt. 1. und 2. Klasse	D 119-109-145-5
Berlin (Stadtb.)	– Schneidemühl – Dirschau – Wirballen	D 13
	R ab Eydtkuhnen	D 4
Berlin (Stadtb.)	– Dirschau – Insterburg	D 3/4
Berlin (Stadtb.)	– Dirschau – Danzig	D 3-30/14
Berlin (Stadtb.)	– Posen – Thorn – Wirballen	D 51/52
	R ab Eydtkuhnen	
Berlin (Stadtb.)	– Posen – Ostrowo – Kalisch	D 51-Z 821-D 103
	R ab Skalmierzyce (9.1.-30.4.)	D 102-Z 832-D 52
Berlin (Stadtb.)	– Bentschen – Lissa – Kalisch	D 61-103/102-62
	R ab Skalmierzyce 1.4.-9.1)	
Berlin (Stadtb.)	– Sagan – Breslau – Groß Strehlitz – Kattowitz	D 11
	R über Kandrzin – Breslau	D 28-18
Berlin (Stadtb.)	– Kohlfurt – Breslau – Oderberg	D 1
	R über Breslau – Sagan	D 12
Bremen	– Hannover – Gemünden – München	D 145-88/87-146
Bremen	– Hannover – Bebra – Frankfurt (M) – Mannheim – Heidelberg	D 163-64-140-19
	– Bretten – Stuttgart mit Kursabt. 1. und 2. Kl.	D 66-101-Z 133-63-164
Cassel	– Halle – Sagan – Lissa – Kalisch	D 103
	R ab Skalmierzyce	D 102
Cassel	– Halle – Sagan – Lissa – Breslau – Groß Strehlitz – Kattowitz	
	mit Kursabt. 1. Kl.	D 103-11
	R über Kandrzin – Breslau	Z 32-D 12-102
Cöln	– Bingerbrück – Neustadt (H) – Straßburg – Basel S.B.Bf.	
	(1.7.-31.8.)	Vz D 166a
Cöln	– Düsseldorf – Dortmund – Kassel – Weimar – Gera	
	– Bad Elster – Franzensbad – Eger	Z 45-D 189
	R über Dortmund – Essen – Oberhausen	D 190-Z 306
Cöln	– Elberfeld – Kassel – Erfurt – Leipzig	Z 111-D 35-189-81
		D 82-190-36-Z 256
Cöln	– Mainz – Aschaffenburg – München	D 118-Z 192-D 92
		D 91-Z 181-Z 301
Emmerich	– Düsseldorf – Köln – Bingerbrück – Neustadt (H) – Straßburg	
	– Basel S.B.Bf.	D 166/161
Frankfurt (M)	– Kassel – Nordhausen – Halle – Leipzig	D 101-Z 541/D 152-104
Frankfurt (M)	– Hanau – Würzburg – München	Z 269-D 92/91-Z 162
Kattowitz	– Groß Strehlitz – Breslau – Görlitz – Dresden – Leipzig	D 2-122-2
	R über Breslau – Kandrzin	D 1-121-1-Z 21
Kiel	– Hamburg – Bremen – Münster – Wanne – Duisburg – Cöln	D 92/91

b. Auslandskurse

Altona	– Bremen – Osnabrück – Rheine – Almelo – Amsterdam C.	
	(1.10.-30.4.)	D 156-29/28-155
Altona	– Amsterdam – Haag (1.5.-30.6. und	D 156-29-Z 49
	6.9.-30.9.)	Z 180-D 28-155
Altona	– Amsterdam – Scheveningen Kurhaus	D 156-29-Z 49/316
	(1.7.-5.9.)	Z 335/180-D 28-155
Berlin (Stadtb.)	– Hannover – Rheine – Haag	D 128-156-29-Z 49
	(1.7.-5.9. nach Scheveningen)	Z 180-D 28-155-129
Berlin (Stadtb.)	– Schneidemühl – Alexandrowo – Warschau	D 21-2A WW/
		1A WW-D 22
		D 23-2B WW/
		1B WW-D 24
Hamburg	– Flensburg – Vamdrup – Fredericia – Kopenhagen	D 40-46-Z 917-12
		Z 49–918-D 41

2. Reichseisenbahnen in Elsaß-Lothringen

Berlin (Stadtb.)	– Magdeburg – Kreiensen – Kassel – Frankfurt (M) – Mannheim	
	– Ludwigshafen – Lauterburg – Straßburg – Basel S.B.Bf.	D 180/179

3. Schwedische Staatsbahnen (SJ)

Berlin Stett. Bf.	– Saßnitz – Trälleborg – Stockholm	D 13-Z 2/7-D 14
		D 17-Z 8/1-D 18
Hamburg	– Lübeck – Rostock – Saßnitz – Trälleborg – Gotenburg	D 5-98-17-Z 8-42
		Z 41-7-D 14-97-6
Hamburg	– Saßnitz – Trälleborg – Kristiania	D 7-Z 300-D 13-Z 2-38
		Z 36-1-D 18-Z 301-D 8

4. Internationale Schlafwagen-Gesellschaft (ISG)

Altona	– Bremen – Münster – Haltern – Wesel – Vlissingen	D 156-128-183/
		186-129-155
Amsterdam	– Emmerich – Köln – Wiesbaden – Mainz – Mannheim	D 29-44-106-140-19
	– Heidelberg – Stuttgart	
	R über Pforzheim – Karlsruhe – Mannheim	D 109-107-167-34
Bad Reichenhall	– Salzburg – Wien W (31.5.-30.9.)	Z 888-12/11-871
Basel S.B.Bf.	– Mülhausen – Boulogne (1. Kl.)	D 39-Z 1281/
		1280-D 40
Basel S.B.Bf.	– Mülhausen – Calais (1. Kl.)	D 35-Z 1279/
		1278-D 38
Basel S.B.Bf.	– Mülhausen – Paris (1. Kl.)	D 31-58/57-D 32
Basel S.B.Bf.	– Straßburg – Metz – Luxemburg – Brüssel – Ostende	D 1/2
		D 9/10 (1.7.-30.9.)
Berlin (Stadtb.)	– Breslau – Oderberg – Zsolna – Galanta – Budapest Westbf	D 5-Z 5-1401/
		1406-6-D 6
Berlin (Stadtb.)	– Breslau – Oderberg – Ruttek – Budapest Ostbf	D 19-Z 9-301-904-4-12-7
	– Constantinopel	Z 4-11-3-903-304-10-D 18
Berlin (Stadtb.)	– Hannover – Osnabrück – Münster – Wesel – Vlissingen	D 128-183a/186b-129
Berlin (Stadtb.)	– Oderberg – Wien Nord	D 5-Z 4/3-D 6
Berlin Stett. Bf.	– Neustrelitz – Warnemünde – Gjedser – Kopenhagen	D 15-Z 74/93-D 16
Berlin Anh. Bf.	– Dresden – Bodenbach – Karlsbad	D 54-1-Z 302-1-11/
	(1.5.-30.9.)	12-34-305-D 2-Z 281
Berlin Anh. Bf.	– Halle – Erfurt – Würzburg – Stuttgart	D 38/37
Berlin Anh. Bf.	– Dresden – Tetschen – Wien NW	D 196-Z 2/1-D 67
Cöln	– Brüssel – Ostende (1.5.-30.9.)	D 414/401
Cöln	– Lüttich – Paris (1. Kl.)	D 32-Z 106/127-D 31
Dresden	– Hof – Regensburg – München	D 120/119
Dresden	– Bodenbach – Prag – Brünn – Wien Ost	D 56-Z 208/205-D 61
Frankfurt (M)	– Darmstadt – Heidelberg – Basel S.B.Bf.	D 24/79
Frankfurt (M)	– Mannheim – Karlsruhe – Straßburg – Paris (3.6.-28.9.) (1. Kl.)	D 84-146-L 64
	R über Karlsruhe – Heidelberg – Darmstadt (2.6.-27.9.)	L 65-Z 93
Frankfurt (M)	– Saarbrücken – Metz – Paris (1. Kl.)	D 142-Z 46/47-D 141
Frankfurt (M)	– Passau – Wien W	D 65-42-Z 402/
		401-D 41-164
Hamburg	– Flensburg – Vamdrup – Fredericia – Frederikshavn	D 40-46-Z 917/
		970-551-D 3
Hamburg	– Lübeck – Warnemünde – Gjedser – Kopenhagen	D 9-Z 74/93-D 10
Leipzig	– Dresden – Tetschen – Wien NW	D 13-D 196-72/
		7-10-D 51
München	– Straßburg – Nancy	D 54-Z 28/35-D 55
München	– Mühldorf – Salzburg – Villach – Triest	Z 129-705-806-705/
		706-805-706-128
München	– Kufstein – Venedig (1. Kl.)	D 40-Z 7-403-81/
		94-402-8-D 39
München	– Salzburg – Wien West	D 51-Z 2/1-D 56
	R bis Ulm	
München	– Lindau – Bregenz – Zürich	D 126-Z 510-108/
		125-509-D 125
Nürnberg	– Frankfurt (M) – Mainz – Köln – Wesel – Boxtel – Vlissingen	D 95-167-85
	R über Köln – Koblenz – Niederlahnstein – Wiesbaden	D 86-44
Nürnberg	– Crailsheim – Stuttgart – Singen – Zürich	D 46-Z 156/
	an Verkehrstagen des *Engadin Expreß* bis und ab Chur (1. Kl.)	171-271-D 45
Stuttgart	– Karlsruhe – Straßburg – Paris	D 60-Z 46/47-D 57
Stuttgart	– München – Rosenheim – Salzburg – Villach – Triest	D 51-Z 701-802-701/
		702-801-702-D 56
Vlissingen	– Wesel – Essen – Hannover – Magdeburg – Halle – Leipzig	
	Dresden	D 86-9-157-5
	R über Leipzig – Zerbst – Magdeburg	D 12-147-146-10-85
Nancy	– Metz – Saarbrücken – Mainz – Frankfurt (nur Hinfahrt)	35-D 147

Die Schlafwagen

Preußisch-Hessische Staatseisenbahnen

Im Sommerfahrplan 1892 fuhren die ersten *D-Züge.* [15] Es waren dies Schnellzüge, die aus vierachsigen *Durchgangswagen* mit Seitengang und Übergängen mit Faltenbälgen zusammengesetzt waren und im Volksmund als *Harmonikazüge* bezeichnet wurden. Der Wagenpark ist von der KED Magdeburg entwickelt worden. Diese war nicht nur mit dem Entwurf der Fahrbetriebsmittel für den gesamten Bereich der KPEV, sondern auch mit deren Beschaffung beauftragt. Diese zentrale Aufgabe ging im Zuge der Neuorganisation der Eisenbahnverwaltung am 1. April 1895 an die KED Berlin und von dieser an das am 1. April 1907 errichtete Eisenbahn-Zentralamt über. Für die anfangs als Tagesschnellzüge gefahrenen D-Züge waren AB4ü und PwPost4ü entwickelt und beschafft worden, gleichzeitig jedoch auch ein entsprechender Schlafwagen, der in diese Züge eingestellt werden konnte. Die ersten Nachtschnellzüge wurden 1894 in D-Züge umgewandelt. Es entstand eine neue Schlafwagengeneration, von der zwischen 1892 und 1895 14 vierachsige Fahrzeuge mit geschlossenen Einstiegsplattformen und mit Oberlichtdach geliefert wurden. Die ersten acht 1892 beschafften WL4ü gingen an die Direktionen Magdeburg und Coeln rechtsrheinische. Der Grundriß zeigt zwei Vollabteile 2. Klasse mit je vier Betten, vier Halbabteile 1. Klasse mit Türen in den Abteilwänden und nochmals ein Vollabteil 2. Klasse. Die Sonderbauart des *Kurswagens* wurde damit endgültig verlassen. War ein solcher zu führen, so wurde, wie schon erwähnt, eine bestimmte Anzahl von Abteilen beider Klassen als Sitzabteile bezeichnet. Die Wagen hatten – im Gegensatz zu ihren Vorgängern und sämtlichen Nachfolgern – eiserne Untergestelle, was sich auf die Laufruhe fühl- und hörbar negativ ausgewirkt haben muß, sodaß man gleich wieder zum Holz zurückkehrte. Von nun an waren das mit Profileisen verstärkte hölzerne Untergestell, das blechverkleidete Kastengerippe aus Harthölzern, die eingezogenen Einstiegstüren und das Oberlichtdach gemeinsame Kennzeichen aller preußischen Schlafwagen. Das über den Türen zunächst eckig ausgeschnittene Dach wurde ab 1902 durch ein an den Wagenenden noch oben und innen gerundetes ersetzt. Mit den zehn 1897/98 eingestellten WL4ü 060 bis 069 erhielt der preußische Schlafwagen auch seine endgültige innere Raumteilung: zehn Halbabteile. Diese neuen Wagen werden in *Glasers Annalen* [16] eingehend beschrieben: *Wenngleich nun selbst bei Besetzung aller Plätze die Schlaflager immer noch bequemer sind als beispielsweise die in den gewöhnlichen Schlafwagen der vielgerühmten Pullmann-Züge Nordamerikas, ...so muß doch der Wunsch der Reisenden, wenigstens bei Nacht allein oder mit möglichst wenig Gefährten in einem Raum zusammen zu sein, als berechtigt anerkannt werden. Ein Nachtheil der bisgerigen Schlafwagen liegt ferner in der zu geringen Anzahl von Wascheinrichtungen... In anerkennenswerther Berücksichtigung dieser Mängel läßt die preußische Eisenbahn-Verwaltung ihre Schlafwagen neuerdings nur mit Halbabtheilen versehen, von denen jedes eine Waschgelegenheit enthält... Außer einem größeren Abort mit Waschtisch für Damen, einem solchen für Herren und einem Abtheil für den Wärter sind zehn Halbabtheile vorhanden, welche einzeln oder paarweise benutzt werden können. Zu diesem Zweck sind je zwei Abtheile mit einer Verbindungsthür versehen; außerdem besitzen zwei, gewöhnlich für Reisende I. Klasse bestimmte Abtheilpaare je eine bewegliche Zwischenwand, welche ...zusammen- und vor die eine Seitengang-Schiebethür gelegt werden kann... Die Ausstattung der Abtheile ist ziemlich einfach gehalten. Es wurden mit Rücksicht auf eine leichte Reinigung zu den Wand-, Decken- und Sitzbezügen möglichst glatte, abwaschbare Stoffe verwendet und zwar für die Sitze und den unteren Theil der Wände glatter Gobelinstoff, für den oberen Theil der Wände Linkrusta, für die Decke und die Rücklehnen Wachstuch. Der Dienerraum enthält außer einem gepolsterten Sitz einen bis zur Wagendecke reichenden Schrank für Bettwäsche, Kochgeschirr und steuerpflichtige Gegenstände, einen Spültisch, auf dessen Platte ein Gaskocher aufgestellt ist; unter dieser je einen Schrank für Getränke und für Werkzeuge sowie einen Eiskasten, darüber Schränke für Geschirr und für Schlafdecken... Zur Erwärmung dient ein Warmwasserofen, der sowohl mit Kohle als auch mit Dampf geheizt werden kann. Zu letzterem Zweck wird der aus der Hauptdampfleitung unter dem Wagen entnommene Dampf mittelst einer injektorartigen Vorrichtung unmittelbar in das zu erwärmende Wasser eingeblasen...*

Neun Wagen gleicher Bauart folgten im Jahre 1900, darunter einer mit dreiachsigen Drehgestellen, den die KPEV zusammen mit nicht wenigen weiteren Reisezugwagen zur Weltaustellung 1900 nach Paris schickte. Nach seiner Rückkehr wurde er der KED Bromberg zugewiesen und im Jahr darauf im Zuge der Reorganisation des Schlafwagenbetriebes, auf die wir noch eingehend zu sprechen kommen werden, in den Park der KED Berlin übernommen und dort als Sonderfahrzeug geführt: *Der Wagen wird für die Reisen der Kaiserlichen Kinder und Sr. Königlichen Hoheit Prinz Leopold benutzt.*

Die in den Jahren 1902 und 1904 in Dienst gestellten Wagen nach Zeichnung Blatt B.c.36 unterschieden sich lediglich äusserlich von ihren Vorgängern durch die abgerundeten Dachenden und die Fensterteilung (Gang- und Abteilseite gleich). Die mit Grundriß I hatten Wascheinrichtung an der Fenster-, die nach Grundriß II an der Gangseite. Sie waren etwa einen Meter länger. Die Abteillänge betrug jetzt 1 380 anstatt 1 300 mm. Es waren die letzten Vierachser.

Preußisch-Hessische Staatseisenbahnen.
Bettkarte Nr. 0689
Wl Berlin Stadtb. – Eydtkuhnen (Wirballen)
über Posen
Zug D 51 (ab Friedrichstr. 11⁰⁶ Nm.)
in der Nacht
vom 3. zum 4. Januar
Wagen Nr. 11
Platz Nr. 14
Gültig für Herr
II. Klasse. Preis: 10,00 M
Vormerkungsgeb. 0,50 M
Zusammen: 10,50 M

Bettkarte von 1914.

15 siehe Mühl, Albert: 100 Jahre D-Züge – 100 Jahre D-Zugwagen. Kupplung 30/1992 (Reinheim), und: Vor 100 Jahren: der erste D-Zug. EK 5/92 (Freiburg).
16 Glasers Annalen ... Nr. 499 vom 1. April 1898, *S. 125 ff.*

Ab 1904 beschaffte die KPEV ausschließlich sechsachsige Schlafwagen. Neben dem zunächst verwendeten preußischen Regeldrehgestell nach Musterzeichnung V 1 wurden ab 1909 auch amerikanische Drehgestelle nach Zeichnung V 1 a untergesetzt.

Der inzwischen stattlich angewachsene Schlafwagenbestand erlaubte es, einmal die älteren Wagen zu modernisieren und zum anderen auch Altwagen aus dem Betrieb herauszunehmen. Die zur Weiterverwendung für brauchbar befundenen Schlafwagen mit offenen Plattformen der Baujahre 1885 bis 1891 erhielten teils Übergangsbrücken (WL4i), teils geschlossene Plattformen mit Faltenbalgübergängen (WL4ü), die *Bromberger* auch neue Fenster. In die Zwischenwände der Abteile 1. Klasse wurden Waschgelegenheiten eingebaut, in den Kurswagen wurden die Sitz- durch Schlafabteile ersetzt. In allen umgebauten Wagen standen jetzt einheitlich zehn Betten 1. Klasse bzw. 20 der 2. Klasse zur Verfügung. Die neueren WL4ü der Lieferjahre 1892 bis 1900 erhielten, gleichfalls für die 1. Klasse, Waschgelegenheiten. Diese Umbauten erfolgten größenteils in Waggonfabriken, teils auch in Hauptwerkstätten.

KPEV – Verzeichnis der 1885 bis 1900 gelieferten Schlafwagen

Lieferung		1901	1902	31.03.1906	
Dtz 86	Bro 96"	Alt 18	05	Alt 05	
Dtz 86	Bro 97"	Alt 19	06	Alt 06	
Mün 85	Bro 92	Bln 76	07	Bln 07	WL4i
Mün 85	Bro 93	Bln 77	08	Bln 08	WL4i
Mün 85	Bro 94	Bln 78	09	Bln 09	WL4i
Mün 85	Bro 95	Bln 79	010	Bln 010	WL4i
Bsl 86	Bln 61	Bln 80	011	Bln 011	
Bsl 86	Bln 62	Bln 81	012	Bln 012	
Bsl 86	Bro 98"	Bln 82	013	Bln 013	
Bsl 86	Bro 99"	Bln 83	014	Alt 014	WL4ü
Dtz 87	Cln Irh 14	Bln 84	015	Rev Alt 3	
Dtz 86	Bln 63	Bln 85	016	Ktz 016	
Dtz 87	Cln Irh 13	Cln 13	017	Cln 017	+06
Bsl 88	Fft 45 > Cln Irh 18	Cln 14"	018	Rev Bsl 5	
Dtz 87	Cln Irh 15	Cln 15	019	Rev Cln 2	
Dtz 87	Cln Irh 16	Cln 16	020	RevMnz 8	
Dtz 87	Cln Irh 17	Bln 86	021	–	+05
Dtz 88	Bln 64	Bln 87	022	Bln 022	
Dtz 88	Bln 65	Bln 88	023	Rev Erf 5	
Dtz 88	Bln 66	Bln 89	024	Bln 024 > Rev Bln 66 (07)	
Bsl 88	Fft 41 > Alt 15 > Bsl	Ktz 5	025	Rev Mgd 3	
Bsl 88	Fft 42 > Alt 16 > Bsl	Ktz 6	026	Bln 026 > Rev Efd 19 (06)	
Bsl 88	Fft 44 > Alt 17 > Bsl	Ktz 7	027	Rev Bro 3	
Dtz 88	Bln 67	Cln 18^{II}	028	RevPos 2	
Bsl 88	Fft 46 > Cln Irh 19	Cln 19	029	Bln 029 > Rev Han 1 (07)	
Bsl 88	Fft 47 > Cln Irh 20 > ?	Cln25^{II}	030	Cln 030	
Bsl 88	Fft 43	Fft 43	031	–	+05
Dtz 88	Bln 68	Fft44^{II}	032	Rev Fft 1	
Bsl 89	Bln 69	Alt 12^{II}	033	Alt 033	WL4ü
Bsl 89	Bln 70	Alt13^{II}	034	Alt 034	WL4ü
Dtz 90	Fft 45^{II} > Alt 15^{II}	Bln 90	035	Bln 035	
Dtz 90	Fft 46^{II} > Alt 16^{II}	Bln 91	036	Rev Hle 5	
Bsl 90	Alt 12	Bln 92	037	Bln 037	
Bsl 90	Alt 13	Bln 93	038	Bln 038	
Dtz 90	Fft 47^{II} > Alt 17^{II}	Bln 95	039	Bln 039	
Bsl 90	Alt 14	Cln24^{II}	040	Rev Kbg5	
Dtz 90	Fft 48	Bln 94	041	Bln 041	WL4ü
Dtz 91	Erf 19	Bln 96	042	Bln 042	WL4ü
Dtz 91	Erf 20	Bln 97	043	Bln 043	WL4ü
Dtz 91	Erf 21	Bln 98	044	Bln 044	WL4ü
Dtz 91	Erf 22	Bln 99	045	Bln 045	WL4ü
Bsl 92	Mgd 56	Bln 100	046	Bln 046	ab hierWL4ü
Bsl 92	Mgd 57	Alt 14^{II}	047	Alt 047	
Glz 92	Mgd 58	Alt 15^{III}	048	Alt 048	
Glz 92	Mgd 59	Alt 16^{III}	049	Alt 049	
Dtz 92	Cln rrh 23	Cln 23	050	Cln 050	
Dtz 92	Cln rrh 24	Alt 17^{III}	051	Alt 051	
Dtz 92	Cln rrh 25	Fft 47^{III}	052	Bln 052	
Dtz 92	Fft 48^{II}	Fft48^{II}	053	Bln 053	
Glz 95		Bln 101	054	Ktz 054	
Glz 95		Bln 102	055	Ktz 055	
Glz 95		Bln 103	056	Ktz 056	
Dtz 95		Bln 104	057	Bln 057	
Bsl 95		Bln 105	058	Bln 058	
Bsl 95		Bln 106	059	Bln 059	
Bsl 97	Bln 89	Bln 107	060	Bln 060	
Bsl 97	Bln 90	Bln 108	061	Bln 061	
Glz 97	Bln 87	Bln 109	062	Bln 062	
Glz 97	Bln 88	Bln 110	063	Alt 063	
Dtz 98		Bln 111	064	Alt 064	
Dtz 98		Bln 112	065	Alt 065	
Dtz 98		Bln 113	066	Bln 066	
Dtz 98		Bln 114	067	Bln 067	
Dtz 98		Fft 45^{III}	068	Fft 068	
Dtz 98		Fft46^{III}	069	Fft 069	
Dtz 00	Bln 119	Fft 49	070	Fft 070	
Dtz 00	Bln 120	Fft 50	071	Fft 071	
Dtz 00	Bln 115	Bln 115	072	Bln 072	
Bsl 00	Bln 116	Bln 116	073	Bln 073	
Dtz 00	Alt 20^{II}	Alt 20^{II}	074	Alt 074	
Dtz 00	Cln 20^{II}	Cln 20^{II}	075	Cln 075	
Dtz 00	Bln 117	Bln 117	076	Bln 076	
Dtz 00	Bln 118	Bln 118	077	Bln 077	
Dtz 00	Bro	Bln 121	078	Bln 078 WL6ü (Paris 1900)	

In seinem Erlaß vom 25. März 1904 (I.D.4008) ordnet der Minister der öffentlichen Arbeiten an, daß eine Anzahl älterer Schlafwagen aus dem Schlafwagendienst zurückzuziehen und in Bahnrevisionswagen umzubauen ist. Dementsprechend werden in den Jahren 1905 bis 1907 insgesamt 15 Schlafwagen der Baujahre 1887 bis 1890 durch die Hauptwerkstätten umgebaut.

Auch in den Jahren danach werden zahlreiche *überzählige* Schlafwagen umgebaut und dadurch einem anderen Verwendungszweck zugeführt: als Salonwagen, Sitzwagen mit Küche und Speiseabteil, als Arztwagen und *Versuchswagen* (Meßwagen), sogar als Wagen 4. Klasse (D4). Untenstehende Tabelle gibt Auskunft über alle diese Umbauten, die in den Hauptwerkstätten durchgeführt worden sind.

KPEV – Umgebaute Schlafwagen

WL		Umbau			
05 Bln	Dtz 86	1913	Bln	00101	Arztwagen
08 Bln	Mün 85	1919	Bln	01208	BR4ü
09 Bln	Mün 85	1916	Bln	00102	Arztwagen
011 Bln	Bsl 86	1916	Bln	01206	BR4ü
012 Bln	Bsl 86	1915	Bln	3978	Versuchswagen
015 Alt	Dtz 87	1906	Alt	3	Revisionswagen
018 Cln	Bsl 88	1906	Bsl	5	Revisionswagen
019 Cln	Dtz 87	1905	Cln	2	Revisionswagen
020 Cln	Dtz 87	1905	Mnz	8	Revisionswagen
021 Bln	Dtz 87	1907	Stn	1	Revisionswagen
022 Bln	Dtz 88	1911	Bln	94	Versuchswagen
023 Bln	Dtz 88	1905	Erf	5	Revisionswagen
024 Bln	Dtz 88	1907	Bln	66	Revisionswagen
025 Ktz	Bsl 88	1905	Mgd	3	Revisionswagen
026 Bln	Bsl 88	1906	Efd	19	Revisionswagen
027 Ktz	Bsl 88	1906	Bro	3	Revisionswagen
028 Cln	Dtz 88	1905	Pos	2	Revisionswagen
029 Cln	Bsl 88	1907	Han	1	Revisionswagen
032 Ffm	Dtz 88	1905	Ffm	1	Revisionswagen
036 Bln	Dtz 90	1906	Hle	5	Revisionswagen
037 Bln	Bsl 90	1915	Alt	3992	D4
038 Bln	Dtz 90	1914	Alt	3991	D4
039 Bln	Bsl 90	1913	Alt	3990	D4
040 Cln	Bsl 90	1906	Kbg	5	Revisionswagen
041 Bln	Dtz 90	1914	Bln	04046	BR4ü
042 Bln	Dtz 91	1914	Bln	04045	BR4ü
043 Bln	Dtz 91	1914	Bln	04047	BR4ü
044 Bln	Dtz 91	1914	Bln	04048	BR4ü
053 Ktz	Bsl 92	1923	Opp	10002	Salonwagen
057 Bln	Dtz 95	1915	Ffm	11	Salonwagen
058 Efd	Bsl 95	1914	Efd	17	Salonwagen
089 Cln	Dtz 02	1909	Cln	4	Salonwagen
0136 Bln	Bsl 05	1922	Bln	8966	Versuchswagen
0177 Bln		1914	Bln	04044	BR4ü
0197 Bln	Bsl 09	1919	Bln	8956	Versuchswagen
0202 Bln		1917	Bln	25	Hofzug-Telegraphenwagen

Bevor wir uns wieder den sechsachsigen *Normal-Schlafwagen* zuwenden, sollen an dieser Stelle noch einige *Sonderlinge* und *Exoten*, d. h. Unikate im preußischen Schlafwagenpark, erwähnt werden.

Im Jahresbetriebsbericht 1895/96 (1. April bis 31. März) ist bei den Schlafwagen *ein für Allerhöchste Herrschaften bestimmter Wagen* nachgewiesen – erst- und letztmals. Dies kann nur bedeuten, daß ein Schlafwagen in den in Potsdam stationierten Hofzugwagenpark, den die KED Berlin am 1. April 1895 von der KED Magdeburg übernommen hat, eingereiht worden ist, vermutlich als Verstärkungs- oder Reservewagen. Er lässt sich anhand des Verzeichnisses 1906 unschwer als Nr. 016 mit *Verbindung mit Hofwagen* und *Schutzledern* identifizieren, der 1886 von van der Zypen & Charlier als Kurswagen *Berlin 63* geliefert, 1903 an die KED Kattowitz (Heimatstation Myslowitz) überstellt und 1905 in Potsdam modernisiert worden ist. Ob er während seiner offenbar kurzen Hofzugzugehörigkeit blau-weiß lackiert war und ob er eine Hofwagen-Nummer erhalten hat, wissen wir nicht.

Drei vierachsige Schlafwagen entstanden durch Umbau in der Hauptwerkstätte Potsdam aus 1890 in Görlitz gebauten Hofzug-Begleiterwagen:

0162	Bln	Umbau	1907	
0177	Bln	Umbau	1907	1914 Umbau in Sitzwagen 2. Klasse mit Speiseraum und Küche 04044 Bln
0202	Bln	Umbau	1909	1917 Umbau als Hofzug-Telegrafenwagen 25 Bln

Zu den Unikaten gehört auch der erste Sechsachser Bln 068 (Weltausstellung 1900 Paris), der bereits an anderer Stelle erwähnt worden ist.

Der Minister der öffentlichen Arbeiten lässt unter dem 30. Januar 1903 im *Eisenbahn-Nachrichten-Blatt* die *Überweisung neuer Wagen*, darunter *20 vierachsiger Schlafwagen*, bekanntgeben. Es handelt sich bei letzteren um die Wagen 092 bis 0111, die 1904 als Sechsachser geliefert worden sind. Sie waren demnach als Vierachser in Auftrag gegeben worden und die Entscheidung für den sechsachsigen Schlafwagen fiel erst während der Fertigung, was die verzögerte Ablieferung erklärt. Sie wurden gleichzeitig mit den letzten Vierachsern, die bereits 1901 bestellt worden waren und deren Lieferung sich ebenfalls verzögerte, in Dienst gestellt. Das dreiachsige preußische Regeldrehgestell mit 3,6 m Achsstand besteht aus Preßblechen mit zwei eichenen Wiegebalken, die unter sich und mit dem Stützklotz für die Drehpfannen durch Flacheisenträger starr verbunden sind. Jede Wiege ist auf sechsblätterigen Doppelfedern gelagert; das Drehgestell selbst ruht mit sechs an Gummifedern aufgehängten Langfedern auf den Achsen. Neben diesem Drehgestell nach Musterzeichnung V.1 wurde seit 1909 auch das sogenannte *amerikanische Drehgestell* mit Schwanenhalsträgern nach Musterzeichnung V.la untergesetzt; erstmals bei den Wagen 0194 bis 0197.

Noch im Jahr 1904 erfolgte eine zweitere Lieferung von 20 Sechsachsern (0112-0131) – alle nach Zeichnung D.I.1. Bei diesen wie bei allen nachfolgenden Lieferungen blieben Raumeinteilung – zehn zweibettige Halbabteile, das hölzerne Kastengeripppe mit Blechverkleidung und mittels Stahlplatten verstärkten Seitenwänden, die mit Profileisen versteiften Langträger aus Holz und die doppelfunktionelle Warmwasserheizung unverändert. Ab 1909 wurden die Gasbeleuchtung durch die elektrische und die Westinghouse-Bremse durch die Knorr-Schnellbremse ersetzt. Die gangseitige Fensterteilung wurde 1911 geringfügig geändert und der Wagenkasten um einen Meter verlängert. Ansonsten unterschieden sich die Abmessungen nur geringfügig.

Bauart/Zeichnung	Drehzapfenabstand	Kastenlänge	LüP	Abteillänge
B.c.36 (WL4ü)	14 250 mm	19 200 mm	20 490 mm	1 380 mm
D.I.1 WL6ü (1904)	14 150 mm	19 210 mm	20 410 mm	1 380 mm
I a 1 (1906)	14 150 mm	19 200 mm	20 405 mm	1 380 mm
I a 1 2. Aufl. (1911)	15 170 mm	20 200 mm	21 420 mm	1 305/1 655 mm
I a 1 a (1915)	15 170 mm	20 200 mm	21 420 mm	1 305/1 655 mm

Neue Wege bei der Innengestaltung der Schlafwagen beschritt die Breslauer Actien-Gesellschaft für Eisenbahn-Wagenbau und Maschinen-Bau-Anstalt Breslau (ab 1912 Linke-Hofmann-Werke), die sogleich von der Preußisch-Hessischen Staatseisenbahn-Verwaltung adoptiert wurden. Ein auf der Internationalen Industrie- und Gewerbeausstellung 1911 in Turin vorgestellter Wagen dieser neuen Bauart erregte besonderes Interesse.

Diese ... bei den preußisch-hessischen Staatsbahnen neu eingeführte Bauart weist ... eine bessere Ausgestaltung der Schlafabteile und ihrer Ausrüstung auf, die durch Vergrößerung der mittleren Halbabteilbreite um 100 mm (entsprechend einer Verlängerung des Wagenkastens um 1 m) sowie durch schräge Anordnung der Trennungswände zwischen zwei Halbabteilen, ... Einbau von wechselseitig aufschlagenden Türen zwischen den Abteilen und von Eckwaschschränken abwechselnd an der Außenwand und am Seitengang erreicht wird... Die Kastentragwände sind stärker ausgebildet... Zwischen dem Seitengang und den Abteilen sind Drehtüren eingebaut, die sich geräuschloser schließen lassen als Schiebetüren... Erheblich verbreitert ist der Lüftungsaufbau... [17]

Die Inneneinrichtungen – Hölzer, Bezugs- und Vorhangstoffe, Wandbespannungen, Teppiche – wurden von bekannten Architekten, unter ihnen Walter Gropius, entworfen.

Sämtliche zwischen 1911 und 1917 gelieferten Schlafwagen nach den Musterzeichnungen I a 1 (2. Auflage) und I a 1 a des Eisenbahn-Zentralamtes – insgesamt 221 – gehörten der geschilderten *neuen Bauart* an. Die für den ab Januar 1916 verkehrenden *Balkanzug*, über den noch zu berichten sein wird, bestimmten Schlafwagen erhielten anstelle des normalen Dienstabteils einen Dienstraum mit Schlafgelegenheit nach Sonderzeichnungen B.c.95 bzw. B.c.78, da der Schaffner drei Tage und zwei Nächte im Wagen verbringen musste.

Verzeichnis der 1892 bis 1917 gelieferten Schlafwagen der KPEV

Nummern		Lieferjahre	Zeichnung	Bemerkungen
046-059	WL4ü	1892-95	–	
060-069	WL4ü	1897/98	–	Erste WL mit 10 Halbabteilen
070-077	WL4ü	1900	5027 B	
078	WL6ü	1900	–	Weltausstellung Paris 1900
079-082	WL4ü	1902	B.c.36	Grundriß I
083-091	WL4ü	1902	B.c.36	Grundriß II
092-0131	WL6ü	1904	D I 1	
0132-0161	WL6ü	1906	I a 1	
0162	WL4ü		–	Umbau 1907 aus Hofzugwagen Bln 5A
0163-0176	WL6ü	1907	I a 1	
0177	WL4ü		–	Umbau 1907 aus Hofzugwagen Bln 5
0178-0201	WL6ü	1908/09	I a 1	
0202	WL4ü		–	Umbau 1909 aus Hofzugwagen Bln 6B
0203-0210	WL6ü	1910/11	I a 1	0205 schräge Abteilwände
0211-0282	WL6ü	1911-14	I a 1, 2. Auflage	
0283-0287	WL6ü	1915	I a 1" und B.c.95	Schlafgelegenheit im Dienstraum der Schlafwagen der Balkanzüge
0288-0300	WL6ü	1914	I a 1 a und B.c.78	
0301-0305	WL6ü	1914-16	I a 1 a und B.c.95	0302-0304 für Balkanzüge
0306-0315	WL6ü	1916	I a 1 a und B.c.78	0312/0313 für Balkanzüge
0316-0320	WL6ü	1916	I a 1 a und B.c.95	
0321-0331	WL6ü	1916/17	I a 1 a und B.c.95	

Nachträglich geändert nach Blatt B.c.95: 0249-0251, 0266, 0268/0269, 0272-0276 (11)
nach Blatt B.c.78: 0318-0320 (3)
0236-0243 mit gerader Zwischenwand zwischen 3. und 4. Abteil

Einzelaufstellung mit Lieferer, Lieferjahr und Verbleib im Anhang.

17 Zeitschrift des Vereins deutscher Ingenieure, Band 55, Nr. 39, 30. September 1911, *S. 1632 f.*

Die ersten D-Zug-Schlafwagen lieferten 1892 Breslau und Görlitz an die KED Magdeburg. WL 4ü *Magdeburg 58* (Görlitz 1892).
AUFN.: WERKAUFNAHME GÖRLITZ; SLG. THEURICH

Serviceabteil *Magdeburg 58.*
AUFN.: WERKAUFNAHME GÖRLITZ; SLG. THEURICH

WL4ü *Coeln rechtsrheinisch 25* (Deutz 1892).
AUFN.: WERKAUFNAHME DEUTZ; SLG. DEPPMEYER

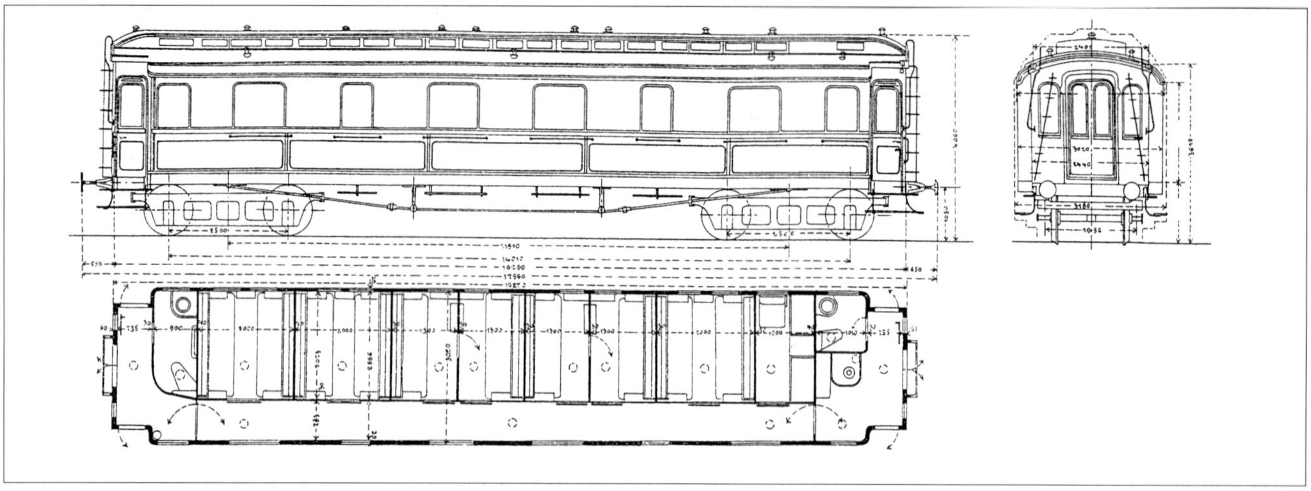

Zeichnung der 1892 gelieferten acht WL4ü, ab 1902: 046-053.

SLG. DR. ALBERT MÜHL

WL4ü *Berlin 87* (Görlitz 1897). *oben:* Abteilseite, *rechts:* Gangseite .

AUFN. (2): WERKAUFNAHMEN GÖRLITZ; SLG. THEURICH

554

Blick in den Seitengang des *Berlin 87*.

AUFN.: WERKAUFNAHME GÖRLITZ; SLG. THEURICH

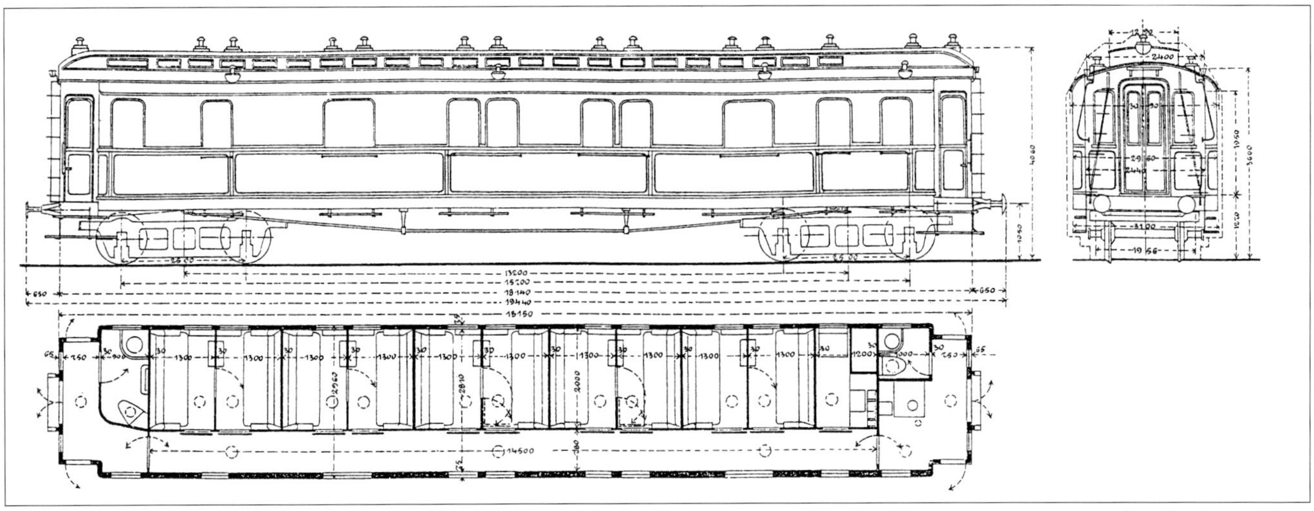

Zeichnung der WL4ü-Baujahr 1897, später 060-063. SLG. DR. ALBERT MÜHL

Den ersten sechsachsigen Schlafwagen *Berlin 121* (später 078), gebaut von van der Zypen & Charlier, stellte die KPEV auf der Weltausstellung 1900 in Paris aus. AUFN.: WERKAUFNAHME DEUTZ; SLG. DEPPMEYER

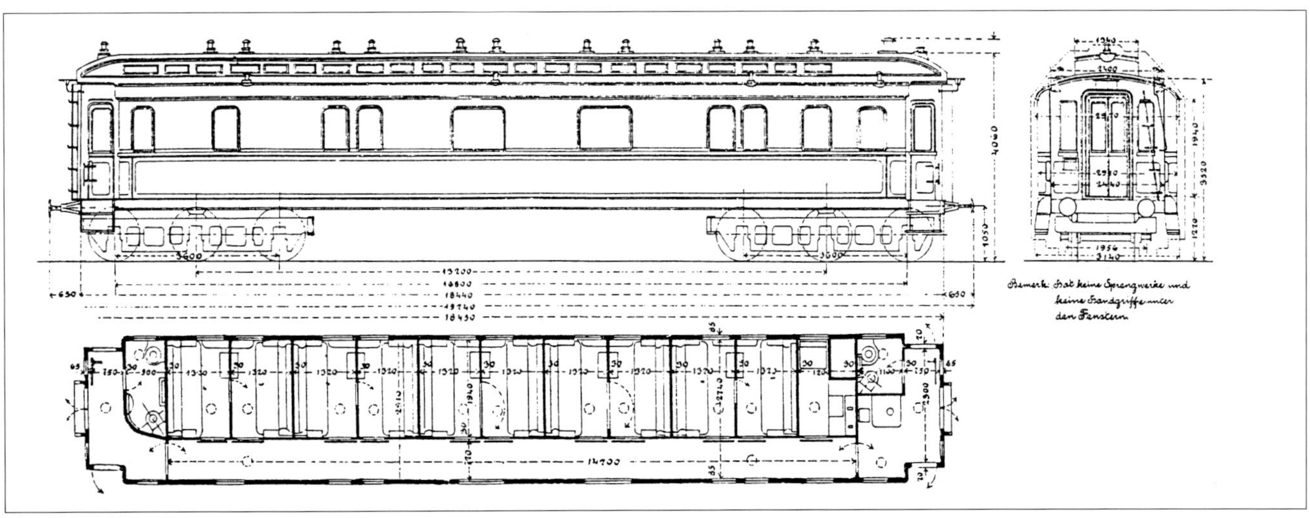

Zeichnung des *Berlin 078* (Deutz 1900). Darauf Vermerk: *Der Wagen wird für die Reisen der Kaiserlichen Kinder und Sr. Königlichen Hoheit Prinz Leopold benutzt.* SLG. DR. ALBERT MÜHL

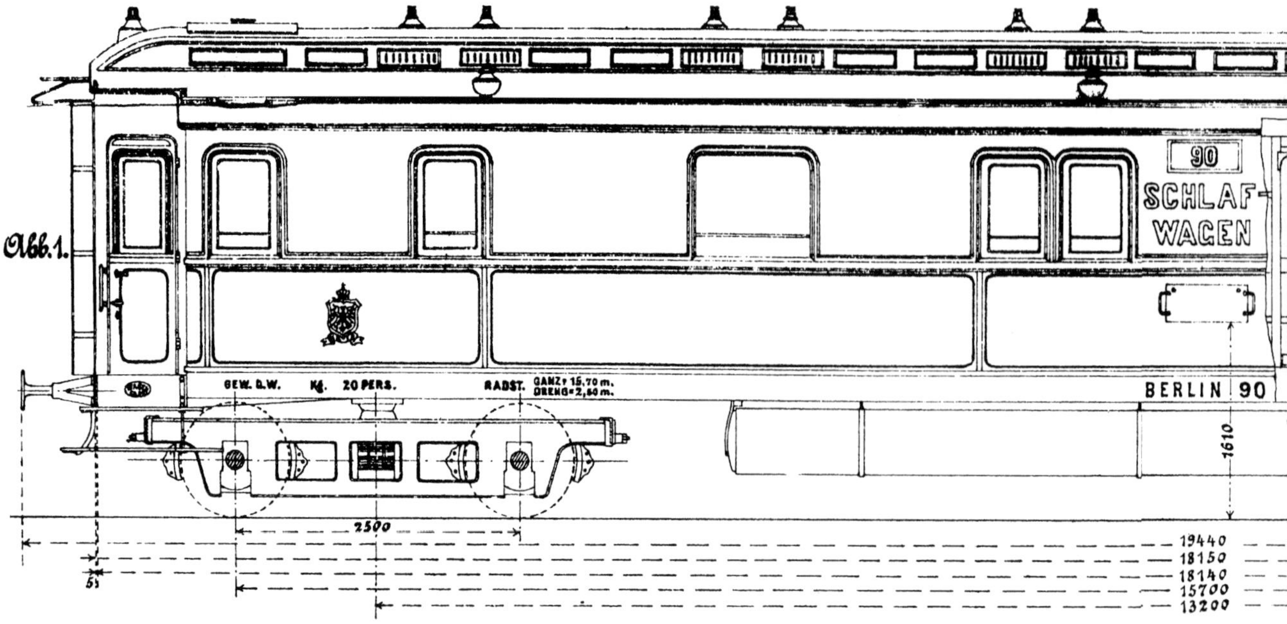

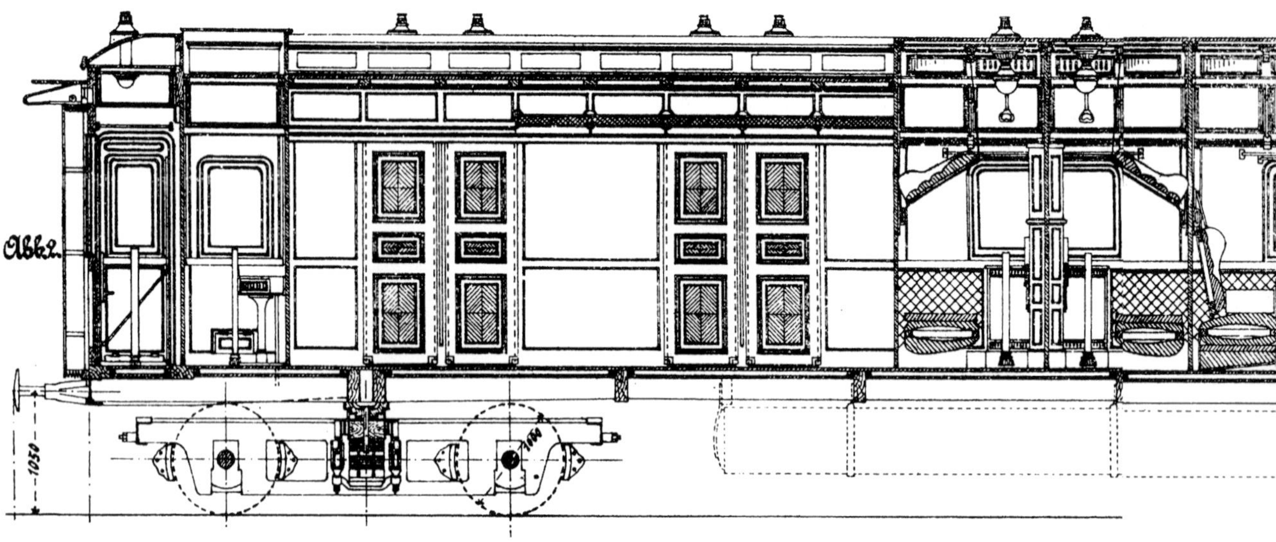

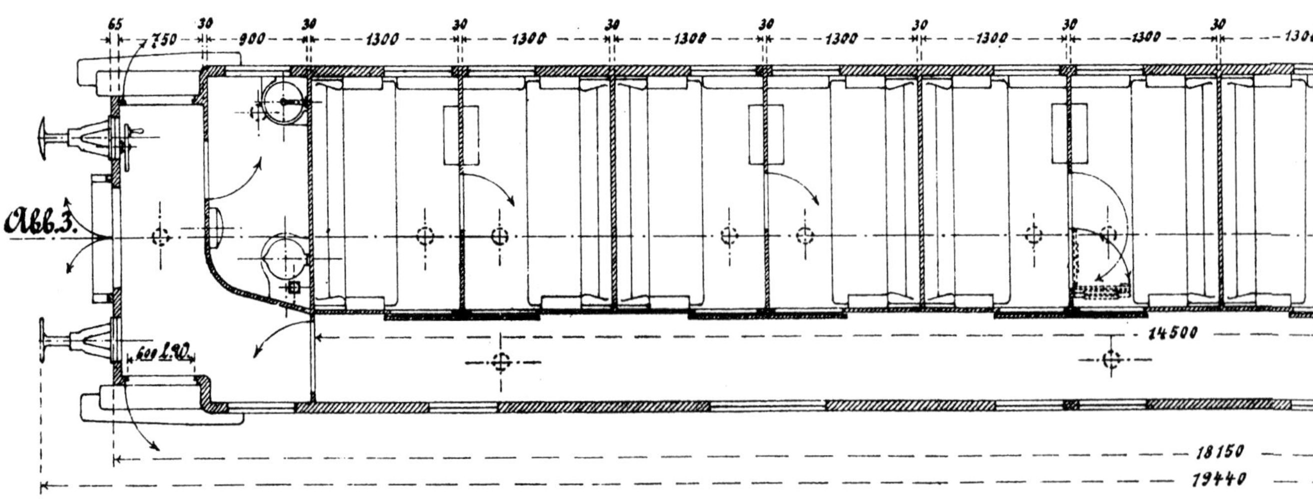

WL4ü-97/98, später 060-069. Aus ORGAN 1898

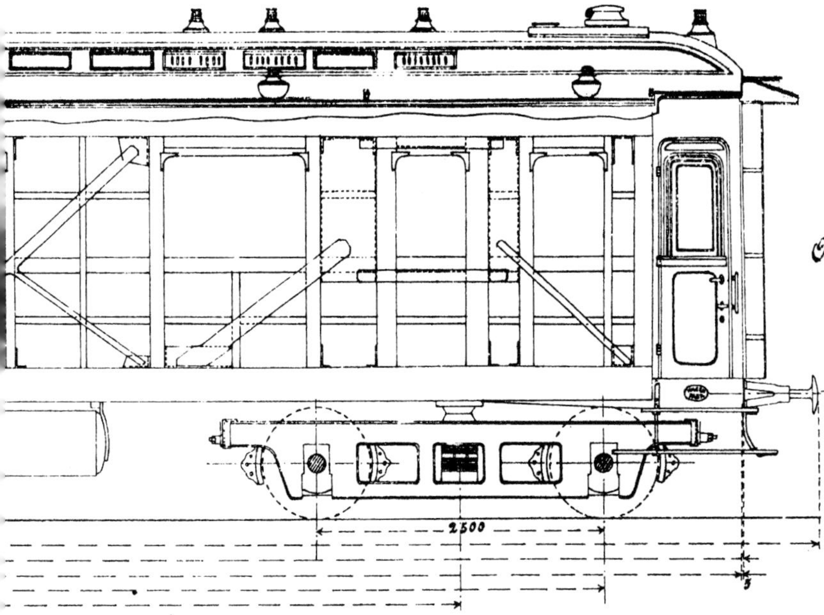

Abb. 4

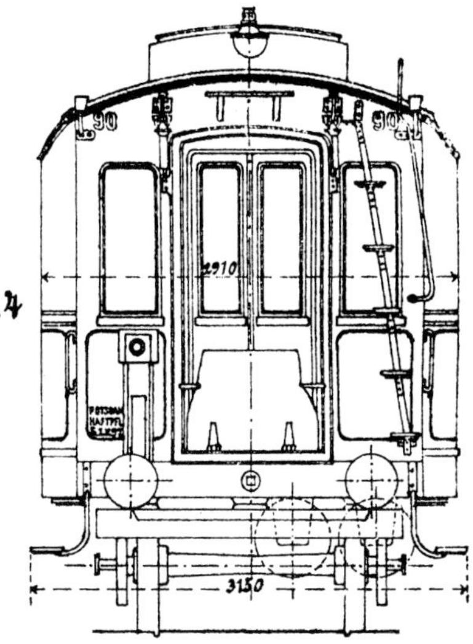

Schnitt durch ein Abtheil

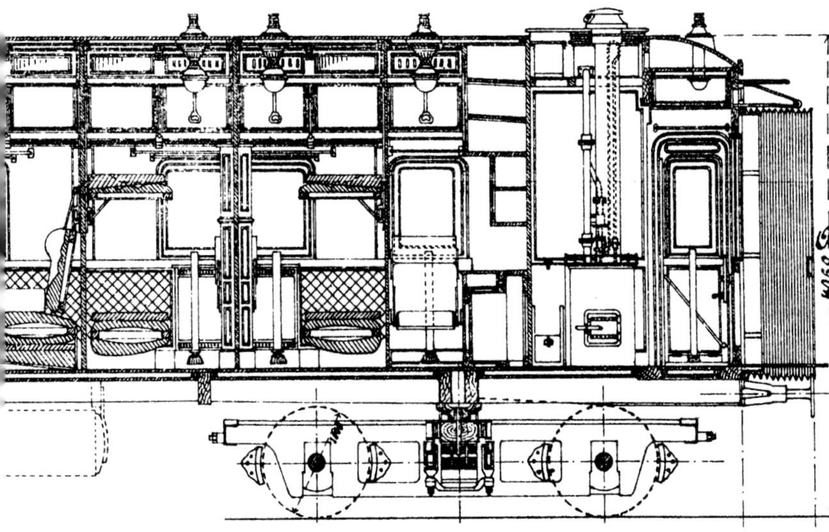

Abb. 5.

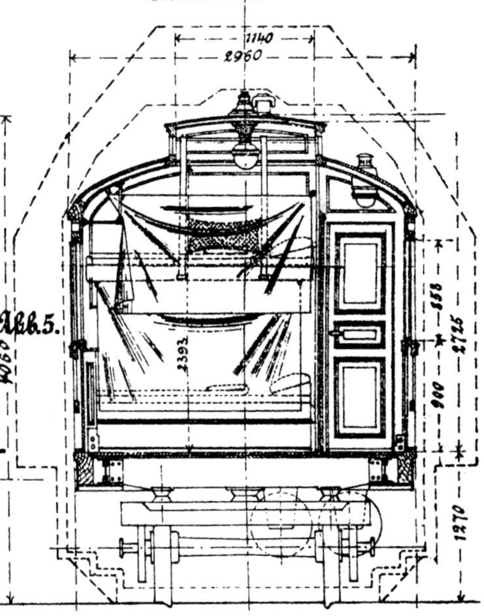

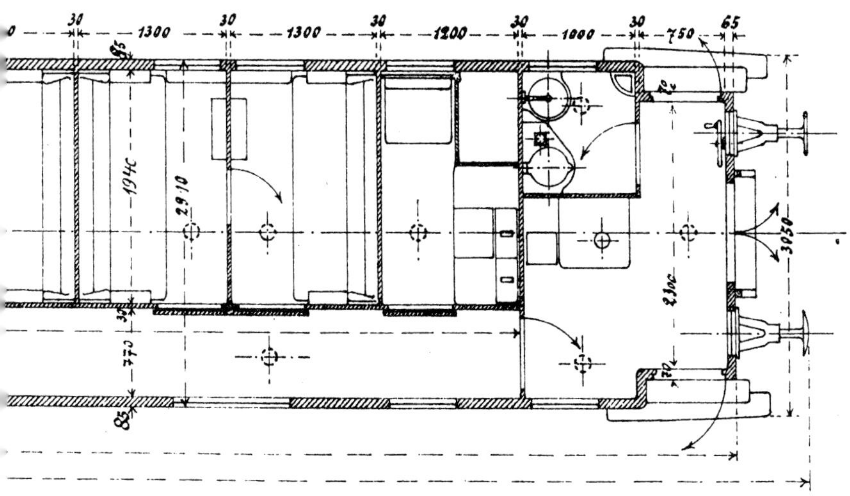

Schnitt durch den Dienstraum

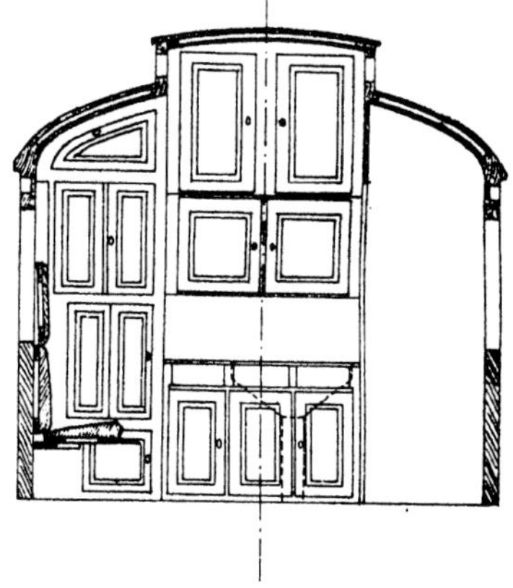

WL4ü *Berlin 084*, geliefert 1902 von der Firma Düsseldorfer Eisenbahnbedarf vorm. C. Weyer & Co. AUFN.: WERKAUFNAHME DÜSSELDORF; SLG. DEPPMEYER

WL4ü *Altona 086* (Görlitz 1902). Diese Wagen kosteten 54 266 Mark pro Stück. AUFN.: WERKAUFNAHME GÖRLITZ; SLG. THEURICH

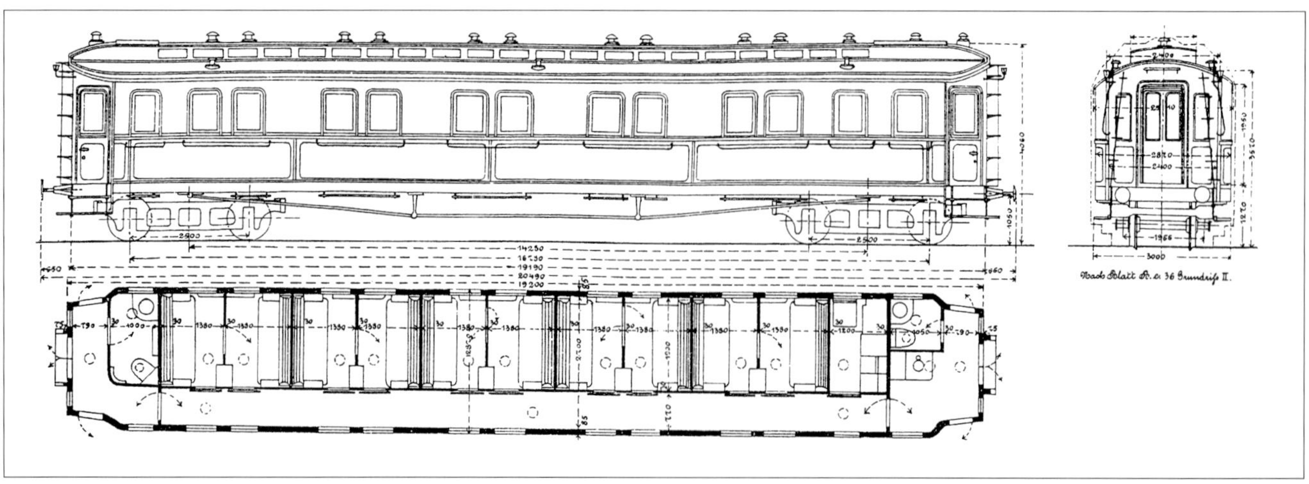

Schlafwagen 083-091, Baujahr 1902, nach Zeichnung B.c.36, Grundriß II. SLG. DR. ALBERT MÜHL

Der WL6ü *Berlin 0103* (Görlitz 1904) gehörte zur ersten Serie der *Regel-Sechsachser.* AUFN.: WERKAUFNAHME GÖRLITZ; SLG. THEURICH

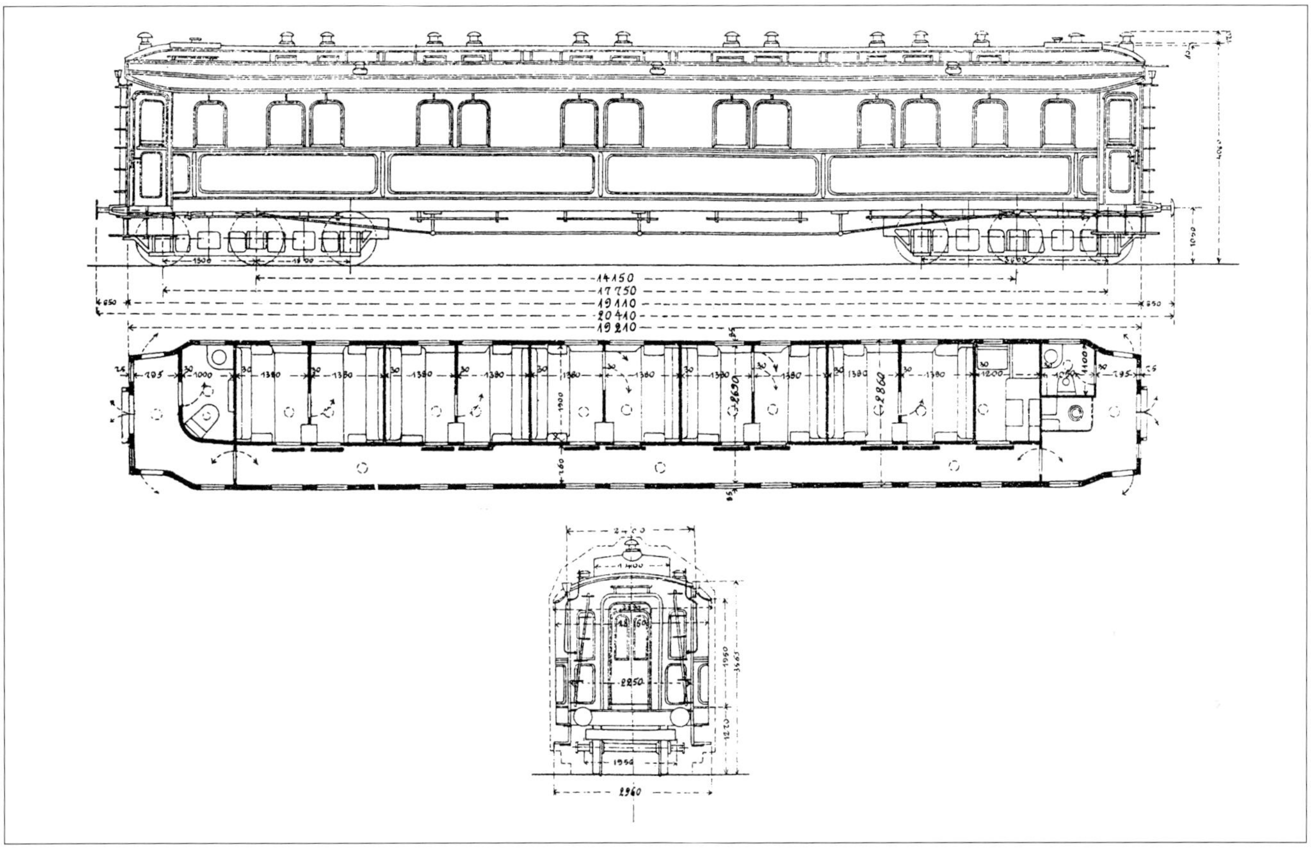

WL6ü-Bauart 1904 nach Zeichnung D. I. 1. SLG. DR. ALBERT MÜHL

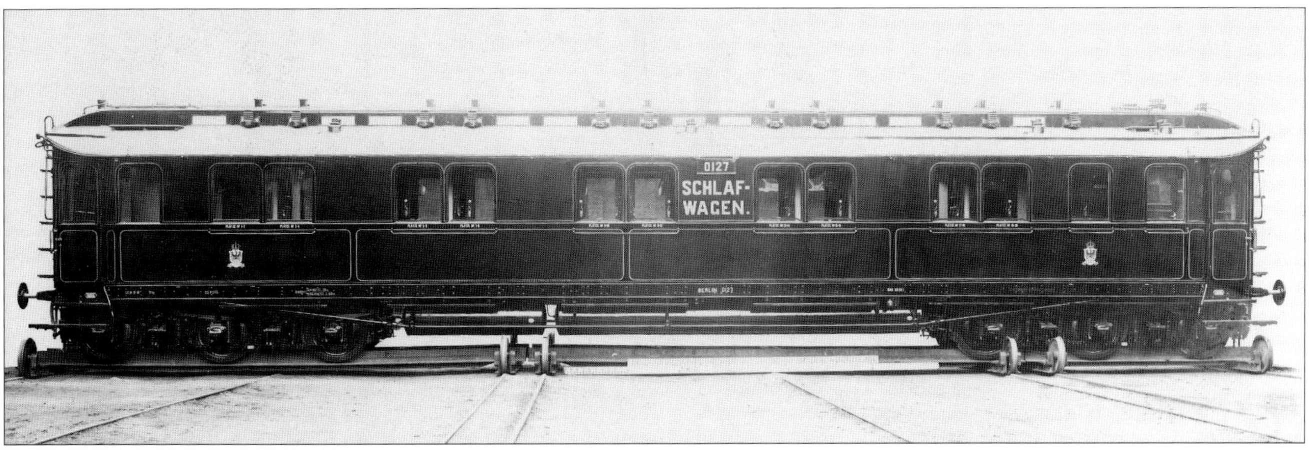

Berlin 0127 (Görlitz 1904) gehörte ebenfalls zur ersten Serie nach Zeichnung D. I. 1. AUFN.: WERKAUFNAHME GÖRLITZ; SLG. THEURICH

Toilettenraum des Wagens *Berlin 0127.*
Aufn.: Werkaufnahme Görlitz; Slg. Theurich

WL6ü *Berlin 0152* (Deutz 1906).
Aufn.: Werkaufnahme Deutz; Slg. Deppmeyer

Schlafabteile des Wagens *Berlin 0127* in Nacht- und Tagesstellung. AUFN.: WERKAUFNAHME GÖRLITZ; SLG. THEURICH

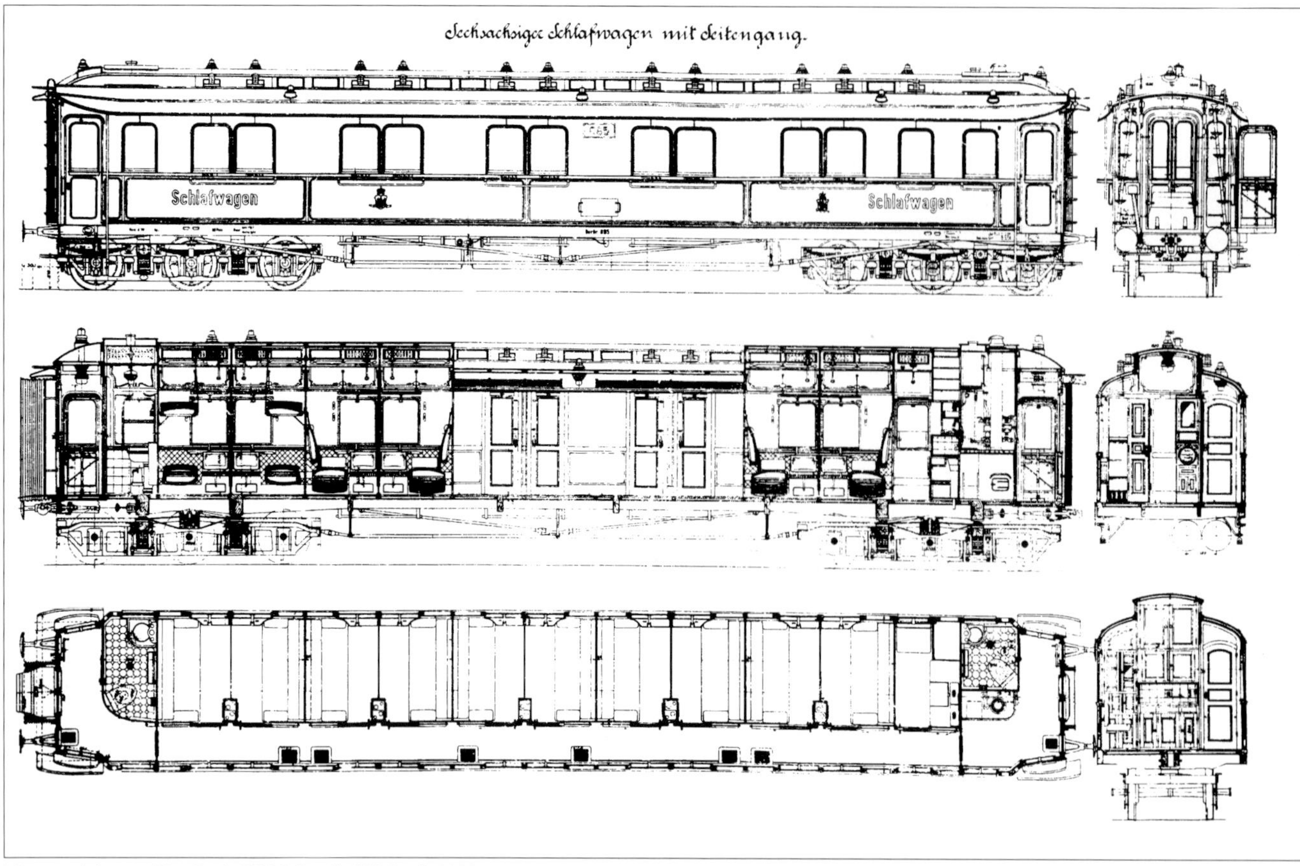

Musterzeichnung Blatt I a 1 (1906) für die WL6ü ab 0132. SLG. DR. ALBERT MÜHL

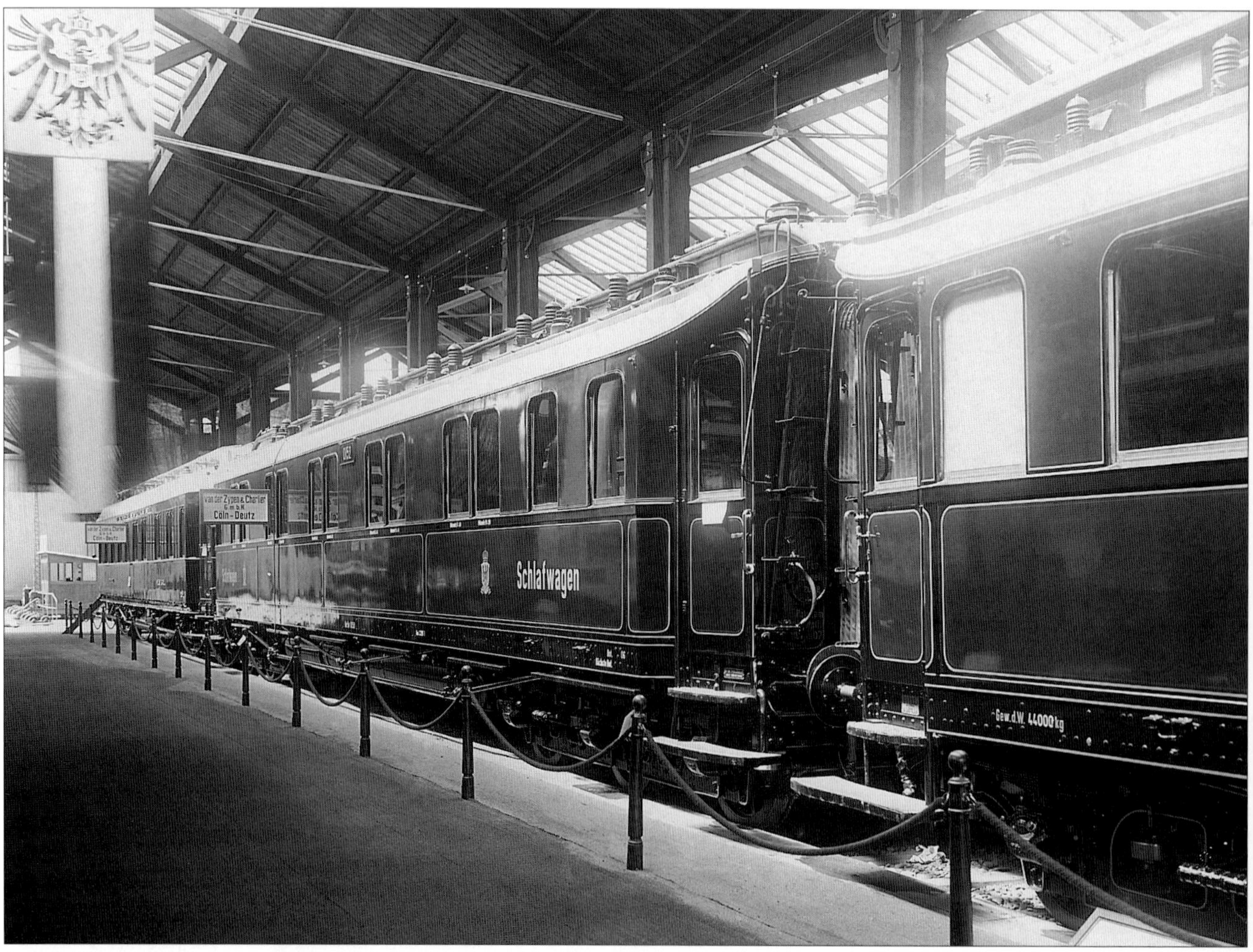

Berlin 0152 auf dem Stand von van der Zypen & Charlier während der Weltausstellung 1906 in Mailand. AUFN.: SLG. FREESE

Berlin 0186 (Deutz 1908) – Abteilseite, mit preußischen Regeldrehgestellen.
Aufn.: Werkaufnahme Deutz; Slg. Deppmeyer

Altona 0207 (Deutz 1910) mit amerikanischen Drehgestellen. Die Wagen 0203-0210 waren die letzten nach Musterzeichnung I. a. 1.
Aufn.: Werkaufnahme Deutz; Slg. Deppmeyer

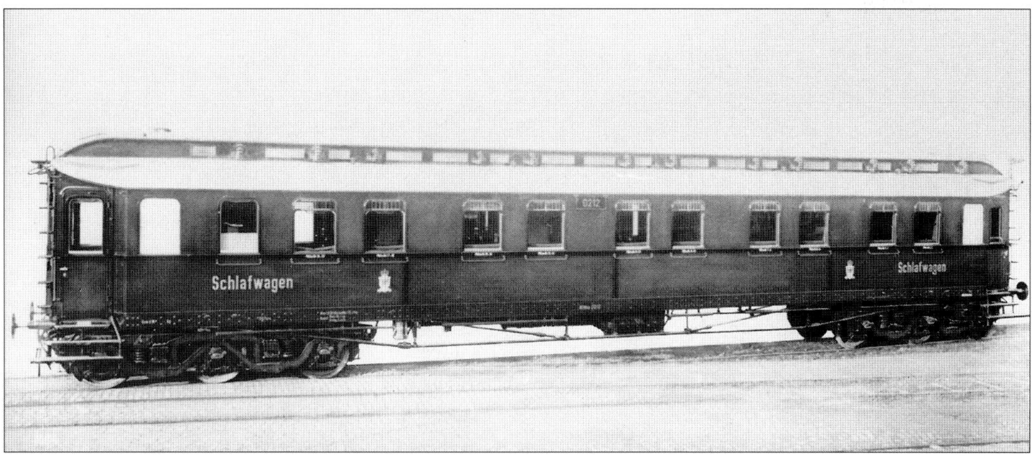

Altona 0212 (Deutz 1911) mit amerikanischen Drehgestellen. Die Wagen ab 0211 hatten schräge Abteilwände und entsprachen der Musterzeichnung I. a. 1. 2. Auflage.
Aufn.: Werkaufnahme Deutz; Slg. Deppmeyer

Coeln 0223 (Görlitz 1912) mit Lüftungslamellen über den Fenstern.
Aufn.: Werkaufnahme Görlitz; Slg. Theurich

Berlin 0241 (Breslau 1912) mit amerikanischen Drehgestellen.
AUFN.: WERKAUFNAHME BRESLAU; SLG. DEPPMEYER

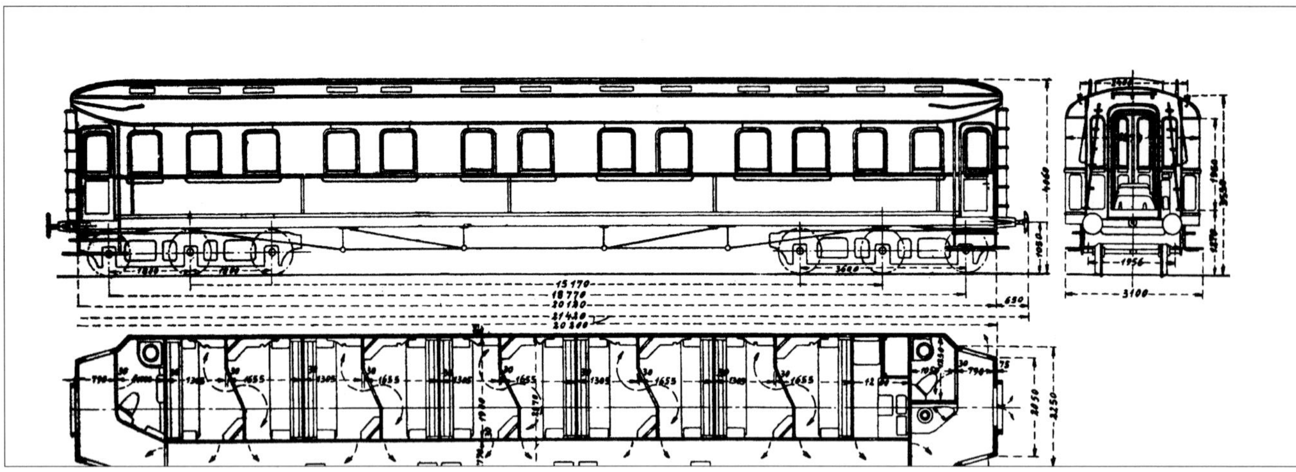

WL6ü ab 0211 nach Musterzeichnung I. a. 1. 2. Auflage.
SLG. DR. ALBERT MÜHL

Dienstabteil des Wagens *Kattowitz 0247.*

Abort des Wagens *Kattowitz 0247.*

AUFN. (2): WERKAUFNAHME GÖRLITZ; SLG. THEURICH

Kattowitz 0247 (Görlitz 1913) mit amerikanischen Drehgestellen und Lüftungslamellen.

Aufn.: Werkaufnahme Görlitz; Slg. Theurich

Wagenende (Heizungsseite) des *Altona 0257* mit den vorschriftsmäßigen Anschriften. Aufn.: Werkaufnahme Görlitz; Slg. Theurich

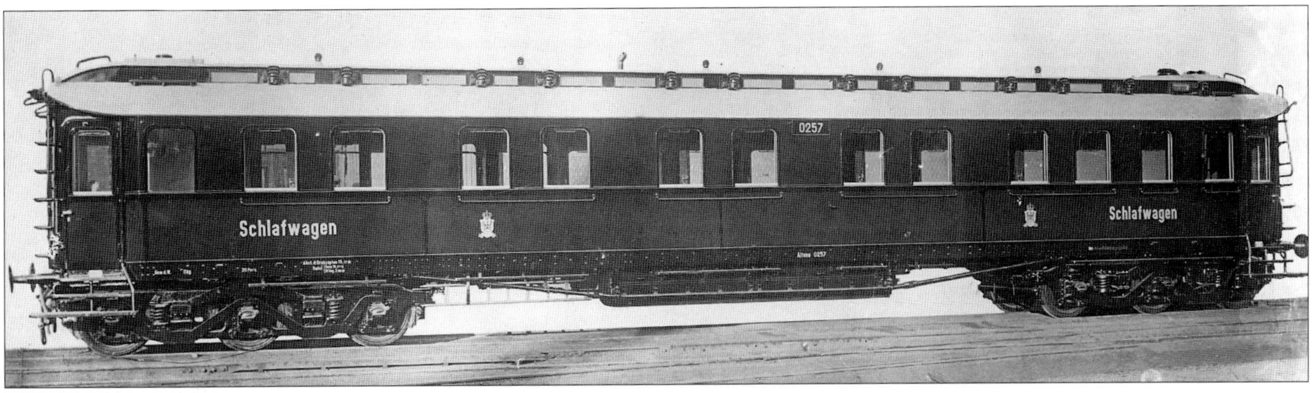

Altona 0257 (Görlitz 1913). AUFN.: WERKAUFNAHME GÖRLITZ; SLG. THEURICH

Abteil in Tagesstellung des *Altona 0257.* Die abgeschrägte Zwischentüre ist gut zu erkennen.
AUFN. : WERKAUFNAHME GÖRLITZ; SLG. THEURICH

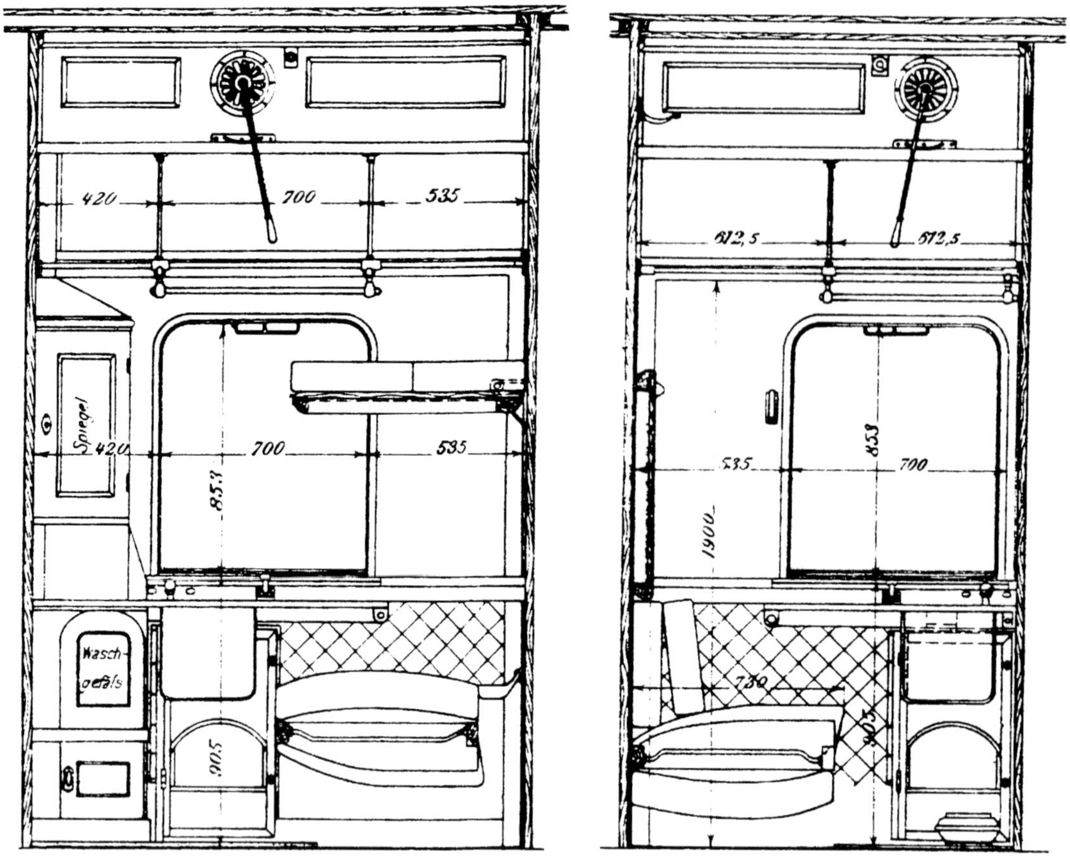

Abteil langes Ende, nachts (links) und kurzes Ende, tags (rechts) der WL6ü nach Musterzeichnung I. a. 1. 2. Auflage. SLG. DR. ALBERT MÜHL

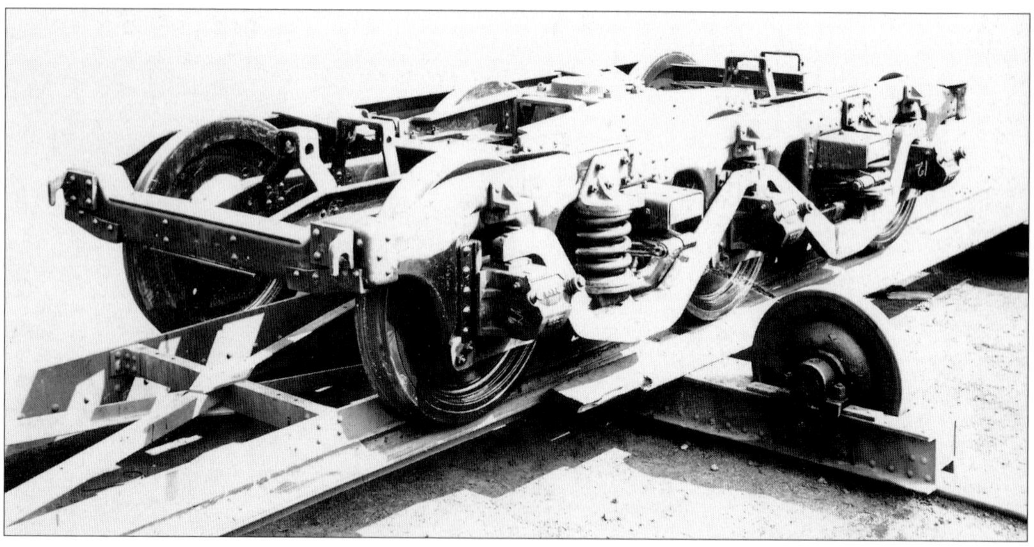

Amerikanisches Drehgestell des *Altona 0257.* AUFN.: WERKAUFNAHME GÖRLITZ; SLG. THEURICH

Berlin 0282 Deutz 1914) gehörte zur letzten Friedenslieferung. AUFN.: WERKAUFNAHME DEUTZ; SLG. DEPPMEYER

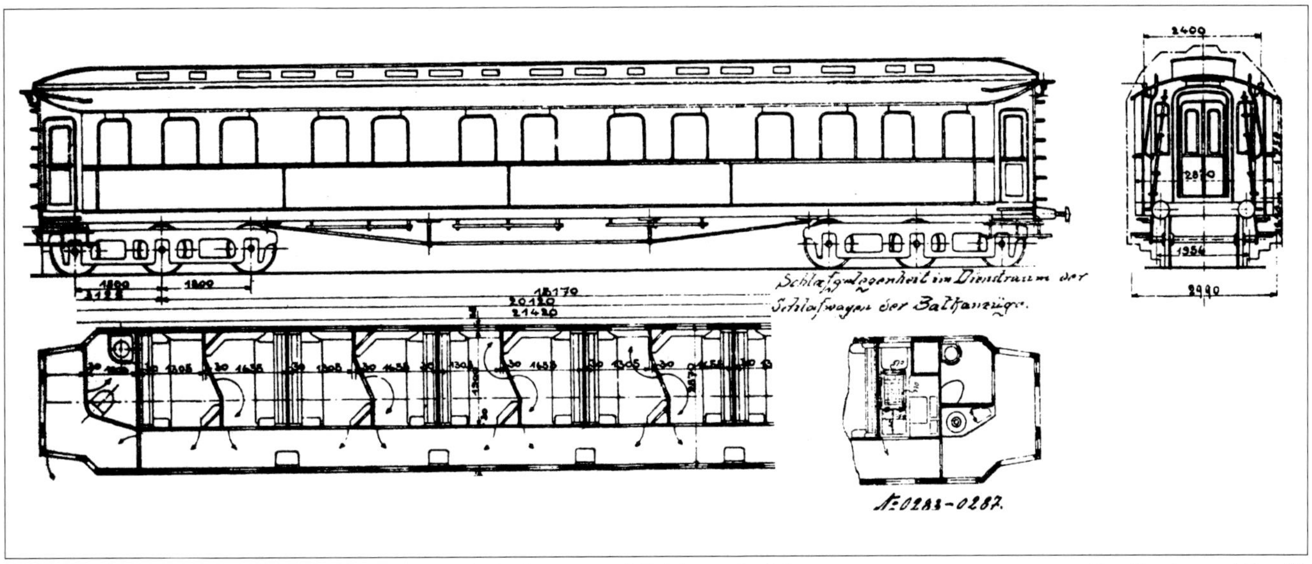

WL6ü 0283-0287 mit Schlafgelegenheit im Dienstraum für Balkanzüge nach Zeichnung B.c.95. SLG. DR. ALBERT MÜHL (2)

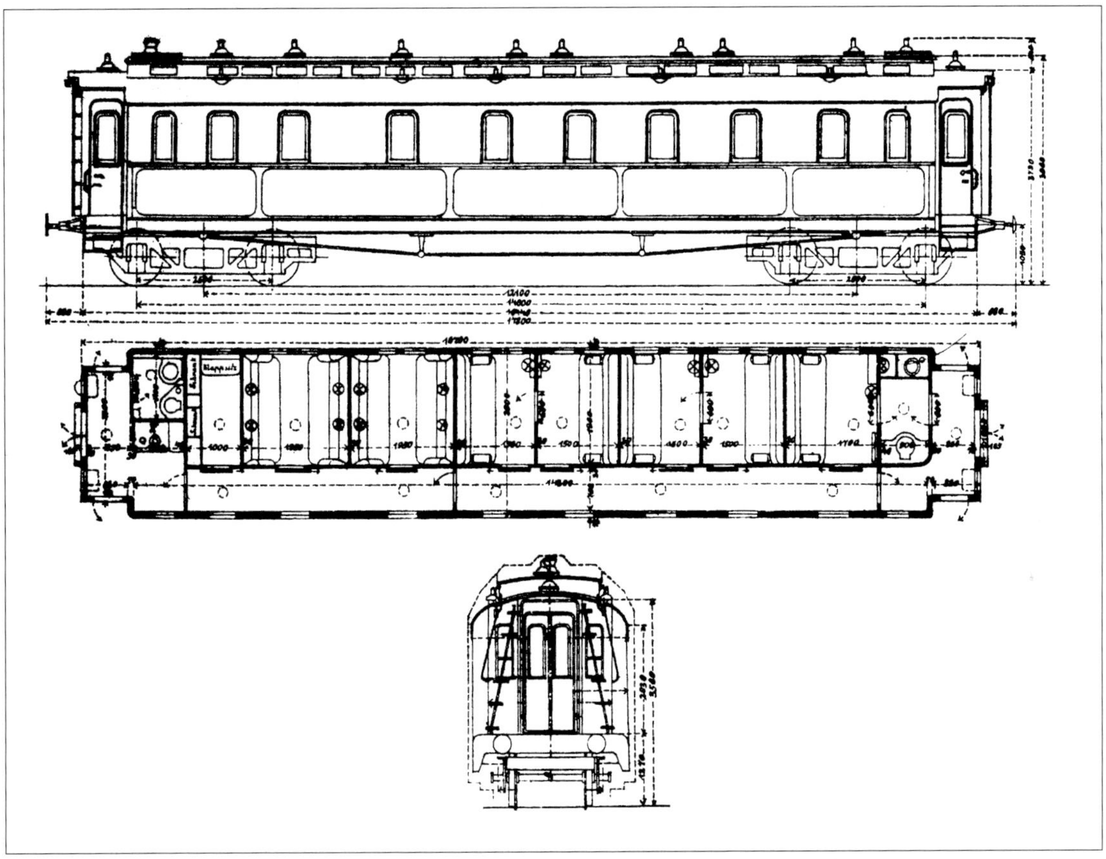

WL4ü *Berlin 0162* – Umbau 1907 aus Hofzugsalonwagen 5A.

WL4ü *Berlin 0177* – Umbau aus Hofzugsalonwagen 5. AUFN.: SLG. DEPPMEYER

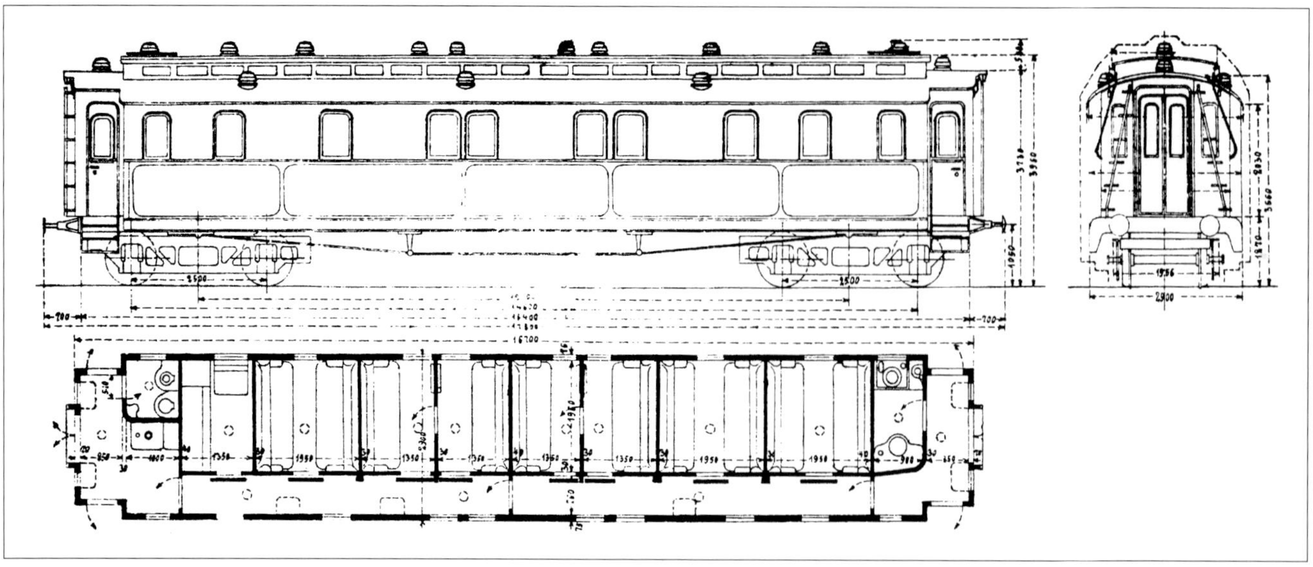

WL4ü *Berlin 0177* – Umbau 1907 aus Hofzugsalonwagen *Berlin 5*. Slg. Dr. Albert Mühl (3)

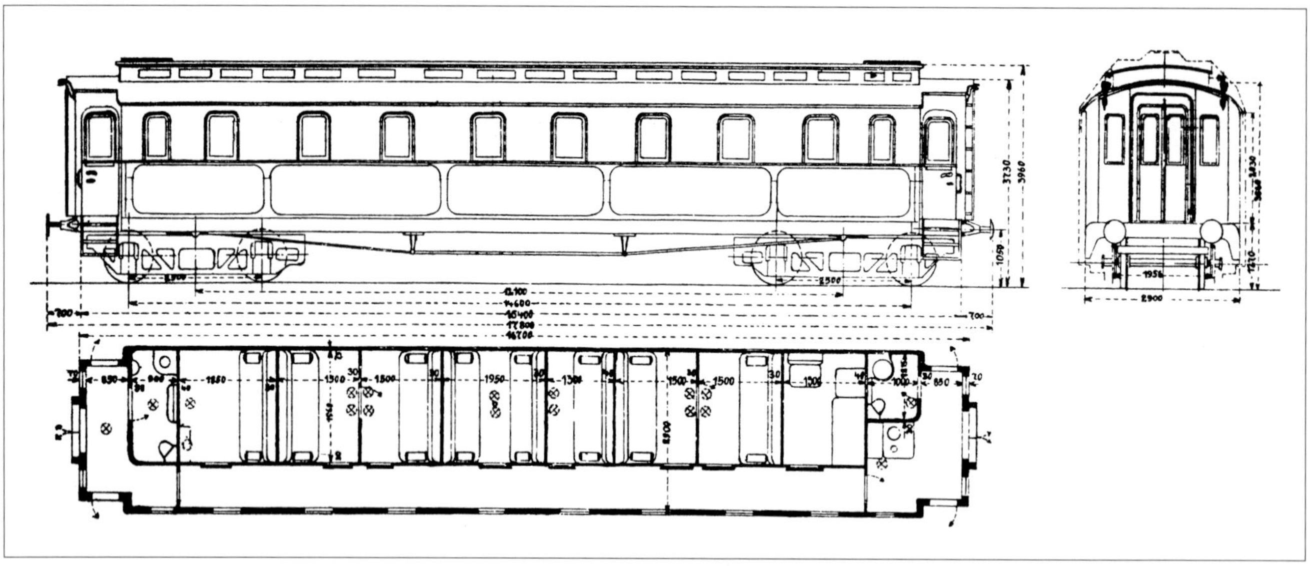

WL4ü *Berlin 0202* – Umbau 1909 aus Hofzugsalonwagen 6B. Dieser Wagen wurde 1917 in den Hofzug-Telegraphenwagen *Berlin 25* umgebaut.

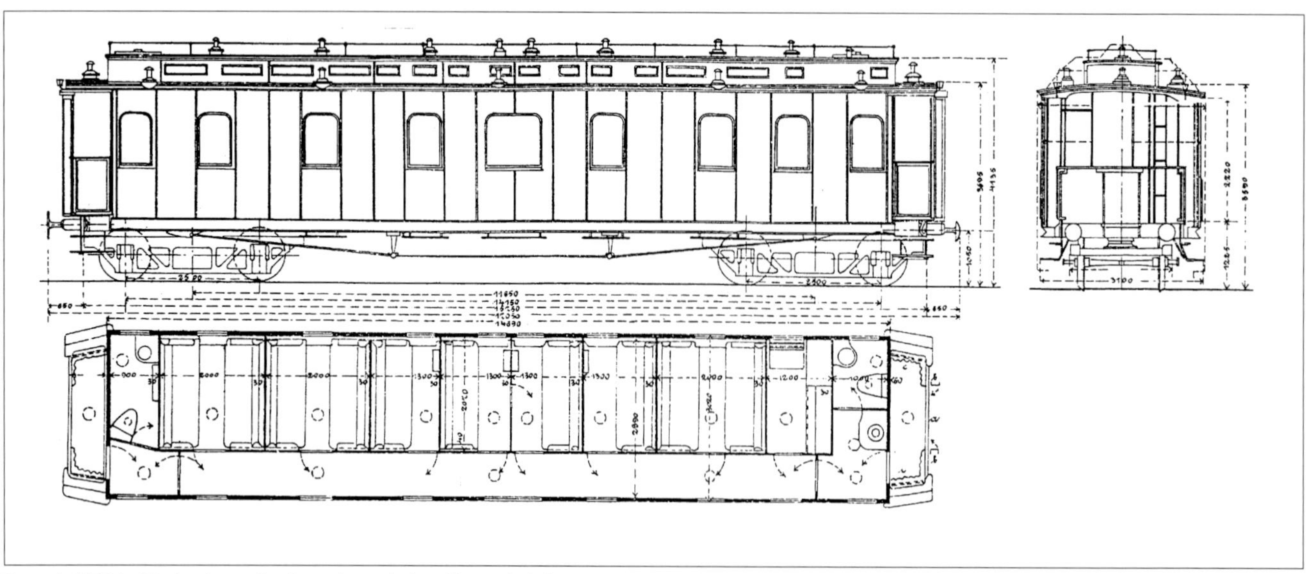

Der seit 1903 in Myslowitz an der deutsch-russischen Grenze beheimatete *Kattowitz 016* (Deutz 1886/Umbau Potsdam 1905) besitzt noch die Einrichtungen für die Verbindung mit Hofzugwagen. Es ist dies der alte *Berlin 63*, der 1895/96 als *ein für Allerhöchste Herrschaften bestimmter Wagen* nachgewiesen ist.

Reichseisenbahnen in Elsaß-Lothringen

Seit Sommer 1891 liefen die preußischen Schlafwagen Köln – Basel auf der 208 km langen Strecke Weissenburg – Basel der Reichseisenbahnen. Im April 1894 folgte auf der selben Strecke der Schlafwagen Frankfurt – Basel, den die KPEV von der ISG übernommen hatte. Das waren Nacht für Nacht 832 Kilometer *auf fremden Strecken*, die die Leistungskonten beider Verwaltungen anschwellen ließen. Kein Wunder, daß die KPEV die Kaiserliche Generaldirektion in Straßburg zum Naturalausgleich durch Gestellung eigener Wagen drängte. Daraufhin bestellte letztere drei Schlafwagen bei der *Wagenfabrik J. Rathgeber* in München[18], die zwischen Oktober und Dezember 1894 geliefert wurden. Die Schlaf- und Kurswagen 166 bis 168 mit den Anschriften *Abtheilung Mit Schlafeinrichtung I.II.CL.* und *Abtheilung Für Durchgehender Verkehr I.II.CL.* – vierzeilig in Kapitalien – besaßen ein Vollabteil 2. Klasse mit vier Betten, drei Halbabteile 1. Klasse mit je zwei Betten, ein Halbabteil 1. Klasse mit drei und zwei Vollabteile 2. Klasse mit je sechs Sitzplätzen. Sie hatten das für die Reichseisenbahnen typische Flachdach sowie geschlossene Plattformen mit Faltenbalgübergängen und waren 18 300 mm lang (LüP); der Drehzapfenabstand betrug 12 500 mm und der Achsstand der Drehgestelle die üblichen 2,5 m. Zur Einrichtung gehörte noch ein *Dienerabteil III. Kl. mit 1 Sitz.* Im Januar 1895 lösten sie die preußischen Schlafwagen im Kurs Frankfurt – Basel ab und bedienten ab 1. Mai 1897 den neu eingerichteten Kurs Basel – Berlin Potsdamer Bhf. Im Sommer 1906 treffen wir sie im D 41/42 zwischen Basel und Elm. Als 1908 drei neue Schlafwagen in Dienst gestellt wurden, gingen sie in die Reserve. Einer ist 1909, die beiden restlichen sind 1916 ausgemustert worden. Die drei neuen 1908 gelieferten Schlafwagen, gebaut von der Waggonfabrik Gebr. Gastell in Mombach, sind preußische Sechsachser nach Musterzeichnung I a 1. Sie übernehmen zunächst den Kurs in D 41/42, der jetzt zwischen Basel und Bebra gefahren wird, und ab 1912 laufen sie im Kurs Basel – Berlin Schles. Bhf. (D 179/180).

In den Jahren 1912 und 1913 treffen als Verstärkung je ein Sechsachser mit schrägen Abteilwänden nach Musterzeichnung I a 1 (2. Auflage) ein, die von van der Zypen & Charlier geliefert wurden. Ein Nachzügler kommt 1916 aus Görlitz, um den von den Reichseisenbahnen für den *Balkanzug* zu stellenden Park (Straßburg – Konstantinopel) zu komplettieren (nach I a 1 a und B.c.95 oder B.c.78). Alle drei liefen auf amerikanischen Drehgestellen.

Die sechs sechsachsigen *Preußen* sind 1919 mit dem Wagenpark der Reichseisenbahnen von den Chemins de fer d'Alsace et de Lorraine (AL) übernommen worden. Weil alle französischen Eisenbahnen durch Monopolverträge an die CIWL gebunden waren, wurden eigene Schlafwagen nicht benötigt. Die drei älteren werden 1921 an die CIWL verkauft, die neueren in Salonwagen umgebaut. Der ehemalige 2920 (Glz 1916) stand ab etwa 1930 als Hofsalonwagen der Großherzogin von Luxemburg zur Verfügung, die beiden anderen erscheinen 1940 im Wagenbestand der RBD Karlsruhe.

Els.-Lothr.			AL 1919	SNCF 1938	
166	WL4ü	Mün 94			
167	WL4ü	Mün 94			
168	WL4ü	Mün 94			
169	WL6ü	Mom 08	171		1921 CIWL 2681
170	WL6ü	Mom 08	172		1921 CIWL 2682
171	WL6ü	Mom 08	173		1921 CIWL 2683
2220	WL6ü	Dtz 12	Salon 2	Salon 1	1940 260 002 Kar
2533	WL6ü	Dtz 13	Salon 51	Salon 52	1940 260 003 Kar
2920	WL6ü	Glz 16	Salon 3		ca. 1930 Hofsalon Luxembourg

18 Mühl, Albert: Die Salonwagen und Schlafwagen der Eisenbahnen in Elsaß-Lothringen. – LOK MAGAZIN 166 (1991). Dort fälschlicherweise *Gastell* als Lieferant angegeben.

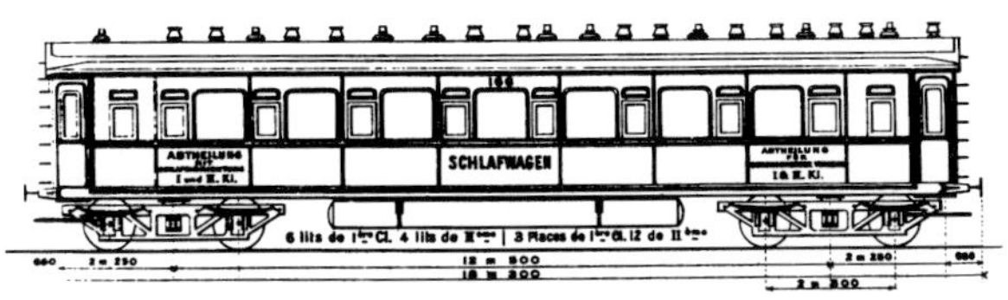

oben: Schlafwagen mit Kursabteilung 166-168 (München 1894) der Reichseisenbahnen in Elsaß-Lothringen. Gangseite.

SLG. CURTET

WL4ü (Kurswagen) *Elsass-Lothringen 167* (Rathgeber 1894) in Berlin-Potsdamer Bahnhof 1900. Abteilseite. AUFN.: KREBS; SLG. CURTET

WL6ü *Elsass-Lothringen 171* aus der Serie 169-171 (Gastell 1908), gebaut nach preußischer Musterzeichnung I. a. 1.

WERKAUFNAHME GASTELL; SLG. DR. ALBERT MÜHL

Internationale Schlafwagen-Gesellschaft

Ende der achtziger Jahre erhielten die Schlaf- und Speisewagen der CIWL ihr neues *Gesicht.* Anstelle der glatten Aussenverkleidung mit Blech oder Pappkarton traten Teakholzbrettchen unter den Fenstern und Teakholzpanelen zwischen und über den Fenstern. Das Tonnendach wurde durch ein Oberlichtdach, die offenen Plattformen wurden durch geschlossene mit eingezogenen Türen und Faltenbalgübergängen ersetzt. In den neunziger Jahren haben auch die *offenen* Wagen geschlossene Plattformen mit Faltenbalgen erhalten, um sie in D-Züge einstellen zu können.

Länger als die KPEV, die 1897 zum Zweibett-Halbabteil überging, hielt die ISG am Vierbett-Vollabteil für die 2. Klasse fest, das erst um 1905 wegfiel, wie auch am *Kurswagen*, d. h. dem Schlafwagen mit Sitzabteilung, deren letzte 1907 in Dienst gestellt worden sind. Seit 1908 waren die Langträger anstatt aus Holz/Eisen aus U-Profileisen und ab 1910 wurden die Seitenwände des hölzernen Kastengerippes durch Stahlträger verstärkt. Als Drehgestell verwendete die CIWL stets ihre Eigenkonstruktion *Bauart WL*, das anfangs noch ganz aus Holz, bald aus verschraubten Profileisen, bereits vor der Jahrhundertwende aus Preßblechen bestand. Letzteres – das *Drehgestell Y* – wurde 1905 durch die *Bauart U* abgelöst.

Die ersten Teakholzwagen hatten folgende Hauptabmessungen:
Drehzapfenabstand: 11 200 mm,
Kastenlänge: 16 300 mm,
LüP: 17 520 mm,
die R-Wagen seit 1909 entsprechend:
Drehzapfenabstand: 14 000 mm,
Kastenlänge: 17 360 mm,
LüP: 20 300 mm.

Die Beschaffungspolitik richtete sich nach den Forderungen bzw. Wünschen der Vertragspartner. Es wurden jeweils so viele Fahrzeuge bestellt wie für einen Kurs – oder für einen Expreßzug – erforderlich waren, und zwar anteilmässig bei den Waggonfabriken der zu durchfahrenen Länder. Dies ergab größere Serien für die Züge, nur eine Kleinserie jedoch für einen *gewöhnlichen* Kurs – jeweils drei, maximal vier Wagen, darunter einer als Reserve. Daraus erklärt sich auch die bunte Vielfalt des Wagenparks der CIWL im Gegensatz zu dem der KPEV. Die überwiegend im internationalen Verkehr verwendeten Wagen waren mit verschiedenen Bremssystemen – in der Regel Westinghouse-Druckluftbremse und Hardy-Vakuumbremse, Heizleitungen und -Schläuchen, Notbremssystemen, Faltenbalgkupplungen, Schlußlaternenhaltern usw. auszurüsten, was Beschaffung und Unterhaltung verteuerte.

Nach dem *Exodus* aus Preußen blieben die Aufträge an deutsche Fabriken zunächst aus. Sie gingen an die 1892 gegründete eigene Waggonfabrik, die Compagnie Générale de Construction in Saint Denis bei Paris, an die Waggonbauer in Italien, Österreich-Ungarn und in Rußland. Erst mit der Führung von Expreßzügen auf preußischen Strecken seit Mitte der neunziger Jahre, für die die KPEV die Beistellung von in Deutschland gebauten Wagen forderte, kam die deutsche Industrie wieder zum Zuge, nach und nach auch wieder bei der Lieferung von kleineren Serien für neue Schlafwagenkurse.

Lieferungen deutscher Waggonfabriken an die ISG 1894-1914

Lieferjahre	Firma	Schlafwagen	Speisewagen	Gepäckwagen
1905-1914	van der Zypen & Charlier	67	109	
1894-1911	M.A.N.	52	22	20
1894-1908	Breslauer A.-G.	43	4	
1912-1914	Gebr. Credé	8	10	13
1905/08	Weyer	5		17
1899/1912	Görlitzer A.-G.	12	3	
1910	Gothaer Waggonfabrik		6	
1907	J. Rathgeber	3		
1900	Waggonfabrik Weimar			5
	Total	**185**	**159**	**55**

Diese 399 Fahrzeuge stellen immerhin einen Anteil von rund 23 % des gesamten Wagenparks der CIWL (1737) dar. Keine schlechte Quote also.

In Deutschlandkurse waren auch einige aus Amerika stammende Schlafwagen eingestellt, die in den neunziger Jahren von Jackson Sharp & Co. in Wilmington (USA) gebaut, zerlegt nach Europa verschifft und dort einschließlich Inneneinrichtung zusammenmontiert worden sind.

Ein Desiderat der Eisenbahngeschichte ist eine umfassende Gesamtdarstellung des Wagenparks der CIWL. Die Erstellung einer solchen wäre anhand der heute vorliegenden Unterlagen durchaus möglich, auch die eines dazugehörenden Wagenverzeichnisses, nachdem sich die bisher vorgelegten als in erheblichem Maße fehlerhaft erwiesen haben. Ein derartiges Werk würde je-

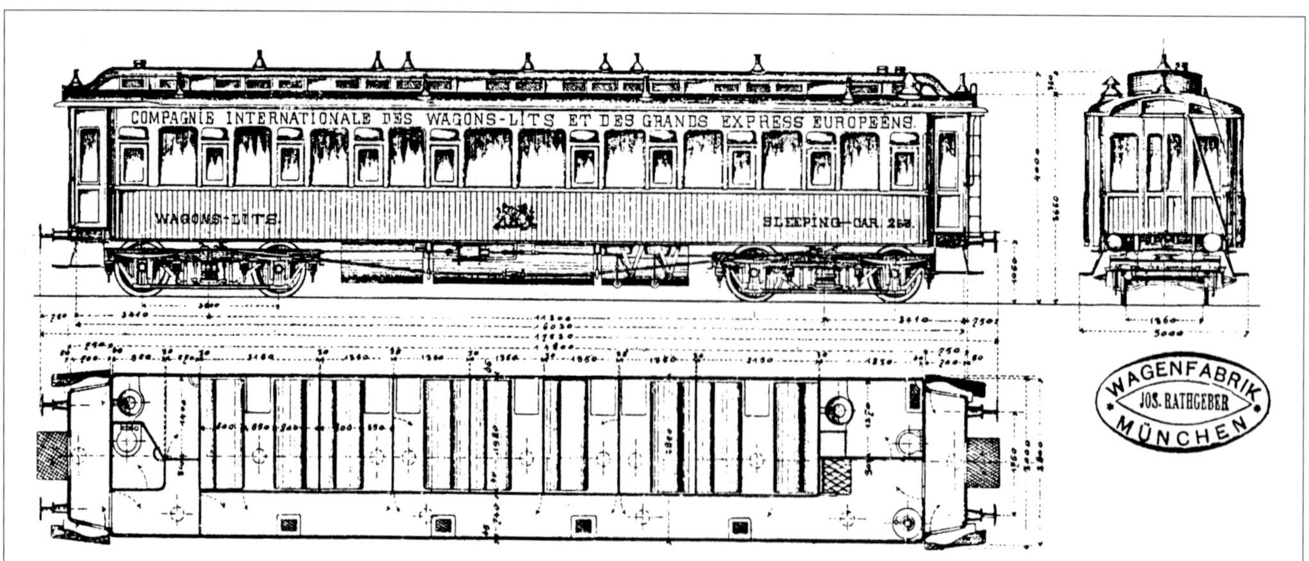

Ende der sechziger Jahre erhielten die Schlafwagen (und Speisewagen) der ISG ihre endgültige Gestalt: Teakholzverkleidung, Oberlichtdach, geschlossene Plattformen mit Faltenbalgübergängen. Werkzeichnung der *Wagenfabrik Jos. Rathgeber München* der WL4ü 253 und 254, Baujahr 1889. Slg. Dr. Albert Mühl

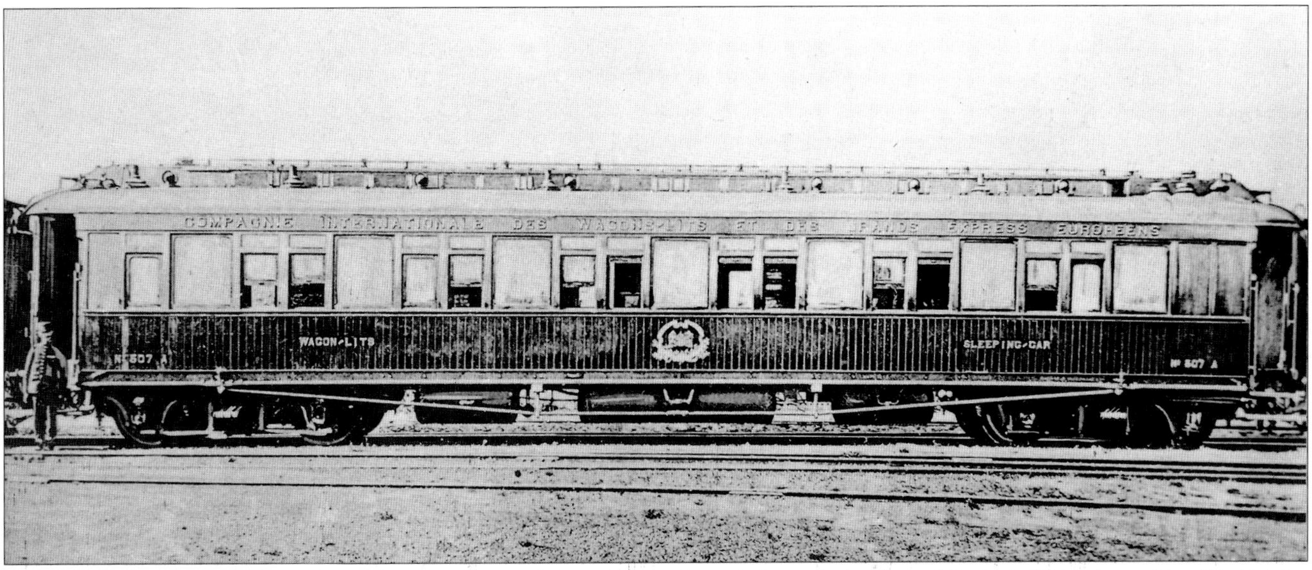

WL4ü No. 507 (St. Denis 1897). Schlafwagen dieser in mehreren Serien gelieferten Bauart liefen u.a. in den Kursen München – Zürich, Amsterdam – Friedrichshafen bzw. – Stuttgart. AUFN.: SLG. DR. WENDELAAR

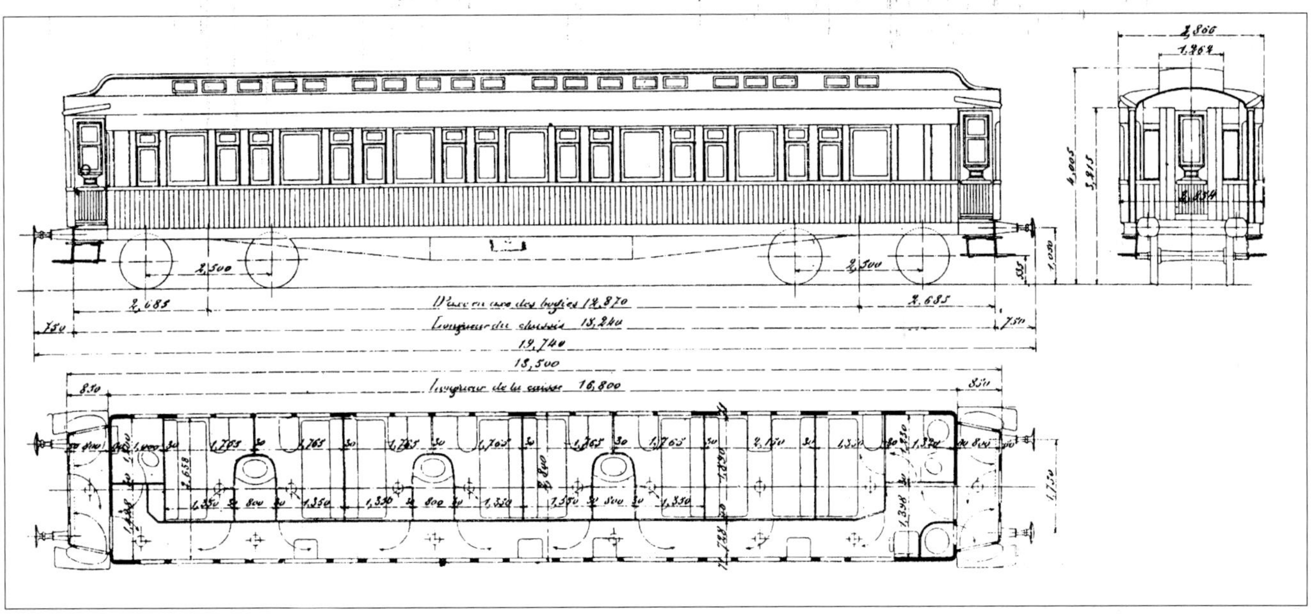

CIWL-Zeichnung der WL4ü-Bauart 1897. SLG. DR. ALBERT MÜHL

doch mindestens einen dicken Band füllen, sodaß auch im Rahmen unserer Abhandlung auf Detailbeschreibungen der verschiedenen in Deutschland verwendeten Schlafwagen verzichtet werden muß. Die beigegebenen Abbildungen und Verzeichnisse vermögen einen groben Überblick zu vermitteln.

Stellvertretend für die vielerlei Bauserien, deren Unterschiede von Aussen kaum wahrnehmbar sind und die hauptsächlich in der technischen Ausrüstung wie der Innenausstattung bestehen, seien zwei herausgegriffen.

Für den 1903 aufgenommenen, gemeinsam von den Dänischen Staatsbahnen und der Großherzoglichen Eisenbahn-Generaldirektion Schwerin (Mecklenburgische Friedrich-Franz-Eisenbahn) betriebenen Fährverkehr zwischen Gedser und Warnemünde hatten beide Partner die Führung je eines Tages- und eines Nachtschnellzuges zwischen Kopenhagen und Berlin vereinbart, deren Garnituren abwechselnd von einer der beiden Verwaltungen zu stellen waren. In Schwerin hatte man zunächst an die Führung der Schlafwagen in Eigenbetrieb gedacht und drei Wagen in Breslau bestellt, die ab 1. Oktober 1903 eingesetzt wurden. Wenig später kam es zu einem Vertragsabschluß zwischen der CIWL einerseits und den Dänischen Staatsbahnen (DSB) und der Schweriner Direktion andererseits über die endgültige Führung dieses Kurses, worauf die drei Wagen von der ISG käuflich erworben wurden, die ab 1. Januar 1904 als Schlafwagen der ISG zwischen Berlin und Kopenhagenhagen verkehrten.

Diese drei Schlafwagen ISG Nrn. 946, 947 und 966 entsprachen der preußischen Musterzeichnung B.c.36. Sie hatten elektrische Lichtkabel und Halterungen an den Langträgern, um auf den Fähr-schiffen festgezurrt werden zu können. Durch ihre grün lackierte Blechverkleidung und die in gelber Farbe aufgemalte Beschriftung stellten sie sich als echte *Exoten* unter den Teakholzwagen der ISG dar.

Ein gleicher Vorgang wiederholte sich drei Jahre später, als es um die Einführung eines Schlafwagenkurses zwischen Hamburg und Kopenhagen über die Fähre ging. Diesmal gaben DSB und Schwerin je zwei Schlafwagen bei der dänischen Waggonfabrik Scandia in Randers und erneut in Breslau in Auftrag – wiederum nach Musterzeichnung B.c.36, wobei sich die dänischen Wagen von den deutschen bzw. *preußischen* nur durch das typisch

WL4ü No. 946 im Dezember 1903 im HauptbahnhofKopenhagen. Kurz nach der Eröffnung des Dienstes Berlin – Kopenhagen über Warnemünde – Gedser. Der Wagen hat bereits ISG-Anschriften.
AUFN.: SLG. JOHN POULSEN

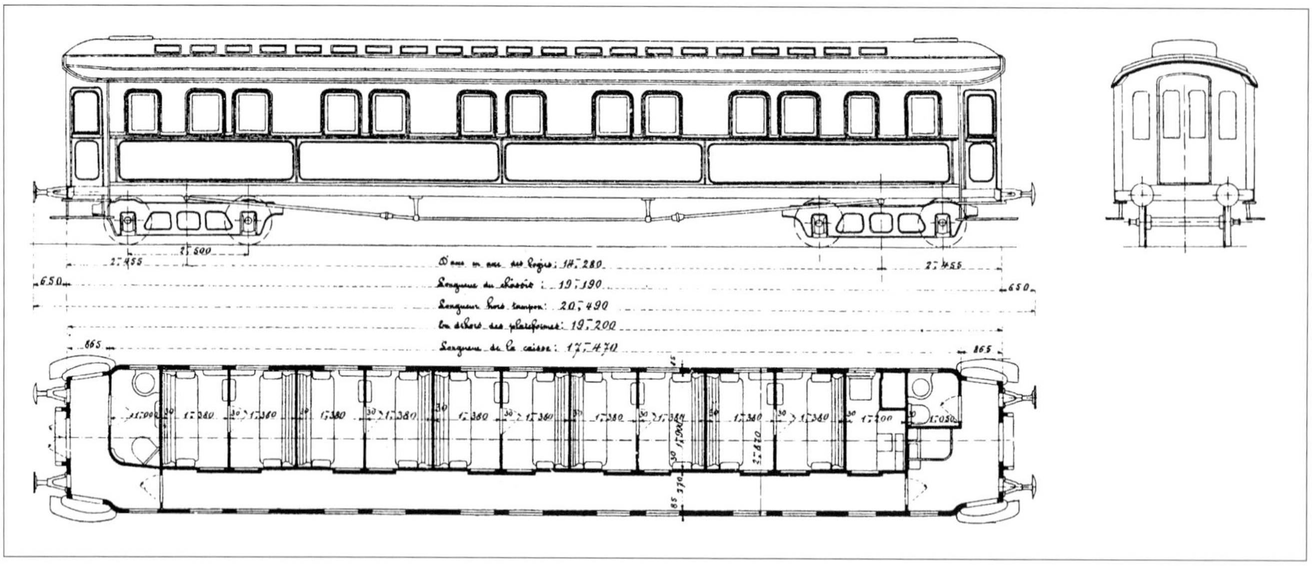

Schlafwagen 946, 947, 966 (Breslau 1903), 1753 und 1754 (Breslau 1906) für den Fährbootverkehr Warnemünde – Gedser. Diese Wagen waren von der Mecklenburgischen Friedrich-Franz-Eisenbahn nach preußischer Zeichnung B.c.36 bestellt worden.
SLG. DR. ALBERT MÜHL

WL4ü No. 1752 mit CIWL-Anschriften in dänischer Sprache. Aufnahme 1924 in Kopenhagen H. im innerdänischen Kurs Kopenhagen – Randers.
AUFN.: SLG. JOHN POULSEN

dänische D-Zugwagendach unterschieden. Der Kurs sollte am 1. Oktober 1906 eröffnet werden, und zwar ebenfalls in Staatsbetrieb. Inzwischen hatte die CIWL jedoch mit den DSB einen Generalvertrag abgeschlossen, wonach sie die vier Wagen ab Fabrik kaufte und sie als 1751 und 1752 (Scandia 06) und 1753 und 1754 (Breslau 06) im vorgesehen Kurs Hamburg – Kopenhagen über Warnemünde – Gedser einsetzte. Der Berliner und der Hamburger Schlafwagen wurden auf der gleichen Fähre übergesetzt und sie liefen zwischen Gedser und Kopenhagen in einem Zug. Endstufe und Höhepunkt der Entwicklung des CIWL-Schlafwagens war eine Art Einheitsbauart: der *R* (=Règle), der ab 1909 in hohen Stückzahlen auch von deutschen Fabriken gebaut worden ist. Der Version mit neun Halbabteilen (18 Betten) folgte 1913 eine solche, für Luxuszüge bestimmte, mit nur 16 Betten in acht Abteilen. An Neuerungen wie die schräge Abteilzwischenwand mochte sich die CIWL allerdings nicht beteiligen.

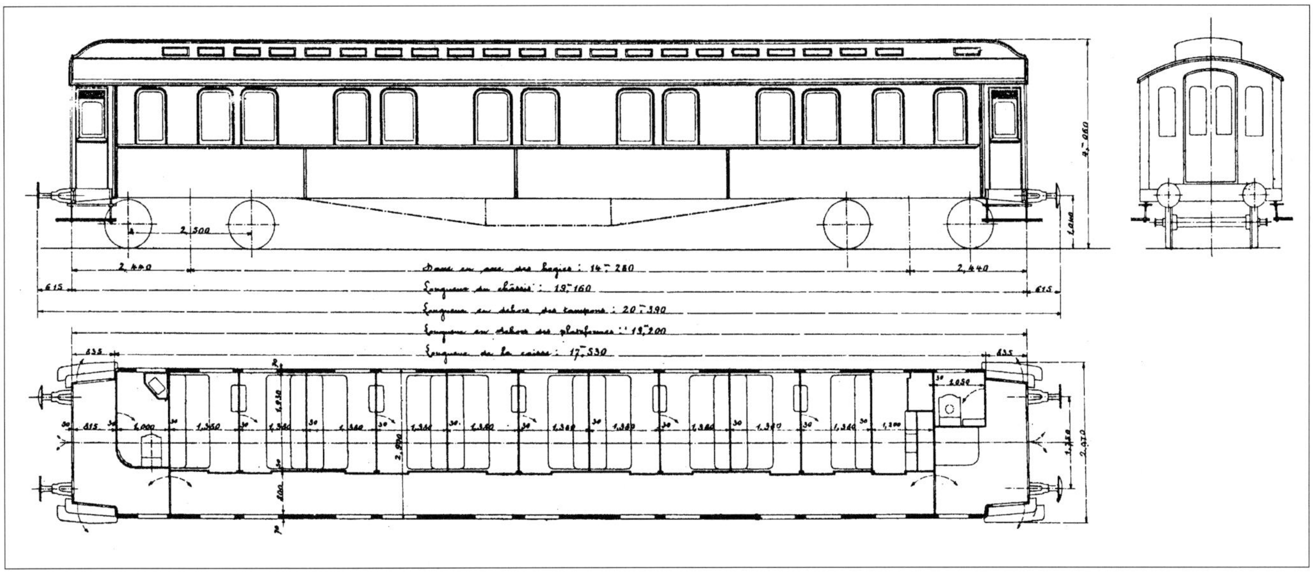

Schlafwagen 1751 und 1752 (Scandia 1906) für Fährbootverkehr Hamburg – Gedser – Kopenhagen. Preußische Bauart wie B.c.36, jedoch mit abweichender Dachkonstruktion der Dänischen Staatsbahn. Beide Wagen waren von der DSB in Auftrag gegeben und durch die CIWL ab Fabrik gekauft worden.

SLG. DR. ALBERT MÜHL

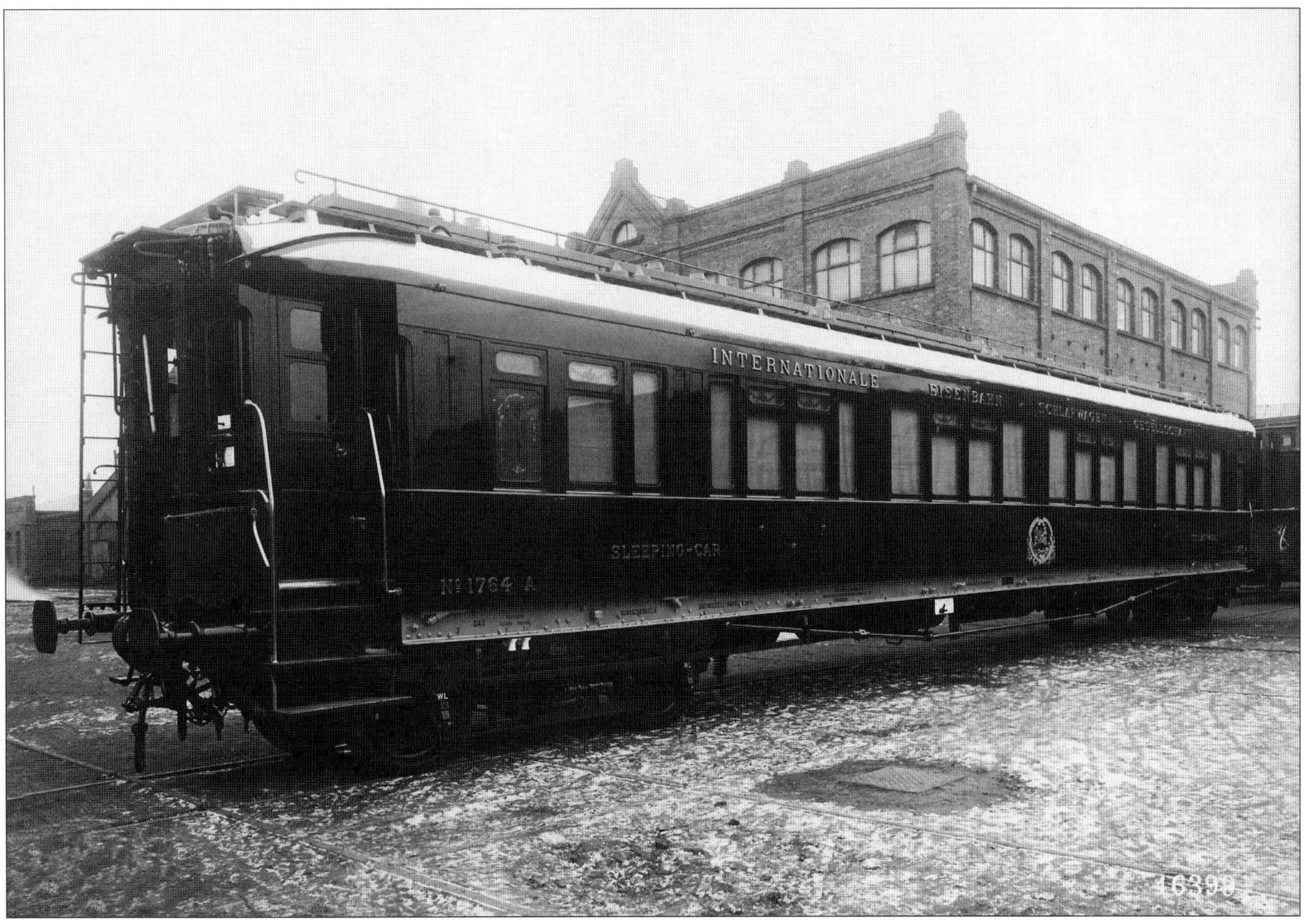

WL4ü No. 1764 vor der Ablieferung im Werkhof der Maschinenfabrik Augsburg-Nürnberg, Werk Nürnberg, 1908. WERKAUFNAHME ARCHIV M.A.N.

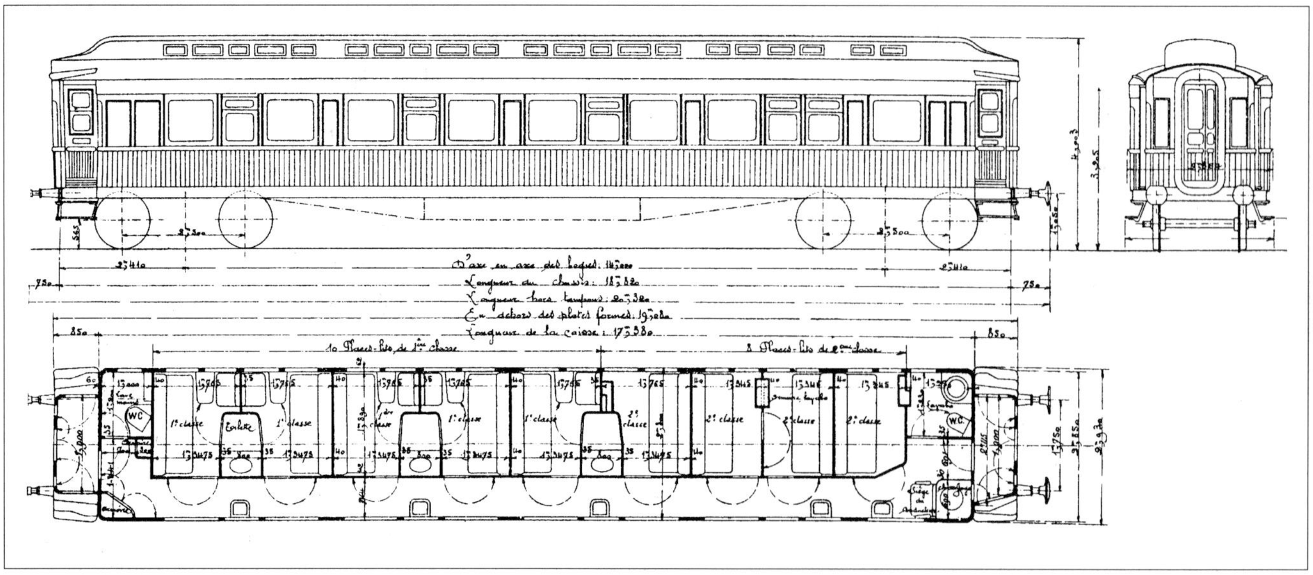

Die Schlafwagen 1. und 2. Klasse *Mixtes* 1719-1721 (Rathgeber 1907) waren für deutsch-dänische Verkehre, die WL 1762-1764 (M.A.N. 1908) für den Kurs Berlin – Stuttgart bestimmt. SLG. DR. ALBERT MÜHL

Auf dieser Aufnahme des für den *Orient-Expreß* bestimmten WL4ü No. 1959 im Nürnberger Werkhof der M.A.N. (1909) ist die Holzkonstruktion der CIWL-Wagen gut zu erkennen. WERKAUFNAHME ARCHIV M.A.N.

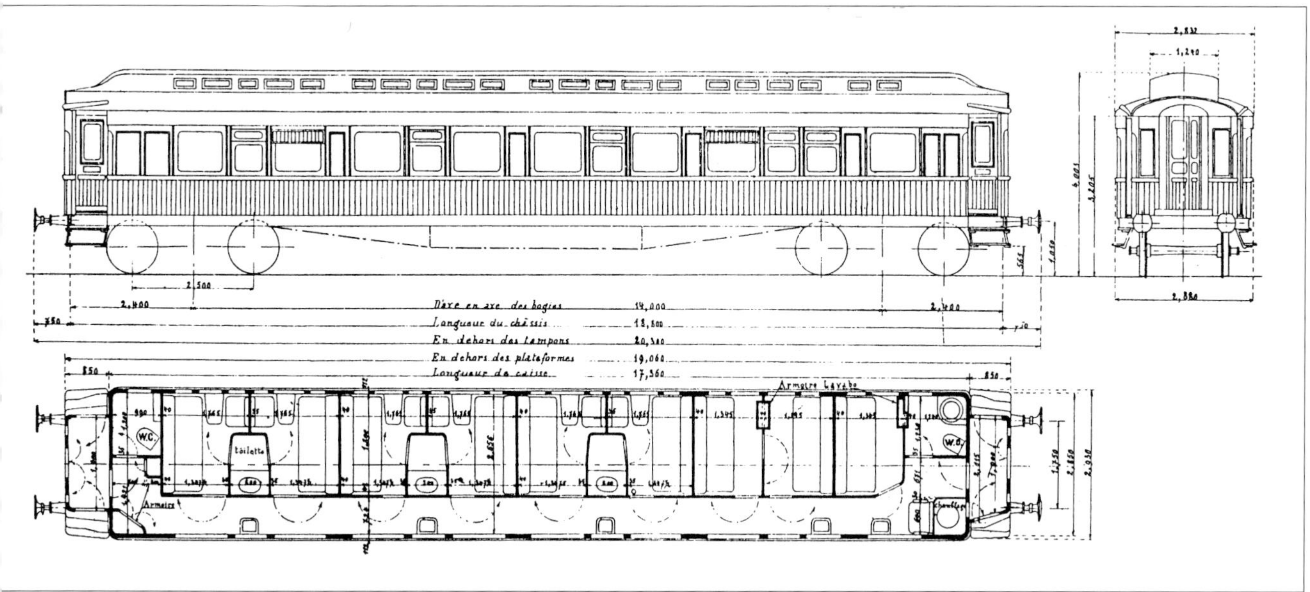

Ab 1909 wurde die *Schlafwagenbauart R* mit 18 Betten in neun Abteilen in größeren Stückzahlen auch von deutschen Fabriken gebaut. Ihr folgte 1913 eine luxuriösere *Bauart R* mit nur 16 Betten in acht Abteilen. SLG. DR. ALBERT MÜHL

Die WL4ü – *Bauart R* – 2180-2185 waren die letzten von der Aktien-Gesellschaft für die Fabrikation von Eisenbahnmaterial in Görlitz an die ISG gelieferten Wagen (1912). WL No. 2183 – Gangseite. AUFN.: SLG. COUDERT

WL No. 2181 – Abteilseite (Görlitz 1912). WERKAUFNAHME GÖRLITZ; SLG. THEURICH

Der letzte: No. 2185 – Abteilseite. WERKAUFNAHME GÖRLITZ; SLG. THEURICH

WL4ü No. 2311 der Serie 2311-2322 (Ringhoffer Prag 1913). Die überwiegend für Luxuszüge bestimmten Wagen der *Bauart R* mit acht Abteilen und 16 Betten waren End- und zugleich Höhepunkt der Entwicklung der Teakholz-Schlafwagen. (Abteilseite). WERKAUFNAHME PRAG; SLG. DR. ALBERT MÜHL

Die Fährboot-Schlafwagen der Schwedischen Staatseisenbahnen

Das Deutsche Reich und das Königreich Schweden vereinbarten in einem Staatsvertrag vom 15. November 1907 die gemeinsame Einrichtung eines Eisenbahn-Trajektverkehrs zwischen Saßnitz und Trelleborg in staatlicher Regie. Er sollte die seit 1. Mai 1897 die auf dieser Route verkehrenden Postdampfer, die von der Dampfschiffs-Reederei J. F. Bräunlich in Stettin und der Rederiaktiebolaget Sverige-Tyskland in Malmö betrieben wurden, ablösen. Der Dienst wurde am 6. Juli 1909 mit je einer Tages- und einer Nachtfahrt in beiden Richtungen mit vier Dampffähren – *Deutschland* und *Preussen* der KPEV sowie *Konung Gustav V* und *Drottning Victoria* der Schwedischen Staatsbahnen – eröffnet.

Die beiden beteiligten Eisenbahnverwaltungen – die Preußisch - Hessischen Staatseisenbahnen und die Schwedischen Staatseisenbahnen (Statens Järnvägar = SJ) – hatten folgende Betriebsvereinbarungen getroffen: zwischen Berlin und Stockholm werden zwei durchgehende Zugpaare gefahren. Jeder Zug wird gebildet aus einem Postwagen, einem Wagen 3. Klasse mit Gepäckabteil (CPw4ü), einem Sitzwagen 1. und 2. Klasse (AB4ü) und einem Schlafwagen 1. und 2. Klasse. Zusätzlich werden geführt je ein Schlafwagen Berlin-Gotenburg (Göteborg) und Berlin-Kristiania,

Das preußische Vorbild ist unverkennbar. Schlafwagen Littra Ao2 Nr. 1850 (Linköping 1909) der Schwedischen Staatsbahnen.
AUFN.: SJ-SVERIGES JÄRNVÄGSMUSEUM

wie die Hauptstadt Norwegens damals hieß (ab 1924 Oslo). Das Wagenmaterial wird neu beschafft und zwar entsprechend der Streckenlängen anteilmäßig zu $^2/_3$ von den SJ und $^1/_3$ von der KPEV. Letztere beauftragte die KED Stettin mit der Betriebsführung auf der deutschen Strecke und der deutschen Fährschiffe. Die Schlafwagen werden ausschließlich von den SJ beschafft und betrieben.

Demgemäß sind 1909 folgende Fahrzeuge beschafft worden:

	KPEV	SJ	
Schlafwagen WLAB4ü	–	18	(Ao2)
AB4ü	9	–	
CPw4ü	3	6	(CFo2)
Post4ü	3	6	(Do2)
Total	**15**	**30**	

Da die Wagen auf der deutschen Strecke in D-Züge eingestellt werden, die SJ jedoch ausschließlich über Wagen mit offenen Plattformen verfügen, die zudem wegen ihrer Breite das deutsche Profil überschreiten, werden die schwedischen nach den entsprechenden preußischen Zeichnungen gefertigt. Lediglich das Drehgestell Bauart SJ mit nur 2 400 mm Achsstand im Gegensatz zum zweiachsigen preußischen Regeldrehgestell mit 2 500 mm wird beibehalten. Sämtliche Wagen waren mit Druckluftbremse (Westinghouse) und Luftsaugebremse (Hardy) auszurüsten.

Die Schlafwagen *Littra Ao2* (Bauart 1909) entstanden nach dem Vorbild des preußischen WL6ü der Musterzeichnung I a 1, allerdings mit geringfügig größeren Abmessungen:

Kastenlänge 19 420 mm anstelle 19 200 mm,
LüP 20 650 mm statt 20 405 mm,
Kastenbreite 2 910 mm statt 2 870 mm und
Abteilbreite entsprechend 1 940mm anstelle 1 900 mm.

Die alten schwedischen Schlafwagen hatten 2 100 mm breite Abteile. In den zehn Halbabteilen standen ebensoviele Betten 1. Klasse bzw. 20 für die 2. Klasse zur Verfügung. Da die Kurse sowohl eine Nacht- wie eine Tagfahrt einschlossen, wurden die Wagen tagsüber als Sitzwagen geführt, und zwar mit der jetzt doppelten Platzzahl in der 1. und mit 30 Plätzen in der 2. Klasse. Die Holzverkleidungen in den Abteilen und im Seitengang waren aus Mahagoni. Die blechverkleideten Wagen waren dunkelblau lackiert. Die Klassenfarben der SJ waren Dunkelblau für 1. und 2. Klasse, Dunkelbraun für 3. Klasse, Gepäck- und Postwagen.

Die in die beiden Hamburger Kurse eingestellten Schlafwagen Ao2 wurden Mitte Juni 1911 durch *Kurswagen* 1. bis 3. Klasse mit Schlafabteilung 1. und 2. Klasse *Littra ABCo2* ersetzt. Diese zehn 1911 gebauten Wagen hatten ein Vollabteil mit vier Sitzplätzen 1. und sechs 2. Klasse, die bei Bedarf in vier (!) Bettplätze umgewandelt werden konnten, sechs Halbabteile mit einem Bett 1. bzw. zwei Betten 2. Klasse – tagsüber je zwei Sitzplätzen 1. bzw. drei 2. Klasse, und drei Abteile 3. Klasse mit 28 Plätzen auf Holzbänken. Sie waren entsprechend blau und braun lackiert.

Ao2(a)	1837-1841	1909	Kockums
	1842-1846	1909	Atlas
	1847-1849	1909	Södertelje
	1850-1854	1909	SJ Linköping
	2247/2248	1913	Arlöv
Ao2(b)	2388-2392	1915	Arlöv
	2418-2420	1915	SJ Linköping
	2807-2809	1930	SJ Arlöv
ABCo2	1952-1961	1911	Arlöv
AFo2	1897/1898	1910	Arlöv
	2074	1912	Arlöv

Sovvagn Ao2 Nr. 2247 (Arlöv 1913) im Zugverband in Malmö C. AUFN.: SJK/F – ARCHIV BRUUN-PETERSEN

Zwei ungewöhnliche Fahrzeuge waren 1910 beschafft worden, denen 1912 ein drittes folgte: *Littra AFo2*. Es waren dies kombinierte Schlaf- und Gepäckwagen mit sechs Halbabteilen in der Schlafabteilung und somit auch blau-braun lackiert. Sie waren für den allgemeinen Fährverkehr als Verstärkungs- oder Reservewagen zugelassen, dienten jedoch auch als Begleitwagen für den Königlichen Salonwagen Nr. 1864, der übrigens ebenfalls 1909 nach dem Muster eines D-Zugwagens eigens für den Fährverkehr gebaut worden war. Die nächste Generation der Fährboot-Schlafwagen – *Littra Ao2b* (Bauart 1914) – erschien erst nach Kriegsausbruch und infolgedessen erst in den zwanziger Jahren auch auf deutschen Strecken. Es waren dies Naturlackierte Teakholzwagen mit zehn Halbabteilen und mit schrägen Abteilzwischenwänden nach dem Vorbild der preußischen Musterzeichnung I a 1 (2. Auflage).

Schlafwagen Ao2 (b) Nr. 2420 (Linköping 1915) – Abteilseite. Aufn.: SJK/F – Archiv Bruun-Petersen

ABCo2 Nr. 1955 (Arlöv 1911) – Gangseite. Die Wagen waren blau (1. und 2. Klasse) und braun (3. Klasse) lackiert. Aufn.: SJK/F – Archiv Bruun-Petersen

Teakholz-Schlafwagen Ao2 (b) Nr. 2418 (Linköping 1915) – Gangseite. Aufn.: SJK/F – Archiv Bruun-Petersen

Schlafabteil, hergerichtet als 2. Klasse, des Ao2 Nr. 1850.

AUFN.: SJ-SVERIGES JÄRNVÄGSMUSEUM

Aufn.: SJ-Sveriges Järnvägsmuseum

Kurswagen 1.-3. Klasse mit Schlafabteilung 1. und 2. Klasse Littra ABCo2 Nr. 1954 (Arlöv 1911). Diese Wagen liefen in den Hamburger Kursen ab Juni 1911.

1 klass personboggivagnar litt. A02a.

Dessa vagnar kunna användas å rutten Trelleborg—Sassnitz.

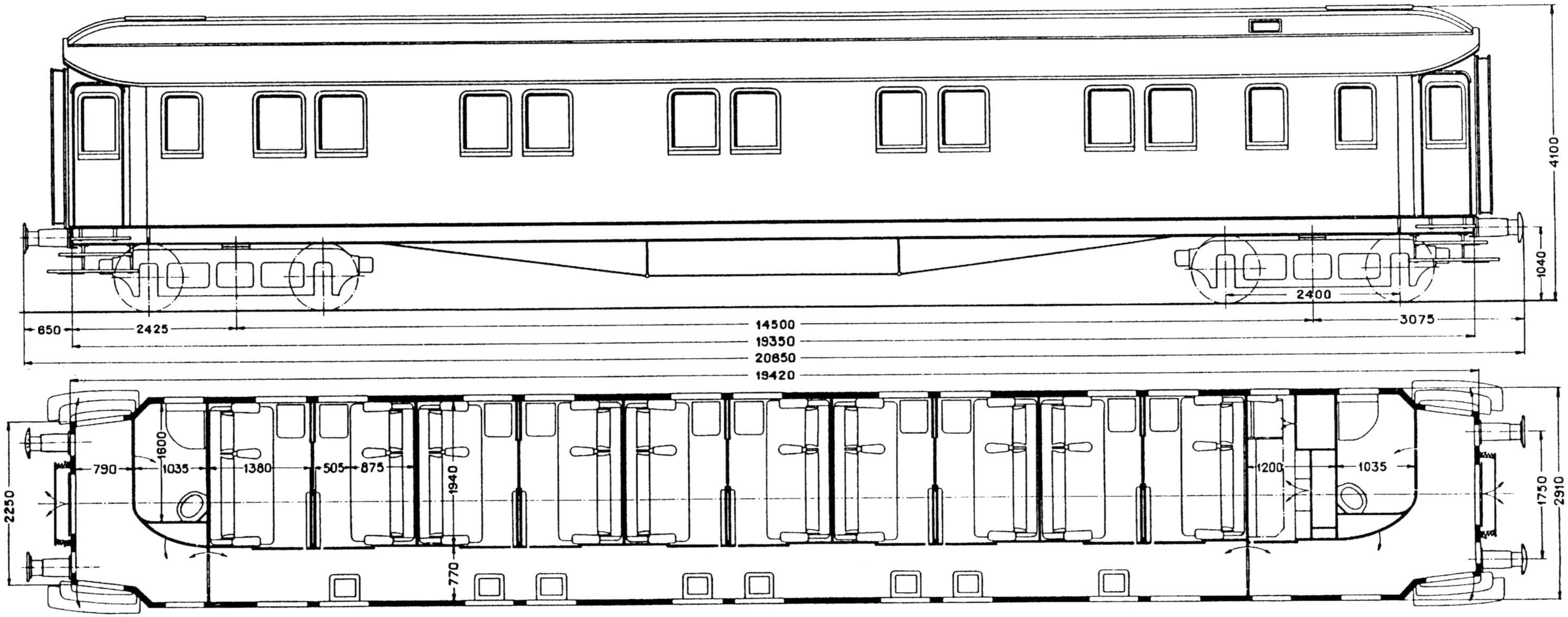

1 st. nr 1839.		K.	1909.
3 » » 1842, 1845, 1846.		A.	»
2 » » 1847, 1849.		S. V.	»
6 st.			

Elektrisk värmeledning.
Lågtrycksångvärmeledning, system Vapor.
Elektriskt ljus med ström från generator och batteri eller med banström via transformator.
Elektrisk belysningsledning. D. S. B.
2 vattenbehållare om tillsammans 580 liter
Gaskök i tjänstekupén.
Tryckluftbroms, system Westinghouse.
Vakuumbroms, » Hardy.
Skruvbroms.

20 st. sittplatser 1 klass
eller 30 » » 2 »
10 » sovplatser 1 »
eller 20 » » 2 »
Tjänstekupé (bäddbar).
Medelvikt: 46,3 ton.

Schlafwagen 1. und 2. Klasse Littra Ao2 Nrn. 1837-1854 (1909) und 2247/2248 (1913).

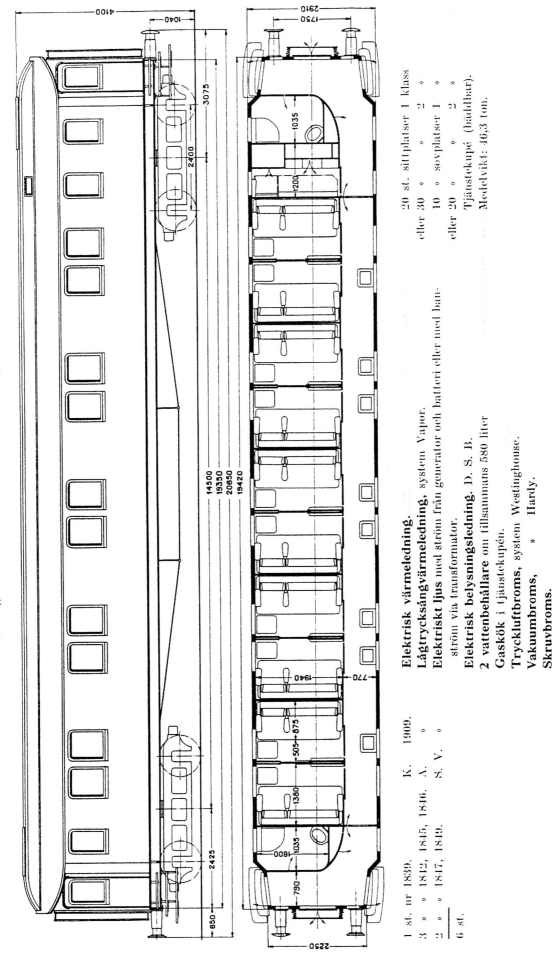

1 klass personboggivagnar litt. A02b.

Dessa vagnar kunna användas å rutten Trelleborg—Sassnitz.

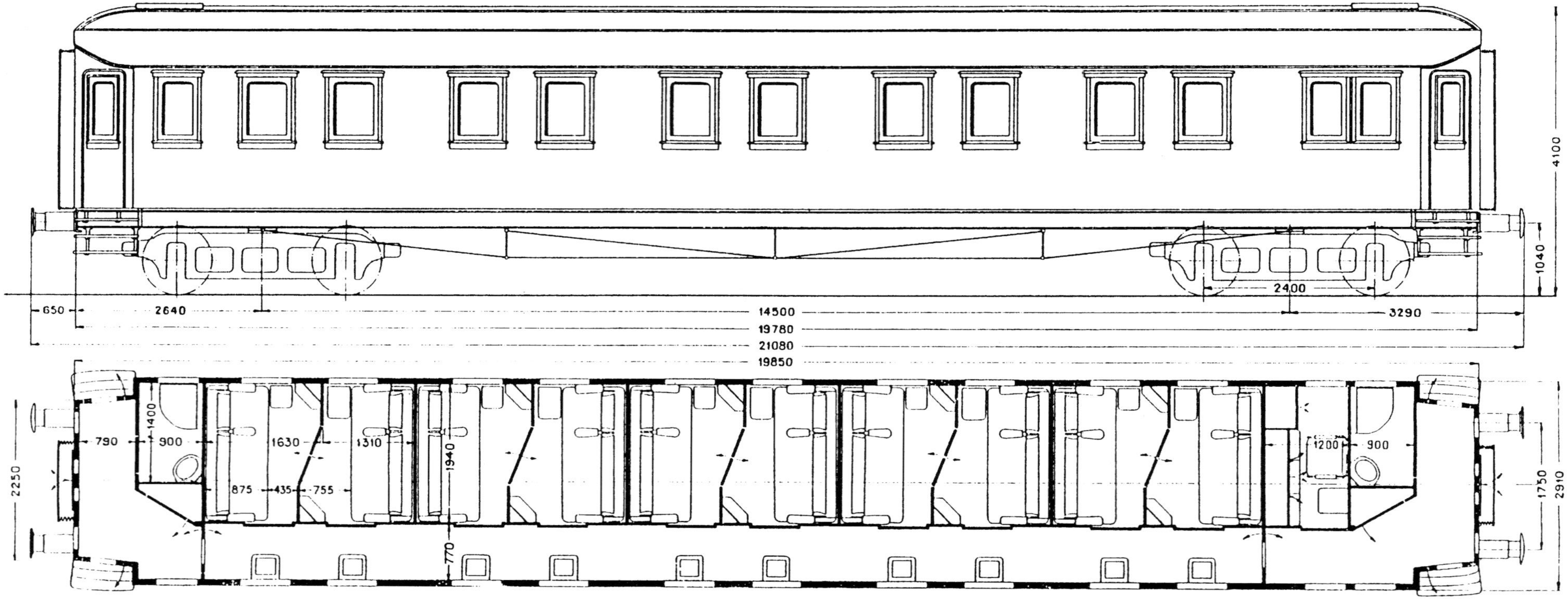

2 st. nr 2388, 2389. A. M. V. 1915.
1 » » 2120. A. S. J. »
Linköping
3 » » 2807—2809. A. S. J. 1930.
Arlöv.
6 st.

Elektrisk värmeledning.
Lågtrycksångvärmeledning, system Vapor.
Elektriskt ljus med ström från generator och batteri eller med banström via transformator.
2 st. vattenbehållare om tillsammans 580 liter.
Tryckluftbroms, system Kunze-Knorr S.
Skruvbroms.
Träklädsel.
Vakuumledning.
Elektrisk belysningsledning D. S. B.
Vakuumkopplingar D. S. B.

20 st. sittplatser 1 klass
eller 30 » » 2 »
10 » sovplatser 1 »
eller 20 » » 2 »
Tjänstekupé.
Medelvikt: 46,1 ton.

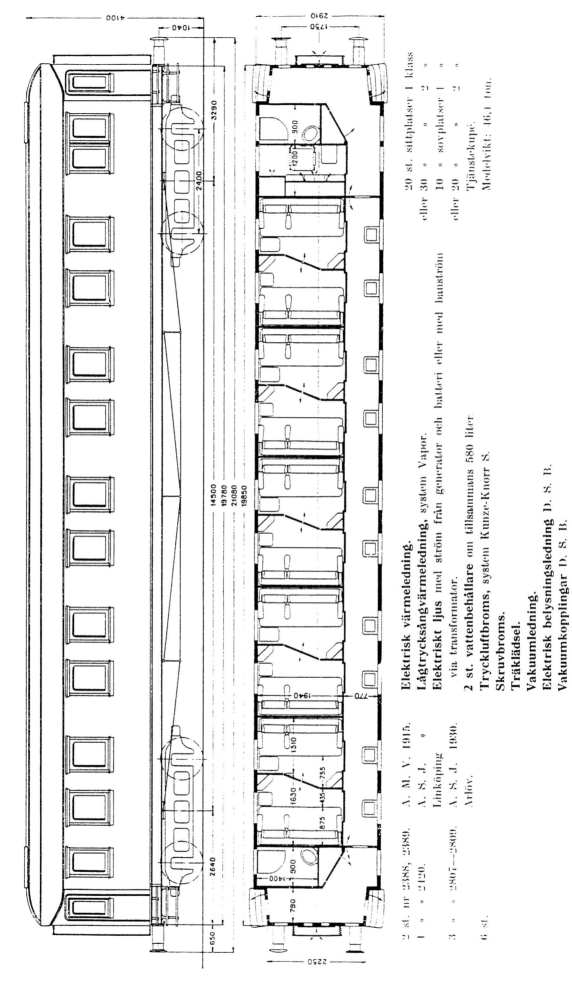

Teakholz-Schlafwagen Littra Ao2 (b) – Baujahr 1915.

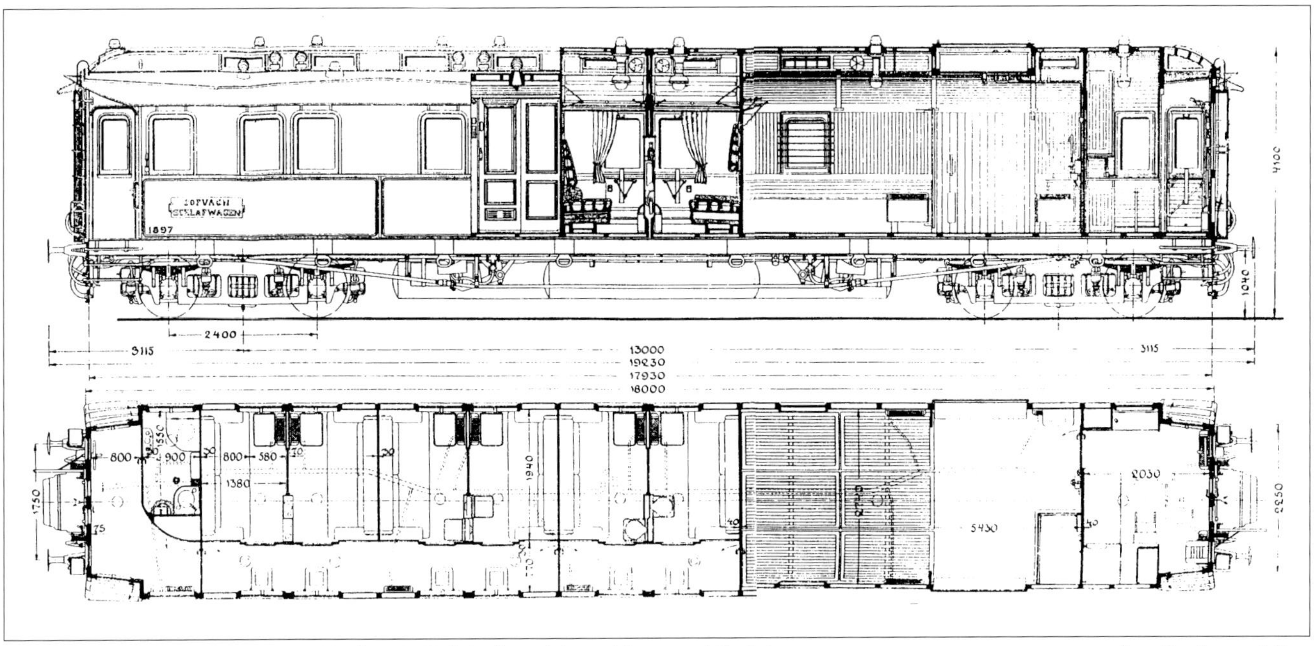

Sonderbauart Littra AFo2 Nrn. 1897/1898 mit sechs Halbabteilen mit je zwei Betten und Gepäckraum. SLG. DR. ALBERT MÜHL

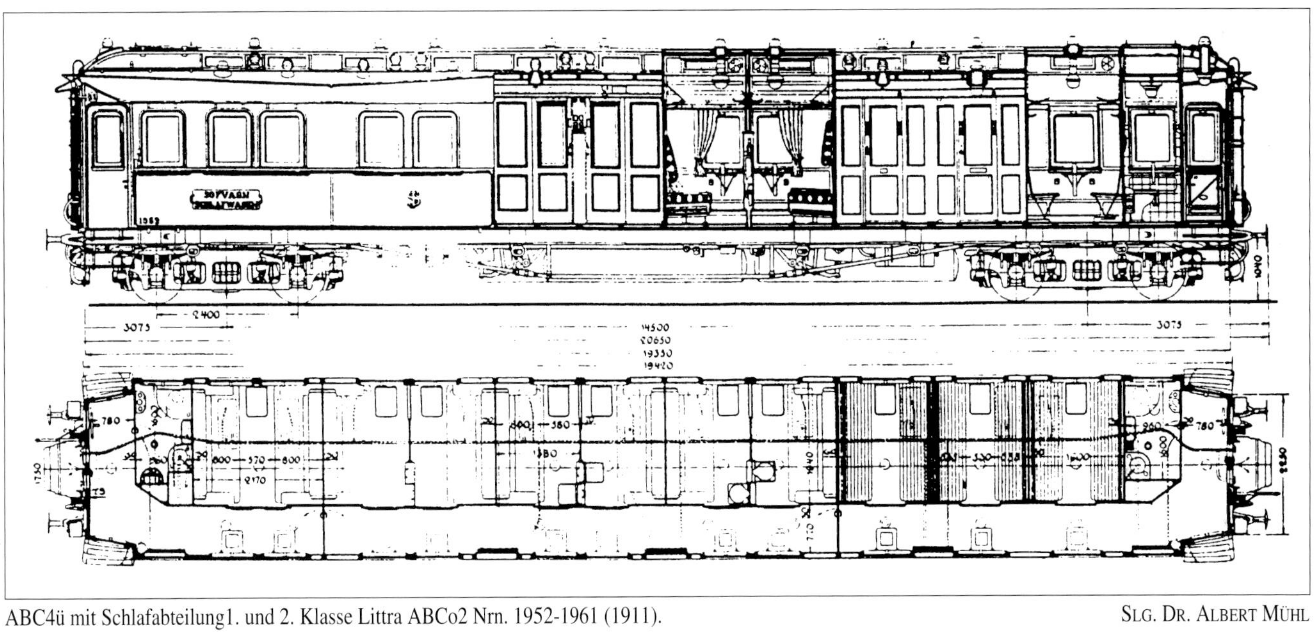

ABC4ü mit Schlafabteilung1. und 2. Klasse Littra ABCo2 Nrn. 1952-1961 (1911). SLG. DR. ALBERT MÜHL

Schlafwagenverbindungen Deutschland – Skandinavien Sommer 1914

0 D 13	11.18 D 17	20.16	ab Berlin Stett. Bf.	an 18.23	8.35
241	14.39	23.55	an Stralsund	ab 15.05 D 18	4.59 D 14
0 D 7	9.13 D 5	19.10	ab Hamburg Hbf.	an 20.23	9.51
196	12.30	22.10	an Rostock	ab 17.19 D 8	6.56 D 6
300	12.38 D 98	22.18	ab Rostock	an 17.08	6.41
268	14.26	23.51	an Stralsund	ab 15.22 301	5.08 D 97
241 D 13	14.45 D 17	0.05	ab Stralsund	an 15.00	4.53
293	16.36	1.57	an Saßnitz Hafen	ab 13.11 D 18	3.10 D 14
C	16.56 A	2.17	ab Saßnitz Hafen	an 12.51	2.50
401	20.56	6.17	an Trelleborg	ab 8.46 B	22.45 D
401 2	21.14 8	6.35	ab Trelleborg	an 8.30	22.33
	21.50	7.12	an Malmö	ab 7.54	21.57
	22.12	7.28	ab Malmö	an 7.30	21.36
1051	8.49	17.59	an Stockholm C.	ab 20.30 1	10.40 7 →

0 38	22.16 42	7.40	ab Malmö	an 7.36	21.31
300	4.20	13.42	an Gotenburg	ab 1.33	15.33 41
657	12.00	-	an Kristiania O.	ab 17.45 37	-

Fähre C:	Post4ü/Do2	Berlin – Stockholm
	CPw4ü/CFo2	Berlin – Stockholm
	AB4ü/AB4ü	Berlin – Stockholm
	WLAB4ü (SJ)	Berlin – Stockholm
	ABCo2	Hamburg – Kristiania
Fähre B:		Rückfahrt
Fähre A:		Berlin – Stockholm wie C
	ABCo2	Hamburg – Gotenburg
Fähre D:		Rückfahrt
Zug 2 SJ:		ab Malmö WLAB (SJ) Kopenhagen – Stockholm (Rückfahrt Zug 1 bis Malmö)
Zug 8 SJ:		ab Malmö WLAB (SJ) Kopenhagen – Kristiania, Malmö – Kristiania, Malmö – Gotenburg, dazu Helsingborg – Gotenburg (Rückfahrt Zug 37)

(Vom 1 Mai 1910)

51 Berlin—Ducherow (—Wolgasterfähre) —Stralsund (-Lauterbach) —Saßnitz—Trelleborg

● Berlin–Bernau: *Eisenb. Dir. Berlin* ■ üb. Halle s. 111. 93 □ ab Leipzig Bayer. Bf † hält am Wasserfall vor Eberswalde zum Aussteigen ☩ befördert im Juli u. August nur Reisende nach Schweden ‡ nur vom 1/7–31/8
● Z 361 hält vom 1/6–15/9 am Golm bei Swinemünde nach Bedarf zum Einsteigen ♁ vom 1/5–14/6 u. ab 16/9 ♁ nur vom 15/6–15/9 ● nur vom 11/7–5/9 ⅅ Zwischen Wolgasterfähre u. Wolgast 51 c Privatfähre über die Peene (2 km)

☩ *Heringsdorf–Wolgasterfähre noch im Bau*

Durchl. Wag. 1–4 Kl.: Berlin–Saßnitz üb. Pasewalk Z 321 1–3 Kl.: Berlin–Stockholm D 13, D 17; Berlin–Saßnitz üb. Pasewalk D 13, D 17, Z 29; Posen–Stettin–Stralsund Z 44; Berlin–Putbus üb. Neubrandenburg D 9; Berlin–Saßnitz üb. Neubrandenburg D 9/D 109; Berlin–Wolgast Z 29/379 (bis 15/9); Stettin–Heringsdorf Z 56/31 (bis 31/8) 2. 3 Kl.: Berlin–Barth Z 29/283/293 (nur vom 30/6–17/7 und vom 25/7–15/8)
Schlafwagen: Berlin–Stockholm D 13, D 17; Hamburg–Kristiania D 13; Hamburg–Gotenburg D 17 s. 752

km	Station																														
	Dresden Hbf 59. 60	Ab	...	...	...	...		7 7	...	9 55	...	...	2 42	...	...	5 36		...	7 20	...	7 20	...		...	...	10 0	...	2 12		...	4 20	
	Leipzig Bayr. Bf 93	Ab	...	...	...	...		■7 45	...	12 33	4 20		4 27	...	...	□5 38		7 37	7 37	...	7 37	□8 30	...	...	...	...	12 31	2·24		3 11	■3·35	
km	(Pr. Staatsb. Dir. Stettin ●)							Z 591		711/329	Z 53	Z 31	Z 29			Z 321	F 319	Z 33	D 13		595/315	Z 35	D 37			Z 325	Z 55	VZ 323	Z 323	D 39	D 17	431/333
0,0	**Berlin** Stett. Fernbf 50	Ab	...	...	...	...		11 30	...	6 0	7 27	7 32	8 14	...	...	8 36	8·41	10 36	11 9	...	10·50	12 25	12 48	...	...	2·30	3 55	6 5	6 11	6 40	8 15	7 46
2,3	Gesundbrunnen 1 a. 50. 50 a.		...	...	...	...		e)11 37	...	e)6·7	»	»	»	...	...	e)8·43	e)8·48	»	»	...	e)10·57	»	e)12 55	...	...	e)2·37	»	e)6 12	e)6 18	»	»	e)7 53
23,0	Bernau [50 b. c		...	...	...	...		11 59	...	6·30	»	»	»	...	...	9·6	9·12	»	»	...	11·20	»	Speise	...	...	3·0	»	6 34	6 40	»	»	8 15
33,3	°Biesenthal		...	...	...	...		12 11	...	6·42	»	»	»	...	...	9·18	9·24	»	»	...	11·32	»		...	...	3·11	»	6 45	6 53	»	»	8 26
35,9	Melchow		...	...	...	...		»	...	6·46		»	»	...	...	9·22	9·29	»	Schlafwagen	...	»	»		...	...	»	nur Sonnabends	»	»	»	Schlafwagen	»
45,5	Eberswalde Stsbf	An	...	...	...	...		12 22	...	6·55	nur vom	8 22	8 59	...	...	9·31	†9·42	nur	☩ Speisewagen	...	11·44	nur	1 36	...	...	3·24		6 55	7 4	Speisewagen	Speisewagen	8 38
	53 d. 102 E (s. a. 53 c)	Ab						12 23	...	6·59		8 23	9 0	...	...	9·32	9·44			...	11·54		1 38	...	...	3·25		6 56	7 5			8 44
50,3	Britz (s. a. Fahrpl. 53)							12 31	...	7·8	»	»	»	...	...	»	»	»		...	12·3	»		...	...	3·35		7 4	7 14			8 53
55,0	Chorinchen							»	...	7·15	»	»	nur	...	...	9·45	9·57	»		...	12·9	»	wagen	...	...	»		7 11	7 21			9 0
57,8	°Chorin							12 41	...	7·20	»	»		...	...	9·50	10·2	»		...	12·14	»		...	...	»	»	7 15	7 27	»	»	9 13
66,4	Herzsprung							»	...	7·29	»	»	»	...	...	»	»	»	»	...	12·23	»		...	...	»	»	7 24	7 36	»	»	9 22
71,0	**Angermünde**	An						12 54	...	7·35	8 41	8 49	9 24	...	...	10·3	10·15	»	»	...	12·29	»	2 3	...	...	3·56	»	7 30	7 42	»	9 19	9 28
	53 d. e	Ab					1 4	12 58	...	7·42	8 46	8 53	9 27	...	...	10·7	10·20	»	»	...	12·50	»	2 7	...	...	4·0	»		8 0	»	9 20	9 39
79,9	°Greifenberg (Uckermark)						1 15	↓	...	7·53	»	»	»	...	...	10·18	10·31	»	»	...	1·3	»	nur am	...	...	4·11	»	nur Sb	8 13	»	»	9 51
84,2	Wilmersdorf (Uckermark)						1 23		...	8·1	25/6	»	vom	...	...	10·26	10·39	»	»	...	1·13	»		...	...	4·20	»	u. am	8 22	»	Berlin–	10 0
92,3	Warnitz						1 33		...	8·10		»		...	...	10·35	10·49	vom 25/6	Berlin–	...	1·23	vom 1/7		...	...	4·29	vom 2/7	4/5,	8 33	nur vom		10 11
97,3	Seehausen (Uckermark)						1 40	s. 53 üb. Stettin	...	8·17	»	»	»	...	...	10·42	10·56			...	1·32			...	...	4·36		15/5,	8 41			10 18
108,6	Prenzlau : 50 g. 102 P	An					1 52		Z 327	8·29	9 21	9 29	10 4	...	...	10·54	11·8		»	...	1·45		2 43	...	...	4·48		16/5 u.	8 56		9 52	10 31
		Ab							7·0	8·33	9 22	9 30	10 5	...	...	10·57	11·9	»	»	...	2·12	»	2 44	...	...	4·52	»	17/5	9 0	»	9 53	...
116,8	Dauer						Z 317		7·10	8·42	bis	»	15/6	...	...	11·7	11·19	»	»	...	2·23	»	14/5	...	...	5·2	»	...	9 12	»	»	...
122,3	Nechlin		...	...	...	...	nur Mo		7·19	8·50		»		...	Z 44	11·14	11·27	»	»	...	2·31	»		...	...	5·10	»	▬	9 21	»	»	▬
132,6	**Pasewalk**	An	...	...	...	...	▬		7·30	9·1	9 43	9 52	10 28	...	↰	11·25	11·38	12 34	1 3	...	2·42	2 25	3 6	...	...	5·20	5 57	Z 399	9 31	8 43	10 13	Z 397
	Stettin : 15	Ab	...	...	...	...	...	↳	6·43	8 28	‡9 0		‡9 0	...	10 40	10·48	|	10·48	...	...	2 25	...	2 25	...	...	4·25		4·25	8 45	7 5		8 45
132,6	**Pasewalk**	Ab	...	...	Nur	...	...	..	7·52	9·15	9 48	10 0	10 36	...	11 32	11·56	↵	12 40	1 8	...	3·22	2 31	3 13	...	...	5·35	6 3	6 35	9 53	8 52	10 18	10 25
138,4	Sandförde		...	...	3. Kl.	...	...	...	7·59	9·23	»	»	»	...	»	12·4		»	»	...	3·29	»	u. vom 28/5	...	...	5·43	»	6 46	10 0	»	Stralsund Hafen	10 33
143,2	°Jatznick 51 b	An	...	...		...	...	...	8·5	9·30	zum	»	bis 15/9	...	11 42	12·10	nur St	»	Saßnitz Hafen	...	3·35	»		...	...	5·49	»	6 55	10 6	15/6 bis		10 40
		Ab	...	...	W 9109	...	...	...	8·7	9·31		»		...	11 43	12·13	sowie	bis		...	3·36	bis		...	...	5·51	bis	7 0	10 8			...
150,6	Ferdinandshof : 102 F		...	...	6·34	...	...	...	8·16	9·41		»		...	»	12·22	am 5/5,	»		...	3·45	»		...	...	6 0	»	7 12	10 18			...
157,6	Borckenfriede		...	...	7·6	...	...	...	8·25	9·51	»	»	»	...	»	12·32	14/5,	»		...	3·54	»		...	...	6 10	»		10 26	»		▬
163,5	**Ducherow** : 102 A. F	An	...	...	7·18	...	...	...	8·32	9·59	10 17	10 28	11 4	...	12 1	12·39	15/5,	1 6		...	4·1	»	3 38	...	...	6 17	»	nur	10 33	9 17	10 42	↴
					↓		Z 351		Z 353	Z 9433			↓		Z 355	Z 357	16/5 u.		↓	Z 359	↓					●Z 361		4. Kl.	↓		↓	Z 363
163,5	***Ducherow*** : 102 A. F	Ab	...	...		...	6·48	...	8 44		10 18	10 30		...	12·8	12·49	2/7	1 10		2·31		»	3 40	...	...	6 30	»	u. nur		9 19		10 52
174,5	*Carnin* ⚓ 98		...	...		...	7·2	...	8·58	↓	10 35	10 47		...	12·22	1·3	...	»		2·45		3 14	3 57	...	...	6 [illegible]	»	Sb		×9 32		11 9
179,5	*Usedom*		...	Vom		...	7·9	...	9·7		»	»		...	12·30	1·10	...	15/8		2·52		»	bis 15/9	...	Vom	6 59	27/8	...		a)9 38		11 19
184,2	*Stolpe*		...	15/6 bis		...	7·16	...	9·15		10/7	»		Vom	12·37	1·17	...			3·0		31/8		...	1/7	7 8		...		»		11 28
189,1	*Dargen*		...	15/9		...	7·23	...	9·24			»		1/7 bis	12·45	1·26	...	»		3·7				...	bis	7 19	»	...		15/9		11 38
194,0	*Cutzow*		...			...	7·31	...	9·32		»	◈1)		15/9	12·52	1·33	...	◈1)		3·15		»		...	15/8	7 28	»	...				11 46
201,3	***Swinemünde*** Bf 54.	An	...	Z 349		Z 365	7·39	...	9·40		11 0	11 12		Z 367	1·0	1·41	...	1 48		3·23		3 39	4 23	Z 371	Z 373	●7 41	7 5	...		9 59		11 56
	⚓ 98. 99. 100	Ab	...	4 50		5 40	7·42	...	9·48		11 5	11 17		12·15	1·8	1·44	...	1 55		3·28		3 45	4 28	5·25	6 47	7 54	7 10	...		10 4		12 0
202,8	***Swinemünde*** Bad		...	4 55		5 45	7·47	...	9·57		11 12	11 25		12·20	1·14	1·49	...	2 2		3·34		3 53	4 34	5·31	6 52	7 59	7 16	...		10 10		12 5
207,0	*Ahlbeck* ⚓ 99. 100		...	5 4		5 54	7·56	...	10·6		11 22	11 36		12·29	1·23	1·58	...	2 13		3·43		4 3	4 44	5·41	7 1	8 8	7 26	...		10 19		12 14
209,0	***Heringsdorf*** ⚓ 98	An	...	5 9		5 59	8·1	...	10 11		11 27	11 41		12·34	1·28	2·3	...	2 18		3 48		4 8	4 49	5·46	7 6	8 13	7 31	...		10 24		12 19
					9109					9433			29		44	321			D 13		315		D 37						323		D 17	

◈1) am 22/6, 25/6, 27/6, 29/6, täglich vom 1/7–31/8 u. am 3/9, 5/9, 7/9 ein Zug Swinemünde Bf ab 11·16, an Dampfschifflandungsstelle 11·35 im Anschluß an Z 31 und die Dampfer nach Bornholm sowie vom 25/6–15/8 ein Zug Swinemünde Bf ab 1·53, an Dampfschifflandungsstelle 2·5 im Anschluß an den Z 33 und die Dampfer nach Rügen

km	Station				9109				327	9433			29		44	321			D 13		315					325			323		D 17	
209,0	*Heringsdorf* ⚓ 100	Ab		...		...	...	...	...		...	...		...	...	...	...	...		...		...	...	...	...	...	...	...		...		...
214,6	*Bansin* Bad ⚓ 100			...		...	...	...	...		...	...		...	...	...	...	...		...		...	...	...	...	...	...	...		...		...
222,7	*Ueckeritz*			...		...	...	...	...		...	...		...	...	...	...	...		...		...	...	...	...	...	...	...		...		...
225,6	*Kölpinsee*					...	...	...	...		...	...		...	...	...	...	...		...		...	...	...	...	...	...	...		...		...
227,6	*Koserow* ⚓ 98			...		...	...	...	...		...	...		...	...	...	...	...		...		...	...	...	...	...	...	...		...		...
231,4	*Zempin* ⚓ 98		✠	...		...	...	...	...		...	...		...	...	...	...	...		...		...	...	...	...	...	...	...		...		...
235,4	*Zinnowitz* Bad ⚓ 98. 100			...		...	...	...	...		...	...		...	...	...	...	...		...		...	...	...	...	...	...	...		...		...
237,8	*Trassenheide*			...		...	...	...	...		...	...		...	...	...	...	...		...		...	...	...	...	...	...	...		...		...
240,2	*Bannemin-Mölschow*			...		...	...	...	...		...	...		...	...	...	...	...		...		...	...	...	...	...	...	...		...		...
243,9	*Wolgasterfähre*	An		...	Y	...	...	...	...	Y	...	...	Y	...	...	...	...	...	Y	...	Y	...	...	...	...	...	...	...	Y	...	Y	...
163,5	**Ducherow** : 102 A. F	Ab	...	Z 331	7·26	...	...	...	8·38	10·23	...	...	11 7	...	12 6	12·44	...	...	»	...	4·3	...	...	...	...	6 23	...	...	10 49	...	10 43	...
175,7	Anklam Stsbf 102 A		...	5 9	7·50	...	...	...	8·55	10·41	...	...	»	...	12 18	1·0	...	...	»	...	4·17	...	...	...	...	6 39	...	...	11 6	...	10 54	...
184,8	Klein-Bünzow		...	5 23					9·9	10·57	...	...	»	...	»	1·14	...	...	»	...	4·31	...	...	...	...	6 53	...	...	11 20	...	»	...
192,2	Züssow : 51 e. 102 G.	An	...	5 31					9·17	11·7	...	...	11 36	...	»	1·22	...	...	»	...	4·39	...	...	...	...	7 2	...	...	11 28	...	»	...
		Ab	...	5 32					9·22	11·8	...	...	11 41	...	»	1·27	...	...	»	...	4·44	...	...	...	...	7 6	...	...	11 33	...	»	...
198,5	Groß-Kiesow		...	5 40					9·30	11·18	...	...	✧²)	...	»	1·36	...	...	»	...	4·51	...	...	...	...	7 15	...	...	11 42	...	»	...
209,9	Greifswald : 13 d.	An	—	5 52					9·41	11·31	—	—	11 58	—	12 50	1·47	...	...	»	...	5·9	—	—	—	...	7 26	...	...	11 53	...	11 25	...
	102 G. ⚓ 98. 100	Ab	...	5 57					9·46	11·37	...	...	12 3	...	12 51	1·52	...	...	»	...	5·11	...	...	...	...	7 32	...	...	12 0	...	11 26	...
217,2	Mesekenhagen		...	6·6					9·55	11·47	...	...	»	...	»	2·0	...	...	»	...	5·20	...	...	...	...	7 41	...	...	12 9	...	»	...
220,8	Jeeser		...	6·13					10·1	11·54	...	...	»	...	»	2·7	...	...	»	...	5·26	...	...	...	...	7 48	...	...	12 15	...	»	...
226,2	Miltzow		...	6·22	...	...	...	...	10·10	12·5	...	...	»	...	»	2·31	...	...	»	...	5·35	...	...	...	...	7 57	...	...	12 24	...	»	...
231,3	Wüstenfelde		...	6·30	...	...	...	...	10·17	12·14	...	...	»	...	»	2·39	...	...	»	...	5·43	...	...	...	...	8 5	...	...	12 31	...	✂	...
241,1	**Stralsund** Bf 50. ⚓ 100	An	F vom	6·40	...	...	...	...	10·27	12·26	...	...	12 32	...	1 20	2·49	...	...	2 38	...	5·53	...	...	...	...	8 15	...	...	12 41	...	11 53	...
0,0	**Berlin** Stett. Bf (s. a. 50)	Ab	8/5–11/9	11 8	...	...	...	...	...	...	7 40	5 42	...	...	9 45	...	...	...	...	...	...	10·45	2 52	...	...	3·28	...	...	...	...	7 20	...
100,3	Neustrelitz	Ab	sowie	3 42	...	...	...	...	...	...	9 26	8·24	...	...	11 31	...	...	...	...	...	...	1·18	4 43	Im Mai	...	6 15	...	...	...	...	9 14	...
224,5	**Stralsund** Bf	An	5/5 u.	6·40	...	...	...	...	...	...	11 26	12·1	...	...	1 31	...	...	...	...	...	...	4·33	6 39	u. Juni	...	9 28	...	...	...	...	11 18	...
241,1	**Stralsund** Bf 50 k. [51 e. 102 S	Ab	16/5 ∼∼	7·0	—	...	...	...	10·39	...	Z 5 11 31	Z 205 12 9	12 42	...	D 9 1 40	3·11	...	...	2 44	...	...	Z 203 4·54	Z 67 6 48	St, sowie	...	Z 213 9 34	...	...	...	...	11 59	...
244,3	Stralsunder Hafen	An	VZ 331	7·7	...	...	...	...	10·46	...	»	12·16	nur v. 15/6–15/9	...	»	3·18	...	...	»	...	...	5·1	nur v. 15/6–15/9	am 5/5	...	9 41	...	...	...	...	»	...
		Ab	6·50	7·10	...	...	...	...	10·50	...	vom 1/7 bis	12·20		...	Speisewagen	3·21	...	...		...	...	5·8		u. 16/5	...	9 46	...	...	...	...		...
247,2	Altefähr Stsbf 102 A		7·14	7·39	...	...	...	...	11·17	...		12·47		...		3·50	...	...	Speise Berlin–	...	...	5·37		u. vom	...	10 15	...	...	...	...	»	...
253,1	Rambin (Rügen)		7·23	7·48	...	...	...	...	11·26	...		12·56		...		4·0	...	...		...	...	5·46		1/7 bis	...	10 24	...	...	...	...	»	...
258,5	Samtens		7·32	7·57	...	...	...	...	11·35	...		1·7		...		4·10	...	...		...	...	5·54		15/9	...	10 33	...	...	...	...	»	...
265,4	Teschenhagen		7·44	8·8	...	...	...	...	11·45	...	»	1·18		...	»	4 22	...	...	»	...	...	6 5		täglich	...	10 44	...	...	...	...	»	...
270,0	**Bergen** (Rügen) Stsbf 102 B	An	7·51	8·15	...	...	...	...	11·52	...	12 39	1·25	1 48	┌	2 52	4·30	...	...	»	...	...	6 12	7 50	∼∼	...	10 51	...	...	...	...	1 8	...
				Z 233	Z 235						Z 237		Z 239			Z 241						Z 243	Z 187	Z 245							Z 247	Z 231
270,0	*Bergen* (Rügen) Stsbf	Ab		8·24	9·45	...	...	...		...	12·55		1·56		3 7	4·40	...	...		...	...	6 30	8 0	9 39	...		...	...	...	...	1 13	5 40
277,7	*Pastitz*			×8·37	×9·58	...	...	...		...	×1·8		×2·9		»	×4·53	...	...		...	...	×6 43	×8 13	×9 53	...		...	...	...	...	1 26	×5 53
279,7	*Putbus* 102 A	An		8·46	10·9	...	...	...		...	1·14		2·14		3 34	4·59	...	...		...	...	6 48	8 19	9 58	...		...	...	...	...	1 32	5 59
286,8	*Binz* (s. a. 102 A)	An		10·23	...	...	...	...		...	2·14		...		4·31	6 13	...	...		...	...	7 35	9 35	•11 5	...		...	...	...	...	...	6·59
293,7	*Sellin* a. R. West	An		10·55	...	...	...	...		...	2·42		...		5·2	6 45	...	...		...	...	8 1	10 4	•11 29	...		...	...	...	...	...	7·27
300,1	*Göhren* a. R.	An		11·22	...	...	...	...		...	3·9		...		5·26	7 14	...	...		...	...	8 28	10 30	•11 51	...		...	...	...	...	...	8·0
279,7	*Putbus*	Ab		8·47	10·10	...	...	...		...	...		2·15	Y	3 35	5·0	...	...		...	...	6 49	8 20	9 59	...		...	...	...	...	1 33	6·0
282,0	*Lauterbach* ⚓ 100	An	Y	8 52	10·15	...	...	...	Y	...	...	Y	2·20	D 109	3 40	5 5	...	...	Y	...	...	6 54	8 25	10 4	...	Y	...	...	...	...	1 38	6·5
270,0	**Bergen** (Rügen) Stsbf 102 B	Ab	7·54	8·21	...	...	...	...	11·57	...	12 46	1·35	1 58	3 6	...	4·36	...	...	»	...	...	6 19	7 53	...	...	10 55	...	...	...	...	1 10	...
279,6	Lietzow		8·12	8·36	...	...	...	...	12·10	...	31/8	1·54	»	»	...	4·53	...	...		...	...	6 32	»	...	...	11 8	...	...	...	...	»	...
286,5	Sagard		8·25	8·50	...	...	...	...	12·25	...		2·8	2 23	3 29	...	5·6	...	...	wagen Saßnitz	...	...	6 45	8 16	...	...	11 21	...	...	...	...	»	...
289,7	Lancken		8·33	8·59	...	...	...	...	12·33	...	1 30	2·16	2 35	»	...	5·14	...	...		...	...	6 53	»	...	...	11 29	...	...	...	...	»	...
291,8	**Saßnitz**	An	8·37	9 3	...	...	...	...	12·37	...	1 34	2 20	2 39	3 38	...	5 18	...	...	4 21	...	...	6 57	8 25	...	...	11 33	...	...	...	...	1 40	...
293,6	Saßnitz Hafen	An	...	...	...	...	...	...	...	...	1 45	...	...	...	...	...	...	...	4 29	...	...	...	...	...	...	...	...	...	...	...	1 49	...
	⚓ 98. 100. ⚓ 460 a (Fährschiff)	Ab	...	...	...	...	...	...	...	...	...	...	...	...	...	...	...	...	4 49	...	...	...	...	...	...	...	...	...	...	...	2 9	...
393,6	**Trelleborg**	An	...	...	...	...	...	...	...	...	...	...	...	...	...	...	...	...	8 49	...	...	...	...	...	...	...	...	...	...	...	6 9	...
1043,6	***Stockholm*** 461	An	...	...	*Zollabfertigung in Trelleborg im Zuge, für* ***Stockholm*** *u.* ***Kristiania*** *oder darüber hinaus jedoch erst in* ***Stockholm*** *od.* ***Kristiania***									...	...	...	...	...	9 8	...	...	...	...	...	...	...	...	...	...	...	6 40	...
725,6	***Gotenburg*** 468	An	...	...										...	...	...	...	...	4 13	...	...	...	...	...	...	...	...	...	...	...	2 5	...
1082,6	***Kristiania*** 471	An	...	...										...	...	...	...	...	12 15	...	...	...	...	...	...	...	...	...	...	...	10 50	...

✧²) Greifswald Bf–Greifswald Hafen (Kuhstraße) W vom 13/6–10/9: Bf ab 12·15, Hafen an 12·37 im Anschluß an Z 29 von Berlin und an das Dampfschiff nach Rügen

Die Halbschlafwagen der Sächsischen Staatseisenbahnen

Spät – letztendlich zu spät – unternahmen die Königlich Sächsischen Staatseisenbahnen einen auch dann nur halbherzigen Versuch, ins Schlafwagengeschäft einzusteigen. In der einschlägigen Fachliteratur wird behauptet, daß die K.Sächs.Sts.E.B. im Sommer 1914 mit ihren drei Halbschlafwagen den Kurs Dresden – Frankfurt (Main) gefahren haben. Das ist nicht richtig, denn es gibt im Sommerfahrplan 1914 weder einen derartigen Schlafwagenkurs noch einen Kurswagenlauf; übrigens auch nicht im Winterfahrplan 1914/15. Ausserdem sind diese Wagen erst im Herbst 1914 geliefert worden und da war schon Krieg.

Es kann wohl so gewesen sein, daß die Sachsen auf der Konferenz für den Winterfahrplan 1914/15 diesen Kurs beantragt haben und die KPEV ihnen bedeutet hat, daß sie hierfür eigene Fahrzeuge zu stellen hätten. Darauf deutet der vereinbarte Liefertermin im September 1914 hin. Jedoch war im ersten Kriegsfahrplan kein Platz für neue Schlafwagenkurse, die ohnehin radikal ausgedünnt worden sind.

Gebaut wurden zwei Wagen von der Sächsischen Waggonfabrik Werdau AG in Werdau i. S. und einer von der Aktien-Gesellschaft für Fabrikation von Eisenbahnmaterial zu Görlitz nach Zeichnung 38541. Die Fahrzeuge mit dem typisch sächsischen Tonnendach auf zweiachsigen amerikanischen Drehgestellen waren wie folgt eingerichtet: drei Abteile 3. Klasse (Holzklasse) mit je acht und zwei Abteile 2. Klasse mit je sechs Sitzplätzen, die *Schlafabteilung* mit vier Halbabteilen für Reisende der 1. und 2. Klasse mit je zwei Betten und schrägen Abteilzwischenwänden nach Vorbild der preußischen Schlafwagen nach Musterzeichnung I a 1 a.

Ab Sommerfahrplan 1915 liefen sie in einem neu eingerichteten Kurs zwischen Dresden und München über Hof-Regensburg (Z.130-D 26/ D 21-D 101-Z.1001), der an die Stelle des aufgelassenen und gekündigten ISG-Schlafwagens in D 120/119 trat. Erst nach Kriegsende kam der Schlafwagenkurs Dresden – Frankfurt am Main (D 201/202) zustande, der als einer der letzten am 30. April 1926 von der Reichsbahn an die MITROPA übergegangen ist. Diese bewirtschaftete die *Schlafabteilung* der Wagen im Pachtbetrieb, gab sie aber bereits 1928 wieder an die DRG zurück, die sie 1931 in BC4ü umbauen ließ, wobei die Schlafabteile durch Sitzabteile mit Holzbänke erzetzt worden sind.

K.Sächs.Sts.E.B.	Lieferung	DR 1923	DRG 1931
1045	Werdau 1914	Dre 11 001 ABC4ü Sa 14	Dre 15 997 BC4ü Sa 14/31
1046	Werdau 1914	Dre 11 002 ABC4ü Sa 14	Dre 15 998 BC4ü Sa 14/31
1047	Görlitz 1914	Dre 11 002 ABC4ü Sa 14	Dre 15 999 BC4ü Sa 14/31

Blick in den Seitengang (3. Klasse) des 1047.
WERKAUFNAHME GÖRLITZ;
SLG. THEURICH

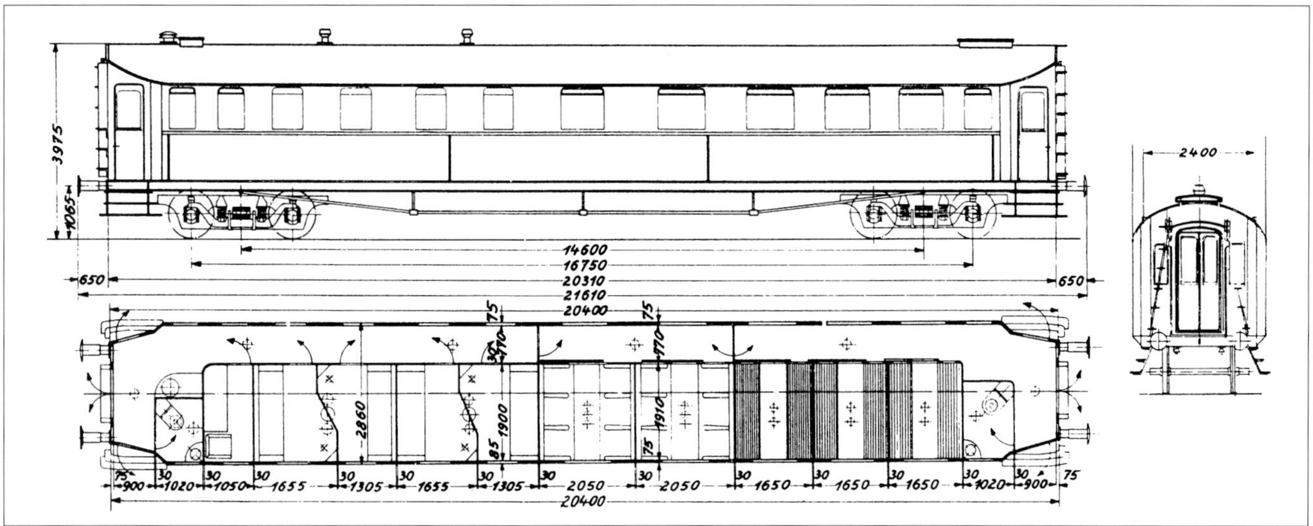

Halbschlafwagen 1045/1046 (Werdau 1914) und 1047 (Görlitz 1914) der K. Sächs. Sts. E. B. nach Zeichnung Nr. 38541. SLG. DR. ALBERT MÜHL

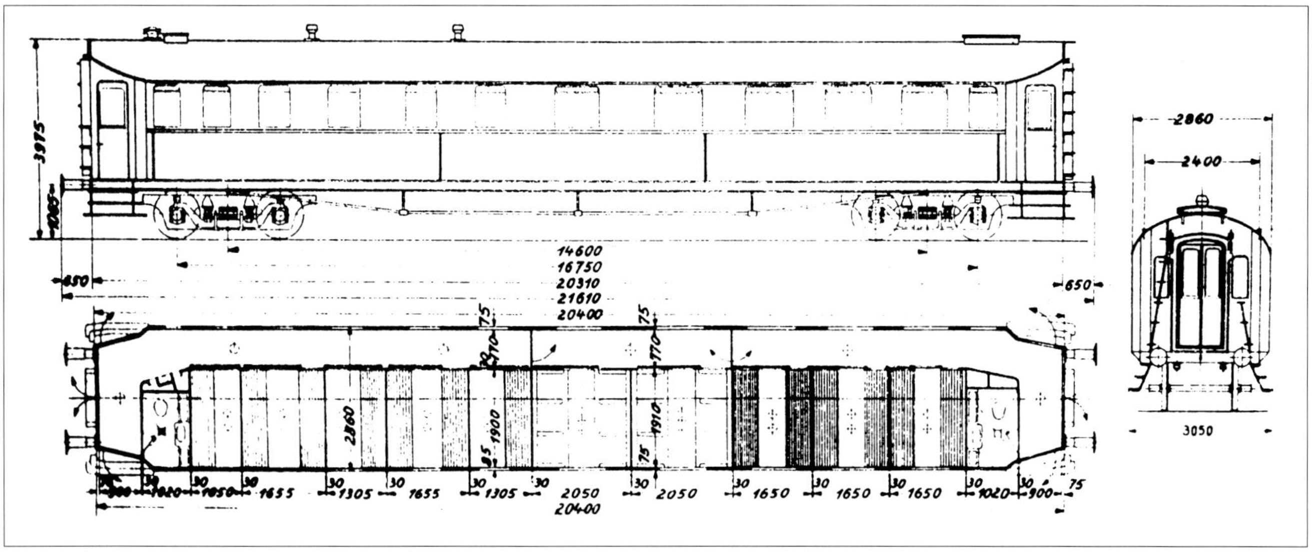

BC4üSa14/31 Nrn. 15997-15999 nach Umbau 1931 durch die DRG. SLG. DR. ALBERT MÜHL

Die sächsischen D-Zugwagen 2. und 3. Klasse mit Schlafabteilung 1. und 2. Klasse müssten korrekterweise als BCWLAB4ü bezeichnet werden. Der Wagen Nr. 1047 (Gangseite) wurde im Herbst 1914 als letzter von der Görlitzer AG geliefert. WERKAUFNAHME GÖRLITZ; SLG. THEURICH

Organisation des Schlafwagenbetriebs

Internationale Schlafwagen-Gesellschaft

Firmensitz der Aktiengesellschaft belgischen Rechts ist Brüssel. In der Direktion in der Rue Ducal residiert der Vertreter des Chefs, Napoléon Schroeder. Der in der bayerischen Pfalz gebürtige Direktor ist seit 1872 der engste Vertraute des Generaldirektors, unermüdlicher Organisator und geschickter Verhandlungsführer, seit 1876 belgischer Staatsbürger. Er wird 1905 selbst Generaldirektor in Paris und er wird im November 1914 wegen seiner deutschen Abstammung den Verwaltungsrat um seine Versetzung in den Ruhestand bitten. In Brüssel befinden sich Verwaltung, Rechnungs-und Rechtswesen. Das Herz des Unternehmens schlägt jedoch in Paris. Dort, in der Generaldirektion am Boulevard Haussmann, seit 1904 in dem daneben errichteten repräsentativen Neubau in der Rue de l'Arcade, regiert der *Patron* Georges Nagelmackers als unumschränkter Herrscher. Hier sind die Abteilungen für Betrieb und Technik untergebracht.

Für Aufsicht und Kontrolle des Betriebs wurden von Anfang an regionale und lokale Stellen unterhalb der zentralen Leitungsebene geschaffen. Als erste richtete Schroeder 1874 in Berlin eine Betriebsinspektion ein. Aus dieser entstand später die *Direktion Berlin*, die für die Betriebsführung des gesamten Deutschlandverkehrs zuständig war. Solche Länderdirektionen hat es im Laufe der Jahre in sämtlichen europäischen Hauptstädten gegeben, denen die regionalen Betriebsabteilungen unterstanden. Die Berliner Direktion hatte ihren Sitz *Unter den Linden* – einer der ersten Adressen des Reichs.

Im Jahre 1898 bestand in Deutschland folgende Organisation:

Direktion Berlin
Betriebsinspektionen Coeln und München
Kontrollposten
- Berlin (Hallesches Ufer)
- Deutsch-Avricourt
- Eydtkuhnen
- Vlissingen
- Frankfurt am Main
- Straßburg
- Warnemünde

Die Kontrollposten waren in der Regel in den Bahnhofsgebäuden untergebracht. Aus diesen entwickelten sich im Laufe der Jahre die Unterabteilungen, die den Betriebsabteilungen zugeordnet wurden.

Direktion Berlin 1914
Betriebsabteilung für Norddeutschland in Berlin:
- Unterabteilungen Dresden, Breslau, Eydtkuhnen, Cassel

Betriebsabteilung für Süddeutschland in München:
- Unterabteilungen Nürnberg, Stuttgart, Konstanz, Deutsch-Avricourt

Betriebsabteilung für Westdeutschland in Cöln:
- Unterabteilungen Herbesthal, Frankfurt (Main), Straßburg, Hamburg

Betriebsabteilung für die Niederlande in Vlissingen:
- Unterabteilung Amsterdam

Werkstätten:
- Zossen bei Berlin (1904 eröffnet, 1908 erweitert)
- Neu Aubing bei München (eröffnet 1913)

Die Direktion gehörte neben Paris und St. Petersburg immer zu den drei größten CIWL-Direktionen. Ihre Wagenausstattung z.B. betrug u.a. 68 Schlafwagen (39 für Expreßzüge und 27 für Einzelkurse) in 1902 und 85 (31 bzw. 54) im Sommer 1909.

Zuteilung und Einteilung der in Deutschland verwendeten Schlafwagen der ISG am 1. Februar 1902

Direktion Berlin					
Köln – Paris	125	126	271		
Frankfurt – Paris	466	467	56		
Frankfurt – Basel (15/16)	411	412	413		
Berlin – Stuttgart (D 38/37)	436	437	438		
München – Avricourt (2/1)	434	435	439		
München – Dresden (D 21/26)	760	761	762 (Kurswagen)		
München – Verona (22/27)	187	188	190		
München – Wien (5/18)	440	441	442		
München – Zürich (126/125)	563	564	565		
Direktion Wien					
Wien – Berlin	453	454	455	6	
Wien – Dresden	487	488	489		
Wien – Mainz (51/52)	123	124	128	129	591
Direktion Ostende					
Ostende – Basel (2/3)	189	428	169		
Ostende – Köln	121	103			

Jeder Wagen war einem Kurs fest zugeteilt. *Die Wagen müssen in den Kursen verbleiben, für die sie bestimmt sind...* heißt eine stereotype Klausel in den Verträgen. In aller Regel waren es drei Schlafwagen: zwei im Umlauf, einer als Reserve. Änderungen bedurften der Genehmigung der Bahnverwaltung, durch die auch die Abnahme der Wagen vor der endgültigen Einstellung in die Kurse zu erfolgen hatte. Für jeden Kurs wurde eine *geschäftsführende*

Verteilung und Einsatz der Schlafwagen der ISG-Direktion Berlin – Sommer 1909

Zugnummer und Kurs		**Wagennummern**
Betriebsabteilung Berlin		
D 15/16	Berlin – Kopenhagen	946, 947, 966
D 38/37	Berlin – Stuttgart	1762, 1763, 1764
Betriebsabteilung Köln		
D 9/10	Hamburg – Kopenahgen	1746, 1747, 1753
	Hamburg – Friederikshavn	1743, 1744, 1745
	Köln – Paris	658, 659, 1000 (6ü)
	Köln – Ostende	271, 287, 289
D 2/1	Frankfurt (M) – Basel	411, 412, 413
Betriebsabteilung München		
S 2/1	München – Avricourt	434, 435, 489
D 126/125	München – Zürich	439, 462, 463
S 40/39	München – Verona	453, 454, 455
D 51/56	München – Wien	440, 441, 442
D 21/120	München – Dresden	563, 564, 565
D 46/45	Nürnberg – Zürich (– Chur)	436, 437, 438
Betriebsabteilung Vlissingen		
D 129/128	Vlissingen – Berlin	647, 660, 661
D 156/155	Vlissingen – Altona	651, 652, 653
D 86/83	Vlissingen – Dresden	654, 655, 708
D 86/83	Vlissingen – Nürnberg	760, 761, 762 (Kurswagen)
	Amsterdam – Friedrichshafen	566, 567, 642
Reserve der Direktion in Berlin		700, 707, 1718

Insgesamt 17 Kurse mit 58 Wagen (ohne Expreßzüge)

Bemerkungen: Berlin 187, 188, 190 (Baujahr 1886) zum Verschrotten; Köln 75 (erster WL4 1880!) und 121 (1883) zum Verschrotten.
Im Bau in Dänemark 1 WL und in Deutschland 2 WL für den neuen Kurs Hamburg – Vamdrup – Kopenhagen. *Dieser Kurs ging nie an die ISG.*
In Deutschland im Bau 3 WL für Vlissingen – Altona, dafür 651-653 für Amsterdam – Stuttgart.
Die Kurse Paris – Frankfurt mit WL 1755-1757 und Paris – Basel mit WL 514, 710, 712 wurden von der Direktion Paris geführt.

Diensteinteilungen und Schlafwagenbestand der Betriebsabteilung Vlissingen 1909-1913

Kurs	Sommer 1909	Sommer 1910	Sommer 1913
Vlissingen – Berlin	647	647	647
	660	660	660
	661	661	661
Vlissingen – Altona	651	1993	651
	652	1994	652
	653	1995	653
Vlissingen – Dresden	654	654	654
	655	655	655
	708	708	708
Vlissingen – Nürnberg	760	760	1986
	761	761	1987
	762	762	1988
Amsterdam – Friedrichshafen	566	651	511
(ab 9/10 – Stuttgart)	567	652	512
	642	653	516
			1794
			1795
			1796

Verwaltung vertraglich bestimmt, die namens der weiteren am Kurs beteiligten Vertragsverwaltungen gegenüber der ISG handelte: Wagenbeistellung, Wagenabnahme, Personalgestellung, Unterhaltung, Abrechnung. Vorgeschrieben war eine sicherheitspolizeiliche Untersuchung (Revision) nach maximal 40 000 km oder einem halben Jahr, die auf Kosten der ISG in einer ihrer eigenen Werkstätten oder einer solchen der Verwaltungen stattzufinden hatte. Erforderliche Reparaturen in bahneigenen Werkstätten wurden verrechnet, Schadensausbesserungen vom Verursacher erstattet. Die Beförderung der Wagen in den Zügen erfolgte kostenlos, lediglich Gas für die Beleuchtung und Kohle für die Heizung wurden berechnet, die Achsschmierung auf den Unterwegsbahnhöfen erfolgte kostenlos. Die den Expreßzügen fest zugeteilten Wagen wurden, soweit es sich um Saisonzüge handelt, für die Periode, in der sie nicht benötigt werden, entweder anderen Luxuszügen oder auch einem *gewöhnlichen* Kurs zugewiesen, wenn auch nur für deren *freie* Zeit. Wir finden daher solche Expreßzug-Schlafwagen auch in den nachstehend abgedruckten Kurs- und Wagenübersichten.

Es ist gewiß nicht uninteressant, die Wagenbestandsentwicklung einer Betriebsabteilung während einiger Jahre detailliert zu verfolgen.

Ein Gesamtverzeichnis der 1914 für den Verkehr in Deutschland zugelassenen und verwendeten Schlafwagen der ISG ist im Anhang abgedruckt.

Preußisch-Hessische Staatseisenbahnen

Anders als die ISG, die nicht zuletzt auf den *goodwill* der zu beteiligenden Eisenbahnverwaltungen angewiesen war, ist die KPEV *Herr im eigenen Haus* und kann hier ohne Störung ihr Monopol auf-und ausbauen. Außerhalb allerdings stößt sie auf ihre Grenzen, nachdem der Konkurrent ringsum sein Monopol errichtet hat. Preußische Eisenbahndirektionen, die an der Einrichtung von Schlafwagendiensten interessiert waren, beantragten diese beim Minister der öffentlichen Arbeiten und beschafften nach erfolgter Genehmigung die erforderlichen Wagen. Die *Vorreiterrolle* der KED Bromberg wurde bereits geschildert. Ihr folgten in den achtziger und frühen neunziger Jahren andere Direktionen, die zumindest anfangs ihre eigenen Wege beschritten haben. Im Zuge der Neuorganisation zum 1. April 1895 wurden Entwurf, Beschaffung und Zuteilung u.a. der D-Zugwagen einschließlich der Schlafwagen als zentraler Dienst der KED Berlin unter der Oberaufsicht der Eisenbahnabteilung des Ressortministers übertragen. Für jeden Schnellzug war eine geschäftsführende Direktion verantwortlich. Diese erhielt den benötigten Wagenpark zugewiesen. Damit bekamen alle Direktionen, die in ihren Zügen Schlafwagen führten, auch solche zugeteilt. Wie wir gleich erfahren werden, waren dies nicht weniger als zwölf. Diese Zahl ist noch vor der Jahrhundertwende halbiert worden. Im Jahr 1901 schließlich wurde der Schlafwagenbetrieb endgültig zentralisiert und den Direktionen Altona, Berlin, Cöln und Frankfurt übertragen – mit ganz wenigen Ausnahmen für Rand- und Inselbetriebe.

Zuvor war es wiederholt zu Umsetzungen von Schlafwagen von einer zu einer anderen Direktion gekommen, wodurch der Park mehrfach durcheinandergewürfelt worden ist. Beispielhaft dafür sind die umseitig wiedergegebenen Ministerialerlasse aus dem *Eisenbahn-Nachrichten-Blatt.*

Schlafwagenbestände KPEV 1906 bis 1921 (Stand jeweils am 31. März)

KED	1906			1907			1908			1909		
	a	b	c	a	b	c	a	b	c	a	b	c
Altona	16	4	20	16	3	19	16	3	19	16	5	21
Berlin	40	40	80	41	51	92	37	64	101	37	74	111
Cöln	6	9	15	4	9	13	4	9	13	3	9	12
Frankfurt	6	7	13	6	7	13	7	8	15	7	8	15
Hannover			–			–			–			–
Kattowitz	4		4	4		4	4		4	4		4
Essen			–			–	3		3	3		3
Insgesamt	**72**	**60**	**132**	**71**	**70**	**141**	**71**	**84**	**155**	**70**	**96**	**166**

KED	1910			1911			1912			1913		
	a	b	c	a	b	c	a	b	c	a	b	c
Altona	16	5	21	16	7	23	16	10	26	15	15	30
Berlin	41	85	121	41	90	131	40	98	138	40	113	153
Cöln	3	8	11	3	11	14	3	12	15	4	13	17
Frankfurt	7	6	13	7	6	13	7	6	13	7	6	13
Hannover			–			–		3	3		3	3
Kattowitz	4		4	4		4	4		4	4		4
Essen		3	3			–			–			–
Insgesamt	**71**	**107**	**178**	**71**	**114**	**185**	**70**	**129**	**199**	**70**	**150**	**220**

KED	1914			1915			1916			1917		
	a	b	c	a	b	c	a	b	c	a	b	c
Altona	16	24	40	16	24	40	15	24	39	15	26	41
Berlin	28	133	161	27	148	175	22	158	180	20	172	192
Cöln	4	13	17	3	15	18	3	17	20	3	17	20
Elberfeld	1		1			–			–			–
Frankfurt	8	6	14	6	10	16	6	10	16	6	12	18
Hannover		3	3		3	3		3	3		4	4
Kattowitz	5	2	7	6	2	8	6	2	8	6	2	8
Posen	1		1	1		1	2		2	2	1	3
Insgesamt	**63**	**181**	**244**	**59**	**202**	**261**	**54**	**214**	**268**	**52**	**234**	**286**

KED	1918 u. 1919			1921		
	a	b	c	a	b	c
Altona	15	26	41	15	26	41
Berlin	20	171	191	20	170	190
Cöln	3	17	20	3	17	20
Elberfeld			–			–
Frankfurt	5	14	19	5	14	19
Hannover		4	4		4	4
Kattowitz	6	2	8	6	2	8
Posen		1	1		1	1
Insgesamt	**49**	**235**	**284**	**49**	**234**	**283**

Legende: a = vierachsige Schlafwagen
b = sechsachsige Schlafwagen
c = Schlafwagen insgesamt

Bemerkungen:
Dazu ein WL3 Alt 01 bis 31.3.1908
KED Essen:
0110-0112 Heimatstation Oberhausen (Oberhausen-Eger, später Köln-Eger).
KED Hannover:
Heimatstation Bremen Hbf. für Kurs Bremen-Stuttgart. Zunächst 0224-0226, später 0174-0176 und 0316.
KED Elberfeld:
Bln 058 Umbau 1914 in Salon Efd 17.
KED Kattowitz:
Zunächst 053-056 Heimatstation Myslowitz für Kurs Myslowitz–Leipzig. Zuletzt 050, 053-056, 059, 0247 und 0248 Heimatstation Kattowitz für Kurse Berlin, Leipzig und Kassel.
KED Posen:
Heimatstation Skalmierzyce (Reservewagen) 013, 052 und 0323.

Nr. 797. Betr. anderweite Vertheilung der Schlafwagen.

Berlin, den 24. Dezember 1898.

Unter den vorhandenen 65 Schlafwagen befinden sich 34 Stück ohne Faltenbalgübergänge. **Mit** Rücksicht auf die hohen Kosten, die durch die nachträgliche Anbringung der Faltenbälge entstehen **würden, ist** angeregt, einen Austausch vorzunehmen und die Schlafwagen ohne Faltenbalgübergänge **vorzugsweise in** Zügen mit Abtheilwagen, die Schlafwagen mit Faltenbalgübergängen in D-Zügen zu verwenden. Die **Eisenbahn**direktionen, denen Schlafwagen zugetheilt sind, wollen Sich wegen des **hiernach** erforderlichen **Ausgleichs baldigst** in Verbindung setzen und Vorschläge durch die Hand der hiesigen Eisenbahndirektion mir demnächst **unterbreiten.**

An die Königlichen Eisenbahndirektionen.

I. D. 19918.

Slg. Dr. Albert Mühl

Einen Hinweis auf alle zwischen 1885 und 1901 Schlafwagen führenden Direktionen verschafft uns eine im *Eisenbahn-Nachrichten-Blatt* abgedruckte Aufstellung vom 30. Januar 1903 der *Reservedrehgestelle für Schlafwagen zum Auswechseln* mit Nennung der KED, in deren Hauptwerkstätten diese vorgehalten und von wo sie abgerufen werden können. Dazu muß man wissen, daß jeder Schlafwagen vorschriftsgemäß mit einem Reservedrehgestell geliefert werden mußte.

Jeder Schlafwagen war einer *Heimatstation*, die zugleich Zugbildungsbahnhof ist, fest zugeteilt; für die laufende Unterhaltung sowie kleinere Reparaturen war das Betriebswagenwerk am Ort zuständig. Erstere unterstand der Betriebsinspektion, letzteres der Maschinen-Inspektion (ab 1911 *Ämter*). Zusätzlich war jeder Wagen einer bestimmten Hauptwerkstätte für die grösseren Reparaturen wie insbesondere die persiodisch vorgeschriebene Revision (sicherheitspolizeichliche Untersuchung) zugewiesen. Es waren dies (ab 1901):

KED	**Hauptwerkstätte**
Altona	Neumünster
Berlin	Potsdam
Cöln	Nippes
Frankfurt	Frankfurt
Kattowitz	Oppeln

Am reichhaltigsten waren die Zugbildungsbahnhöfe der Reichshauptstadt ausgestattet. Hier begannen und endeten die meisten Schlafwagenkurse. Dazu war eine beträchtliche Reserve an Verstärkungswagen wie für Sonderleistungen vorzuhalten. Besonders große Bestände wiesen Anhalter Bahnhof, Grunewald und Schlesischer Bahnof auf, gefolgt von Potsdamer und Lehrter Bahnhof. Grunewald stellte die über die Stadtbahn in Richtung Osten geführten Fernzüge ab Charlottenburg, der Schlesische Bahnhof die in Richtung Westen. Vom Stettiner Bahnhof gab es ausser den ISG-Schlafwagen nach Kopenhagen und den SJ-Wagen nach Stockholm einen preußischen Kurs nach Danzig, der in einem Personenzug mit Halt auf allen Bahnhöfen gefahren wurde. Auch der Schlafwagen Berlin-Altona wurde in einem gewöhnlichen Personenzug geführt. Der Anhalter Bahnhof hatte zusätzlich noch eine beträchtliche Anzahl von Schlafwagen, Speisewagen, Salonwagen und Gepäckwagen der Expreßzüge der ISG zu beheimaten und zu versorgen. Neben den preußischen Schlafwagen hatten auch Grunewald, der Schlesische und der Potsdamer Bahnhof, die Hauptbahnhöfe in Altona und in Hamburg, in Köln und in Frank-furt am Main ISG-Wagen aufzurüsten und zu unterhalten.

KED	**Reservedrehgestelle**	**WL4/4ü 1901**
Altona	6	9 (plus 4 WL3)
Berlin	14	43 (plus 1 WL6ü)
Breslau	6	–
Cassel *	4	–
Cöln	6	10
Erfurt	4	–
Frankfurt	6	8
Halle *	6	–
Hannover	6	–
Kattowitz *	2	3
Magdeburg	6	–
Stettin *	8	–
Insgesamt	**72**	**73**

* Errichtet am 1. April 1895

Das Fehlen von Bromberg ist damit zu erklären, daß die Drehgestelle in der Hauptwerkstätte Stargard gelagert waren, die am 1. April 1895 von Bromberg an die neue KED Stettin überging.

Einen Überblick über die Entwicklung der Schlafwagenbestände im Lauf der Jahre vermittelt die Tabelle auf Seite 111.

Nr. 279. Betr. anderweite Vertheilung von Schlafwagen.

Berlin, den 8 April 1899.

Auf den Bericht der Eisenbahndirektion in Berlin vom 27. März 1899 — III. 1436 —.

Mit dem zwischen den Eisenbahndirektionen in Altona, Berlin, Frankfurt a. Main und Cöln verabredeten Austausch von Schlafwagen mit und ohne Faltenbälgen bin ich einverstanden. Zu den D-Zügen 21 22 Berlin—Warschau sind die bisherigen Schlafwagen ohne Faltenbälge weiter zu verwenden. Von der Anbringung von Faltenbälgen an ältere Schlafwagen wird abgesehen.

An die Königlichen Eisenbahndirektionen in Altona, Berlin, Bromberg, Breslau, Cöln, Frankfurt a. Main.

I. D. 4607.

Slg. Dr. Albert Mühl

Weltkrieg 1914 – 1918

Die Geschichte des Schlafwagen- und Speisewagenbetriebes während des Krieges und der Jahre danach hat der Autor in dem 1992 beim EK-Verlag erschienenen Werk *75 Jahre MITROPA* in allen Einzelheiten ausführlich geschildert und dokumentiert. Sie soll daher hier lediglich in groben Umrissen nochmals nachgezeichnet werden.

Schlafwagen ziehen in den Krieg

Mit Kriegsbeginn in den ersten Augusttagen des Jahres 1914 wurde der zivile Reiseverkehr zunächst einmal nahezu völlig eingestellt. Am Tage des Kriegsausbruchs waren die Eisenbahnen des Deutschen Reiches unter die Befehlsgewalt der Obersten Heeresleitung getreten. Erst nach Abschluß der Truppentransporte ist wieder ein wenn auch stark ausgedünnter Reisezugfahrplan mit ganz erheblich eingeschränkten Schlafwagenverkehren eingeführt worden. Zahlreiche Schlafwagen (und Speisewagen) – auch der ISG – wurden von der Heeresverwaltung für Einstellung in Lazarettzüge (nur für Offiziere) beansprucht.

Wie die beigegebenen Übersichten ausweisen, wurden Schlafwagenverkehre mit den besetzten Gebieten Belgiens und Frankreichs eingerichtet, für deren Benutzung besondere Genehmigungen eingeholt werden mussten. In Mézières-Charleville lag von September 1914 bis 1916 das Große Hauptquartier, später in Bad Kreuznach (Schlafwagen nach und von Bad Münster am Stein). Zielorte der Schlafwagen aus dem Reich waren Armeehauptquartiere und Etappenorte hinter der Front. Seit 1916 wird ein reiner Schlafwagenzug zwischen Berlin und Köln gefahren. Ab 1917 wird der MITROPA nicht nur der gesamte Speisewagenverkehr, sondern auch auch ein Teil der Schlafwagendienste – letztere pachtweise – übertragen. Sie bedient sich dabei Schlafwagen der KPEV wie der ISG. Noch im Oktober 1918, nach dem völligen Zusammenbruch der Westfront und wenige Wochen vor dem Waffenstillstand, führt das Reichskursbuch Schlafwagenkurse nach Mézières-Charleville, Brüssel, Charleroi-Süd, Gent und Libramont, aber auch nach Konstantinopel auf.

Feindvermögen CIWL

Seit Januar 1915 betreibt der preußische Minister der öffentlichen Arbeiten Paul Justin von Breitenbach (1906-1918) beim Generalgouverneur in Belgien die Zwangsverwaltung der CIWL als Feindvermögen, die am 1. Mai durch den Generalkommissar für die Banken in Belgien erfolgt. Gleichzeitig weist er die preußisch-hessischen Eisenbahndirektionen an, die Verträge mit der ISG bis spätestens zum 1. Mai des selben Jahres zu kündigen. Drei unkündbare Dienste werden vorerst weitergeführt (Berlin-Stuttgart, Berlin-Wien und München-Wien), andere kurzerhand wegen der Kriegsereignisse ausgesetzt.

Am 9. August 1915 unterzeichnet der Minister seine an den Reichskanzler Bethmann Hollweg gerichtete Denkschrift *betreffend die Verdrängung der Internationalen Schlafwagengesellschaft aus Deutschland, Österreich und Ungarn* durch die Gründung

Schlafwagenkurse – 1. Juni 1917

Altona – Münster – Oberhausen – Köln	D 92/91
Altona – Kassel – Frankfurt (M) – Wiesbaden	D 76-376/375/-75
Bad Kreuznach – Saarbrücken – Metz – Mézières-Charleville – Lille Nord	D 146/145
Berlin Potsd. Bf. – Kreiensen – Elberfeld – Aachen	D 36/35
Berlin Potsd. Bf. – Magdeburg – Hannover – Essen – Köln	D 10/9
Berlin Lehrt. Bf. – Altona	206/205
Berlin Anh. Bf. – Halle – Frankfurt (M)	D 212/211
Berlin Anh. Bf. – Frankfurt (M) – Bad Münster a. Stein	D 212-204/203-211
Berlin Anh. Bf. – Halle – Nürnberg – München	D 50/49
Berlin Anh. Bf. – Leipzig – Hof – München	D 26/21
Berlin Anh. Bf. – Erfurt – Würzburg – Stuttgart (MITROPA)	D 38/37
Berlin Anh. Bf. – Dresden – Tetschen – Wien NW (MITROPA)	D 196-Z 2/7-D 197
Berlin Anh. Bf. – Dresden – Wien NW – Budapest – Konstantinopel (MITROPA)	Balkanzug D 56/55
Berlin (Stadtb.) – Posen – Thorn – Allenstein	D 51/52 D 57/58
Berlin (Stadtb.) – Schneidemühl – Dirschau – Insterburg	D 3/4
Berlin (Stadtb.) – Schneidemühl – Insterburg – Danzig	D 13/14
Berlin (Stadtb.) – Schneidemühl – Bromberg – Thorn – Warschau	D 21/22 D 23/24
Berlin (Stadtb.) – Breslau – Oderberg	D 1/12
Berlin (Stadtb.) – Kohlfurt – Breslau	D 1/Z 230
Berlin (Stadtb.) – Sagan – Bresalu – Kattowitz	D 11
R über Kohlfurt	D 32
Berlin (Stadtb.) – Breslau – Oderberg – Galanta – Budapest West	D 5/6 (MITROPA)
Berlin (Stadtb.) – Breslau – Oderberg – Galanta – Konstantinopel (MITROPA)	Balkanzug D 19/18
Berlin (Stadtb.) – Hannover – Bremen – Oldenburg – Wilhelmshaven	D 16-146-12-122/ 119-109-145-Vz D 5
Berlin (Stadtb.) – Hannover – Essen – Köln	D 6/5 und D 16/ Vz D 5 Schlafwagenzug
Berlin (Stadtb.) – Magdeburg – Kreisensen – Kassel – Koblenz	D 126/125
Berlin (Stadtb.) – Magdeburg – Kreisensen – Kassel – Frankfurt (M)	D 180/179
Berlin (Stadtb.) – Frankfurt (M) – Bad Münster a. St.	D 180-142/VzD 203/179
Cöln – Lüttich – Namur – Jeumont – Busigny (– Le Cateau)	D 712/711
Cöln – Lüttich – Namur – Givet – Laon (– Hirson)	D 254/253
Cöln – Brüssel – Gent – Thielt	D 422/421
Dresden – Hof – Regensburg – München (Sachsen)	D 120-26/21-101
Frankfurt (M) – Halle – Berlin Anh. Bf.	D 203
Frankfurt (M) – Saarbrücken – Metz – Mézières-Charleville	D 246/245
Frankfurt (M) – Nürnberg – München	D 48/47
Insterburg – Wirballen – Wilna	D 1/2
Mainz – Frankfurt (M) – Halle – Berlin Anh. Bf.	D 201
München – Wien – Konstantinopel (MITROPA)	Balkanzug D 51/56
Stuttgart – Luxemburg – Namur – Brüssel – Tournai – Lille (MITROPA)	D 50/59
Stuttgart – Straßburg – Metz – Mézières-Charleville (MITROPA)	D 60-Z 360-D 246/ 245-Z 357-D 57

Schlafwagenkurse – Mitte Mai 1918

Altona – Köln	D 92/91
Altona – Wiesbaden	D 76-376/375/-75
Berlin Potsd. Bf. – Kreiensen – Aachen	D 36/35
Berlin Potsd. Bf. – Hildesheim – Aachen	D 38/37
Berlin Potsd. Bf. – Magdeburg – Hannover – Essen – Köln	D 10/9
Berlin Lehrt. Bf. – Altona	D 206/Z 205
Berlin Anh. Bf. – Halle – Frankfurt (M)	D 212/211
Berlin Anh. Bf. – Frankfurt (M) – Bingerbrück	D 204
R ab Saarbrücken	D 201
Berlin Anh. Bf. – Halle – Nürnberg – München	D 50/49
Berlin Anh. Bf. – Leipzig – Hof – München	D 26/21
Berlin Anh. Bf. – Erfurt – Stuttgart (MITROPA)	D 38/37
Berlin Anh. Bf. – Leipzig – Hof – Bamberg – Nürnberg	D 26-Z 116-D 102/ 105-Z 115-D 21
Berlin Anh. Bf. – Dresden – Tetschen – Wien NW (MITROPA)	D 196-Z 2/7-D 197
Berlin Anh. Bf. – Dresden – Wien NW – Budapest – Konstantinopel (MITROPA)	Balkanzug D 56/55
Berlin (Stadtb.) – Posen – Allenstein	D 51/52 D 57/58
Berlin (Stadtb.) – Schneidemühl – Insterburg	D 3/4
Berlin (Stadtb.) – Schneidemühl – Danzig	D 13/14
Berlin (Stadtb.) – Bromberg – Warschau	D 21/22 D 23/24
Berlin (Stadtb.) – Breslau – Oderberg	D 1/12
Berlin (Stadtb.) – Breslau	D 1/Z 230
Berlin (Stadtb.) – Bresalu – Kattowitz	D 11/32
Berlin (Stadtb.) – Oderberg – Budapest West (MITROPA)	D 5-Z 5-Z 1403/ 1406-Z 6-D 6
Berlin (Stadtb.) – Oderberg – Konstantinopel (MITROPA)	Balkanzug D 19/18
Berlin (Stadtb.) – Wilhelmshaven	D 16-146-112-122/ 119-109-145-15
Berlin (Stadtb.) – Hannover – Köln	D 6/5 und D 16/15 Schlafwagenzug
Berlin (Stadtb.) – Magdeburg – Kassel – Koblenz	D 126/125
Berlin (Stadtb.) – Magdeburg – Kassel – Frankfurt (M)	D 180/179
Cöln – Brüssel (MITROPA)	D 422/421
Dresden – Hof – München (Sachsen)	D 120-26/21-101
Frankfurt (M) – Nürnberg – München	D 48/47
Insterburg – Wirballen – Wilna (MITROPA)	D 1/2
Mainz – Metz – Mézières-Charleville (MITROPA)	D 146/145
München – Konstantinopel (MITROPA)	Balkanzug D 51/56
Straßburg – Luxemburg – Arlon (Arel) (MITROPA)	D 50/47
Straßburg – Arel – Libramont (MITROPA)	D 50/47
Cöln – Namur – Mézières-Charleville (MITROPA)	D 254/253
Aulnoye – Pepinster (MITROPA)	Z 713/714

Näheres im »Sleeping Car, Guide Officiel de la Comp. Internat. des Wagons-Lits« — bei der Direktion der Gesellschaft in Berlin, U. d. Linden 57/58, unentgeltlich zu haben — und in den Agenturen der Internat. Eisenb.-Schlafw.-Ges., und zwar: a) in Berlin NW, U. d. Linden 57/58; b) in Baden-Baden bei F. W. Schick-Nauth und Falk & Groetz, Kreuzstr. (Haus Reichert); c) in Breslau, Schweidnitzer Stadtgraben 13 und Neue Schweidnitzer Straße 4 (Hansa Haus); d) in Cöln auf dem Hauptbahnhof; e) in Dresden, Christianstr. 31; f) in Frankfurt (M.), Kaiserstraße 17; g) in Hamburg, Jungfernstieg (Hamburger Hof); h) in Homburg, Bad, Louisenstr. 72; i) in Karlsruhe, Stationsverwaltung; k) in Bad Kissingen im Bayerischen Reisebureau G. m. b. H., Kurhausstr.; l) in Kopenhagen im Vesterbrogade-Industrie-Palast; m) in Kreuznach, Bad, im Hotel Royal und Engl. Hof; n) in Leipzig, Katharinenstraße 17; o) in München auf dem Hauptbahnhof (Schalter 12) und Promenadeplatz 16; p) in Straßburg (Els.) auf dem Hauptbahnhof und am Kleberplatz; q) in Stuttgart auf dem Hauptbahnhof; r) in Wien, Kärntner Ring 11 (Grand Hotel); s) in Wiesbaden im Weltreisebureau L. Rettenmayer, Kaiser-Friedrich-Platz 2 und bei Born u. Schottenfels, Kaiser-Friedrich-Platz 3; t) in anderen wichtigen Städten des In- und Auslandes.

III. Schlafwagen

(soweit sie auf deutschen Eisenbahnen verkehren oder auf deutschen Grenzbahnhöfen beginnen bzw. enden)

Die Zuschläge für Bettkarten sind am Schluß unter den bei den betr. Verbindungen angegebenen Zahlen aufgeführt. Schlafwagen der nachstehend mit **s** bezeichneten Eisenbahnstrecken sowie alle unter IV. vermerkten Luxuszüge von der Internationalen Eisenbahn-Schlafwagen-Gesellschaft in Brüssel (zu vergl. den von dieser Gesellschaft herausgegebenen »Sleeping Car«), im übrigen von den betreffenden Eisenbahnverwaltungen (zu vergl. die offiziellen Landeskursbücher)

H = Hinfahrt R = Rückfahrt

Von	über	nach	H oder R	Abgang	Ankunft	Nummer der Fahrpläne	Nummer der Züge
Altona Hbf	Hannover–Göttingen–Cassel–Frankfurt (M.)	Wiesbaden [1]	H R	10 42 7 40	10·51 7· 4	124. 125. 138a	D 76, D 376 D 375, D 75
Berlin Potsd. Bf	Kreiensen–Elberfeld	Aachen Hbf [1]	H R	10 13 7 6	10·23 7·48	109. 109b. 144	D 36 D 35
» Stadtb.	Posen–Thorn	Insterburg [4]	H R	‡11 21 6 20	10·49 ‡ 5 51	56. 31. 22	D 51 D 52
» Lehrt. Bf	Wittenberge	Altona Hbf [2]	H R	12 0 11 10	5 56 5 46	3	Z 206 Z 205
» Stadtb	Stendal–Hannover–Essen–Düsseldorf	Cöln Hbf [1]	H H R R	† 9 10 † 9 18 9 42 12 0	7· 0 7·15 † 7·36 † 9	110. 127	VZ D 6 D 6 D 5 D 129
» Potsd. Bf	Magdeburg–Hannover–Essen	Cöln Hbf [1]	H R	9 17 11 11	7·44 8·54	109. 111. 110. 127	D 10 D 9
» Stadtb.	Schneidemühl–Dirschau	Danzig Hbf [2]	H R	‡11 2 10 34	6·39 ‡ 6·11	21. 16a	D 13, D 30 D 14
» Anh. Bf	Halle–Eisenach	Frankfurt (M.) Hbf	H R	9 53 11 25	6·52 8·11	193. 177	D 204 D 203
» Stadtb.	Magdeburg–Kreiensen	Frankfurt (M.) Hbf	H R	† 9 21 11 11	7·24 † 8·59	109 (178). 124. 125	D 180 D 179
» »	Schneidemühl–Dirschau	Gumbinnen [4]	H R	‡11 2 ‡ 6 48	10·42 ‡ 6· 2	21	D 13 D 4
» »	Schneidemühl–Dirschau	Königsberg (Pr.)	H R	‡10 53 8 38	8·14 ‡ 6·11	21	D 3 VZ D 4, D 14
» »	Sagan–Breslau–Kandrzin	Myslowitz [1]	H R	‡11 18 Δ 8 40	10·13 ‡ 6·19	56. 42	D 1, D 21 Z 32, D 12
» »	Magdeburg–Kreiensen	Coblenz	H R	† 9 24 9 58	8·45 † 8·59	109 (178). 124. 125. 192	D 180/126 D 179/125
» Anh. Bf	Halle–Probstzella–Nürnberg	München Hbf [3]	H R	8 48 10 15	7·14 8·25	193. 195a. 295	D 50 D 49
» »	Leipzig–Hof–Regensburg	München Hbf [3]	H R	10 48 7 30	9·18 6·25	93. 296	D 26 D 21
s » »	Halle–Erfurt–Suhl–Meiningen–Würzburg–Osterburken	Stuttgart Hbf [3]	H R	8 23 9 38	7·52 9· 5	193. 205. 284a. 284. 267. 269. 271	D 38 D 37
s » »	Dresden–Tetschen	Wien Nordwestbf [3]	H R	8 8 9 40	8· 0 10·21	59. 71. 345	D 197, 7 Z 7, D 51
» Stadtb	Stendal–Hannover–Bremen–Oldenburg (Großhzgt.)	Wilhelmshaven [1]	H R	9 18 9 53	8· 1 † 7·36	110. 126. 130	D 6, D 146, D 112, D 122 D 119, D 109, D 145, D 5
Cöln	Luxemburg R üb. Diedenhofen	Charleville	H R	10 19 10 12	6·48 6·45	167. 217. 222b. 166d 166d. 176. 167. 219b	D 254 D 253
Dresden Hbf	Chemnitz–Reichenbach–Hof–Regensburg	München Hbf [1]	H R	10 55 7 30	9·18 6·33	64. 93. 296	Z 43, D 26 D 21, D 101, Z 1001

43 † ab bzw. an Schles. Bf ‡ R von Insterburg H = Hinfahrt R = Rückfahrt Δ R von Kattowitz ‡ ab bzw. an Charlottenburg

Deutsche Schlafwagenverkehre – Sommerfahrplan 1915 (Reichs-Kursbuch). Man beachte die Aufzählung der Luxuszüge der *feindlichen* ISG. SLG. DR. ALBERT MÜHL (2)

Von	über	nach	H oder R	Abgang	Ankunft	Nummer der Fahrpläne	Nummer der Züge
Frankfurt (M.) Hbf	Metz–Diedenhofen	Charleville [5]	H R	8 0 2 27	5 41 12·36	173. 174. 219b	D 142 D 143
»	Hanau–Aschaffenburg–Nürnberg	München Hbf [1]	H R	11 11 10 0	7·28 6·38	242. 285. 301. 303	D 269, D 92 D 91, D 162
Kiel	Hamburg–Bremen–Münster–Wanne–Duisburg	Cöln Hbf [1]	H R	8 58 11 33	7·10 9· 6	6. 128. 127	D 92 D 91
s München Hbf	Salzburg–Linz	Wien Westbf [1]	H R	11 20 8 40	8·15 6·25	304. 304a. 367	D 51, Z 2 Z 1, D 56

Bemerkungen: [1]) I 10,00, II 8,00 ℳ — [2]) I 8,00, II 6,50 ℳ — [3]) I 12,00, II 9,50 ℳ — [4]) I 12,00, II 10,00 ℳ — [5]) I 14,00, II 12,00 ℳ

Für Teilstrecken einzelner Wagenläufe bestehen ermäßigte Sätze

IV. Zuschläge für die Luxuszüge der Internat. Eisenbahn-Schlafwagen-Gesellschaft

Vormerkungsgebühr für Luxuszüge 1,00–2,50 ℳ, außerdem etwaige ausländische Steuern und Stempelgebühren. Besondere Schlafwagengebühr wird nicht erhoben, ausgenommen beim Sibirien-Expreß

Bei den Fahrpreisen ℳ = Mark, ƒ = Franc, K = Rubel, G = Gulden, Kr = Krone, L = Lire

Nord-Expreß

St. Petersburg–Ostende	33,47 K
» –Paris	36,06 K
» –Brüssel	32,18 K
Berlin–St. Petersburg	45,70 ℳ
» –Warschau	18,90 ℳ
» –Moskau	50,60 ℳ
» –Brüssel	23,20 ℳ
» –Paris	31,50 ℳ
» –Ostende	26,00 ℳ
Cöln–Paris	13,50 ℳ
» –Ostende	8,00 ℳ
» –St. Petersburg	63,70 ℳ

Auf den russ. Bahnen außerd. noch ein weiterer Zuschlag

Nord-Süd-, Berlin-Tirol-Rom-, Berlin-Neapel- u. Ägypten-Expreß

Berlin–München	15,10 ℳ
» –Innsbruck	19,10 ℳ
» –Verona	26,30 ℳ
» –Florenz	36,40 ℳ
» –Rom	48,20 ℳ
» –Neapel	57,40 ℳ
» –Palermo	83,50 ℳ
» –Meran	22,90 ℳ
» –Mailand	31,90 ℳ
» –Genua	37,50 ℳ
» –S. Remo	42,60 ℳ
» –Nizza od. Cannes	47,70 ℳ

Berlin-Karlsbad-Marienbad-Expreß
(nur im Sommer)

Berlin–Leipzig Hbf	3,80 ℳ
» –Karlsbad	9,50 ℳ
» –Marienbad	9,10 ℳ

Riviera- u. Lloyd-Expreß
(nur im Winter)

Berlin–Frankfurt (M.)	12,40 ℳ
» –Straßburg	17,50 ℳ
» –Lyon	30,80 ℳ

Berlin–Marseille	38,00 ℳ
» –Nizza od. Cannes	42,80 ℳ
» –Mentone	45,20 ℳ
Frankfurt (M.)–Straßburg	5,10 ℳ
» –Nizza od. Cannes	30,40 ℳ
Amsterdam–Wiesbaden	6,05 G
» –Nizza od. Cannes	23,90 G
Hamburg–Altona–Straßburg	19,60 ℳ
» » –Basel	22,90 ℳ
» » –Mailand	34,50 ℳ
» » –Genua	40,00 ℳ
Bremen–Straßburg	16,90 ℳ
» –Basel	20,20 ℳ
» –Mailand	31,80 ℳ
» –Genua	37,30 ℳ
Cöln–Mailand	24,00 ℳ
» –Genua	29,50 ℳ
Straßburg–Mailand	14,90 ℳ
» –Genua	20,40 ℳ

Ostende (-Karlsbad)-Wien-Expreß

Ostende–Wien Westbf	37,00 ƒ
» –Karlsbad (nur im Sommer)	28,90 ƒ
» –Constantza	90,80 ƒ
Cöln–Wien Westbf	21,70 ℳ
» –Karlsbad (nur im Sommer)	15,20 ℳ
» –Constantza	64,80 ℳ
Frankfurt (M.)–Budapest	27,50 ℳ

Orient-Expreß

Paris–Straßburg	15,00 ƒ
» –München	25,80 ƒ
» –Wien Westbf	37,40 ƒ
» –Budapest	50,90 ƒ
» –Bukarest	75,00 ƒ
» –Constantinopel	80,80 ƒ
Rückfahrkarte (60 Tg.)	131,60 ƒ
Straßburg–München	8,60 ℳ
Straßburg–Wien Westbf	18,00 ℳ
» –Budapest	28,90 ℳ
» –Bukarest	56,40 ℳ
» –Constantinopel	64,80 ℳ

München–Wien Westbf	9,40 ℳ
» –Budapest	20,30 ℳ
» –Bukarest	47,80 ℳ
» –Constantinopel	58,20 ℳ
Wien Stsbf–Budapest	12,90 Kr
» –Bukarest	45,80 Kr
» –Constantza	51,30 Kr
» –Constantinopel	58,10 Kr

Paris-Karlsbad-Expreß
(nur im Sommer)

Paris–Karlsbad	31,00 ƒ
Straßburg–Karlsbad	12,90 ℳ
Karlsruhe–Karlsbad	11,00 ℳ
Nürnberg–Karlsbad	4,70 ℳ

Peninsular-Expreß

Calais–Brindisi	103,00 ƒ

Süd-Expreß

Paris–Bordeaux	10,00 ƒ
» –Irun	15,60 ƒ
» –Madrid	50,05 ƒ
» –Lissabon	75,15 ƒ

(St. Petersburg-) Wien-Nizza-Expreß
(nur im Winter)

St. Petersburg–Cannes od. Nizza	41,55 K
» –Mailand	34,20 K
» –Wien Nordbf	21,19 K
Wien S.–Cannes od. Nizza	51,05 Kr
» –Mailand	32,40 Kr
Mailand–Cannes od. Nizza	19,60 L

Sibirien-Expreß

	1. Kl.	2. Kl.
Moskau–Krasnojarsk	32,75 K	24,60 K
» –Irkutsk	40,85 K	30,60 K
» –Wladiwostok	65,10 K	48,75 K

Übersicht der Speise- und Schlafwagen.

Von	Nach	Über	Zug	Nummer der Fahrpläne
		I. Speisewagen.		
Berlin Schles. Bf.	**Lille** (*Nord*)	Löwen-Brüssel	D 12	316, 301, 7, 6, 16.
Brüssel (*Nord*)	**Strassburg, Els.**	Namur-Luxemburg	D 69	10, 333.
Cöln Hbf.	**Laon**	Lüttich-Aulnoye	D 722	301, 7, 50, 51, 52.
Cöln Hbf.	**Lille** (*Nord*)	Löwen-Brüssel	D 414	301, 7, , 16.
Duisburg Hbf.	**Lille** (*Nord*)	Löwen-Brüssel	D 10	316, 301, 7, 6, 16.
Frankfurt (Main) Hbf.	**Mézières-Charleville**	Saarbrücken-Metz	D 204	330, 141.
Giessen	**Mézières-Charleville**	Coblenz-Diedenhofen	D 126	328, 326, 141.
Laon	**Cöln Hbf.**	Aulnoye-Lüttich	D 721	52, 51, 50, 7, 301.
Lille (*Nord*)	**Berlin Schles. Bf.**	Brüssel-Löwen	D 11	16, 6, 7, 301, 316.
Lille (*Nord*)	**Cöln Hbf.**	Brüssel-Löwen	D 413	16, 6, 7, 301.
Lille (*Nord*)	**Duisburg Hbf.**	Brüssel-Löwen	D 9	16, 6, 7, 301, 316.
Mézières-Charleville	**Frankfurt (Main) Hbf.**	Metz-Saarbrücken	D 201	141, 330.
Mézières-Charleville	**Giessen**	Diedenhofen-Coblenz	D 125	141, 326, 328.
Strassburg, Els.	**Brüssel** (*Nord*)	Luxemburg-Namur	D 68	333, 10.
		II. Schlafwagen. *)		
Cöln Hbf.	**Ostende 1)**	Herbesthal-Brüssel	D 422/4113	301, 7, 6, 95, 98. 96.
Cöln Hbf.	**Mézières-Charlev. 1)**	Herbesthal-Namur	D 254	301, 7, 50, 56.
Cöln Hbf.	**St. Quentin**	Lüttich-Aulnoye	D 712	301, 7, 50, 51, 52.
Douai	**Strassburg, Els. 1)**	Lille-Brüssel-Namur-Luxemburg	D 59	138, 16, 10, 333
Frankfurt (Main) Hbf.	**Mézières-Charlev 1)**	Saarbrücken-Metz	D 246	330, 141.
Mézières-Charleville	**Cöln Hbf. 1)**	Namur-Herbesthal	D 253	56, 50, 7, 301.
Mézières-Charleville	**Frankfurt(M.)Hbf. 1)**	Metz-Saarbrücken	D 245	141, 330.
Mézières-Charleville	**Stuttgart Hbf. 2)**	Audun-le-Roman-Strassburg	D 245/357/ D 57	141, 329, 333.
Ostende	**Cöln Hbf. 1)**	Brüssel-Herbesthal	1450/D 421	12, 99, 98, 95. 12, 6, 7, 301.
Saarbrücken	**Mézières-Charlev. 3)**	Audun-le-Roman	D 146	330, 329, 141.
St. Quentin	**Cöln Hbf. 1)**	Aulnoye-Lüttich	D 711	52, 51, 50, 7, 301.
Strassburg, Els.	Douai 1)	Luxemburg-Namur-**Brüssel**-Lille.	D 50	333, 10, 16, 138.
Stuttgart Hbf.	**Mézières-Charleville**	Strassburg-Audun-le-Roman	D 60/360/ D 246	333, 329, 141.
Vouziers	**Saarbrücken 3)**	Audun-le-Roman	D 145	141, 329, 330.

*) Bahnhöfe für Bestellungen auf Schlafwagenplätze s. Seite 6.
Bemerkungen: 1.) I = 17.50 fr. II = 15.00 fr. 2.) I = 15.00 fr. II = 12.50 fr. 3.) I = 12.50 fr. II = 10.00 fr.
Für Teilstrecken einzelner Wagenläufe bestehen ermässigte Sätze.

Übersicht der Speise- und Schlafwagen 1917. Aus: Amtliches Kursbuch für die Eisenbahnen des deutschen Militärbetriebes auf dem westlichen Kriegsschauplatz. Gültig vom 10. Januar 1917 ab. SLG. DR. ALBERT MÜHL

einer *neuen Mitteleuropäischen Schlaf- und Speisewagen-Gesellschaft.*[19] Letztere wird, nach mehreren mißglückten Ansätzen, am 24. November 1916 in Berlin unter der Firma *MITROPA Mitteleuropäische Schlafwagen- und Speisewagen-Aktien-Gesellschaft* gegründet und nimmt am 1. Januar 1917 ihren Betrieb auf. Gegenstand des Unternehmens ist der *Erwerb und Betrieb von Schlafwagen, Speisewagen, Luxuswagen und Luxuszügen.* Da sie noch keine Schlafwagen besitzt, mietet sie vorerst Wagen von der Zwangsverwaltung der ISG an. Im Mai 1917 kauft sie drei fabrikneue ISG-Schlafwagen, die nach Kriegsausbruch nicht mehr geliefert worden waren und im Mai des darauffolgenden Jahres 32 *gebrauchte*, in Deutschland gefertigte Wagen. Der innerdeutsche Betrieb erfolgte im Vertragsverhältnis mit den Eisenbahnverwaltungen, der in den besetzten Gebieten mit den Militäreisenbahn-Generaldirektionen, die Auslandsverkehre als Pachtbetrieb mit gemieteten ISG-Wagen.

Die nachfolgend aufgeführten 23 Schlafwagen liefen in den Kursen Berlin Anh. Bhf. – Stuttgart (D 38/37), Berlin (Stadtbahn) – Budapest (D 5/6) und Berlin Anh. Bhf. – Konstantinopel (Balkanzug D 56/55).

Verzeichnis 431

der in

Deutschland zur Verwendung kommenden Eisenbahnfahrzeuge der früheren Internationalen Eisenbahn-Schlafwagen-Gesellschaft.

Giltig für das Jahr 1918.

Nachrichtlich.

Zur Zeit kommen folgende Kurse in Betracht:

Berlin-Stuttgart, Berlin-Konstantinopel, München-Ulm, München-Lindau, Berlin-Budapest

Wagen Nr.	Erbauungsort	Wagen Nr.	Erbauungsort
Schlafwagen:			
946	Breslau	2081	Cöln
947	„	2447	„
1753	„	2448	„
1754	„	2449	„
1819	„	2450	„
1835	„	2451	„
1837	„	2452	„
1986	Cöln	2453	Cassel
2067	„	2454	„
2069	„	2455	„
2076	„	2457	„
2080	„		

Das vom preußischen Eisenbahn-Zentralamt erstellte *Verzeichnis der in Deutschland zur Verwendung kommenden Eisenbahnfahrzeuge der früheren (!) Internationalen Eisenbahn-Schlafwagen-Gesellschaft* wurde den deutschen Eisenbahnverwaltungen zur Kenntnis übermittelt. Aufgeführt sind die von der Mitropa angepachteten Schlafwagen für Berlin – Stuttgart (D 38/37), Berlin Anh. Bf. – Konstantinopel (Balkanzug D 56/55) und Berlin – Budapest (D 5/6).
Slg. Dr. Albert Mühl

Die preußisch-hessische Verwaltung dachte allerdings nicht im Entferntesten daran, der Mitropa ihre eigenen innerdeutschen Kurse zu übertragen.

Balkanzug – Der deutsche *Orient-Expreß*

In seiner Denkschrift vom August 1915 führte v. Breitenbach u.a. aus: In den Balkanstaaten *bedeutet die Führung des Speise- und Schlafwagendienstes eine starke Einflußnahme auf die Gestaltung der Eisenbahnfahrpläne; dort bedeutet ferner der Betrieb der Luxuszüge die Beherrschung der wichtigsten – unter Umständen sogar der einzigen direkten Reiseverbindungen nach der Mitte und dem Westen Europas. Durch den Orientexpreßzug ... wird den Bewohnern der Balkanstaaten die Macht und die Bedeutung des französischen Kapitals vor Augen geführt ... kam es mir in erster Linie darauf an, den Eisenbahnverkehr nach dem Balkan und darüber hinaus nach dem weiteren Orient, wo große Entwicklungsmöglichkeiten für die deutsche Wirtschaftspolitik liegen, dem französischen Einfluß zu entreißen.*

Breitenbachs *Balkanzug* gelangte am 15. Januar 1916 zur Einführung. Schwierige Verhandlungen mit nicht weniger als elf Eisenbahnverwaltungen waren vorausgegangen:
- Preußisch-Hessische Staatseisenbahnverwaltung, vertreten durch KED Breslau und KED Halle
- K. Sächsische Staatseisenbahnen
- Reichseisenbahnen in Elsaß-Lothringen
- Gr. Badische Staatseisenbahnen
- K. Württembergische Staatseisenbahnen
- K. Bayerische Staatseisenbahnen
- Österreichische kk Staatsbahn
- Kaschau-Oderberger Eisenbahn
- Ungarische Staatseisenbahnen
- Militär-Eisenbahndirektion Nisch
- Chemins de fer Orientaux (Orient-Bahn)

Als geschäftsführende Verwaltung wurde die Generaldirektion der Ungarischen Staatseisenbahnen eingesetzt. Sowohl diese als auch die österreichiscne Staatsbahn (kkStb) und die Orient-Bahn (CFO) waren an unkündbare CIWL-Verträge gebunden. Deren Zulassung preußischer Schlafwagen und solcher der Reichseisenbahnen musste mit der Beistellung von Schlafwagen der CIWL in einem Zugzweig sowie mit der Führung von CIWL-Speisewagen in allen drei Zweigen kompensiert werden. Ab Januar 1917 wurden die ISG-Wagen von der Mitropa als Mietwagen, ab Januar 1918, gleichzeitig mit der Übernahme des gesamten innerösterreichischen Dienstes, mit eigenen Speisewagen, aber mit Pacht-Schlafwagen Berlin Anh. Bhf. – Konstantinopel geführt.

Der Balkanzug besteht im Norden aus drei Zweigen:
- Stammzug ist der ab Charlottenburg über die Stadtbahn und weiter über Breslau – Oderberg – Sillein bis Galanta geführte D 19/18 mit preußischen Schlafwagen,
- der zweite Berliner Zweig ist der D 56/55 ab und an Berlin Anh. Bhf. über Dresden – Tetschen bis Wien Nordbahnhof mit ISG-Schlafwagen,
- dritter Zweig ist der D 51/56 Straßburg – Wien Westbahnhof mit Schlafwagen der Reichseisenbahnen.

Zweiter und dritter Zweig werden in Wien-Nord vereinigt und in Galanta an den Stammzug angehängt.

Die Schlafwagen führen nur die 1. Klasse und der Bettkartenpreis beträgt 16,– Mark pro Nacht, für die Gesamtstrecke also 32,– Mark. Für die Benutzung des Zuges sind eine besondere Genehmigung und ein Passierschein erforderlich.

Der Balkanzug verkehrt ab 15. Januar 1916 ab Berlin und ab München, ab 19. Januar ab Straßburg, zweimal wöchentlich. Im Juni 1917 wird der Straßburger Zweig auf München zurückgenommen und ab Juni 1918 verkehrt der Zug nur noch einmal in der Woche.

Wir können hier erstmals einen authentischen Zugbildungsplan des Balkanzuges vorlegen, der sich im Nachlaß des französischen Eisenbahnhistorikers Maurice Lengellé – als Autor besser bekannt unter dem Pseudonym Vauquesal-Papin – gefunden hat und der vom Autor mit Zugnummern, Verkehrszeiten und Wagenbeistellern ergänzt wurde.

19 Die Denkschrift ist in vollem Wortlaut abgedruckt in Mühl, Albert: 75 Jahre MITROPA. Die Geschichte der Mitteleuropäischen Schlafwagen- und Speisewagen-Aktiengesellschaft. Freiburg: EK-Verlag 1992.

Eine große Menge Schaulustiger begleitet die Ausfahrt des ersten Balkanzuges aus dem Hauptbahnhof in Dresden am 15. Januar 1916. AUFN.: SLG. SÖLCH

Zugbildungsplan Balkanzug – Winterfahrplan 1916/17

Verkehrt zweimal wöchentlich. Abfahrt Mittwoch und Samstag in Charlottenburg 7.59, Berlin Anh. Bhf. 7.55, Straßburg x), Ankunft in Konstantinopel Freitag und Montag (16.22). Abfahrt in Konstantinopel Samstag und Dienstag (14.00), Ankunft in Charlottenburg (22.14) und Berlin Anh. Bhf. (22.20) Donnerstag und Montag.

Berlin Anh. Bhf. (D 56) – Tetschen (108) – Wien-Nord

Pw4ü	(kkStB)	Berlin – Wien-Nord
AB4ü	(Sachs)	Berlin – Sofia
WL4ü	(ISG)	Berlin – Konstantinopel
WR4ü	(ISG)	Berlin – Galanta

Straßburg – Stuttgart (D 51)

Pw4ü	(Els.-Lothr.)	Straßburg – Konstantinopel
WL6ü	(Els.-Lothr.)	Straßburg – Konstantinopel
AB4ü	(Els.-Lothr.)	Straßburg – Belgrad
AB4ü	(Els.-Lothr.)	Straßburg – Salzburg
AB4ü	(Els.-Lothr.)	Straßburg – Salzburg

Stuttgart – München (D 51)

Pw4ü		Stuttgart – München
AB4ü		Straßburg – Salzburg
AB4ü		Straßburg – Salzburg
AB4ü		Straßburg – Belgrad
WL6ü		Straßburg – Konstantinopel
Pw4ü		Straßburg – Konstantinopel

München – Salzburg (D 51)

Pw4ü		Straßburg – Konstantinopel
WL6ü		Straßburg – Konstantinopel
AB4ü		Straßburg – Belgrad
WR4ü	(ISG)	München – Wien
AB4ü		Straßburg – Salzburg
AB4ü		Straßburg – Salzburg

Salzburg – Wien-West (8)

Pw4ü		Straßburg – Konstantinopel
WL6ü		Straßburg – Konstantinopel
AB4ü		Straßburg – Belgrad
WP4ü		München – Wien
AB4ü	(kkStB)	Salzburg – Wien

Wien-West – Wien-Nord

Pw	(kkStB)	Wien-West – Wien-Nord
AB4ü		Straßburg – Belgrad
WL6ü		Straßburg – Konstantinopel
Pw4ü		Straßburg – Konstantinopel

Wien-Nord – Galanta (kkStB 101/MAV 101 B)

Pw	(kkStB)	Wien – Galanta
WR4ü		Berlin – Galanta ➡
WL4ü		Berlin – Konstantinopel
AB4ü		Berlin – Sofia
AB4ü		Straßburg – Belgrad
WR6ü		Straßburg – Konstantinopel
Pw4ü		Straßburg – Konstantinopel

Charlottenburg (D 19) – Berlin-Stadtbahn – Oderberg (KOB 9) – Sillein (1401 B MAV) – Galanta

Pw4ü	(Pr)	Berlin – Konstantinopel
WL6ü	(Pr)	Berlin – Konstantinopel
AB4ü	(Pr)	Berlin – Nisch
AB4ü	(Pr)	Berlin – Konstantinopel
WR4ü	(ISG)	Berlin – Budapest

Galanta – Budapest Westbahnhof (1401 B)

Pw4ü	(Pr)	Berlin – Konstantinopel
WL6ü	(Pr)	Berlin – Konstantinopel
AB4ü	(Pr)	Berlin – Nisch
AB4ü	(Pr)	Berlin – Konstantinopel
WR4ü	(ISG)	Berlin – Budapest
WL4ü	(ISG)	Berlin – Konstantinopel
AB4ü	(Sachs)	Berlin – Sofia
AB4ü	(EL)	Straßburg – Belgrad
WL6ü	(EL)	Straßburg – Konstantinopel
Pw4ü	(EL)	Straßburg – Konstantinopel

Budapest West – Belgrad (MAV 902 B)

Pw4ü		Straßburg – Konstantinopel
WL6ü		Straßburg – Konstantinopel
AB4ü		Straßburg – Belgrad
AB4ü		Berlin – Sofia
WL4ü		Berlin – Konstantinopel
AB4ü		Berlin – Konstantinopel
AB4ü		Berlin – Nisch
WL6ü		Berlin – Konstantinopel
PW4ü		Berlin – Konstantinopel

Belgrad – Nisch

Pw4ü		Berlin – Konstantinopel an Spitze ohne AB4ü Straßburg – Belgrad
WR4ü	(CIWL)	Belgrad – Konstantinopel zwischen AB4ü Berlin-Sofia und WL4ü Berlin – Konstantinopel

Nisch – Sofia

Pw4ü		Straßburg – Konstantinopel an Spitze ohne AB4ü Berlin – Nisch

Sofia – Konstantinopel

Pw4ü	(EL)	Straßburg – Konstantinopel
WL6ü	(EL)	Straßburg – Konstantinopel
WR4ü	(CIWL)	Belgrad – Konstantinopel
WL4ü	(ISG)	Berlin – Konstantinopel
AB4ü	(Pr)	Berlin – Konstantinopel
WL6ü	(Pr)	Berlin – Konstantinopel
Pw4ü	(Pr)	Berlin – Konstantinopel

Der Balkanzug, geführt von einer kriegsdienstverpflichteten bayerischen P 3/5, auf der Moravabrücke bei Cuprija im besetzten Serbien. Feldpostkarte 1917. SLG. TAUSCHE

Balkanzug ab Berlin (Stadtbahn), aufgenommen am 28. Mai 1917 in Ungarn bei Bicsó im Waagtal. Zugbildung: Lok MAV 301.502, Pw4ü und WL6ü Berlin – Konstantinopel, AB4ü Berlin – Nisch, AB4ü Berlin – Konstantinopel, WR4ü (ISG) Berlin – Budapest.
AUFN.: STÖGERMAYER

Am 14. September 1917 lief der Balkanzug außerplanmäßig den Wiener Nordwestbahnhof anstatt des Nordbahnhofs an.
SLG. DR. HADRBOLETZ

Die erste Abfahrt des Balkanzuges am 15. Januar 1916 wird im Hauptbahnhof Dresden gefeiert. Dieser Zweig (Abfahrt Berlin Anhalter Bahnhof) führte Schlafwagen und Speisewagen der ISG. Links oben ein preußischer WL6ü des Hauptzuges ab Berlin (Stadtbahn).
SLG. CURTET

Die Folgen

Der Kampf geht weiter

Bei Kriegsende im November 1918 befand sich die CIWL im Lager der Sieger. Sie war zugegen, als diese ab Januar 1919 in Versailles berieten, welche Bedingungen dem Deutschen Reich in einem Friedensvertrag aufzuerlegen sind. Eine davon war die Verpflichtung, die internationalen Expreßzüge auf deutschen Strecken zu befördern. Verlangt wurden Rückgabe des Vermögens und Leistung von Schadensersatz. Dies führte u.a. zur Übergabe der von der Mitropa erworbenen Schlafwagen sowie eines Teiles der Speisewagen, deren seinerzeitiger Ankauf beim deutschen Zwangsverwalter als *räuberischer Akt* betrachtet wurde. Die französische Regierung zwang auch Österreich, wo die Mitropa im Januar 1918 die ISG-Verkehre übernommen hatte, in den alten Generalvertrag von 1903 mit der CIWL wieder einzutreten.

In Deutschland kam der Reiseverkehr im Jahr 1919 und noch anfangs des Folgejahres wegen Kohlenmangels und infolge politischer Unruhen wiederholt nahezu völlig zum Erliegen. Mit Wirkung vom 1. April 1920 übernahm die Deutsche Reichsbahn die deutschen Länderbahnen und damit auch die zwischen diesen und der Mitropa geschlossenen Verträge. Nach und nach wurden wieder Schlafwagen in die Züge eingestellt. Diese wurden in der Mehrzahl von der Reichsbahn betrieben. Bereits in den Jahren 1920 und 1921 ist es der Mitropa gelungen, Verträge mit den Staatsbahnen neutraler Länder – der Niederlande, Dänemarks und Schwedens – abzuschließen. Die Schlafwagen auf der Fährbootroute von Berlin und Hamburg nach Kopenhagen wurden seit Juli 1922 wieder gefahren, wenig später solche nach Malmö und in die Niederlande. Den Weg ins internationale Geschäft sollte ihr die im Oktober 1921 in Genf gegründete kanadisch-britisch-deutsch-schweizerische Holdinggesellschaft *Transcontinent*, wobei es zu geradezu atemberaubenden und nahezu halsbrecherischen Kapitalverschiebungen und Vertragsübernahmen gekommen ist, ebnen.

Die Deutsche Reichsbahn dachte immer noch nicht daran, ihren Schlafwagenbetrieb gänzlich der Mitropa zu übertragen. Im Jahr 1922 sind 26 Kurse von letzterer und 52 von der DR bedient worden. Zwischen 1921 und 1924 stellte die Reichsbahn 23 neue *Liegewagen* 3. Klasse, 1923/24 – gleichzeitig mit der Mitropa – zehn WLAB4ü in Stahlbauweise ein. Die Mitropa, die ihre Dienste zunächst mit Reichsbahn-Schlafwagen im Pachtbetrieb führte, kaufte zwischen 1921 und 1925 von dieser in mehreren Raten insgesamt 78 Schlafwagen – überwiegend Sechsachser und neueren Datums.

Am 23. April 1925 ist es, nach sich über Jahre hinziehenden zähen Verhandlungen, schließlich zu einem Vertrag zwischen der CIWL und der Mitropa gekommen, in dem die Monopole beider Gesellschaften regional geregelt und festgeschrieben sind. Die Mitropa *erhält* Skandinavien, die Niederlande, die Bäderverkehre mit Karlsbad, Marienbad und Franzensbad aus und nach Deutschland, einige deutsch-österreichische und deutsch-schweizerische Verkehre.[20] Das Abkommen war eigentlich als eine Art Friedensvertrag gedacht, hat sich jedoch auf Dauer nicht als ein solcher erwiesen. Der Kampf ging weiter.

Die am 11. Oktober 1924 aus der Deutschen Reichsbahn umgewandelte Deutsche Reichsbahn-Gesellschaft (DRG) genehmigte den Vertrag und schloß ihrerseits am 20. Mai 1925 ein Abkommen mit der ISG. Ein erstes Ergebnis der Verträge sind die Schlafwagenkurse des Sommerfahrplans 1925. Das der Mitropa zugestandene innerdeutsche Schlafwagenmonopol kam nach Ablauf eines Jahres zustande.

Schlafwagenkurse – Sommerfahrplan 1925

Altona – Aachen	H: D 100-D 200-Z 342 R: D 137-D 199-D 99	DRG
Altona – Frankfurt (M)	D 76/75 D 78/77	DRG
Altona – Köln	D 92/91 D 100/99	DRG
Altona – Leipzig	Z 479/480	DRG
Altona – Rotterdam	D 100-174/173-99	Mitropa
Altona – Vlissingen	D 92-138/137-91	Mitropa
Altona – Würzburg	D 88/87	DRG
Basel Bad. Bf. – Amsterdam	D 307-107-355/354-108-308	Mitropa
Basel S. B. Bf. – Amsterdam	D 173/174	Mitropa
Basel Bad. Bf. – Dortmund	D 307/308	Mitropa
Basel Bad. Bf. – Oberhausen	D 173/174	Mitropa
Berlin Anh. Bf. – Bad Kissingen	D 38/37	DRG
Berlin Anh. Bf. – Basel S. B. Bf.	D 2/1	Mitropa
Berlin Anh. Bf. – Frankfurt (M)	D 2/1	DRG
Berlin Anh. Bf. – Lindau	D 92/91	Mitropa
Berlin Anh. Bf. – München	D 24/25	Mitropa
Berlin Anh. Bf. – München	D 50/49 (1.-3. Kl.)	Mitropa
Berlin Anh. Bf. – München	D 70/71 Schlafwagenzug	Mitropa
Berlin Anh. Bf. – München	D 26/21	Mitropa
Berlin Anh. Bf. – Passau – Wien	D 156/155	Mitropa
Berlin Anh. Bf. – Tetschen – Wien	D 52/51	CIWL
Berlin (Stadtbahn) – Amsterdam	D 174/173	Mitropa
Berlin (Stadtbahn) – Baden-Baden	D 46/45	Mitropa
Berlin (Stadtbahn) – Beuthen	D 41/42 (1.-3. Kl.)	DRG
Berlin (Stadtbahn) – Bremen	D 8-146/145-5	DRG
Berlin (Stadtbahn) – Breslau	D 41/Z 230	DRG
Berlin (Stadtbahn) – Eydtkuhnen	D 7/8 D 51/52	DRG
Berlin (Stadtbahn) – Frankfurt (M)	D 46/45 (1.-3. Kl.)	DRG
Berlin (Stadtbahn) – Haag	D 174/173	Mitropa
Berlin (Stadtbahn) – Insterburg	D 51/52 (nur 3. Kl.)	DRG
Berlin (Stadtbahn) – Insterburg	D 3/4 (1.-3. Kl.)	DRG
Berlin (Stadtbahn) – Karlsruhe	D 46/45	Mitropa
Berlin (Stadtbahn) – Köln	D 10/9 (auch Liegew. 3. Kl.)	DRG
Berlin (Stadtbahn) – Köln	D 6/5 D 8/7	DRG
Berlin (Stadtbahn) – Köln	D 16/15 Schlafwagenzug (1.-3. Kl.)	DRG
Berlin (Stadtbahn) – Mannheim	D 46/45	Mitropa
Berlin (Stadtbahn) – Marienburg	D 51-5/6-52	DRG
Berlin (Stadtbahn) – München Gladbach	D 10-Z 252/D 199-7	DRG
Berlin (Stadtbahn) – Vlissingen	D 174-Z 38/37-D 173	Mitropa
Berlin (Stadtbahn) – Wesel	D 174-238/237-173	DRG
Berlin Potsd. Bf. – Coblenz	D 180-126/125-179	DRG
Berlin Potsd. Bf. – Frankfurt (M)	D 180/179	DRG
Berlin Potsd. Bf. – Köln	D 38/37	DRG
Berlin Potsd. Bf. – Aachen	D 38-138/137-37	DRG
Berlin Lehrt. Bf. – Altona	Z 206/205	DRG
Berlin Lehrt. Bf. – Norddeich	D 102/109 (12.-14.9.)	DRG
Berlin Stett. Bf. – Kopenhagen	D 15/16	Mitropa
Berlin Stett. Bf. – Malmö	D 17/14	Mitropa
Berlin Stett. Bf. – Stockholm	D 13/18	SJ
Berlin Anh. Bf. – Hof – Nürnberg	D 26-116-118/117-115-21	Mitropa
Berlin Anh. Bf. – Osterburken – Stuttgart	D 38/37	Mitropa
Berlin Anh. Bf. – Nürnberg – Stuttgart	D 238/237 (1.-3. Kl.)	Mitropa
Bukarest – Amsterdam	L 51-D 255/254-L 52	CIWL
Dresden – Frankfurt (M)	D 202/201	DRG
Dresden – Regensburg – München	D 120-24/21-115	Mitropa
Dresden – Bamberg – Nürnberg	D 116-102/105-115	Mitropa
Frankfurt (M) – Basel	D 44/41	Mitropa
Frankfurt (M) – Stuttgart – München	D 94-69/56-93	Mitropa
Frankfurt (M) – Würzburg – München	D 48/47	Mitropa
Hamburg – Kopenhagen	D 19-15/16-20	Mitropa
Hamburg – Malmö	D 19-97-17/14-98-20	Mitropa
Hamburg – Oslo	D 7-49-13/18-50-8	SJ
Köln – München	D 48/47	Mitropa
Köln – Norddeich	D 177/178	DRG
Köln – Ostende	D 114/101	CIWL
Köln – Paris	D 102/113	CIWL
Leipzig – Amsterdam	D 138/137	Mitropa
Leipzig – Breslau	D 1-121/122-2	DRG
Leipzig – Düsseldorf	D 190-138/137-189	DRG
Leipzig – Köln	D 190/189	DRG
Leipzig – München Gladbach	D 190-90-Z 370/199-89-189	DRG
Leipzig – Tetschen – Prag	D 1-52/51-2	CIWL
Leipzig – Vlissingen	D 138-Z 38/D 37-137	Mitropa
München – Bologna	D 80-266-Z 61/64-265-D 79	CIWL ➞

20 Der volle Wortlaut des Vertrages in *75 Jahre MITROPA*, siehe [19].

Schnellzug 92 Gedser – Kopenhagen bei der Ausfahrt Gedser mit grünen Mitropa-Schlafwagen Berlin – und Hamburg – Kopenhagen. Gemälde 1923 von Rs. Christiansen. DSB JERNBANEMUSEET

München - Bozen	D 22-267-Z 441/446-D 268-29	CIWL
München - Saarbrücken	H: D 56-93-Z 356-D 56	Mitropa
	R: D 39-94-69	
München - Wien	D 19-118/117-18	Mitropa
München - Zürich	D 126/125	Mitropa
Nürnberg - Wien	D 158-118/117 157	Mitropa
Ostende - Budapest	D 54/55	CIWL
Ostende - Berlin - Riga	D 11-7/8-12	CIWL
Ostende - Berlin - Warschau	D 11/12	CIWL
Paris - Berlin - Riga	D 11-7/8-12	CIWL
Paris - Berlin - Warschau	D 11/12	CIWL
Paris - Nürnberg - Prag	H: D 39-159-147-Z 1106	CIWL
	R: Z 1105-D 148-158-36	
Stuttgart - Vlissingen	D 107-355/251-54	Mitropa
Wiesbaden - Paris - Mainz	D 148/147	CIWL
Würzburg - Haag	D 55-255/254-54	Mitropa
Würzburg - Vlissingen	D 55-107/108-54	Mitropa

Ende November des gleichen Jahres erwarb die DRG 80 % des Kapitals der *Transcontinent* und war damit zugleich im Besitz von 57 % des Kapitals der Mitropa. Nachdem nunmehr die Grenzen abgesteckt und auf Dauer vertraglich abgesichert waren und die Aktienmehrheit quasi über Nacht realisiert worden war, entschloß sich die Reichsbahn, den gesamten Schlafwagenbetrieb endgültig der Mitropa zu übertragen. Dies geschah zum Beginn des Sommerfahrplans 1926 mit Wirkung vom 15. Mai. Gleichzeitig übergab sie ihre restlichen Schlafwagen der Mitropa, die sie als *dauernd angepachtete Schlafwagen* in ihrem Fahrzeugpark führte. Sämtliche Wagen wurden nach einem neuen System umgenummert und erhielten den roten Lack und den goldenen Adler. Die letzten Reichsbahn-Kurse sind wie folgt übergeben worden:

8. April	Berlin - Beuthen	D 41/42
	Berlin - Breslau	D 41/P 230
15. April	Berlin - Frankfurt (M.)	D 2/1
		D 46/45
26. April	Altona - Frankfurt (M.)	D 76/75
30. April	Altona - Köln	D 91/92
		D 99/100
	Altona - Aachen	D 99/100
	Berlin - Eydtkuhnen	D 7/8
		D 3-51/52-4
	Berlin - Insterburg	D 3/4
	Dresden - Frankfurt (M.)	D 201/202
12. Mai	Köln - Berlin	D 5/6
14. Mai	Köln - Berlin	D 9/10
	Köln - Leipzig	D 189/190

Nicht wenige von ihnen gehen zurück in die achtziger Jahre, in die Pionierzeit des preußischen Schlafwagenbetriebes. Hier und jetzt schließt sich der Kreis vom *Bromberger Schlafwagen* zum *Hechtwagen*. Am 15. Mai 1926 beginnt ein neues Kapitel der Schlafwagengeschichte. Aber das steht auf einem anderen Blatt.

Der WL6ü MITROPA 2065 ex 0102 (Görlitz 1904) wurde 1922 erworben und in Görlitz aufgearbeitet. Anstrich Grün mit schwarzen und gelben Zierleisten (wie KPEV), Anschriften Gelb. WERKAUFNAHME GÖRLITZ; SLG.: THEURICH

Präsentation deutscher Schlafwagen 1922 in Kopenhagen Hbf. (Belvedere) mit Vertretern der Reichsbahn, der Mitropa und der Dänischen Staatsbahnen.

DSB Jernbanemuseet

Liegewagen und Schlafwagen der Deutschen Reichsbahn

Eine Fahrkarte Berlin-Köln kostete damals für die 1. Klasse 63.– Mark plus 6.– Mark Schnellzugzuschlag, 2. Klasse 44.– plus 3.– Mark. Schlafwagenbenutzer zahlten für die Bettkarte 1. Kl. (Einbettabteil) 26.–, 2. Klasse (Zweibettabteil) 13.– Mark. Nur wenige konnten sich diese Preise leisten. Die Fahrkarte 3. Klasse kostete nur 29.– plus 1.50 Mark Zuschlag. Wer einmal eine Nacht in einem mit acht Reisenden besetzten Abteil 3. Klasse auf Bretterbänken verbracht hat, weiß, was das bedeutet. Nur wenige Leser werden dies aus eigener Erfahrung nachvollziehen können.

Die Reichsbahn führte am 1. Januar 1922 den Schlafwagen 3. Klasse ein, um auch dem Publikum der *Holzklasse* einen, wenn auch bescheidenen Komfort während der Nachtfahrten zu bieten. Diese *Liegewagen* – ursprünglich ohne Bettzeug – mit je drei Schlaflagern in zwölf Halbabteilen verkehrten zunächst in den Kursen Berlin – Königsberg (DR), Berlin – Köln (DR) und Berlin – München (Mitropa) als *Schlafwagen III. Klasse.* Die Bettkarte kostete 6.50 Mark. Noch im gleichen Jahr ist die Ausgabe von Bettwäsche und Decken zum Mietpreis von 2.50 Mark zugelassen worden.

Bereits 1899 hatten die Schwedischen Staatsbahnen versuchsweise Liegewagen 3. Klasse eingeführt. Daraufhin beantragte die Deutsche Waggon-Leihanstalt im selben Jahr beim Minister der öffentlichen Arbeiten die Einstellung solcher Wagen in die preußischen Züge, was abgelehnt wurde, während die Entwicklung von Schlafwagen 3. Klasse in Schweden und Norwegen weiterbetrieben wurde. Auch 1913 verweigerte der Minister vor dem preußischen Landtag die Einführung solcher Wagen mit der Begründung, daß die Verkehrsverhältnisse und die Reisebedürfnisse in den dünn besiedelten skandinavischen Ländern ganz andere als die im dicht bevölkerten Deutschland sind. Hier gäbe es zahlreiche große Städte und viele Reisen auf kürzere Entfernungen. Die Besetzung der alle drei Klassen führenden Schnellzüge sei stark und es sei betrieblich sehr schwierig, diese ausgelasteten Züge noch mit einer neuen Wagenart zu belasten. Noch 1920 lehnte die Deutsche Reichsbahn die Einführung wegen zu hoher Kosten und zugleich Einnahmeverlusten für die 2. Klasse ab. Doch schon im Jahr darauf wurden Schlafwagen 3. Klasse in das Fahrzeugbeschaffungsprogramm der Reichsbahn aufgenommen.

Die ersten zehn Wagen wurden 1921/22 von Linke-Hofmann in Breslau angeliefert, 13 weitere folgten, gleichfalls aus Breslau, 1923/24. Der Grundriß sieht 12 Halbabteile mit geraden Zwischenwänden ohne Verbindungstür mit 1 220 mm Länge, ein Schaffnerabteil 700 mm, zwei Waschräume, zwei Aborte, zwei Vorräume und einen Seitengang vor. Das Abteil hatte drei übereinander angeordnete, 620 mm breite Schlaflager – das obere fest, das untere bei Tagesfahrt zum Anheben. Untergestell aus Eisen, an den Enden eingezogen; Kastengerippe mit Säulen und Dachspriegeln aus Eisen; Bekleidungsbleche angenietet, Tonnendach. Die innere Wand und Deckenverkleidung bestand aus Kiefernbrettern, eichenholzfarben bzw. weiß gestrichen. Kunze-Knorr-Schnellbremse, Dampfheizung, elektrische Batteriebeleuchtung.

Nachdem alle 23 Wagen angeliefert worden waren, wurden sie im Sommerfahrplan 1924 in folgende Kurse eingestellt:

Berlin (Stadtbahn) – Thorn – Allenstein	D 51/52
Berlin (Stadtbahn) – Breslau – Beuthen	D 41/62-42
Berlin (Stadtbahn) – Dirschau – Insterburg	D 3/4
Berlin Anh. Bhf. – Probstzella – München (Mitropa)	D 70/71
Berlin Anh. Bhf. – Probstzella – München (Mitropa)	D 50/49
Berlin Anh. Bhf. – Nürnberg – Stuttgart (Mitropa)	D 238/237
Frankfurt (M.) – Stuttgart – München (Mitropa)	D 94-69/56-93

Im Winterfahrplan 1924/25 kam dazu noch der Kurs Berlin Anh. Bhf.-Frankfurt (M.) in D 46/45.

Mit Beginn des Sommerfahrplans 1926 sind die Schlafwagen 3. Klasse, die stets im Eigentum der Reichsbahn verblieben, der Mitropa als Pachtwagen übergeben worden.

Die Aufnahme von zehn Schlafwagen 1. und 2. Klasse in das Fahrzeugprogramm 1923 beweist, daß die Deutsche Reichsbahn noch am Eigenbetrieb festhielt. Je fünf Wagen wurden von der WUMAG Waggon- und Maschinenbau-AG Görlitz (1923) und von Linke-Hofmann-Lauchhammer in Breslau (1924) geliefert. Sie waren zur Einstellung in den Schlafwagenzug Berlin – Köln (D 16/15) und als Einzelläufer im Kurs Berlin – Frankfurt (D 2/1) bestimmt.

Die nach Übersichtszeichnung B.c.95.3 gefertigten Fahrzeuge hatten zehn Halbabteile (1 655/1 305 mm) mit schrägen Zwischenwänden mit zweiflügeligen Türen und je zwei Betten. Untergestell aus Eisen, an den Enden eingezogen; Kastengerippe mit Säulen und Dachspriegeln ebenfalls aus Eisen; Rammdach, darauf über den Vorräumen Scheindach; Bekleidungsbleche angenietet; zweiachsige amerikanische Drehgestelle wie schon die Liegewagen; innere Wand- und Deckenverkleidung aus Sperrholz mit Tapete und Leistenwerk; Linoleumfußboden; elektrische Dynamobeleuchtung; Warmwasser- und Dampfheizung. Anstrich – wie sämtliche preußische und Reichsbahn-Reisezugwagen – grün mit gelben Aufschriften. Nach der Übergabe an die Mitropa als ständige Pachtwagen wurden sie rot gestrichen – wie alle Schlafwagen und Speisewagen.

Gleichzeitig mit Bau und Lieferung dieser letzten Reichsbahn-Schlafwagen beschaffte die Mitropa ihre ersten 20 Neubau-Schlafwagen gleicher Bauart (1923/24).

Neubau-Schlafwagen der Deutschen Reichsbahn

Urspr.	Nr.	1923		Erbauer	Baujahr	1926 Mitropa (Mietwagen)	1937
02000	Bln	12001	Bln	Bsl	1921	36004	36600 (1927)
02001		12002				36006	
02002		12003				36010	
02003		12004				36008	
02004		12005				36012	
02005		12006				36014	
02006		12007				36016	
02007		12008				36018	
02008	Ffm	12002	Ffm		1922	36000	
02009	Bln	12010	Bln		1921	36022	
02010		12014			1923	36030	
02011		12015				36032	
02012		12016				36034	
02013		12017				36036	
02014		12018				36038	
02015	Ffm	12003	Ffm			36002	
02016	Bln	12019	Bln	Bsl		36040	
02017		12020				36042	
02018		12021				36020	
02019		12022				36044	
02020		12011			1924	36024	
02021		12012				36026	
02022		12013				36028	
0332	Alt	11501	Alt	Glz	1923	20001	30101
0333		11502				20003	30102
0334	Bln	11501	Bln			20005	30103
0335		11502				20007	
0336		11503				20009	
0337		11504		Bsl	1924	20011	20011
0338		11505				20013	
0339	Ffm	11501	Ffm			20017	20017 (S)
0340		11502				20019	20019 (S)
0341	Bln	11502	Kln			20015	30104

Die WL 02000-02022 wurden ursprünglich als *Liegewagen*, ab 1923 als *Schlafwagen III. Klasse* bezeichnet.

Alle 33 Wagen blieben Eigentum der DRG bzw. DR. Sie waren von der Mitropa lediglich angemietet.

Seitenansichten des Liegewagens 02000 Berlin im Werkshof der Linke-Hoffmann-Werke Breslau 1921. WERKAUFNAHMEN BRESLAU; SLG. DEPPMEYER

Stirnansicht des Liegewagens 02000 Berlin im Werkshof der Linke-Hoffmann-Werke Breslau 1921.

WERKAUFNAHME BRESLAU; SLG. DEPPMEYER

unten: Blicke in den Seitengang und das Schaffnerabteil des 02000.

WERKAUFNAHMEN BRESLAU; SLG. THEURICH

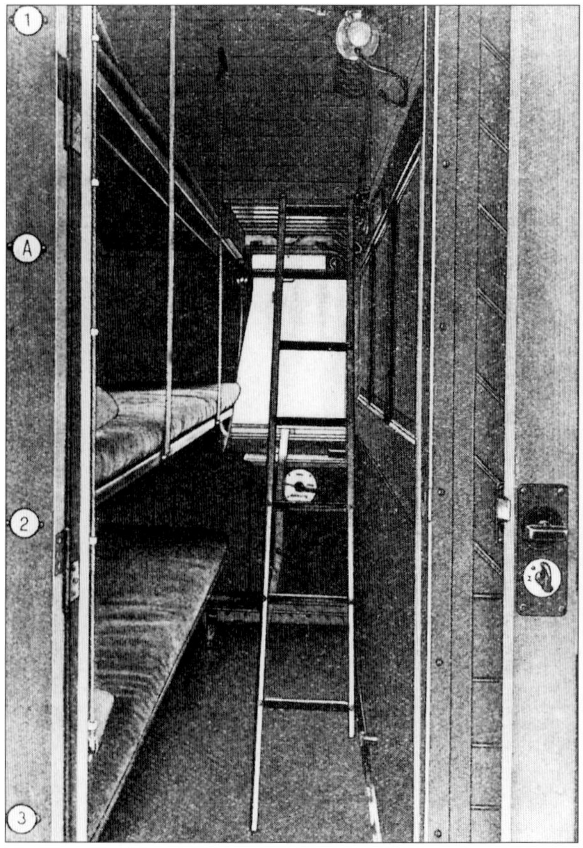

Kiefernholzbretter für die 3. Klasse, Die Innenausstattung der Reichsbahn-Liegewagen war von *gediegener Einfachheit.* AUS ORGAN 1922

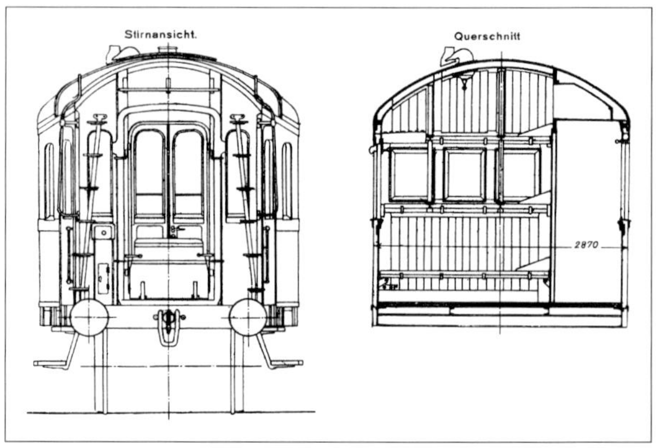

Stirnansicht und Querschnitt des *Schlafwagens III. Klasse* der Deutschen Reichsbahn (1921). AUS ORGAN 1921

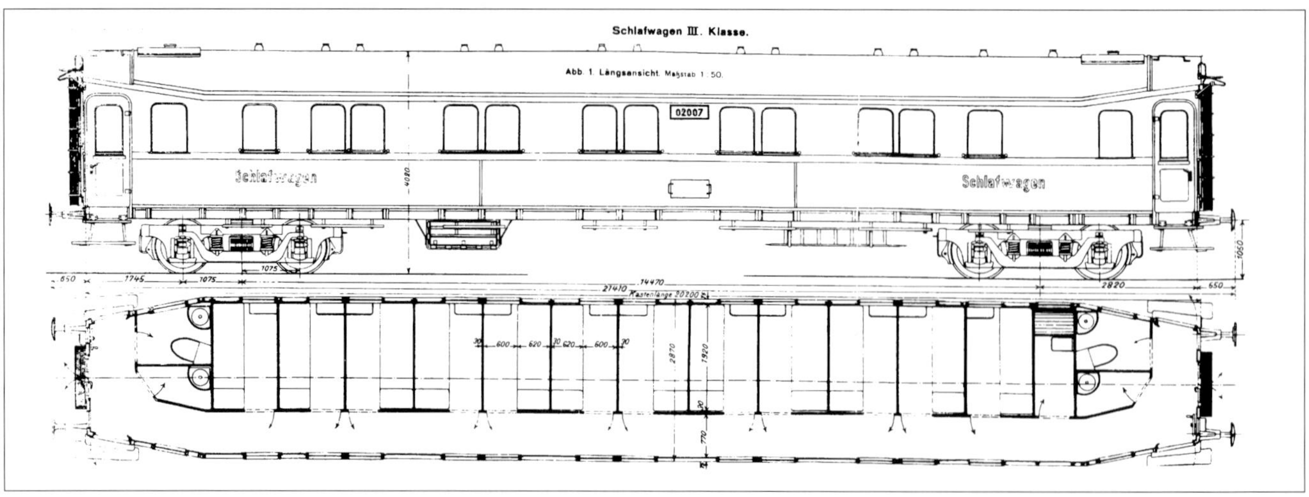

Längsansicht und Grundriß des *Schlafwagens III. Klasse* der Deutschen Reichsbahn (1921). AUS ORGAN 1921

Präsentation der Liegewagen 02000 und 02001 im Winter 1921/22 in Jena-Saalbahnhof mit Vertretern der DR, der Mitropa und der Waggonindustrie. MITROPA-ARCHIV

Die Deutsche Reichbahn bestellte 1923 zehn Schlafwagen 1. und 2. Klasse. WL4ü 0336 Berlin (Görlitz 1923).

WERKAUFNAHME GÖRLITZ; SLG. THEURICH

Not-
bremse
2231f

links und oben: Schlafabteil des 0336. Ausstattung und Einrichtung konnten sich sehen lassen. WERKAUFNAHMEN GÖRLITZ; SLG. THEURICH

Eisernes Kastengerippe und Untergestell des 0336. WERKAUFNAHME GÖRLITZ; SLG. THEURICH

Schaffnerabteil des WL4ü der DR – Bauart 1923.

WERKAUFNAHME GÖRLITZ; SLG. THEURICH

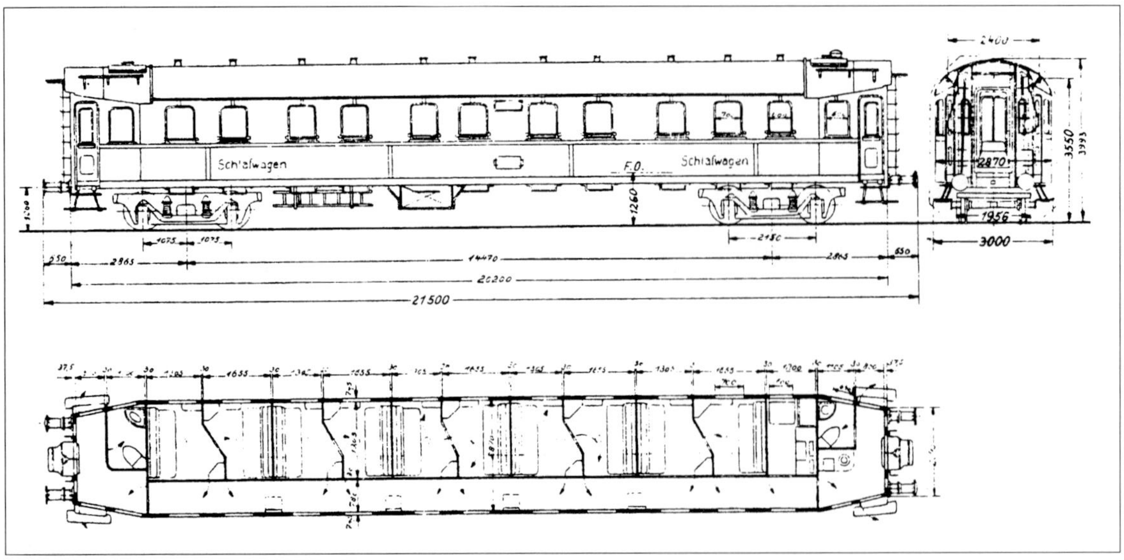

WL4ü – Bauart 1923 der Deutschen Reichsbahn. Slg. Dr. Albert Mühl

Schlafwagenzüge

Dem ersten ausschließlich aus Schlafwagen – mit Ausnahme des Gepäckwagens an der Zugspitze – zusammengestellten Zug der Preußisch-Hessischen Eisenbahnverwaltung für den öffentlichen Verkehr begegnen wir im Sommer 1913. Es ist dies der *Schlafwagenzug Berlin – München und – Lindau* D 168, der zu Beginn der Sommerferien von 1. bis 15. Juli nur in der Nord-Süd-richtung und nur für Reisende ab Berlin vom Anhalter Bahnhof über Halle – Saalfeld – Probstzella – Bamberg – Nürnberg – Treuchtlingen – Augsburg verkehrte. Die Schlafwagen nach Lindau wurden in Augsburg an den D 70 Berlin – Schweiz, der nur zwischen 21. Juni und 31. August (mit Gegenzug D 69) gefahren wird und bereits einen Schlafwagen Berlin – Lindau mitführt, angehängt und über Buchloe ans Ziel gebracht.

Den zweiten Schlafwagenzug der KPEV finden wir im Sommerfahrplan 1916 zwischen Berlin (Stadtbahn) und Köln über Hannover – Essen – Düsseldorf, der bis in die dreißiger Jahre als D 16/15 gefahren wird.

Anfang der zwanziger Jahre richtete die Reichsbahn einige reine Schlafwagenzüge ein. Im Sommerfahrplan 1923 sind aufgeführt – allerdings mit dem Vermerk *verkehren z. Z. nicht*:

Berlin Anh.Bf. – Erfurt-Frankfurt (DR)	1.-3. Kl	D 6/5
Berlin Anh.Bf. – Nürnberg-München (Mitropa)	1.-3. Kl.	D 70/71
Berlin Anh.Bf. – Nürnberg-Stuttgart (Mitropa)	1.-3. Kl.	D 237/238
Berlin (Stadtbahn) – Köln (DR)	1.-3. Kl.	D 16/15

Im Sommerfahrplan 1925 sind davon lediglich die Schlafwagenzüge D 16/15 (1.-3. Kl. – DR) und D 70/71 (l. u. 2. Kl. – Mitropa) übriggeblieben. Letzterer ist noch während des Krieges gefahren worden.

Gleichzeitig mit der Reichsbahn beschaffte die Mitropa 1923/24 zwanzig Neubau-Schlafwagen gleicher Bauart. Sie waren, wie an den Trossenösen zu erkennen, für den Fährverkehr nach Dänemark und Schweden bestimmt, daher die inoffizielle Bezeichnung *Schwedenwagen*. Die Fahrzeuge wurden von fünf verschiedenen Fabriken 1923/24 geliefert, MITROPA 2108 von der M.A.N. 1923. Werkaufnahme – Archiv M.A.N.

Heizanlage des *0332 Altona.* WERKAUFNAHME GÖRLITZ; SLG. THEURICH

Quellen und Literatur

- Berichte über die Ergebnisse des Betriebes der Preußischen bzw. der vereinigten preussischen und hessischen Staatseisenbahnen.
- Eisenbahn-Nachrichten-Blatt. – Herausgegeben im Königlichen Ministerium der öffentlichen Arbeiten, Berlin.
- Verordnungs-Blatt der Generaldirektion der Großherzoglich Badischen Staatseisenbahnen, Karlsruhe.
- Kursbuch der Deutschen Reichs-Postverwaltung.
- Reichs-Kursbuch. Bearbeitet im Kursbureau des Reichs-Postamts.
- Wagenverzeichnisse der Preußischen bzw. der Preußisch-Hessischen Staatseisenbahnen.
- CIWL: Geschäftsberichte.
- CIWL: Wagenverzeichnisse.
- CIWL: Guide Continental.
- CIWL: Verträge.
- Baumgarten: Schlafwagen und Speisewagen in Deutschland in ihrer geschichtlichen Entwicklung. – Verkehrstechnische Woche, 24. Jahrg., Heft 39, 24. September 1930 (Berlin).
- Bernström, Lars Erik: Statens Järnvägars vackraste tåg. – TÅG 6/84 (Svenska Järnvägsklubben).
- Bruun-Petersen, Jens: Gedser-Ekspressen. – Roskilde 1991.
- Deppmeyer, Joachim: Die Einheits-Personenwagen der Deutschen Reichsbahn. Bauarten 1921-1931. – Stuttgart 1981.
- Poulsen, John: Sove- og Spisevogne i Danmark. – o.O. 1980.
- Theurich/Deppmeyer: Reisezugwagen 3. Speise-, Schlaf- und Salonwagen. – Berlin 1994.

Anhang

Verzeichnis der zwischen 1892 und 1917 gebauten Schlafwagen der Preußisch-Hessischen Staatseisenbahnen einschließlich deren Verbleib

31.3.1919	Erbauer/Baujahr		DR 1923	MITROPA 1921-1925	MITROPA 1926 Eigentum	Mietwagen	1927
046 Alt	Bsl	1892	–				
047	Bsl	1892		1801	18001		
048	Glz	1892		1802	18003		
049	Glz	1892		1803	18005		
Cln 050 Ktz	Dtz	1892		1805	18007		
051 Alt	Dtz	1892		1804	18009		
052 Pos	Dtz	1892	–				
053 Ktz	Bsl	1892	1923: Sal 10002 Opp				
054	Glz	1895	PKP 8 Asx				
055	Glz	1895	PKP 23 Ashx				
056	Glz	1895	PKP 7 Asx				
057 Bln	Dtz	1895	1915: Sal 11 Ffm				
058	Bsl	1895	1914: Sal 17 Efd				
059 Ktz	Bsl	1895	11001 Opp				
060 Bln	Bsl	1897		2019	20000		25006
061	Bsl	1897		2020	20002		25010
062	Glz	1897	–				
063 Alt	Glz	1897	11001 Alt			20800	+
064	Dtz	1897	11002			20802	+
065	Dtz	1897	11003			20804	+
066 Bln	Dtz	1898	11001 Bln	2021	20004	25004	
067	Dtz	1898	11011			20006	25008
068 Ffm	Dtz	1898	11001 Ffm				
069	Dtz	1898	11020 Kln			20008	
070	Dtz	1900	11002 Ffm			18601	
071	Dtz	1900	11003			18603	
072 Bln	Dtz	1900	PKP 26 Asx				
073	Bsl	1900	11002 Bln			20814	25000
Alt 074 Cln	Dtz	1900	11001 Kln			20012	25002
075	Dtz	1900	–				
076 Bln	Dtz	1900	11003 Bln			20014	
077	Dtz	1900	11004	2022	20016		25012
078	Dtz	1900	11022 Kln			20050	25052
079	Bsl	1902	11005 Bln	2023	20808		
080	Bsl	1903	11006	2024	20810		+
081	Bsl	1902	11007	2026	20020		
082	Bsl	1902	11008			20806	+
083	Glz	1902	–				
084	Ddf	1902	11009			20022	+
085 Alt	Glz	1902	11004 Alt			20024	+
086	Glz	1902	11005			20026	+
087	Glz	1902	11006	2025	20812		
088 Cln	Dtz	1902	11002 Kln			20018	
089	Dtz	1902	1909: Sal 4 Cln				
090 Ffm	Dtz	1902	11004 Ffm			20601	
091	Glz	1902	11005			20028	+
092 Bln	Dtz	1904	11010 Bln	2027	20650		25652
093	Dtz	1904	11012	2063	20851		
094	Dtz	1904	11013	2028	20850		
095	Dtz	1904	11014	2029	20654		
096	Dtz	1904	11015	2030	20662		
097	Bsl	1904	11016			20656	25650
098	Bsl	1904	11017	2031	20658		
099	Bsl	1904	11018	2032	20660		
0100	Bsl	1904		2064	20859		
0101	Bsl	1904	11019	2033	20664		+
0102	Glz	1904		2065	20051		

31.3.1919	Erbauer/Baujahr		DR 1923	MITROPA 1921-1925	MITROPA 1926 Eigentum	Mietwagen	1927
0103	Glz	1904	11020	2034	20058		
0104	Glz	1904	11021			20090	
0105	Glz	1904	11022	2035	20060		
0106	Glz	1904	11023	2036	20062		
0107	Glz	1904	11024			20366	+
0108 Cln	Ddf	1904	11003 Kln			20098	
0109	Ddf	1904	1910 verbrannt				
0110 Cln	Ddf	1904		2037	20064		
0111				2038	20066		
0112	Bsl	1904		2039	20068		
0113 Bln			11025 Bln			20092	
0114			11026	2040	20070		
0115			11027	2041	20072		25054
0116			11028	2066	20053		
0117			11029	2042	20074		
0118 Alt	Ddf	1904	11007 Alt				
0119			11008	2043	20076		
0120			1909 zertrümmert				
0121 Ffm			11006 Ffm			20096	
0122	Dtz	1904	11007	2044	20078		
0123 Cln			11004 Kln			20154	
0124			11005			20374	
0125				2045	20080		
0126				2046	20082		+
0127 Bln	Glz	1904	11030 Bln	2047	20084		
0128			11031	2048	20086		+
0129			11016 Kln			20150	
0130			11032 Bln	2049	20088		25056
0131			11033			20094	
0132 Alt	Bsl	1905	11009 Alt			20152	
0133 Bln	Bsl	1906		2067	20855		
0134			11034 Bln			20853	
0135			11035			20666	
0136			1922: 8966 Bln Gießereiversuchswagen 2				
0137	Dtz	1906	11036			20158	+
0138			11037			20673	
0139			11038			20675	
0140			11039			20160	
0141				2068	20057		
0142			11040			20677	
0143	Glz	1906	11041			20162	
0144			11042			20164	+
0145				2069	20059		
0146 Cln			11006 Kln			20178	
0147	Ddf	1906	11007			20276	
0148			11008			20180	
0149 Ffm	Glz	1906	11008 Ffm			20172	
0150	Ddf	1906	11009			20174	
0151			11010			20176	
0152 Bln	Dtz	1906	11043 Bln			20166	
0153			11044			20168	+
0154	Dtz	1907	11045			20182	+
0153			11046			20184	
0156	Bsl	1906	11047			20652	+
0157	Bsl	1907		2070	20857		
0158			11048 = 11017 Kln		20852		
0159			11049			20651	
0160	Glz	1906	11050			20170	+
0161			11051			20186	+
0162	Glz	1890		16001	16800		
0163	Dtz	1907	11052			20188	
0164			11053			20190	
0165			11054			20368	
0166			11055			20192	+

	31.3.1919	Erbauer/Baujahr		DR 1923	MITROPA 1921-1925	MITROPA 1926 Eigentum	Mietwagen	1927
	0167	Dtz	1907	11056			20194	+
	0168 Ffm			11011 Ffm			20254	
	0169 Bln	Bsl	1907	11057 Bln			20196	+
	0170			11058			20198	+
	0171 Bln	Bsl	1907	11059 Bln			20376	
	0172			11060			20250	
	0173				2009	20270		+
Bln	0174 Han	Glz	1907	11001 Han = 11019 Kln		20252		+
Bln	0175			11002			20370	
Bln	0176			11003			20372	
	0177 Bln	Glz	1891	1914: BR4ü 04044 Bln				
	0178	Bsl	1908		2013	20284		
	0179			11061 Bln			20278	
	0180				2002	20256		
	0181				2003	20258		
	0182				2004	20260		
	0183	Glz	1908		2005	20262		
	0184				2006	20264		
	0185				2007	20266		
	0186	Dtz	1908		2008	20268		
	0187			11062 Bln			20280	
	0188 Alt				2010	20272		
	0189				2011	20274		
	0190 Bln	Dtz	1909		2001	20052		
	0191	Bsl	1909		2012	20282		
	0192	Dtz	1909	11063 Bln			20290	
	0193			11064			20292	+
	0194	Bsl	1909	11065			20294	
	0195				2014	20286		
	0196			11066			20296	
	0197			1919: 8960 Bln Gießereiversuchswagen 1				
	0198	Glz	1909		2015	20288		
	0199			11067			20298	+
	0200				11068	20679		
	0201			11069			20378	
	0202	Glz	1890	1917: 25 Bln				
	0203	Bsl	1910	11070			20354	
	0204			11071			20356	
	0205			11073		20387		
	0206			11072			20358	
	0207 Alt	Dtz	1910		2016	20350		
	0208				2017	20352		
	0209 Bln	Bsl	1911		2018	20364		
	0210			11074			20362	
	0211 Alt	Dtz	1911		2051	20071		
	0212				2052	20073		
	0213				2053	20075		
	0214 Bln				2054	20077		
Cln	0215 Alt				2055	20079		
	0216 Bln	Bln	1912		2056	20081		
	0217				2057	20083		
	0218				2058	20085		
	0219				2059	20087		
	0220				2060	20089		
	0221	Dtz	1912	11075			20099	
	0222 Cln	Glz	1912	11009 Kln		20169		
	0223		1910		20171			
Han	0224 Bln				2061	20091		
Han	0225	Bsl	1912		2062	20093		
Han	0226	Glz	1912	11076 Bln		20653		
	0227 Alt			11010 Alt			20173	
	0228	Dtz	1912	11011	2071	20095		
	0229			11012		20175		
	0230			11013			20177	

31.3.1919	Erbauer/Baujahr		DR 1923	MITROPA 1921-1925	MITROPA 1926 Eigentum	Mietwagen	1927
0231 Bln	Dtz	1912	11077 Bln	2072	20097		
0232			11078			20153	
0233			11079		20657		
0234			11080			20663	
0235			11081		20157		
0236 Bln	Bsl	1912	11082 Bln			20655	
0237			11083		20397		
0238			11084			20161	
0239			11085		20163		
0240			11086		20165		
0241	Bsl	1913	11087			20181	
0242			11088			20183	
0243			11089			20185	
0244	Glz	1913	11090			20187	
0245			11091			20189	
0246			11092			20191	
0247 Ktz			11002 Opp			20151	
0248			11003			20159	
0249 Bln	Bsl	1913	11093 Bln			20193	
0250			11094		20659		
0251			11095			20197	
0252	Dtz	1913	11096			20199	
0253			11097			20251	
0254 Alt	Glz	1913	11014 Alt			20275	
0255			11015			20275	
0256			11016			20277	
0257			11017			20279	
0258			11018			20281	
0259			11019			20283	
0260 Bln	Dtz	1913	11098 Bln			20179	
0261			11099			20661	
0262			PKP 21 Ashxxz				
0263			11100			20255	
0264			11101			20257	
0265			11102			20259	
0266	Bsl	1913	11103			20261	
0267			11104			20265	
0268			11105			20669	
0269			11106			20267	
0270			11107			20269	
0271	Bsl	1914	11108			20167	
0272			11109			20263	
0273			11110			20155	
0274			11111			20253	
0275			11112			20195	
0276			11113			20353	
0277 Alt			11020 Alt			20285	
0278	Dtz	1913	11021			20287	
0279			11022			20289	
0280 Bln			11114 Bln			20271	
0281			11115			20273	
0282	Dtz	1914	11116			20351	
0283	Bsl	1915	11125			20873	
0284			11126			20875	
0285			11127			20877	
0286			11128			20881	
0287			11129		20879		
0288 Ffm	Dtz	1914	11013 Ffm			20375	
0289			11014			20377	
0290 Bln			11117 Bln			20355	
0291			11118			20667	
0292 Cln			11011 Kln			20359	
0293	Glz	1914	11012			20361	
0294 Bln	Glz	1914	11119 Bln			20363	

31.3.1919	Erbauer/Baujahr		DR 1923	MITROPA 1921-1925	MITROPA 1926 Eigentum	Mietwagen	1927
0294 Bln	Glz	1914	11119 Bln			20363	
0295			11120			20365	
0296			11121			20367	
0297			11122			20269	
0298			11123			20371	
0299 Ffm			11115 Ffm			20379	
0300			11116			20381	
0301 Bln	Bsl	1914	11124 Bln			20373	
0302	Bsl	1915	11130			20861	
0303			11135			20865	
0304			11136			20867	
0305	Dtz	1915	11137		20395		
0306 Cln			11013 Kln		20391		
0307			11014			20393	
0308 Ffm			11017 Ffm		20671		
0309			11018			20389	
0310 Bln	Glz	1915	11131 Bln		20383		
0311			11132			20385	
0312			11133			20883	
0313			11134			20863	
0314 Alt	Glz	1916	11023 Alt		20477		
0315			11024			20479	
0316 Han			11004 Han		20473		
0317 Bln			11143 Bln		20459		
0318	Bsl	1916	111044	= 11018 Kln	20475		
0319			11145		20461		
0320			11146		20463		
0321			11138		20357		
0322			11139		20451		
0323 Pos			11150 Bln		20471		
0324 Bln	Glz	1916	11140		20453		
0325	Glz	1917	11019 Ffm		20481		
0326			11020		20483		
0327 Bln	Dtz	1916	11141 Bln		20455		
0328			11142		20457		
0329			11147		20465		
0330			11148		20467		
0331			11149		20469		

Umnummerung der Preußischen Schlafwagen nach dem Nummernplan der Deutschen Reichsbahn 1923

Neue Nummer	Alte Nummer	Neue Nummer	Alte Nummer	Neue Nummer	Alte Nummer
Altona 11001	063	11018	0258	11010	092
11002	064	11019	0259	11011	067
11003	065	11020	0277	11012	093
11004	085	11021	0278	11013	094
11005	086	11022	0279	11014	095
11006	087	11023	0314	11015	096
11007	0118	11024	0315	11016	097
11008	0119			11017	098
11009	0132	Berlin 11001	066	11018	099
11010	0227	11002	073	11019	0101
11011	0228	11003	076	11020	0103
11012	0229	11004	077	11021	0104
11013	0230	11005	079	11022	0105
11014	0254	11006	080	11023	0106
11015	0255	11007	081	11024	0107
11016	0256	11008	082	11025	0113
11017	0257	11009	084	11026	0114

Neue Nummer		Alte Nummer
Berlin	11027	0115
	11028	0116
	11029	0117
	11030	0127
	11031	0128
	11032	0130
	11033	0131
	11034	0134
	11035	0135
	11036	0137
	11037	0138
	11038	0139
	11039	0140
	11040	0142
	11041	0143
	11042	0144
	11043	0152
	11044	0153
	11045	0154
	11046	0155
	11047	0156
	11048	0158
	11049	0159
	11050	0160
	11051	0161
	11052	0163
	11053	0164
	11054	0165
	11055	0166
	11056	0167
	11057	0169
	11058	0170
	11059	0171
	11060	0172
	11061	0179
	11062	0187
	11063	0192
	11064	0193
	11065	0194
	11066	0196
	11067	0199
	11068	0200
	11069	0201
	11070	0203
	11071	0204
	11072	0206
	11073	0205
	11074	0210
	11075	0221
	11076	0226
	11077	0231
	11078	0232
	11079	0233
	11080	0234
	11081	0235
	11082	0236
	11083	0237
	11084	0238
	11085	0239
	11086	0240
	11087	0241
	11088	0242
	11089	0243
	11090	0244
	11091	0245
	11092	0246
Berlin	11093	0249
	11094	0250
	11095	0251
	11096	0252
	11097	0253
	11098	0260
	11099	0261
	11100	0263
	11101	0264
	11102	0265
	11103	0266
	11104	0267
	11105	0268
	11106	0269
	11107	0270
	11108	0271
	11109	0272
	11110	0273
	11111	0274
	11112	0275
	11113	0276
	11114	0280
	11115	0281
	11116	0282
	11117	0290
	11118	0291
	11119	0294
	11120	0295
	11121	0296
	11122	0297
	11123	0298
	11124	0301
	11125	0283
	11126	0284
	11127	0285
	11128	0286
	11129	0287
	11130	0302
	11131	0310
	11132	0311
	11133	0312
	11134	0313
	11135	0303
	11136	0304
	11137	0305
	11138	0321
	11139	0322
	11140	0324
	11141	0327
	11142	0328
	11143	0317
	11144	0318
	11145	0319
	11146	0320
	11147	0329
	11148	0300
	11149	0331
	11150	0323 Pos
Frankfurt	11001	068
	11002	070
	11003	071
	11004	090
	11005	091
	11006	0121
	11007	0122
Frankfurt	11008	0149
	11009	0150
	11010	0151
	11011	0168
	11012	?
	11013	0288
	11014	0289
	11015	0299
	11016	0300
	11017	0308
	11018	0309
	11019	0325 Bln
	11020	0326 Bln
Hannover	11001	0174
	11002	0175
	11003	0176
	11004	0316
Köln	11001	074
	11002	088
	11003	0108
	11004	0123
	11005	0124
	11006	0146
	11007	0147
	11008	0148
	11009	0222
	11010	0223
	11011	0292
	11012	0293
	11013	0306
	11014	0307
	11015	?
	11016	0129 Bln
	11017	11048 Bln
	11018	11144 Bln
	11019	11001 Han
	11020	069 Ffm
	11021	11022 Bln
Oppeln	11001	059 Ktz
	11002	0247 Ktz
	11003	0248 Ktz

Verzeichnis der 1914 in Deutschland zugelassenen Schlafwagen der Internationalen Schlafwagen-Gesellschaft

			Bemerkungen/1918 MITROPA	
WL4ü				
Ateliers CIWL	1894	133		
Marly-les-Valenciennes				
WL4ü				
Jackson & Sharp Co	1890	284	Köln	
Wilmington, Delaware, U S A		285	Köln	
		286	Köln	
	1892	287	Köln – Ostende	
		289	Köln	
WL4ü				
Ateliers CIWL	1892	345		
Marly-les-Valenciennes		346		
WL4ü (*Mixtes* 1. 2. Klasse – Kurswagen)				
Jackson & Sharp Co	1893	367		
Wilmington, Delaware, U S A				
		370		
		371		
		372		
WL4ü				
Cie. Générale de Construction	1894	411	Frankfurt – Basel	
St. Denis bei Paris		412	Frankfurt – Basel	
		413	Frankfurt – Basel	
WL4ü (Kurswagen 1. Klasse)	1896	416		
		417		
		418		
		419		
WL4ü				
Breslauer AG für Eisenbahn-	1894	434		1604
wagenbau, Breslau		435		1801
		436		
		437		1605
		438		1802
WL4ü				
Maschinenbau-AG Nürnberg	1894	439		
Nürnberg		440		
		441		1610
		442		1611
WL4ü				
F. Ringhoffer	1895	453		1606
Prag-Smichow≠		454		1607
		455		1608
WL4ü				
Maschinenbau-AG Nürnberg	1896	456		
Nürnberg				

			Bemerkungen/1918 MITROPA	
WL4ü				
Cie. Générale de Construction	1896	457		
St. Denis bei Paris		458		
		462		
		463		
		464		
		466		
		467		
WL4ü (Mixte 1.2.Klasse)				
F. Ringhoffer	1896	489		1609
Prag-Smichow				
WL4ü				
Cie. Générale de Construction	1897	510		
St. Denis bei Paris		511	Amsterdam – Stuttgart	
		512	Amsterdam – Stuttgart	
		513		
		514		
		515		
		516	Amsterdam – Stuttgart	
		544		
		545		
		548		
		549		
WL4ü				
F. Ringhoffer	1897	518		
Prag-Smichow				
		520		
		521		
		522		
		523		
		524		
		525		
		526		
		527		
		528		
WL4ü			*Nord-Süd-Expreß*	
Maschinenfabrik Augsburg-	1898	553		1612
Nürnberg, Nürnberg		554		1613
		555		1614
		556		1615
		557		1616
		558		
		559		
		560		
		561		
		562		
		563		
		564		1803
		565		1804
		566		1805
		567		1806

WL4ü				
F. Ringhoffer	1898	581		
Prag-Smichow		582		
		583		
		587		
		591		

WL4ü			*Nord-Expreß*	
Breslauer AG für Eisenbahn-	1899	607		
wagenbau, Breslau		608		
		609		1807
		610		1808
		611		1809
		612		1810

WL4ü			*Nord-Expreß*	
AG f. d. Fabr. v. Eisenbahn-	1899	615		
material, Görlitz		616		
		617		
		618		
		619		
		620		

WL4ü				
Cie. Générale de Construction	1899	631		
St. Denis bei Paris		632		
		633		
		634		
		635		
		636		
		639	Paris - Basel	
		640	Paris - Basel	
		641		
		642	Vlissingen	
		643		
		644		
		647	Vlissingen	
		648		
		649		
		650		
		651	Vlissingen	
		652	Vlissingen	
		653	Vlissingen	
		654	Vlissingen	
		655	Vlissingen	
		656		
		657		
		658		
		659		
		660	Vlissingen	
		661	Vlissingen	
		662	Boulogne - Interlaken	
		663	Boulogne - Interlaken	
		664	Boulogne - Interlaken	
		665		
		666		

Bemerkungen/1918 MITROPA

WL4ü				
F. Ringhoffer	1900	680		
Prag-Smichow				
		698		
		699		
		700		1617
		701		
		702		
		703		
		704		
		705		
		706		
		707	Paris - Basel	
		708	Vlissingen	
		709	Paris - Stuttgart	
		710	Paris - Stuttgart	
		711	Paris - Stuttgart	
		712	Paris - Stuttgart	

WL4ü				
Breslauer AG für Eisenbahn-	1900	747		
wagenbau, Breslau		748		
		749		
		750		
		751		
		752		1618

WL4ü (Kurswagen 1. 2. Klasse)				
Miani Sylvestri S. A.	1900	760		
Mailand		761		
		762		
		769		

WL4ü				
Ganz & Co	1901	779	Budapest - Berlin	
Budapest		780	Budapest - Berlin	
		781	Budapest - Berlin	
		782	Budapest - Berlin	
		783	Budapest - Berlin	
		784	Budapest - Berlin	
		785	Budapest - Berlin	
		786	Budapest - Berlin	
		787	Budapest - Berlin	
		788	Budapest - Berlin	

WL4ü			*Karlsbad-Expreß*	
Breslauer AG für Eisenbahn-	1902	821		
wagenbau Breslau		822		1619
		823		
		824		
		825		

WL4ü			*PKE und RE*	
Maschinenfabrik Augsburg-	1902	826		
-Nürnberg, Nürnberg		827		
		828		1620
		829		1621
		830		

WL4ü

Cie. Générale de Construction	1903	916		
St. Denis bei Paris		917		
		918		

WL4ü (preuß. Bauart, Bc 36, Fährbootwagen)

Breslauer AG für Eisenbahn-	1903	946	Berlin – Kopenhagen	2001
wagenbau, Breslau		947	Berlin – Kopenhagen	2002
		966	Berlin – Kopenhagen	

WL4ü *Engadin-Expreß*

Cie. Générale de Constru-	1904/05	967	
ction, St. Denis bei Paris		968	
		969	
		970	
		971	
		972	
		974	
		975	
		976	
	1905	988	
		989	
		990	
		991	
		992	

WL6ü

Cie. Générale de Construction	1904	1000	Paris – Köln
St. Denis bei Paris			

WL4ü *Karlsbad-Expreß*

F. Ringhoffer	1905	1612	
Prag-Smichow		1613	
		1614	
		1615	
		1616	
		1617	
		1618	

WL4ü

Cie. Générale de Construction	1905	1619	Paris: EE
St. Denis bei Paris		1620	Paris: EE
		1621	Paris: EE
		1622	Paris: EE
		1623	Paris: EE
		1624	Paris – Interlaken
		1625	Paris – Interlaken
		1626	Paris – Interlaken
		1627	
		1628	
		1629	
		1630	
		1631	

Bemerkungen/1918 MITROPA

WL4ü

F. Ringhoffer	1907	1709	Orient-Expreß
Prag-Smichow		1710	Orient-Expreß
		1711	Orient-Expreß
		1712	Wien
		1713	Wien
		1714	Wien

WL4ü (Fährbootwagen, urspr. für *Dänemark-Expreß*)

Maschinenfabrik Augsburg-	1907	1715	Lloyd-Expreß (Winter)
Nürnberg, Nürnberg		1716	Lloyd-Expreß (Winter)
		1717	
		1718	

WL4ü (Mixtes 1. 2. Klasse)

Rathgeber	1907	1719	
München		1720	
		1721	

WL4ü (Fährbootwagen für D/DK)

Vognfabrik Scandia	1907	1743	Hamburg – Frederikshavn
Randers, Dänemark		1744	Hamburg – Frederikshavn
		1745	Hamburg – Frederikshavn
		1746	Hamburg – Kopenhagen
		1747	Hamburg – Kopenhagen
		1748	
		1749	
		1750	

WL4ü (preuß. Bauart, Bc 36, Fährbootwagen)

Vognfabrik Scandia	1906	1751	Hamburg – Kopenhagen
Randers, Dänemark		1752	Hamburg – Kopenhagen

WL4ü (preuß. Bauart, Bc 36, Fährbootwagen)

Breslauer AG f. Eisenbahn-	1906	1753	Hamburg – Kopenhagen	
wagenbau, Breslau				2003
		1754	Hamburg – Kopenhagen	
				2004

WL4ü Paris: *Riviera-Expreß* (Winter)

Cie. Générale de Construction	1907	1755	Paris – Frankfurt (Sommer)
St. Denis bei Paris		1756	Paris – Frankfurt (Sommer)
	1907/08	1757	Paris – Frankfurt (Sommer)
		1758	
		1759	
		1760	
		1761	

WL4ü (*Mixtes* 1. 2. Klasse)

Maschinenfabrik Augsburg-	1908	1762	Berlin – Stuttgart
Nürnberg, Nürnberg		1763	Berlin – Stuttgart
		1764	Berlin – Stuttgart

WL4ü			*OWKE*
F. Ringhoffer	1908	1767	
Prag-Smichow		1768	
		1769	
		1770	
		1771	

WL4ü			OWKE
Maschinenfabrik Augsburg-	1908	1772	
Nürnberg, Nürnberg		1773	
		1774	
		1775	
		1776	
		1777	
		1778	
		1779	
		1780	
		1781	
		1782	
		1783	

WL4ü			*Lloyd-Expreß* (Winter)
V. d. Zypen-Charlier	1908	1791	
Cöln-Deutz		1792	
		1793	
		1794	Amsterdam – Stuttgart
		1795	Amsterdam – Stuttgart
		1796	Amsterdam – Stuttgart
		1797	
		1798	

WL4ü			
Miani Sylvestri S. A.	1908	1803	
Mailand		1804	
		1805	
		1806	
		1807	
		1808	
		1809	
		1810	
		1811	
		1812	
		1813	
		1814	

WL4ü (Fährbootwagen für D/DK)			
Vognfabrik Scandia	1908	1815	
Randers, Dänemark		1816	
		1817	
		1818	

WL4ü (Fährbootwagen für D/DK)			
V. d. Zypen-Charlier	1908	1819	
Cöln-Deutz			
		1821	LE (Winter)
		1822	LE (Winter)

Bemerkungen/1918 MITROPA

WL4ü			
Breslauer AG für Eisenbahn-	1908	1835	
wagenbau, Breslau		1836	
		1837	

WL4ü			
Breslauer AG für Eisenbahn-	1908	1868	OWKE
wagenbau, Breslau		1869	OWKE
		1870	OWKE

WL4ü			
F. Ringhoffer	1908	1929	
Prag-Smichow		1930	
		1931	
		1932	

WL4ü			*Orient-Expreß*
V. d. Zypen-Charlier	1909	1951	
Cöln-Deutz		1952	
		1953	
		1954	
		1955	
		1956	
		1957	

WL4ü			*Orient-Expreß*
Maschinenfabrik Augsburg-	1909	1958	
Nürnberg, Nürnberg		1959	
		1960	
		1961	
		1962	
		1963	
		1964	
		1965	

WL4ü			
V. d. Zypen-Charlier	1909	1986	Vlissingen – München
Cöln-Deutz		1987	Vlissingen – München
		1988	Vlissingen – München

WL4ü (Bauart R – 18 Betten)			*Nord-Expreß (Ostende)*
V. d. Zypen-Charlier	1910	1990	
Cöln-Deutz		1991	
		1992	
		1993	
		1994	
		1995	
		1996	

WL4ü (Bauart R – 18 Betten)			
F. Ringhoffer	1910	2006	
Prag-Smichow		2007	

WL4ü (Bauart R – 18 Betten)			
Nesselsdorfer Waggonfabrik	1910	2008	
Nesselsdorf, Österreich		2009	

WL4ü (Bauart R – 18 Betten)

			Bemerkungen/1918 MITROPA
V. d. Zypen-Charlier	1910	2067	
Cöln-Deutz		2068	
		2069	
		2070	
		2071	Nord-Expreß (Ostende)
		2072	Nord-Expreß (Ostende)
		2073	Nord-Expreß (Ostende)
		2074	Nord-Expreß (Ostende)
		2075	Nord-Expreß (Ostende)
		2076	Nord-Expreß (Ostende)
		2077	Nord-Expreß (Ostende)
		2078	Nord-Expreß (Ostende)
		2079	Nord-Expreß (Ostende)
		2080	Nord-Expreß (Ostende)
		2081	Nord-Expreß (Ostende)
		2082	Nord-Expreß (Ostende)
		2083	Nord-Expreß (Ostende)
		2084	Nord-Expreß (Ostende)
		2085	Nord-Expreß (Ostende)
		2086	Nord-Expreß (Ostende)
	1911	2167	
		2168	
		2169	
		2170	
		2171	
		2172	
		2173	
		2174	
		2175	
		2176	Orient-Expreß

WL4ü (Bauart R – 18 Betten)

AG f. d. Fabr. v. Eisenbahn-material, Görlitz	1912	2180	
		2181	
		2182	
		2183	
		2184	
		2185	

WL4ü (Bauart R – 18 Betten)

Cie. Générale de Constru-ction, St. Denis bei Paris	1911/12	2189	
		2190	
		2191	
		2192	
		2193	Paris: EE
		2194	Paris: EE
		2195	Paris: EE
		2196	Paris: EE
		2197	Paris: EE
		2198	Paris: EE

WL4ü (Bauart R – 18 Betten)

F. Ringhoffer	1913	2331	
Prag-Smichow		2334	
		2335	
		2336	
		2337	
		2338	

WL4ü (Bauart R – 18 Betten)

			Bemerkungen/1918 MITROPA
Nesselsdorfer Waggonfabrik	1913	2339	
Nesselsdorf, Österreich		2340	
		2341	

WL4ü (Bauart R – 18 Betten)

V. d. Zypen-Charlier	1913	2400	
Cöln-Deutz		2401	
		2402	
		2447	1918 Balkanzug
		2448	1918 Balkanzug
		2449	1918 Balkanzug
		2450	1918 Balkanzug
		2451	1918 Balkanzug
		2452	1918 Balkanzug

WL4ü (Bauart R – 16 Betten)

Gebr. Credé & Co	1914	2453	1918 Balkanzug
Niederzwehren b. Cassel		2454	1918 Balkanzug
		2455	1918 Balkanzug
		2456	–
		2457	1918 Balkanzug
		2458	im Bau 1601
		2459	im Bau 1602
		2460	im Bau 1603

WL4ü (Bauart R – 18 Betten)

Nesselsdorfer Waggonfabrik	1914	2500	
Nesselsdorf, Österreich			

Anmerkungen

Das gedruckte *Verzeichnis der in Deutschland zur Verwendung kommenden Eisenbahn-Fahrzeuge der Internationalen Schlafwagen-Gesellschaft, Brüssel – Gültig für das Jahr 1914 – Aufgestellt am 15. Januar 1914 durch die Direktion der Internationalen Schlafwagen-Gesellschaft, Berlin* weist lediglich die Wagennummern und die Herkunftsorte nach. Die weiteren Angaben sind vom Autor hinzugefügt. Es enthält zusätzlich zu den im Deutschlandverkehr regel- bzw. vertragsmässig tatsächlich eingesetzten Fahrzeugen alle von den deutschen Eisenbahnverwaltungen zugelassenen Wagen für Reserve, Umleitungen, Sonder- und Saisonverkehre der Direktionen Ostende, Paris, Basel und Wien.

Abkürzungen

EE	Engadin-Expreß (Frankreich – Schweiz über Belfort – Delle – Basel im Falle einer Umleitung über Mülhausen/Elsaß)
LE	Lloyd-Expreß (verkehrt 1.12.13 bis 30.4.14, nördlich Mülhausen i. E. vereint mit Riviera-Expreß)
NE	Nord-Expreß
OE	Orient-Expreß
OWKE	Ostende-Wien (-Karlsbad) -Expreß (Ostende-Karlsbad-Expreß 15.5 bis 15.9.)
PKE	(Paris-)Karlsbad-Expreß (Juni bis September)
RE	Riviera-Expreß (vereinigt mit Lloyd-Expreß Dezember bis April)
D/DK	Deutsch-dänische und innerdänische Verkehre

Schlafwagenkurse in Deutschland – Sommer 1880 (15. Mai)

a. Internationale Eisenbahn-Schlafwagen-Gesellschaft

Berlin (Hamb. Bhf.)	– Hamburg (Klosterthor)	1. 2. Klasse	Zug 11/12
Berlin (Lehrt. Bhf.)	– Hannover – Dortmund – Köln	1. 2. Klasse	CZ 112/101
Berlin (Potsd. Bhf.)	– Magdeburg – Kreiensen – Elberfeld – Aachen	1. 2. Klasse	CZ 1-6/25-2
Berlin (Ostbahnhof)	– Guben – Liegnitz – Breslau (OS)	1. 2. Klasse	CZ 1/2
Berlin (Ostbahnhof)	– Schneidemühl – Bromberg – Dirschau – Eydtkuhnen	1. 2. Klasse	CZ 3/4
Berlin (Anh. Bhf.)	– Halle – Bebra – Frankfurt (M.)	1. 2. Klasse	CZ 3/2 BAE CZ 1/2 ThE
Frankfurt (M.)	– Mainz – Ludwigshafen– Weissenburg – Straßburg – Basel	1. 2. Klasse	CZ 26-4/7-121-1
Paris	– Cöln	1. Klasse	SZ 4/7 (Rh. E.)
Ostende	– Cöln	1. Klasse	SZ 2/9 (Rh. E.)
Ostende	– Basel	1. Klasse	SZ 2/1 (EL)
Paris	– Metz – Saarbrücken – Frankfurt (M.)	1. Klasse	EL SZ 28/27 - Sbr SZ 2/5 - HLB SZ 90/47
Paris	– Straßburg – Pforzheim – Ulm – München – Simbach – Wien	1. Klasse	EL SZ 16/17 - bad. SZ 166/169 - württ. SZ 15/16 - bay. CZ. 301/298 - österr. CZ. 2/1
Straßburg	– Bruchsal – München	1.Klasse	EL SZ. 18/15 - bad. SZ. 32/37 - württ. SZ 1/38 - bay. SZ. 295/296

b. Besondere Schlafwagen und Wagen mit Schlafeinrichtung

Berlin (Anh. Bhf.)	– Dresden – Tetschen – Wien Nordwestbf.	1. Klasse	Schlafwagen ÖNWB – BAE CZ. 43/42 – sächs. CZ. 438/423 – ÖNWB CZ. 2/1
Hamburg (Venloer Bhf.)	– Hannover – Kassel – Frankfurt (M.)	1. 2. Klasse	Schlafwagen KED Hannover CZ. 40/37
Frankfurt (M.)	– Darmstadt – Heidelberg – Basel	1. 2. Klasse	SZ. 23/4 Schlafwagen Baden/MN E
Paris	– Mülhausen – Basel		EL. SZ. 12/13 Schlaf-Coupé 1.Kl. EST
Dresden	– Bodenbach – Prag – Brünn – Wien Nordbhf.		Wagen 1. Kl. mit Schlafstellen STEG und/oder KFNB Z. 2 und 8 Dresden-Wien, Z. 1, 5, 7 Wien-Dresden

Zusätzliche Kurse – Sommer 1881 (15. Mai)

Berlin	– Eydtkuhnen	Schlafplätze 1. Kl. KED Bromberg CZ. 3/4
Berlin	– Warschau	Schlafwagen 1. 2. Kl. KED Bromberg CZ. 3-31/32-4
Berlin	– Frankfurt (M.) über Nordhausen	Schlafwagen 1. 2. Kl. ISG CZ. 142/141
Berlin	– München über Hof – Lichtenfels – Nürnberg	Schlafwagen ISG 1. 2. Klasse CZ 25-6-4/3-12-20

(CZ. = Courier-Zug, SZ. = Schnell-Zug)

Schlafwagenkurse – Winterfahrplan 1889/90 (Oktober/November 1889)

Preußische Staatseisenbahnen

Berlin	– Eydtkuhnen	SZ. 3/4
Berlin	– Reppen – Alexandrowo	SZ. 217-41/42-218
Berlin	– Breslau	SZ. 1/2
Berlin	– Sillein – Budapest	SZ. 5/6 (Orient-Kurierzug)
Berlin	– Eisenach – Frankfurt	SZ. 2/1
Berlin	– Nordhausen – Frankfurt	SZ. 8/7
Berlin	– Kreiensen – Aachen	SZ. 162/161 (Schlafplatzwagen)
Berlin	– Hannover – Cöln	SZ. 4/3
Hamburg	– Berlin	SZ. 21/6
Köln	– Hamburg	SZ. 127/126
Köln	– Mainz – München	SZ. 90-70-94/93-61-95
Frankfurt	– Kassel – Hamburg	SZ. 301/302

Schlafwagenkurse – Winterfahrplan 1889/90 (Oktober/November 1889)

Badische Staatseisenbahnen und Main-Neckar-Eisenbahn

Frankfurt – Darmstadt – Basel	SZ. 9/10

Internationale Schlafwagen-Gesellschaft

Berlin – Hof – München	SZ. 20-352/357-19 Ab 1. 7. 1891 KPEV
Berlin – Tetschen – Wien NW	1. Klasse
Paris – Cöln	1. Klasse
Ostende – Cöln	1. Klasse
Calais – Cöln	1. Klasse
Mainz – Passau – Wien	SZ. 90-70-94-138-2/1-137-93-61-95
Frankfurt – Mainz – Basel	SZ. 26-122/121-1 Ab 15. 4.1894 KPEV
Frankfurt – Metz – Paris	SZ. 329/328 1.Klasse
Ostende – Metz – Basel – Mailand*	SZ. 2/3 1.Klasse
Paris – Mühlhausen – Basel	1. Klasse

* Mai bis November. Dann Ostende-Basel.

Schlafwagenkurse in Deutschland – Sommer 1893

Schlafwagen der Preußischen Staatseisenbahnen

Aachen – Düsseldorf – Elberfeld – Magdeburg – Berlin (Schlafplatzwagen)
Berlin – Bromberg – Warschau
Berlin – Königsberg – Eydtkuhnen
Berlin – Breslau – Oderberg
Berlin – Oderberg – Ruttka – Budapest (verkehrt z. Z. nicht)
Berlin – Eisenach – Frankfurt (Main)
Berlin – Nordhausen – Kassel – Frankfurt (Main)
Berlin – Hamburg
Berlin – Hof – Regensburg – München
Hamburg – Kassel – Frankfurt (Main)
Hamburg – Osnabrück – Köln
Cöln – Straßburg – Basel
Cöln – Mainz – München
Cöln – Hannover – Berlin

Schlafwagen der Badischen Staatseisenbahnen und der Main-Neckar-Eisenbahn

Frankfurt (Main) – Darmstadt – Heidelberg – Basel Ab 21. 4.1894 ISG

Schlafwagen der Internationale Schlafwagen-Gesellschaft

Berlin – Dresden – Tetschen – Wien NWB (nur 1. Klasse)
Frankfurt (Main) – Mainz – Straßburg – Basel (ab 15. 4.1894 KPEV)
Frankfurt (Main) – Saarbrücken – Metz – Paris (nur 1. Klasse)
Cöln – Brüssel – Calais
Cöln – Brüssel – Ostende (nur 1. Klasse)
Mailand – Basel – Straßburg – Metz – Ostende (nur 1. Klasse)
Mainz – Aschaffenburg – Passau – Wien
Paris – Lüttich – Aachen – Cöln (nur 1. Klasse)
München – Salzburg – Wien (verkehrt nicht)
München – Kufstein – Verona (verkehrt nicht)

Schlafwagenkurse – Sommerfahrplan 1897 (ab 1. Mai)

1. Preußisch-Hessische Staatseisenbahnen

Altona –	Hannover – Kassel – Frankfurt (M.)	D 76/75
Altona –	Bremen – Osnabrück – Münster – Cöln	D 96/91
Berlin Potsd. Bf. –	Magdeburg – Holzminden – Altenbeken – Paderborn – Soest – Schwerte – Hagen – Elberfeld – Düsseldorf – Aachen – Verviers	Z 36/35
Berlin Lehrt. Bf. –	Hamburg Berl. Bf.	Z 52/51
Berlin Anh. Bf. –	Leipzig – Hof – München	D 46-Z 20-Z 132/ Z 137-19-D 47
Berlin Anh. Bf. –	Halle – Erfurt – Frankfurt (M)	D 2/1
Berlin (Stadtb.) –	Schneidemühl – Bromberg – Thorn – Alexandrowo – Warschau	D 71/72
Berlin (Stadtb.) –	Schneidemühl – Dirschau – Königsberg – Eydtkuhnen	D 3/4
Berlin (Stadtb.) –	Frankfurt (O.) – Posen – Thorn – Alexandrowo	Z 51-61/62-52
Berlin (Stadtb.) –	Breslau – Oderberg (ab 1. 12. 1898 bis Wien N)	Z 1/2
Berlin (Stadtb.) –	Hannover – Cöln	D 6/5
Cöln –	Mainz – Darmstadt – Aschaffenburg – Würzburg – München	Z 86-10/11-67
Frankfurt (M.) –	Mainz – Ludwigshafen – Neustadt (H.) – Weissenburg – Straßburg – Basel	Z 26-122-18-15/ 121-1
Zevenaar –	Cöln – Bingerbrück – Weisssenburg – Basel	Z 96/87

2. Reichseisenbahnen in Elsaß-Lothringen

Berlin Potsd. Bf. –	Magdeburg – Nordhausen – Kassel – Frankfurt (M.) – Mannheim – Ludwigshafen – Lauterburg – Basel	Z 54/53

3. Internationale Schlafwagen-Gesellschaft (ISG)

Berlin Anh. Bf. –	Dresden – Tetschen –Wien NW	Z 82/81
Basel –	Metz – Brüssel – Ostende	Z 3/2
Frankfurt (M.) –	Saarbrücken – Metz – Paris	Z 330/329
Frankfurt (M.) –	Darmstadt – Heidelberg – Basel–	Z 15/16
Cöln –	Brüssel und **Cöln** – Ostende	Z 14
Brüssel –	Cöln	Z 1
Ostende –	Cöln	Z 3
Cöln –	Lüttich – Paris	Z 16/3
Mainz –	Darmstadt – Aschaffenburg – Passau – Wien	Z 74-52/51-73
München –	Verona	Z 97/92
München –	Salzburg – Wien	Z 99/94

Schlafwagenkurse – Sommerfahrplan 1901 (ab 1. Mai)

1. Preußisch-Hessische Staatseisenbahnen

Altona –	Hannover – Kassel – Frankfurt (M.)	D 76/75
Altona –	Hannover – Elm – Gemünden – Würzburg	D 76-88/87-75
Berlin Potsd. Bf. –	Magdeburg – Hannover – Cöln	Z 10/9
Berlin Potsd. Bf. –	Kreiensen – Cöln – Verviers	Z 36/35-189
Berlin Lehrt. Bf. –	Hamburg	Z 206/205
Berlin Anh. Bf. –	Erfurt – Bebra – Frankfurt (M.)	D 2/1
Berlin Anh. Bf. –	Leipzig – Hof – München	D 26/21
Berlin (Stadtb.) –	Schneidemühl – Bromberg – Thorn – Warschau	D 21/22
Berlin (Stadtb.) –	Frankfurt (O.) – Bentschen – Posen – Warschau	Z 51/52
Berlin (Stadtb.) –	Schneidemühl – Dirschau – Königsberg – Eydtkuhnen	D 3/4
Berlin (Stadtb.) –	Breslau – Oderberg	Z 1/2
Berlin (Stadtb.) –	Oderberg – Wien N	Z 5/6
Berlin (Stadtb.) –	Stendal – Cöln	Z 6/5
Cöln –	Altona	Z 91/96

Schlafwagenkurse – Sommerfahrplan 1901 (ab 1. Mai)

1. Preußisch-Hessische Staatseisenbahnen

Cöln –	Mainz – Darmstadt – Aschaffenburg – Würzburg – München	Z 118-90/89-103
Emmerich –	Bingerbrück – Neustadt (H.) – Straßburg – Basel R bis Zevenaar	Z 166/161
Frankfurt (M.) –	Würzburg – München	Z 169-90/89-162
Frankfurt (M.) –	Mainz – Weissenburg – Basel	D 42/41
Leipzig –	Dresden – Görlitz – Breslau – Myslowitz	Z 11/2

2. Reichseisenbahnen in Elsaß-Lothringen

Berlin Potsd. Bf. –	Nordhausen – Kassel – Frankfurt (M.) – Ludwigshafen – Lauterburg – Basel	Z 44/43

3. Internationale Schlafwagen-Gesellschaft (ISG)

Berlin Anh. Bf. –	Erfurt – Würzburg – Stuttgart	D 38/37
Berlin Anh. Bf. –	Dresden – Tetschen – Wien NW	
Dresden –	Hof – München	D 108/101
Frankfurt (M.) –	Mainz – Saarbrücken – Metz – Paris	1. Klasse
Frankfurt (M.) –	Karlsruhe – Straßburg – Paris an Verkehrstagen des „Karlsbad-Expreß"	1. Klasse
Basel –	Straßburg – Metz – Ostende	Z 3/2
Frankfurt (M.) –	Darmstadt – Heidelberg – Basel R bis Kassel	Z 15/16
Mainz –	Darmstadt – Aschaffenburg – Passau – Wien	Z 52/51
München –	Salzburg – Wien	Z 5/18
München –	Stuttgart – Straßburg – Avricourt	Z 2/1
München –	Kufstein – Verona	Z 22/27
Paris –	Lüttich – Cöln	

Schlafwagenkurse – Sommerfahrplan 1906 (ab 1. Mai)

1. Preußisch-Hessische Staatseisenbahnen

Altona –	Hannover – Bebra – Frankfurt (M.)	D 76/75
Bremen –	Hannover – Bebra – Frankfurt (M.)	D 76/75
Norddeich –	Hannover – Bebra – Frankfurt (M.) (Saison)	D 76/75
Altona –	Bebra – Elm – Gemünden – Würzburg (Würzburg-München nur als Sitzwagen)	D 76-88/87-75
Altona –	Wittenberge – Magdeburg – Halle – Leipzig	Z 155/152
Berlin Potsd. Bf. –	Kreiensen – Aachen – Verviers	Z 36/35
Berlin Potsd. Bf. –	Magdeburg – Braunschweig – Cöln	Z 10/9
Berlin Potsd. Bf. –	Magdeburg – Güsten – Bebra – Frankfurt (M.)	Z 44/43
Berlin Lehrt. Bf. –	Altona	Z 206/205
Berlin Lehrt. Bf. –	Hannover – Wilhelmshaven (Saison)	Z 146/145
Berlin Anh. Bf. –	Leipzig – Hof – München	D 26/21
Berlin Anh. Bf. –	Halle – Saalfeld – München	Z 50/49
Berlin Anh. Bf. –	Halle – Bebra – Frankfurt (M.) – Darmstadt – Karlsruhe – Basel	D 2/1
Berlin (Stadtb.) –	Nordhausen – Kassel – Frankfurt (M.) – Mannheim – Lauterburg – Basel	D 180/179
Berlin (Stadtb.) –	Hannover – Cöln	Z 6/5
Berlin (Stadtb.) –	Hannover – Amsterdam C. (mit Kursabt. I. u. II. Klasse)	Z 6/5
Berlin (Stadtb.) –	Schneidemühl – Dirschau – Danzig	Z 13/14
Berlin (Stadtb.) –	Schneidemühl – Königsberg – Wirballen R ab Eydtkuhnen	D 3 D 4
Berlin (Stadtb.) –	Schneidemühl – Bromberg – Warschau	D 21/22
Berlin (Stadtb.) –	Posen – Thorn – Warschau	Z 51/52
Berlin (Stadtb.) –	Posen – Thorn – Wirballen R ab Eydtkuhnen	Z 51 Z 52

Schlafwagenkurse – Sommerfahrplan 1906 (ab 1. Mai)

1. Preußisch-Hessische Staatseisenbahnen

Berlin (Stadtb.) –	Schneidemühl – Bromberg – Warschau	D 21/22
Berlin (Stadtb.) –	Posen – Thorn – Warschau	Z 51/52
Berlin (Stadtb.) –	Posen – Thorn – Wirballen	Z 51
	R ab Eydtkuhnen	Z 52
Berlin (Stadtb.) –	Breslau – Kattowitz	Z 1/2
Berlin (Stadtb.) –	Breslau – Oderberg – Wien N ab 3. 10. 1907 ISG	Z 5/6
Cöln –	Osnabrück – Altona	Z 91/96
Cöln –	Mainz – Darmstadt – Aschaffenburg – München	Z 92-90/89-183
	R bis Wiesbaden (mit Kursabt. I. u. II. Kl.)	
Emmerich –	Bingerbrück – Straßburg – Basel	Z 166
	R bis Zevenaar	Z 161
Frankfurt (M.) –	Hannover – Bremen	Z 146/145
Frankfurt (M.) –	Würzburg – München (mit Kursabt. I. u. II. Kl.)	Z 169-90/89-162
Hamburg –	Flensburg – Vamdrup – Fredericia – Kopenhagen	Z 40-26/21
Leipzig –	Dresden – Görlitz – Leipzig – Myslowitz Z 1-271/396-2	

2. Reichseisenbahnen in Elsaß-Lothringen

Basel S.B.Bf. –	Straßburg – Weißenburg – Neustadt (H.) – Ludwigshafen – Frankfurt (M.) – Elm	D 41/42

3. Internationale Schlafwagen-Gesellschaft (ISG)

Altona –	Osnabrück – Münster – Wesel – Goch – Boxtel – Vlissingen	Z 96/91
Amsterdam –	Cöln – Nürnberg - Eger – Marienbad	Z 166-120-96/
	(15. 6. – 15. 9.)	95-110-161
Amsterdam –	Cöln – Würzburg – Bad Kissingen (15. 5. – 14. 6.)	
Basel S.B.Bf. –	Mülhausen – Reims – Boulogne (I. Kl.)	Z 31/32
Basel S.B.Bf. –	Straßburg – Metz – Ostende	Z 1/2
Berlin Potsd. Bf. –	Hannover – Oberhausen – Wesel – Goch – Vlissingen	Z 10/9
Berlin Anh. Bf. –	Erfurt – Würzburg – Stuttgart	D 38/37
Berlin Anh. Bf. –	Dresden – Tetschen – Wien NW	Z 52/53
Berlin Anh. Bf. –	Dresden – Bodenbach – Prag – Wien N	Z 62/53
Berlin Stett. Bf. –	Warnemünde – Gedser – Kopenhagen	Z 15/16
Berlin (Stadtb.) –	Breslau – Oderberg – Galanta – Budapest Westbf.	Z 5/6
Frankfurt (M.) –	Darmstadt – Heidelberg – Basel	D 2
	R bis Kassel	Z 79
Frankfurt (M.) –	Würzburg – Passau – Wien W	D 94-52/51
Hamburg –	Lübeck – Rostock – Warnemünde – Kopenhagen	Z 9/10
	(ab 1. 10. 1906)	D 4
München –	Straßburg – Avricourt	Z 2/1
München –	Hof – Dresden	D 21/26
München –	Kufstein – Verona	Z 40/39
München –	Salzburg – Wien W	Z 5/18
München –	Lindau – Zürich	Z 126/125
Nürnberg –	Stuttgart – Zürich	D 45/46
	(Saison bis Luzern)	
Paris –	Mülhausen – Basel S.B.Bf.	Z 57/58
Paris –	Metz – Saarbrücken – Frankfurt {M.)	Z 141/144
Paris –	Straßburg – Karlsruhe – Frankfurt (M.) (I. Kl.)	
	(nur Sommer in „Karlsbad-Expreß")	
Paris –	Straßburg – Karlsruhe (I. Kl.)	Z 125
	(R ab Heidelberg)	Z 108
Wien StEG –	Prag – Dresden	
Cöln –	Ostende	
Cöln –	Paris (I. Kl.)	

219.

Schlafwagen-Einrichtungen

a. der internationalen Eisenbahn-Schlafwagen-Gesellschaft.

(Berlin N. W., Unter den Linden 67.)

Paris, 2 rue de Scribe,
London, 25 Cockspure Street,
Wien, 1 Kaertnerring,
Brüssel, 25 rue Montagne de la Cour,
Cöln, am Centralbahnhof,
Frankfurt a. M., 14 Bethmannstrasse.

Die Wagen dieser Gesellschaft haben Boudoirs, zu 2 und 4 Plätzen, am Tage mit Sophas, bei Nacht mit Betten und Matratzen nebst vollständiger Leinwand, ferner für Damen und Herren getrennte Abtheilungen für Toilette, sowie Water-Closets. — Im Winter Wasserheizung.

Um die Schlafwagen zu benutzen, müssen zu den Eisenbahnbillets I. bz. II. Cl. Zusatzbillets gleicher Classe gelöst werden.

Tarif.

Fahrpl. No.			Preis der Zusatzbillets I.	II.
144.	**Berlin-Aachen (via Kreiensen)**	*M.*	8	6,50
56.	**Berlin-Breslau**	„	8	6,50
110.	**Berlin-Cöln**	„	8	—
21.	***Berlin-Eydtkuhnen**	„	12	10
193.	**Berlin-Frankfurt a. M. (via Halle)**	„	8	6,50
109.	**Berlin-Frankfurt a. M. (via Nordhausen)**	„	8	6,50
198.	**Berlin-Lichtenfels**	„	8	6,50
93.	***Berlin-München**	„	12	9,50
3.	**Berlin-Hamburg**	„	8	6,50
215.	**Frankfurt a. M.-Basel (via Mainz)**	„	6	5
303.	**Strassburg-München**	*Fr.*	12,50	—
166.	**Ostende-Cöln**	„	12	—
220.	**Ostende-Basel**	„	12	—

Fahrpl. No.			Preis der Zusatzbillets I.	II.
415.	**Bukarest-Jassy**	*Fr.*	16	—
415.	**Bukarest-Roman**	„	12	—
396.	**Wien-Orsova**	„	20	—
503.	**Paris-Bordeaux**	„	24	—
503.	***Paris-Bordeaux-Irun-Madrid** .	„	54	—
166.	**Paris-Cöln**	„	15	—
432.	**Paris-Brüssel**	„	10	—
536.	***Paris-Culoz-Modane-Turin-Rom**	„	56	—
174.	**Paris-Frankfurt a. M.**	„	15	—
540.	**Paris-Lyon-Marseille (Nizza)** .	„	36	—
174.	**Paris-Metz**	„	33,75	—
367.	**Paris-Wien**	„	25	—
536.	***Calais-Bologna (Brindisi)** . .	„	70	—
540.	**Paris-Mentone**	„	46	—

*) Theilstrecken werden nach Verhältniss bezahlt.
×) Für den Kurs Berlin-Bromberg-Eydtkuhnen sind auch besondere Schlafplätze I. Cl. gegen Zusatzbillets zu 2 Mark verkäuflich.

b. Besondere Schlafwagen bz. Wagen mit Schlafeinrichtung

werden auf folgenden Strecken von den betreffenden Eisenbahnverwaltungen gestellt:

Fahrpl. No.			Preis der Zusatzbillets I.	II.
345.	**Berlin-Dresden-Tetschen-Wien** .	*M.*	8	—
585.	**Berlin-Warschau**	„	6	6
124.	**Hamburg-Frankfurt a. M. (via Cassel)**	„	10	10
252.	**Frankfurt a. M.-Heidelberg-Basel**	„	6	6

Fahrpl. No.			Preis der Zusatzbillets I.	II.
231.	**Basel-Paris**	*M.*	25	—
346.	**Dresden-Prag-Wien**	*Fl.*	2	—
333.	**Krakau-Oderberg-Wien** . . .	„	4	3
396.	**Wien-Budapest-Basiasch** . . .	„	2,20	[illegible]

121. Schlafwagen-Einrichtungen

der internationalen Eisenbahn-Schlafwagen-Gesellschaft.

Berlin N.W., Unter den Linden 67 (sowie im Centralhôtel, Eingang Georgenstr., und im Hôtel Kaiserhof am Ziethenplatz). Cöln, am Centralbahnhof. Frankfurt (Main), 14 Bethmannstrasse. Hamburg, Hamburger Hof. Paris, Grand Hôtel, 2 rue Scribe. London, 122 Pall Mall. Brüssel, 25 rue Montagne de la Cour. Wien, 15 Kaerntnerring. Basel, gegenüber dem Centralbahnhof. Bukarest, J. Szöllôsy, 40 Calea Victorici. Rom, 23 via Cavour. Mailand, am Centralbahnhof. Madrid, 14 Puerta del Sol. Sevilla, Hôtel Madrid.

Die Wagen dieser Gesellschaft haben Boudoirs, zu 2 und 4 Plätzen, am Tage mit Sophas, bei **Nacht mit** Betten und Matratzen nebst vollständiger Leinwand, ferner für Damen und Herren getrennte Abtheilungen für Toilette, sowie Water-Closets. — Im Winter Wasserheizung.

Um die Schlafwagen zu benutzen, müssen zu den Eisenbahnbillets I. bz. II. Cl. **Zusatzbillets gleicher** Classe gelöst werden. Diese Zusatzbillets verabfolgt der Schlafwagen-Conducteur im Wagen selbst; sie können aber auch vorher bei den obigen Reisebüreaus unter Beifügung des Betrages bestellt werden, in welchem **Falle** noch 80 bis 140 Pf. Vorverkaufsgebühr erhoben werden.

◈ Die Schlafwagen bz. Schlafplatzwagen auf den mit ◈ bezeichneten Eisenbahnstrecken werden nicht von der internationalen Eisenbahn-Schlafwagen-Gesellschaft, sondern von der betreffenden Eisenbahn-Verwaltung gestellt.

Tarif.

Fahrpl. Nr.		für Zusatzbillets I. Mark	für Zusatzbillets II. Mark
144.	◈ **Berlin-Aachen** über Kreiensen	4,00	—
56.	**Berlin-Breslau**	8,00	6,50
56.	**Berlin-Oderberg** über Kohlfurt-Breslau	12,00	9,00
127.	**Berlin-Cöln** Nachtfahrt	10,00	8,00
	Berlin-Cöln Tagesfahrt	5,00	—
21.	**Berlin-Dirschau**	8,00	6,50
21.	**Berlin-Eydtkuhnen**	12,00	10,00
21.	◈ **Berlin-Eydtkuhnen**	6,00	—
193.	**Berlin-Frankfurt (M.)** über Bebra	10,00	8,00

Fahrpl. Nr.		für Zusatzbillets I. Francs
536.	**Modane-Turin**	5,00
304.	**München-Wien**	12,50
430.	**Paris-Amsterdam**	*17,75
214.	**Paris-Basel** über Mülhausen	*25,20
127.	**Paris-Berlin**	*22,95
503.	**Paris-Bordeaux**	24,00
432.	**Paris-Brüssel**	*11,75
393a.	**Paris-Bukarest** (Orient-Expr.-Z.)	69,60
494.	**Paris-Calais**	*18,50

127.	**Berlin-Paris**	*18,45	—
31.	**Berlin-Thorn**	7,00	6,00
31.	**Berlin-Warschau**	10,00	8,00
60.	**Berlin-Dresden-Tetschen-Wien**	12,00	—
128.	**Cöln-Hamburg**	10,00	8,00
285.	**Cöln-München**	12,00	10,00
286.	**Cöln-Wien**	16,00	12,00
345.	**Dresden-Wien** über Tetschen	10,50	—
252.	◈**Frankfurt (M.)-Basel** über Heidelberg	6,00	6,00
215.	**Frankfurt-Basel** über Mainz-Strassburg	6,00	5,00
124.	◈**Hamburg-Frankfurt (M.)** über Cassel	10,00	10,00
124.	**Hamburg-Wien** über Tetschen	16,00	—
285.	**München-Mainz**	9,00	7,00
		Francs.	
220.	**Basel-Brüssel**	15,00	—
214.	**Basel-Calais** über Laon	18,00	—
643.	**Basel-Mailand** { Nachtfahrt	15,75	—
	{ Tagesfahrt	11,75	—
220.	**Basel-Ostende**	18,00	—
396.	**Budapest-Orsova**	*17,30	—
415.	**Bukarest-Jassy**	16,00	—
686.	**Bukarest-Roman**	12,00	—
547.	**Calais-Bologna** (Indische Post)	70,00	—
166.	**Cöln-Brüssel**	10,00	—
166.	**Cöln-Ostende**	12,00	—
166.	**Cöln-Paris**	*16,70	—
174.	**Frankfurt (M.)-Metz**	6,25	—
536.	**Mailand-Rom** über Florenz	21,00	—

393a.	**Paris-Giurgewo** (Orient-Expr.-Z.)	72,90
503.	**Paris-Irun**	34,00
510.	**Paris-Lyon** { Rapide	31,50
	{ Express	21,00
503.	**Paris-Madrid**	*57,00
510.	**Paris-Marseille**	53,15
216.	**Paris-Metz**	*15,25
511.	**Paris-Modane**	29,05
303.	**Paris-München**	*24,15
540.	**Paris-Nizza** (536a.)	66,90
536.	**Paris-Pisa**	44,55
536.	**Paris-Rom** (536a.)	55,05
216.	**Paris-Strassburg**	*17,90
536.	**Paris-Turin**	34,05
367.	**Paris-Wien**	*36,65
220.	**Strassburg-Brüssel-Ostende**	15,00
303.	**Strassburg-München** { Nachtfahrt	12,50
	{ Tagesfahrt	6,25
303.	**Strassburg-Wien**	18,75
173.	**Wien-Brüssel** . . . . . . II. 21,40	28,00
396.	**Wien-Budapest**	*7,90
173.	**Wien-Calais** . . . . . . II. 25,85	33,05
396.	**Wien-Orsova (Verciorova)**	*22,90
379.	◈**Wien-Meran** (während der Kursaison)	.
374.	**Wien-Rom** über Leoben-Pontafel	41,00
382.	◆**Wien-Venedig** über Nebresina	.
345.	◈**Wien-Prag** über Lissa-Iglau. . . *Fl.*	3,00
337.	**Wien-Warschau** . . . . *M.*	16,00

* einschliesslich der ausländischen Steuergebühren.

Aus Reichs-Kursbuch Juli 1885.

SLG. DR. ALBERT MÜHL

752. Schlafwagen-Einrichtungen.

In den einzelnen Abtheilungen der Schlafwagen befinden sich je zwei oder vier Plätze, welche für die Nacht zu Betten hergerichtet werden. Für Herren und Damen sind besondere Waschräume vorhanden.

Preussische Staats-Eisenbahnen.

Die Schlafwagen stehen den Reisenden I. und II. Klasse gegen Zulösung entsprechender Schlafwagenkarten zur Verfügung. Reisende I. Klasse können auch Schlafwagenkarten II. Klasse lösen. 4 Reisende I. Klasse gegen Lösung von 3 Schlafwagenkarten I. Klasse zusammen eine Wagen-Abtheilung mit 4 Schlafplätzen benutzen. Kinder unter 4 Jahren dürfen in die Schlafwagen auf die Plätze ihrer Angehörigen unentgeltlich mitgenommen werden. Zwei Kinder von 4 bis unter 10 Jahren können sich eines gemeinschaftlichen Schlafplatzes bedienen.

Bestellungen auf Schlafwagenkarten werden gegen eine Gebühr von 50 Pf. auf der Abgangsstation der Schlafwagen bis 1 Stunde vor Abgang des Zuges und ausserdem in Berlin im Internationalen Reisebureau Unter den Linden 67, in Frankfurt (M.) für Schlafw. nach Berlin: Amtl. Fahrk.-Verk. Stelle Frankfurter Hof Bethmannstr. 14, angenommen. Erfolgt die Bestellung auf einer anderen Station, so treten noch 50 Pf. Depeschen-Gebühren hinzu. Im Uebrigen findet der Kartenverkauf durch den Wärter des Schlafwagens statt.

Internationale Schlafwagen- und Europäische Expresszüge-Gesellschaft (Sleeping-Cars).

Die Schlafwagen dieser Gesellschaft stehen ebenfalls nur den Reisenden I. bz. II. Klasse gegen Zulösung entsprechender Schlafwagenkarten zur Verfügung. Die Schlafwagenkarten verabfolgt der Schlafwagen-Schaffner im Wagen selbst; doch ist es rathsam, dieselben thunlichst vorher bei den Agenturen dieser Gesellschaft unter Beifügung des Betrages und einer Vorverkaufsgebühr von 80 bis 140 Pf. zu bestellen.

Lässt sich eine Vorausbestellung wegen Mangel an Plätzen nicht berücksichtigen, so wird der eingezahlte Betrag nach Abzug der Porto- bz. Telegraphengebühren dem Besteller zurückgesandt.

Agenturen der Schlafwagen-Gesellschaft befinden sich in: Berlin NW., Unter den Linden 67, Cöln, am Centralbahnhof. Frankfurt (Main), bei Schottenfels & Co. München, Centralbahnhof. Strassburg (Elsass) Centralbahnhof. Paris, Place de l'Opéra 3, 12 Rue des deux-gares u. 217 Rue St. Honoré. London, 122 Pall Mall und 3. 4. 5 Gracechurch Street. Brüssel, Hôtel de Belle-Vue. Wien, 15 Kaerntnerring. Algier. Barcelona. Basel. Biarritz. Birmingham. Bordeaux. Budapest. Bukarest. Calais. Cannes. Cauterets. Chalons s. M. Constantinopel. Edinburg. Florenz. Galatz. Genf. Genua. Glasgow. Havre. Hendaye. Jassy. Irun. Lissabon. Liverpool. Lüttich. Lyon. Madrid. Mailand. Manchester. Marseille. Mentone. Messina. Monte-Carlo. Moskau. Nancy. Neapel. Nizza. Oporto. Pau. Portsmouth. St. Petersburg. Rom. Saloniki. Sevilla. Turin. Vlissingen. Warschau. Insel Wight.

◆ Die Schlafwagen auf den in nachstehendem Tarif mit ◆ bezeichneten Eisenbahnstrecken werden von den betreffenden Eisenbahnverwaltungen, die übrigen von der Internationalen Eisenbahn-Schlafwagen-Gesellschaft gestellt.

Anmerkung. Für verschiedene, von der internationalen Schlafwagen-Gesellschaft ausgegebene Karten werden noch besondere Zuschläge für die Vormerkung des Reisenden, sowie für ausländische Steuern bz. Stempel erhoben.

Tarif

Fahrpl. Nr.		für Schlafwagenkarten I. Kl.	II. Kl.
		Mark.	
144.◆	Berlin-Aachen üb. Kreiens. (Schlafplatzwag.)×	4,00	—
21.◆	Berlin-Bromberg-Alexandrowo	10,00	6,50
56.◆	Berlin-Breslau×	7,00	5,50
41.◆	Berlin-Oderberg	10,00	8,00
56.◆	Berlin-Budapest	15,00	12,00
127.◆	Berlin-Cöln×	10,00	8,00
21.◆	Berlin-Kreuz×	6,00	5,00
21.◆	Berlin-Dirschau	8,00	6,50
21.◆	Berlin-Königsberg (Pr.)	10,00	8,00
21.◆	Berlin-Eydtkuhnen	12,00	10,00
193.◆	Berlin-Frankfurt (Main) über Eisenach	10,00	8,00
178.◆	Berlin-Frankfurt (Main) über Nordhausen×	10,00	8,00
3.◆	Berlin-Hamburg×	8,00	6,50
296.	Berlin-München über Wiesau	12,00	9,50
31.◆	Berlin-Posen über Reppen×	7,00	6,00
60.	Berlin-Wien über Tetschen	12,00	—
41.◆	Breslau-Budapest×	10,00	8,00
166.	Cöln-Brüssel×	6,40	5,12
166.	Cöln-Calais	9,60	7,68
128.◆	Cöln-Hamburg×	10,00	8,00
285.◆	Cöln-München	10,00	8,00
166.	Cöln-Ostende	8,00	—
166.	Cöln-Paris	12,00	—
193.◆	Corbetha-Frankfurt (Main)×	8,00	5,50
345.	Dresden-Wien über Tetschen×	10,50	—
252.◆	Frankfurt (Main)-Basel über Heidelberg×	6,00	6,00
215.◆	Frankfurt (Main)-Basel üb. Mainz-Strassb.×	6,00	5,00
124.◆	Frankfurt (Main)-Hamburg über Cassel	10,00	10,00
124.◆	Frankfurt (Main)-Hannover×	6,00	6,00
174.	Frankfurt (Main)-Metz-Paris	15,00	—
124.◆	Hamburg-Hannover×	6,00	6,00
367.	Mainz-Wien×	14,00	11,00
304.	München-Wien (Orient-Express)×	8,05	—
		Francs.	
220.	Basel-Brüssel	15,00	—
214.	Basel-Calais über Laon	18,00	—
643.	Basel-Mailand { Tagesfahrt	11,75	—
	{ Nachtfahrt (im Sommer)	15,75	—
220.	Basel-Ostende	18,00	—
396.	Budapest-Orsova (Orient-Express)×	*18,10	—
415.	Bukarest-Jassy	18,00	—
686.	Bukarest-Roman	14,00	—
547.	Calais-Brindisi (Indische Post)	101,85	—
675.	Madrid-Barcelona	*23,00	—
681.	Madrid-Sevilla×	*20,70	—
643.	Mailand-Basel-Ostende	29,75	—

Fahrpl. Nr.		für Schlafwagenkarten I. Kl.	II. Kl.
		Francs.	
535.	Mailand-Rom über Florenz	21,00	—
539.	Mailand-Rom über Pisa	20,50	—
536.	Modane-Turin×	5,00	—
214.	Paris-Basel über Mülhausen× }	*25,20	—
618.	Paris-Basel über Delsberg× }		
617.	Paris-Bern×	29,75	—
396b.	Paris-Belgrad-Constantinop. (Or.-Expr.)	—	—
503.	Paris-Bordeaux×	24,00	—
503.	Paris-Bordeaux (Süd-Express)×	36,05	—
685.	Paris-Bukarest (Orient-Express)	79,75	—
127.	Paris-Cöln	*16,70	—
511.	Paris-Culoz	28,00	—
536.	Paris-Genua	48,00	—
503.	Paris-Irun	33,70	—
503.	Paris-Irun (Süd-Express)	50,60	—
510.	Paris-Lyon	35,00	—
503.	Paris-Madrid	*53,70	—
503.	Paris-Madrid (Süd-Express)	*86,90	—
510.	Paris-Marseille	50,00	—
216.	Paris-Metz-Frankfurt (Main)	*21,50	—
511.	Paris-Modane	32,50	—
303.	Paris-München (Orient-Express)	*26,80	—
540.	Paris-Nizza bz. -Ventimiglia	—	—
536.	Paris-Pisa	48,00	—
536.	Paris-Rom	58,50	—
216.	Paris-Strassburg (Orient-Express)	*14,65	—
536.	Paris-Turin	37,50	—
368.	Paris-Wien über Basel-Zürich (Arlberg)	*32,50	26,00
216.	Paris-Wien über Stuttgart (Orient-Expr.)	*39,05	—
220.	Strassburg-Brüssel-Ostende	15,00	—
303.	Strassburg-Wien (Orient-Express)	20,70	--
536.	Turin-Rom	21,00	—
685.	Wien-Bukarest (Orient-Express)	*40,70	—
690.	Wien-Constantinopel	—	—
415.	Wien-Krakau-Podwoloczyska	16,00	12,00
396.	Wien-Budapest (Orient-Express)×	13,70	—
333.	Wien-Warschau *Rubel*	8,00	6,40
396.	Wien-Orsova (Verciorova) Or. Expr.	14,75	*Gulden*
363.◆	Wien-Prag über Gmünd	—	—
345.◆	Wien-Prag über Lissa-Iglau (im Sommer)×	3,00	*Gulden*
363.◆	Wien-Franzensbad (im Sommer)	—	—
379.◆	Wien-Meran	4,00	*Gulden*
382.◆	Wien-Venedig über Cormons	7,50	*Gulden*
374.◆	Wien-Venedig über Klein-Reifling	—	—
461.◆	Malmö-Stockholm×	10	*Kronen*
584.	Warschau-Moskau (vom 20. April bis 12. Novbr.) *Rubel*	6,25	5,00

* einschliesslich der ausländischen Steuergebühren.

× ohne Ermässigung für Theilstrecken.

Aus Reichs-Kursbuch Ausgabe Nr. 1 – Februar-März 1890. Slg. Dr. Albert Mühl

752 Schlafwageneinrichtungen

I. Schlafwagen der Eisenbahnverwaltungen

Die Schlafwagen stehen den Reisenden I oder II Kl. gegen Zulösung von Bettkarten der gleichen Klasse zur Verfügung. Reisende I Kl. können jedoch auch Bettkarten II Kl. lösen; lösen sie solche I Kl., so haben sie Anspruch darauf, daß von den 2 über einander angebrachten Betten das zweite nicht belegt wird. 4 Reisende I Kl. können gegen Lösung von 3 Bettkarten I Kl. oder, wenn der Preis geringer ist, gegen Lösung von 4 Bettkarten II Kl. zusammen eine Wagenabteilung mit 4 Schlafplätzen benutzen; in den zwischen Frankfurt u. Basel über Mainz–Straßburg laufenden Wagen wird Reisenden I Kl. bei Bezahlung von 1½ Bettkarten I Kl. ein ganzes Abteil I Kl. mit 2 Schlafplätzen (Halbabteil) eingerichtet. Kinder unter 4 Jahren dürfen in die Schlafwagen auf die Plätze ihrer Angehörigen unentgeltlich mitgenommen werden. Für zwei Kinder unter 10 Jahren ist bei gemeinschaftlicher Benutzung eines Bettes nur eine Bettkarte zu lösen. Sobald für ein Kind unter 4 Jahren ein besonderes Bett beansprucht wird, ist außer einer Bettkarte zum vollen Preise für die im Schlafwagen zurückzulegende Strecke auch eine Fahrkarte zum halben Preise zu lösen. Der Kartenverkauf findet durch den Wärter des Schlafwagens statt.

Vorverkauf von Bettkarten bis eine Stunde vor Abgang des Zuges gegen Zahlung des Bettkartenpreises und von 50 Pf. für jede Karte:

1) in Berlin im amtl. Reisebureau (Potsd. Bf) von 8· 0 bis 7 _0, Sonntags von 9· 0 bis 1· 0; ferner — für die über die Stadtbahn verkehrenden Schlafwagen — auch auf Bf Friedrichstr., Alexanderpl., Zoolog. Garten, Charlottenburg und Schles. Bf bis 8 _0. Außerdem sind Bettkarten erhältlich im Internat. Reisebureau der Eisenb.-Schlafw.-Ges. (U. d. Linden 57/58), in den Reisebureaus der Hamburg-Amerika Linie (U. d. Linden 8 und Kaufhaus des Westens), im Weltreisebureau »Union« (U. d. Linden 5/6) und im amtl. Verkehrsbureau der k. k. Staatsb. (U. d. Linden 47), Vorausbestellung bis 4 Wochen vor Antritt der Reise zulässig; ferner im Schwedischen Reisebureau (U. d. Linden 22) für die Schlafwagen Trelleborg-Stockholm and Gothenburg;
2) in Frankfurt (M.) im amtl. Reisebureau (Hauptbahnhof) und in der Agentur der Schlafw.-Ges. (Kaiserstr. 17) für sämtliche von Frankfurt (M.) ausgehende Schlafwagen und außerdem für den Schlafwagen Bebra-Basel;
3) in Hamburg-Altona a) im amtl. Reisebureau (Hamburg Hbf), b) im Reisebureau Thos. Cook & Son (Hamburg, Reesendamm 1 I), c) im Reisebureau der Internat. Schlafwagen-Ges. (Hamburg, Jungfernstieg 27/28), d) in der Fahrkartenausgabe (Altona Hbf);
4) in Leipzig bei der Auskunftsstelle der preuß. Staatsb. (Brühl 75—77) für Schlafwagen nach Hamburg;
5) in München für sämtliche von München ausgehende Schlafwagen in Schenkers Reisebureau (Promenadeplatz 16);
6) in Cöln im amtlichen Reisebureau (Hauptbahnhof);
7) in Aachen (Templerbend) für Schlafwagen des Kurses Verviers-Aachen-Kreiensen-Berlin;
8) in Paris im Reisebureau der Hamburg-Amerika-Linie (Rue Auber 1) für Schlafwagen der preuß.-hessisch. Staatsb.;
9) in Kopenhagen im Reisebureau von Th. Cook & Son (Kongens Nytorv 34)
10) in Budapest für Schlafwagen nach Berlin im Zentral-Fahrkarten-Stadtbureau (IV Vigadoter 1);
11) in Basel bei der Fahrkartenausgabe der Reichsbahn für Schlafwagen nach Zevenaar, Bebra u. Berlin (linksrheinisch);
12) in Basel Bad. Bf im Auskunftsbureau der Badischen Staatsb. für den Schlafwagen Basel-Berlin (rechtsrheinisch);
13) im übrigen bei der Abgangsstation der Schlafwagen.

Bettkarten können auch schriftlich sowie für die von den Verwaltungen besonders bestimmten Schlafwagenkurse durch Vermittlung der Stationen telegraphisch bestellt werden. Preis und Vormerkungsgebühr sind bei schriftlicher Bestellung porto- und bestellgeldfrei einzusenden, bei telegraphischer Bestellung (Gebühr 50 Pf.) vor Aufgabe des Bestelltelegramms zu bezahlen.

II. Schlafwagen der Internat. Schlafwag.- u. Europ. Expreßzüge-Ges. (Sleeping-Cars)

Die Schlafwagen dieser Ges. stehen ebenfalls nur den Reisenden I und II Klasse gegen Zulösung entsprechender Schlafwagenkarten zur Verfügung. Reisende I Kl., die ein kleines Abteil für eine Person allein wünschen, haben hierfür auf den meisten Linien 1½ Zuschläge zu entrichten. Die Schlafwagenkarten verabfolgt der Schlafwagenschaffner im Wagen selbst; doch ist es ratsam, dieselben tunlichst vorher bei den Agenturen dieser Ges., für die von Berlin abgehenden Schlafwagen auch beim amtl. Reisebureau (Potsd. Bf), ferner, soweit deutsche Bahnen beteiligt sind, auch bei der Auskunftsstelle der preuß. Staatsbahn in Leipzig (Brühl 75-77), für die Schlafwagen Basel-Heidelberg-Frankfurt bei der Fahrkarten-Ausgabestelle in Basel Bad. Bf) zu bestellen. Wünscht sich ein Reisender einen Platz von einer Zwischenstation zu sichern, so hat er den Preis des Platzes von der Abgangsstation zu entrichten. Für jeden im voraus belegten Platz wird eine Vormerkungsgebühr erhoben, welche je nach den Diensten verschieden ist (0,50—2,40 *M*). Kann eine Vorausbestellung nicht berücksichtigt werden, wird der Betrag nach Abzug der Porto- und Telegraphengebühren zurückgesandt.

Näheres im »Sleeping Car, Guide Officiel de la Comp. Internat. des Wagons-Lits« — bei der Direktion der Ges., Berlin (U. d. Linden 57/58), unentgeltl. zu haben — und bei den Agenturen der Schlafw.-Ges., u. a. in Berlin NW (U. d. Linden 57/58), Baden-Baden (Sophienstr. 5), Breslau (Schweidnitzer Stadtgraben 13 und Schweidnitzerstr. 4), Cöln (Hauptbf), Dresden (Christianstrasse 31), Frankfurt (M.) (Kaiserstr. 17), Hamburg (Hamburger Hof, Jungfernstieg), Homburg v. d. H. (Louisenstr. 72), Karlsruhe (Stationsverwaltung), Bad Kissingen (Schenker & Co. und A. Löwenthal jr.), Kopenhagen (Vesterbrogade B), Kreuznach Bad (Hotel Royal und Engl. Hof), Leipzig (Grimmaische Str. 2), München (Hauptbf und Promenadepl. 16), Straßburg (Els.) (Hauptbf und am Kleberplatz), Stuttgart (Hauptbf), Wien (Kärntner Ring 9 und 15), Wiesbaden (Theater-Colonade 36/37); ferner in anderen wichtigen Städten des In- und Auslandes.

III. Zuschläge für die Schlafwagen

Schlafwagen der nachstehenden mit s bezeichneten Eisenbahnstrecken sowie alle unter IV vermerkten Luxuszüge von der Internationalen Schlafwagen-Gesellschaft in Brüssel, im übrigen von den betreffenden Eisenbahnverwaltungen

Fahrplan Nr.	für Schlafwagenkarten	I Kl. *M*	II Kl. *M*
124/125	Altona-Hamburg–Hannover (6,00, 4,50)–Wiesbaden	10.00	8,00
	Hannover–Wiesbaden	8,00	6,00
117, 111	Altona-Hamb.–Leipz. (6,00, 4,50)–Dresden	8,00	6,50
124/182	Altona-Hamb.–Würzburg üb. Elm ×	10,00	8,00
128/134 s	Altona-Hamb.–Goch (10,00, 8,00)–Vlissing.	12.00	10.00
128/122	Altona-Hamb.–(Amersfoort 8,00, 6,00)–Haag (v. 1/7–15/9 bis Scheveningen)	10,00	8,00
	Bremen–(Amersfoort 6,00, 4,00)–Haag	8,00	6,00
109/144	Berlin Potsd. Bf–Kreiensen–Aachen ×	10,00	8,00
3	Berlin Lehrt. Bf–Hamburg-Altona ×	8,00	6,50
110/122	Berlin Stadtb.–Rheine–Amsterdam ×	10,00	8,00
193/232	Berlin Anh. Bf – Eisenach – Frankfurt (M.) (10,00, 8,00)–Karlruhe–Basel	13.00	11.00
	Naumburg–Frankfurt (M.) ×	8,00	5,50
178/215	Berlin Stadtb.–Kreiensen–Frankfurt (M.) (10,00, 8,00)–Straßburg–Basel	13,00	11,00
193 300	Berlin Anh. Bf–Nürnberg (9,00, 7,50)–Lindau (v. 1/7–30/8)	12.00	9,50
	Halle–Lindau (v. 1/7–30/8)	9.00	7,50
178/124	Berlin Stadtb.–Coblenz (10,00, 8,00)–Metz	12,00	9,50
110/127 s	Berlin Stadtb.–Goch (10,00, 8,00)–Vlissingen	12.00	10.00
56	Berlin Stadtb.–Breslau (7,00, 5,50)–Oderbg.	10,00	8,00
56/41 s	Berlin Stadtb.–Oderberg (10,00, 8,00)–Budap.	13,00	10,20
	Breslau–Budapest	11,20	9,00
21	Berlin Stadtb. – Schneidemühl – Alexandrowo (8,00, 6,50)–Warschau	10,55	8,44
56/22	Berlin Stadtb.–Thorn (8,00 6,50)–Korschen.	10,00	8.00
	Berlin Stadtb.–Posen–Eydtkuhnen	12.00	10,00
110/127	Berlin Stadtb.–Cöln üb. Stendal–Hannover ×	10,00	8,00
109/127	Berlin Potsd. Bf–Cöln üb. Magdeburg–Hannover ×	10,00	8,00
21	Berlin Stadtb.–Danzig ×	8,00	6,50
21	Berlin Stadtb. – Dirschau (8,00, 6,50) – Eydtkuhnen	12.00	10,00
	Berlin Stadtb.–Königsberg (Pr.)	10,00	8,00
53/16	Berlin Stett. Bf–Stolp (6,00, 5,00)–Danzig	8,00	6,50
	Stettin–Danzig	6,00	5,00
56/42	Berlin Stadtb.–Breslau (7,00, 5,50)–Kattowitz	10,00	8,00
50b/2 s	Berlin Stett. Bf–Kopenhagen	—	6,75
51 s	Berlin Stett. Bf–Hessleholm (12,00, 6,00)–Stockholm	20,00	10,00
	Berlin Stett. Bf–Gothenburg	20.00	10,00
	Berlin Stett. Bf–Engelholm (12,00 6,00)–Christiania	20,00	10,00
93/296	Berlin Anh. Bf–Hof (8,50, 6,50)–Regensburg–München	12.00	9,50
93/193a	Berlin Anh. Bf–Nürnberg (9,00, 7,50)–Münch.	12,00	9,50
	Halle–München ×	9,00	7,50
193 s	Berlin Anh. Bf–Osterburken (10,00, 8,00)–Stuttgart	12,00	9,50
	Halle–Stuttgart ×	9,00	7.50
56/41 s	Berlin Stadtb.–Oderberg (10,00, 8,00)–Wien	12,00	9,50
	Breslau–Wien	10,00	8,00
60/71 s	Berlin Anh. Bf–Wien üb. Tetschen	12.00	9,50
	Dresden–Wien	10,50	8,50
110/126	Berlin–Hannover–Wilhelmshaven (nur v. 1/10–14/6) ×	10,00	8,00
110/117/130	Berlin–Norddeich (v. 14/6–30/9) ×	10,00	8,00
128/6	Cöln–Hamburg–Altona (10,00, 8.00)–Kiel	12.00	10,00
173/285	Cöln–München üb. Mainz–Darmstadt ×	10,00	8,00
166 s	Cöln–Brüssel (6,40, 5.20)–Ostende	8,00	6.40
166 s	Cöln–Paris (17,30 *Fr.*)	14,00	—
296 s	Dresden–Hof (6,00, 4,50)–Regensburg–München (v. 1/5–30/9)	10.00	8,00
71/139 s	Dresden–Goch (10,00, 8,00)–Vlissingen	12,00	10,00
346 s	Dresden–Prag (5,00, 4,00)–Wien üb. Bodenb. (v. 1/10–31/4)	10,50	8,50
146/144	Eger–Oberhausen	10,00	8,00
139	Emmerich–Basel ×	10,00	10,00
146/144	Gera–Oberhausen ×	8,00	6,40

× ohne Ermäßigung für Teilstrecken

VI. 9*

Aus Reichs-Kursbuch Ausgabe Nr. 6 – August-September 1909.

Slg. Dr. Albert Mühl

Fahrpl. Nr.	für Schlafwagenkarten	I Kl. ℳ	II Kl. ℳ
177/215	Bebra–Frankfurt–Weißenburg–Basel .	7,00	6,00
	Frankfurt–Weißenburg–Basel	6,00	5,00
	(Vorverkauf der Bettkarten nach Basel in Frankf. M.)		
252 s	Frankfurt–Basel S. B. Bf üb. Karlsruhe ×	6,00	5,00
174 s	Frankf. (M.)–Metz (5 ℳ)–Paris (18,75 *Fr.*)	15,00	—
	Saarbrücken–Metz–Paris ... (12,50 *Fr.*)	10,00	—
242/285	Frankfurt (M.) – München üb. Aschaffenburg ×	10,00	8,00
216/251 s	Frankfurt (M.)–Nancy (8,20)–Paris (im Sommer)	16,90	—
	Darmstadt–Nancy (7,60) – Paris . (im Sommer)	16,40	—
	Karlsruhe–Paris .... (im Sommer)	14,00	—
367 s	Frankfurt (M.) – Wien üb. Passau	12,00	10,00
6/451	Hamburg–Vamdrup–Fredericia (6,00, 4,50) –Kopenhagen	10,00	6,75
6/451 s	Hamburg – Fredericia (6,00, 4,50) – Frederikshavn	10,00	6,75
15 s	Hamburg–Rostock–Kopenhagen	10,00	6,75
	Rostock od. Warnemünde–Kopenhagen	6,00	4,50
71/42	Leipzig–Breslau (7,00, 3,50)–Myslowitz ..	10,00	8,00
179/125	Leipzig–Cassel–Frankfurt ×	8,00	6,50
271/216 s	München–Karlsruhe (8,00, 6,00)–Avricourt	10,00	8,00
	Stuttgart–Avricourt	8,00	6,00
568/271 s	Stuttgart–Cöln (6,00, 5,00) – Amsterdam..	11,00	9,00
	Friedrichshafen–Cöln (9,00, 7,00)–Amsterd.	14,00	11,00
285/173 s	Nürnberg – Oberhausen (11,00, 8,50) – Vlissingen	12,00	10,00
	Würzburg–Vlissingen	11,00	8,50
304 s	München–Wien üb. Salzburg ×...........	10,00	8,00
379 s	München–Ala (12,00, 9,00) – Verona ×	12,00	10,20
300 s	München–Zürich ×	8,00	6,00
294 s	Nürnberg–Zürich ✠	10,00	8,00
	Stuttgart–Zürich ✠	6,40	4,80
214 s	Basel–Reims–Boulogne .... *Frcs.*	17,05	—
214 s	Basel–Belfort–Paris............. *Frcs.*	17,30	—
220 s	Basel – Brüssel (15,00, 12,00 *Fr.*) – Ostende .... *Frcs.*	18,00	14,40
	Straßburg–Ostende .... *Frcs.*	15,00	12,00
643 s	Basel–Mailand × .... *Frcs.*	15,55	—

Fahrpl. Nr.	für Schlafwagenkarten	I Kl.	II Kl.
402 s	Budapest–Bukarest üb. Predeal (i. Somm.) *Kr.*	17,40	—
396 s	Budapest–Bukarest üb. Verciorova ..... *Kr.*	16,60	—
690 s	Budapest–Belgrad–Constantinop. *Frcs.*	29,00	21,25
454/468	Gotenburg–Kopenhagen × .... *Kronen*	10,70	5,35
466	Gotenburg–Stockholm × .... *Kronen*	10,70	5,35
451/454 s	Kopenhagen–Fredericia–Frederikshavn .... *Kronen*	8,90	6,00
	Kopenhagen – Fredericia – Randers *Kronen*	8,90	6,00
454	Kopenhagen – Gothenburg – Trollhättan *Kronen*	10,70	5,35
535/536 s	Mailand–Rom üb. Florenz .... *Lire*	21,00	—
461	Malmö–Stockholm × .... *Kronen*	10,70	5,35
536 s	Paris – Turin .... *Frcs.*	26,00	—
[illegible]0 s	Paris – Mailand üb. Simplon .... *Frcs.*	29,00	—
	Paris – Venedig üb. Simplon .... *Frcs.*	37,00	—
510 s	Paris – Lyon (30,00 *Fr.*) – Marseille *Frcs.*	45,00	—
540 s	Paris – Lyon – Nizza (55,00 *Fr.*) – Ventimiglia .... *Frcs.*	60,50	—
536 s	Paris – Modane – Rom .... *Frcs.*	47,00	—
368 s	Paris – Wien üb. Basel–Zürich (Arlberg)... *Frcs.*	34,05	27,50
530 s	Rom–Genua üb. Pisa .... *Lire*	16,00	—
552 s	Rom–Neapel .... *Lire*	11,00	—
589 s	St. Petersburg – Moskau .... *Rubel*	4,85	3,60
471	Stockholm – Kristiania × ● ..... *Kronen*	10,70	5,35
583 s	Warschau – Moskau .... *Rubel*	9,80	7,35
582 s	Warschau – St. Petersburg .... *Rubel*	8,35	6,30
383/379 s	Wien – Ala od. Meran .... *Kr.*	20,00	15,00
394/396 s	Wien – Marchegg od. Bruck–Budap. *Kr.*	9,60	7,20
346 s	Wien – Prag............... (im Sommer) *Kr.*	8,00	6,00
	Wien – Karlsbad üb. Prag .... (im Sommer) *Kr.*	10,80	8,40
363 s	Wien – Karlsbad üb. Marienbad. (im Sommer) *Kr.*	10,80	8,40
374/535 s	Wien – Rom üb. Pontebba .... *Fr.*	38,05	—
	Wien – Venedig üb. Pontebba .... *Fr.*	18,05	—
385 s	Wien – Venedig üb. Laibach .... *Kr.*	17,00	17,00
	Wien – Triest od. Fiume .... *Kr.*	15,00	12,00
367/371 s	Wien – Ischl (–Aussee) (nur i. Sommer) *Kr.*	8,00	7,00
367/305 s	Wien – Bad Reichenhall (nur i. Sommer) *Kr.*	8,00	6,00
582 s	Wien – Warschau.................. *Kr.*	20,00	16,00
581 s	Wirballen – St. Petersburg ...... *Rubel*	6,70	5,00

✠ an den Verkehrstagen des Engadin-Expreß bis Chur   × ohne Ermäßigung für Teilstrecken   ● im Winter nur bis Charlottenberg

Außerdem in Frankreich und Italien Steuer und Stempel für jeden Platz

IV. Zuschläge für die Luxuszüge der Internationalen Schlafwagen-Gesellschaft

Vormerkungsgebühr für Luxuszüge 1 bis 2,50 ℳ, außerdem etwaige ausländische Steuern und Stempelgebühren
Besondere Schlafwagengebühr wird nicht erhoben, ausgenommen beim Sibirien-Expreß

Bei den Fahrpreisen: ℳ = Mark, *F.* = Franc, *R.* = Rubel, *G.* = Gulden, *Kr.* = Krone, *L.* = Lire

Nord-Expreß

St. Petersburg – Ostende	33,47 *R.*
» – Paris	36,06 *R.*
» – Brüssel	32,18 *R.*
Berlin – St. Petersburg	45,70 ℳ
» – Warschau	18,90 ℳ
» – Moskau	50,60 ℳ
» – Brüssel	23,20 ℳ
» – Paris	31,50 ℳ
» – Ostende............	26,00 ℳ
Cöln – Paris	13,50 ℳ
» – Ostende	8,00 ℳ
» – St. Petersburg........	63,70 ℳ

Auf den russ. Bahnen außerd. noch ein weiterer Zuschlag

Nord-Süd-Expreß

Berlin – München	15,20 ℳ
» – Innsbruck	19,10 ℳ
» – Verona..............	26,30 ℳ
» – Mailand .... (nur im Winter)	31,60 ℳ
» – Genua .... (nur im Winter)	37,00 ℳ
» – S. Remo........ (nur im Winter)	41,90 ℳ
» – Nizza od. Cannes (nur im Winter)	47,00 ℳ
» – Meran (für die Dauer des Verkehrs).............	23,00 ℳ

Berlin-Neapel- u. Ägypten-Expreß
(nur im Winter)

Berlin – München	15,20 ℳ
» – Innsbruck	19,10 ℳ
» – Verona	26,30 ℳ
» – Florenz	36,00 ℳ
» – Rom	47,30 ℳ
» – Neapel.............	56,20 ℳ
» – Palermo............	81,80 ℳ

Berlin-Karlsbad-Marienbad-Expreß
(im Sommer)

Berlin – Leipzig Bayr. Bf	4,10 ℳ
» – Karlsbad...........	9,70 ℳ
» – Marienbad	9,20 ℳ

Riviera-Expreß (nur im Winter)

Berlin – Frankfurt (M.).......	12,40 ℳ
» – Straßburg	17,60 ℳ
» – Lyon	31,00 ℳ
» – Marseille	38,20 ℳ
» – Nizza od. Cannes ...	43,00 ℳ
» – Mentone	45,40 ℳ
Frankfurt (M.) – Straßburg ...	5,20 ℳ
» – Nizza od. Cannes	30,60 ℳ
Amsterdam – Frankfurt (M.) ..	6,50 *G.*
» – Nizza od. Cannes	24,50 *G.*

Ostende (-Karlsbad)-Wien-Expreß

Ostende – Wien Westbf	37,00 *F.*
» – Karlsbad (im Sommer)	28,90 *F.*
» – Constantza........	90,80 *F.*
Cöln – Wien Westbf	21,70 ℳ
» – Karlsbad (im Sommer)...	15,20 ℳ
» – Constantza	64,80 ℳ
Frankfurt – Budapest	27,50 ℳ

Lloyd-Expreß

Hamburg – Straßburg (Ab Altona 10 bis 20 Pf. mehr)	19,60 ℳ
» – Basel ... (Ab Altona 10 bis 20 Pf. mehr)	22,80 ℳ
» – Mailand . (Ab Altona 10 bis 20 Pf. mehr)	36,20 ℳ
» – Genua... (Ab Altona 10 bis 20 Pf. mehr)	41,60 ℳ
Bremen – Straßburg..........	16,60 ℳ
» – Basel	19,90 ℳ
» – Mailand	33,30 ℳ
» – Genua	38,70 ℳ
Cöln – Mailand	25,80 ℳ
» – Genua	31,20 ℳ
Straßburg – Mailand	16,70 ℳ
» – Genua	22,10 ℳ

Orient-Expreß

Paris – Straßburg..........	15,00 *F.*
» – München	25,80 *F.*
» – Wien Westbf	37,40 *F.*
» – Budapest............	50,90 *F.*
» – Bukarest	75,00 *F.*
» – Constantinopel	80,80 *F.*
Rückfahrkarte	131,60 *F.*

Straßburg – München	8,60 ℳ
» – Wien Westbf	18,00 ℳ
» – Budapest	28,90 ℳ
Straßburg – Bukarest	56,40 ℳ
» – Constantinopel ..	64,80 ℳ
München – Wien Westbf	9,40 ℳ
» – Budapest	20,30 ℳ
» – Bukarest	47,80 ℳ
» – Constantinopel...	58,20 ℳ
Wien Stdbf – Budapest........	12,60 *Kr.*
» – Bukarest	45,40 *Kr.*
» – Constantza	50,90 *Kr.*
» – Constantinopel...	57,70 *Kr.*

Paris-Karlsbad-Expreß (im Sommer)

Paris – Karlsbad..............	31,00 *F.*
Straßburg – Karlsbad	12,90 ℳ
Karlsruhe – Karlsbad	11,00 ℳ
Nürnberg – Karlsbad	4,70 ℳ

Peninsular-Expreß

Calais – Brindisi.............	103,00 *F.*

Süd-Expreß

Paris – Bordeaux	10,00 *F.*
» – Irun	15,60 *F.*
» – Madrid	50,05 *F.*
» – Lissabon............	75,15 *F.*

(St.Petersburg-) Wien-Nizza-Expreß
(im Winter)

St. Petersburg – Cannes od. Nizza......	41,17 *K.*
– Mailand.........	33,99 *K.*
» – Wien Nordbf	21,19 *K.*
Wien S. – Cannes od. Nizza .	50,10 *K.*
– Mailand	31,85 *K.*
Mailand – Cannes od. Nizza .	19,25 *K.*

Sibirien-Expreß

	I Kl.	II Kl.
Moskau – Krasnojarsk	32,75 *R.*	21,60 *R.*
» – Irkutsk	40,85 *R.*	30,60 *R.*
» – Wladiwostok	65,10 *R.*	48,75 *R.*

Aus Reichs-Kursbuch Ausgabe Nr. 6 – August-September 1909.   Slg. Dr. Albert Mühl

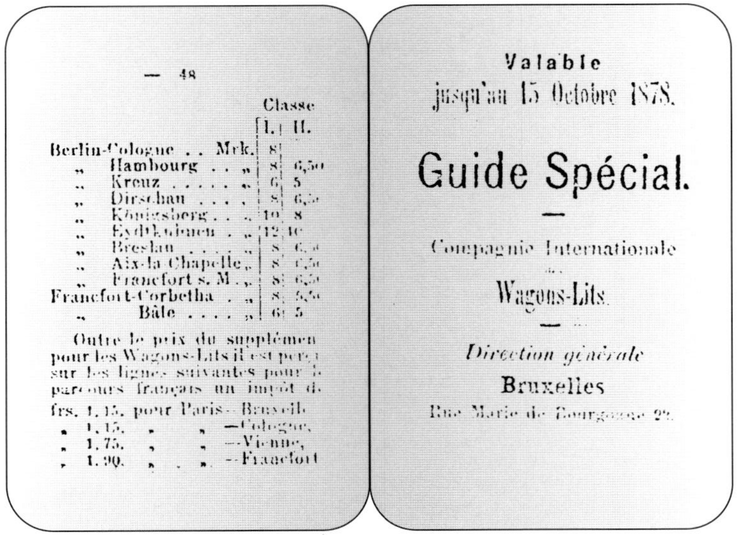

— 48

	Classe I.	Classe II.
Berlin-Cologne . . Mrk.	8	
„ Hambourg . . „	8	6,50
„ Kreuz . . . . . „	6	5
„ Dirschau . . . . „	8	6,50
„ Königsberg . . . „	10	8
„ Eydtkuhnen . . „	12	10
„ Breslau . . . . „	8	6,50
„ Aix-la-Chapelle „	8	6,50
„ Francfort s. M. „	8	6,50
Francfort-Corbetha . „	8	6,50
„ Bâle . . . . „	6	5

Outre le prix du supplément pour les Wagons-Lits il est perçu sur les lignes suivantes pour le parcours français un impôt de

frs. 1.15. pour Paris—Bruxelles
„ 1.15. „ „ —Cologne,
„ 1.75. „ „ —Vienne,
„ 1.90. „ „ —Francfort

Valable
jusqu'au 15 Octobre 1878.

Guide Spécial.

—

Compagnie Internationale
des
Wagons-Lits.

—

Direction générale

Bruxelles

Rue Marie de Bourgogne 22.

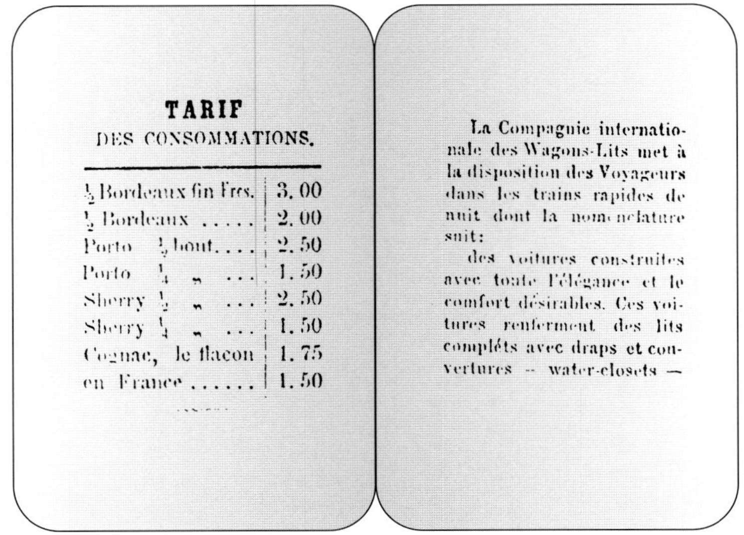

TARIF
DES CONSOMMATIONS.

½ Bordeaux fin Frcs.	3. 00
½ Bordeaux	2. 00
Porto ½ bout. . . .	2. 50
Porto ¼ „ . . .	1. 50
Sherry ½ „ . . .	2. 50
Sherry ¼ „ . . .	1. 50
Cognac, le flacon	1. 75
en France	1. 50

La Compagnie internationale des Wagons-Lits met à la disposition des Voyageurs dans les trains rapides de nuit dont la nomenclature suit:

des voitures construites avec toute l'élégance et le confort désirables. Ces voitures renferment des lits complêts avec draps et couvertures — water-closets —

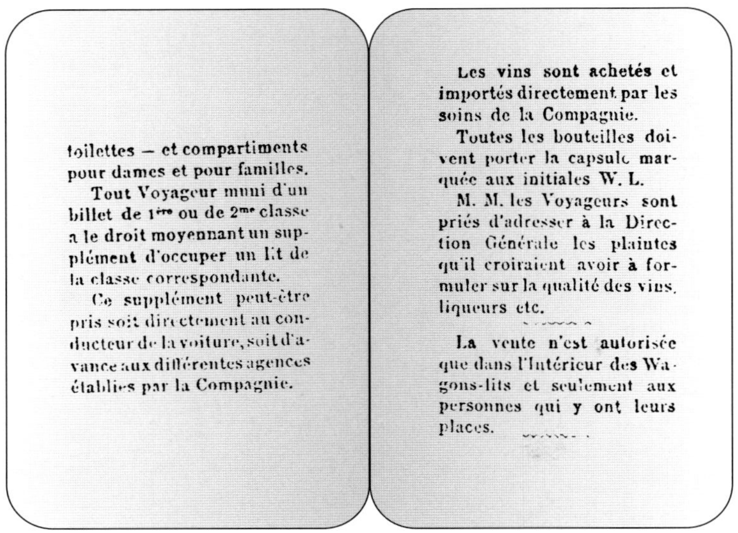

toilettes — et compartiments pour dames et pour familles.

Tout Voyageur muni d'un billet de 1ère ou de 2me classe a le droit moyennant un supplément d'occuper un lit de la classe correspondante.

Ce supplément peut-être pris soit directement au conducteur de la voiture, soit d'avance aux différentes agences établies par la Compagnie.

Les vins sont achetés et importés directement par les soins de la Compagnie.

Toutes les bouteilles doivent porter la capsule marquée aux initiales W. L.

M. M. les Voyageurs sont priés d'adresser à la Direction Générale les plaintes qu'il croiraient avoir à formuler sur la qualité des vins, liqueurs etc.

La vente n'est autorisée que dans l'Intérieur des Wagons-lits et seulement aux personnes qui y ont leurs places.

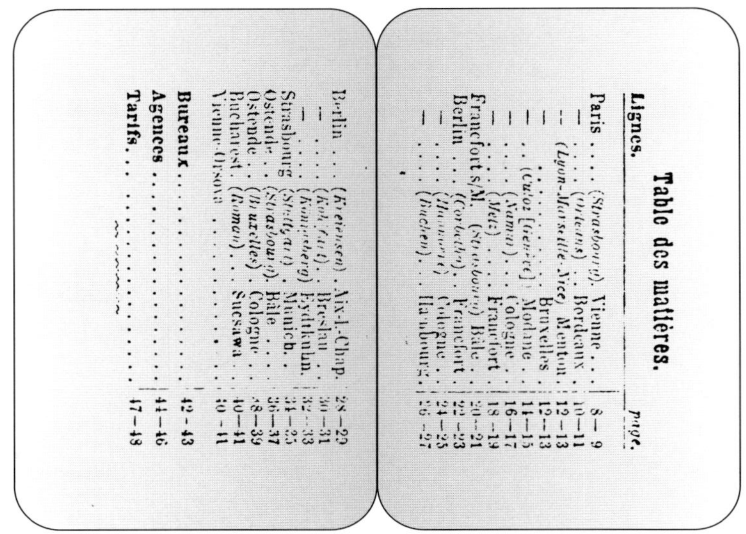

Table des matières.

Der „Guide Spécial – Gültig bis 15. Oktober 1878" ist der älteste erhaltene CIWL-Fahrplan. Taschenfahrplan in Orginalformat.

CIWLT Paris

— 8 —

Paris — Vienne.

(Gare de l'Est)	*dép.*
Paris	8.35 s.
Chalons s. Marne	12.4 m.
Nancy	4.02 „
Strasbourg . . .	8.35 „
Carlsruhe	10.55 „
Stuttgart	1.35 s.
Augsbourg . . .	6.15 „
Munich	8.00 „
Simbach	10.55 „
Vienne . . *arr.*	6.05 m.

(Kaiserin Elisabeth-Bahnhof.)

— 9 —

Vienne — Paris.

(Kais. Elis. Bahnh.)	*dép.*
Vienne	7.50 s.
Simbach	3.20 m.
Munich	6.40 „
Augsbourg . . .	7.56 „
Stuttgart	12.20 „
Carlsruhe	2.50 s.
Strasbourg . . .	5.47 „
Nancy	9.33 „
Chalons s. Marne	1.27 m.
Paris . . . *arr.*	5.15 „

(Gare de l'Est.)

— 10 —

Paris — Bordeaux.

(Gare d'Orléans.)	*dép.*
Paris	8.15 s.
Etampes	9.15 „
Orléans	10.13 „
Blois	11.28 „
Tours	12.12 m.
Poitiers	2.22 „
Angoulême . . .	4.30 „
Coutras	6.6 „
Bordeaux . *arr*	7.10 „

(Gare St. Jean.)

— 11 —

Bordeaux — Paris.

(Gare St. Jean.)	*dép.*
Bordeaux	6.30 s.
Coutras	7.33 „
Angoulême . . .	9.10 „
Poitiers	11.2) „
Tours	1.5 m.
Blois	2.15 „
Orléans	3.28 „
Etampes	4.29 „
Paris . . . *arr.*	5.27 „

(Gare d'Orléans.)

— 12 —

Paris — Marseille.

(Gare de Lyon.)	*dép.*
Paris	7.15 s.
Dijon	12.46 m.
Mâcon	2.54 „
Lyon	4.18 „
Avignon	8.30 „
Marseille . *arr.*	10.40 „

Paris — Bruxelles.

	dép.
Paris	10.45 s.
Bruxelles (midi) *arr.*	5.15 m.

— 13 —

Marseille — Paris.

	dép.
Marseille	4.50 s.
Avignon	7.00 „
Lyon	11.13 „
Mâcon	12.30 m.
Dijon	2.44 „
Paris . . . *arr.*	8.15 „

(Gare de Lyon.)

Bruxelles — Paris.

	dép.
Bruxelles (midi) .	11. s.
Paris . . . . *arr.*	5.35 m.

— 14 —

Paris — Culoz — Genève.

	dép.
Paris	8.40 s.
Dijon	3.10 m.
Mâcon	5.55 „
Bourg	6.43 „
Ambérieu . . .	7.33 „
Culoz	8.55 „
Bellegarde . . .	9.42 „
Genève . . *arr.*	10.39 s.

— 15 —

Genève — Culoz — Paris.

	dép.
Genève	3.18 s.
Bellegarde . . .	4.26 „
Culoz	5.20 „
Ambérieu	6.46 „
Bourg	7.32 „
Mâcon	8.51 „
Dijon	11.28 „
Paris . . . *arr*	5.35 m.

— 16 —

Paris — Cologne.

(Gare du Nord.)	dép.
Paris	8. s.
Tergnier	11.02 „
Busigny	12.1 m.
Erquelines . . .	1.46 „
Charleroi	2.24 „
Namur	3.19 „
Liège	4.39 „
Verviers	5.39 „
Herbesthal . . .	6.11 „
Aix-la-Chapelle.	6.47 „
Duren.	7.23 „
Cologne . . arr.	8.5 „
(Central-Bahnhof.)	

— 17 —

Cologne — Paris.

(Central-Bahnhof.)	dép.
Cologne	10.30 s.
Duren.	11.20 „
Aix-la-Chapelle	12.7 m.
Herbesthal . . .	12.38 „
Verviers	1.23 „
Liège	2.11 „
Namur	3.30 „
Charleroy	4.23 „
Erquelines . . .	5.06 „
Busigny	6.12 „
Tergnier	7.19 „
Paris . . . arr.	9.45 „
(Gare du Nord.)	

— 18 —

Paris — Francfort s.M.

(Gare de l'Est)	dép.
Paris	7.50 s.
Frouard.	3.09 m.
Pagny	4.39 „
Metz	5.04 „
Forbach	6.22 „
Saarbruck . . .	6.36 „
Creuznach . . .	9.11 „
Bingerbruck . .	9.36 „
Mayence	10.37 „
Francfort s.M. arr.	11.27 s.
(Westbahnhof.)	

— 19 —

Francfort s.M. — Paris.

(Westbahnhof.)	dép.
Francfort s. M. .	4.50 s.
Mayence	6.00 „
Bingerbruck . .	6.48 „
Creuznach . . .	7.07 „
Saarbruck . . .	10.06 „
Forbach.	10.20 „
Metz . . . arr.	11.14 „
Pagny	12.34 m.
Frouard	1.20 „
Paris . . . arr.	9.45 „
(Gare de l'Est.)	

— 20 —

Francfort s.M. — Bâle.

	dép.
Francfort s.M. .	8 45 s.
Mayence	9.45 „
Ludwigshafen .	11.18 „
Strasbourg . . .	2 57 m.
Mulhouse	5.32 „
Bâle . . . arr.	6.18 „

Au guichet des stations Cologne — Bonne et Coblence (chemin de fer rhénan) on peut se procurer des billets supplémentaires pour le wagon lits de Mayence à Bâle.

— 21 —

Bâle — Francfort s.M.

	dép.
Bâle	9.— s.
Mulhouse. . . .	9.52 „
Strasbourg . . .	12 52 m.
Ludwigshafen .	4.30 „
Mayence . . .	6.05 „
Francf. s. M. arr.	7.11 „

— 22 —

Berlin — Francfort s.M.

(Anhalter Bahnhof)	dép.
Berlin	8. s.
Halle	11.05 „
Corbetha	11.39 „
Weissenfels . .	11.52 „
Weimar. . . .	1.4 m.
Erfurt.	1.31 „
Gotha	2.8 „
Eisenach	2.48 „
Bebra	3.52 „
Fulda	5.6 „
Elm	5.50 „
Hanau	6.58 „
Francfort s.M. arr.	7.30 „
(West-Bahnhof.)	

— 23 —

Francfort s.M. — Berlin.

(West-Bahnhof.)	dép.
Francfort s. M.	7.45 s.
Hanau	8.21 „
Elm	9.54 „
Fulda	10.31 „
Bebra	11.46 „
Eisenach	12.54 m.
Gotha	1.32 „
Erfurt	2.8 „
Weimar.	2.37 „
Weissenfels . .	3.45 „
Corbetha	4.1 „
Halle	4.35 „
Berlin. . . arr.	7.45 „
(Anhalter Bahnhof.)	

— 24 —

Berlin — Cologne.

(Lehrter Bahnhof.)	*dép.*
Berlin	10.
Spandau	10.16
Stendal	11.36
Oebisfelde . . .	12.33m.
Lehrte	1.37 „
Hannovre	2.6 „
Minden	3.23 „
Bielefeld	4.7 „
Hamm	5.8 „
Dortmund . . .	5.40 „
Oberhausen . . .	6.36 „
Düsseldorf . . .	7. „
Cologne . . *arr.*	8. „

(Central-Bahnhof.)

— 25 —

Cologne — Berlin.

(Central-Bahnhof.)	*dép.*
Cologne	8. s.
Düsseldorf . . .	8.49 „
Oberhausen . .	9.33 „
Dortmund . . .	10.38 „
Hamm	11.14 „
Bielefeld	12.22m.
Minden	1.12 „
Hannovre	2.42 „
Lehrte	3.1 „
Oebisfelde . . .	4.10 „
Stendal	5.18 „
Spandau	6.51 „
Berlin . . . *arr.*	7.10 „

(Lehrter Bahnhof.)

— 26 —

Berlin — Hambourg.

(Hamb. Bahnhof.)	*dép.*
Berlin	11.00 s.
Spandau	11.23 „
Neustadt a. D. .	12.50m.
Wittenberge . .	2.04 „
Hagenow	3.36 „
Büchen	4.36 „
Bergedorf. . . .	5.24 „
Hambourg . *arr.*	5.46 „

(Berliner Bahnhof.)

Les voyageurs peuve
jusqu'à 7 heur

— 27 —

Hambourg — Berlin.

(Berliner Bahnhof.)	*dép.*
Hambourg . . .	10.45 s.
Bergedorf. . . .	11.15 „
Büchen	12.04m.
Hagenow	1.08 „
Wittenberge . .	2.50 „
Neustadt a. D. .	4.03 „
Spandau	5.37 „
Berlin	5.58 „

(Hambg. Bahnhof.)

rester dans la voiture-lits
du matin.

— 28 —

Berlin — Aix-la-Chap.

(Potsdamer Bahnh.)	*dép.*
Berlin	10. s.
Potsdam	10.28 „
Magdebourg . .	12.15m.
Börssum	1.35 „
Kreiensen . . .	2.38 „
Holzminden . .	3.26 „
Scherfede	4.16 „
Arnsberg	5.45 „
Elberfeld	7.24 „
Düsseldorf . . .	8.25 „
Neuss	8.36 „
M. Gladbach . .	8.55 „
Aix-la-chapelle T. *arr.*	10.07 „

(Bergisch-Märk. Bahnhof.)

— 29 —

Aix-la-Chap. — Berlin.

(Berg Märk. Bahn.)	*dép.*
Aix-la-Chap. M.	6.4 s.
M. Gladbach . .	7.25 „
Neuss	7.44 „
Düsseldorf . . .	8. „
Elberfeld	9.00 „
Arnsberg	10.51 „
Scherfede	12.33m.
Holzminden . .	1.28 „
Kreiensen	2.24 „
Börssum	3.33 „
Magdebourg . .	5.12 „
Potsdam	7.10 „
Berlin . . . *arr.*	7.42 „

(Potsdamer Bahnhof.)

— 30 —

Berlin — Breslau.

(Niederschles. Bahnh.)	*dép.*
Berlin .	11. s.
Francfort s. O. .	12.43m.
Guben	1.37 „
Sommerfeld . .	2.10 „
Sorau	2.50 „
Hansdorf	3.2 „
Kohlfurt	3.52 „
Liegnitz	5.15 „
Neumarkt . . .	5.50 „
Mochbern	6.26 „
Breslau . . *arr.*	6.35 „

— 31 —

Breslau — Berlin.

(Oberschles. Bahnh.)	*dép.*
Breslau	10. s.
Mochbern	10.10 „
Neumarkt . . .	10.42 „
Liegnitz.	11.19 „
Kohlfurt	12.25m.
Hansdorf	1.29 „
Sorau	1.45 „
Sommerfeld . .	2.14 „
Guben	2.47 „
Francfort s. O. .	3.43 „
Berlin . . . *arr.*	5.15 „

Les voyageurs peuvent rester
dans la voiture-lits jusqu'à
7 heures du matin.

— 32 —

Berlin — Eydtkuhnen.

(Ostbahnhof.)	dép.
Berlin	11.15
Cüstrin	12.56
Kreuz	3.6
Schneidemühl	4.15
Bromberg	6.9
Dirschau	8.48
Marienburg	9.16
Elbing	9.51
Braunsberg	10.58
Königsberg	12.35
Insterburg	2.40
Gumbinnen	3.11
Eydtkuhnen arr.	3.58

— 33 —

Eydtkuhnen — Berlin.

(Ostbahnhof.)	dép.
Eydtkuhnen	2.22
Gumbinnen	3.5
Insterburg	3.40
Königsberg	5.45
Braunsberg	6.56
Elbing	7.57
Marienburg	8.26
Dirschau	8.57
Bromberg	11.50
Schneidemühl	1.26
Kreuz	2.30
Cüstrin	4.33
Berlin arr.	6.10

(Ostbahnhof.)

...

— 34 —

Strasbourg — Munich.

(Paris)	dép
Paris	9.20 s.
Châlons	12.30 „
Nancy	4.7 „
Strasbourg	9.6 s.
Carlsruhe	12.00 „
Stuttgart	2.47 m.
Ulm	5.40 „
Augsbourg	7.40 „
Munich	8.50 „

— 35 —

Munich — Strasbourg.

(Paris.)	dép.
Munich	7.10 „
Augsbourg	8.30 „
Ulm	10.35 „
Stuttgart	12.58 m.
Carlsruhe	3.10 „
Strasbourg	5.33 „
Nancy	10.20 „
Châlons	1.55 s.
Paris arr.	5. „

— 36 —

Ostende — Bâle.

	dép.
Ostende . . . Quai	3.00 s.
Bruxelles Nord	7.10 „
„ g. Leop.	7.30 „
Namur	8.50 „
Luxembourg	1.18 m.
Thionville	2.05 „
Metz	2.54 „
Saarbourg	5.52 „
Strasbourg	6.31 „
Colmar	8.09 „
Bâle arr.	9.49 „

Service supprimé pendant la saison d'hiver

— 37 —

Bâle — Ostende.

	dép.
Bâle	2.25 s.
Colmar	4.15 „
Strasbourg	6.19 „
Saarbourg	7.45 „
Metz	10.25 „
Thionville	11.11 „
Luxembourg	12.00 m.
Namur	4.01 „
Bruxelles g. Leop.	5.16 „
„ Nord	7.20 „
Ostende arr.	10. „

du 15 décembre au 15 mai.

— 38 —

Ostende — Cologne.

	dép.
Ostende . Station	6.4 s.
Bruges	6.43 „
Gand	8.09 „
Bruxelles . Nord	11. „
Louvain	11.37 „
Liège	1.15 m.
Verviers	2.15 „
Herbestal . arr.	2.34 „
Herbestal . dép.	3.00 „
Aix-la-Chapelle	3.31 „
Cologne . . arr.	5.30 „

(Central-Bahnhof.)

— 39 —

Cologne — Ostende.

(Central-Bahnhof.)	dép.
Cologne	10.50 s.
Aix-la-Chapelle	12.29 m.
Herbestal	12.58 „
Verviers	1.40 „
Liège	2.30 „
Louvain	4.05 „
Bruxelles N. arr.	4.38 „
Bruxelles N. dép.	7.20 „
Gand	8.38 „
Bruges	9.28 „
Ostende . . arr.	9.52 „

Les voyageurs pour Bruxelles peuvent rester dans la voiture-lits jusqu'à 7 heures du matin.

— 40 —

Bucharest — Sucsawa.

	dép.
Bucharest	8.15 s.
Braïla	1.53 m.
Barbosi	2.55 „
Tecuciu	5. „
Roman	9.5 „
Paskani	10.16 „
Sucsawa . arr.	12.3 s.

Vienne — Orsova.

	dép.
Vienne *Staatsbhf.*	3.45 s.
Budapest . *arr.*	10.15 „
Budapest . *dép*	10.40 „
Orsova . . *arr.*	9.33 m.

— 41 —

Sucsawa — Bucharest.

	dép.
Sucsawa	5.11 s.
Paskani	7.7 „
Roman	8.45 „
Tecuciu	12.30 m.
Barbosi	2.26 „
Braïla	3.8 „
Bucharest . *arr.*	8.30 „

Orsova — Vienne.

	dép.
Orsova	6.54 s.
Budapest . *arr.*	8.8 m.
Budapest . *dép.*	8.30 „
Vienne *Stbhf. arr.*	2.37 s.

— 42 —

Bureaux.

Les voyageurs sont priés d'adresser au bureau le plus proche toute demande ou réclamation :

Direction générale :
Bruxelles, 22, Rue Marie de Bourgogne.

Adresse pr. télégramme :
Wagons-lits, Bruxelles.

Inspection de division :
Paris, 1 Rue Scribe.

— 43 —

Inspection de division :
Bucharest, strada Tàrgovisti 19.

Direction de division :
Berlin, Königgrätzerstrasse 25.

Adresse pr. télégramme :
Schlafwagen, Berlin.

Sous-Inspection :
Vienne, 48, Millergasse.

Inspection :
Ostende, 26, rue Albert.

Sous-Inspection :
Strasbourg, 32, Spiessgasse.

— 44 —

Agences.

Les personnes qui le désirent peuvent s'assurer à l'avance des places de Wagons-lits; toute demande devra être accompagnée du montant du supplément.

Les prix en sont indiqués dans le tarif ci contre: la classe du billet de Wagon-lit doit correspondre à celle du billet de chemin de fer.

— 45 —

Pour chaque billet de Wagon-lit il faut nécessairement un billet de chemin de fer.

Dans les villes où il n'existe pas d'agence de la Compagnie les chefs de gare se chargent de la vente des billets de Wagons.

Agents.

Berlin, *Richard Thomas,* Unter den Linden 34.

Breslau, *Drescher & Campe,* Ring, Riemer-Zeile 22

— 46 —

Cologne, *J. J. Niessen,* Domhof 4—6.

Frankf. a. M., *J. Schottenfels,* Univers.-Reisebureau.

Paris, Rue Scribe 1.

Bucharest, strada Târgovisti 19

Vienne, *Edouard Lepstadt.* Kärnthnerring 1.

Bâle, *Schweighauser'sche* Sort.-Buchhandlung, 19 Eisengasse.

— 47 —

Tarif.

Cl.	I.	II.
Paris-Cologne . Frc	10	Il n'y a pas de 2me Cl.
„ Metz.	10	
„ Francfort s. M.	15	
Culoz-Genève	3	
Paris-Culoz	23	
„ Genève.	26	
„ Bordeaux . .	24	
„ Marseille . . .	36	
„ Menton	46	
„ Strasbourg . .	10	
„ Munich	15	
„ Vienne	25	
„ Bruxelles . . .	10	
Vienne-Munich . . .	10	
„ Strasbourg .	15	
„ Orsova	20	
„ Budapest. . .	7	
Budapest-Orsova . .	15	
Bâle-Bruxelles . . .	12	
„ Ostende	12	
Cologne-Bruxelles .	8	
„ Ostende . .	10	
Bucharest-Roman . .	12	
„ Sucsawa . .	16	

Bericht

über die

Ergebnisse des Betriebes

der

für Rechnung des Preußischen Staates verwalteten Eisenbahnen

im

Betriebsjahr 1886/87.

Berlin.
W. Moeser Hofbuchdruckerei
Stallschreiberstraße 34. 35.

Schlafwagenverkehr.

Die Einnahmen aus dem Betriebe der Schlafwagen haben sich von 163 497 Mark im Jahre 1885/86 auf 275 793 Mark im Berichtsjahre, sonach um 112 296 Mark oder 68,7 Prozent erhöht.

Diese sehr erhebliche Steigerung findet ihre Begründung darin, daß von den Seitens der Internationalen Schlafwagengesellschaft Anfangs des Etatsjahres 1886/87 betriebenen Schlafwagenkursen

Hamburg-Cöln,
Berlin-Eydtkuhnen,
Berlin-Cöln,
Berlin-Oderberg,
Berlin-Frankfurt a. M. über Nordhausen,
Berlin-Frankfurt a. M. über Corbetha,
Berlin-München,
Berlin-Wien,
Cöln-Paris,
Cöln-Ostende,
Cöln-München,
Frankfurt a. M.-Paris und
Calais-Wien

die Kurse

Berlin-Eydtkuhnen am 1. Juni 1886,
Hamburg-Cöln am 15. August 1886,
Berlin-Cöln am 15. Oktober 1886 und
Berlin-Oderberg am 1. Januar 1887

in die eigene Verwaltung der Staatsbahnen übernommen worden sind. Außerdem ist vom 1. Juni 1886 ab auf der Strecke Altona-Randers ein Schlafwagenbetrieb verwaltungsseitig neu eingerichtet worden.

Die nachstehende Tabelle ergiebt die Zahl der im Jahre 1886/87 betriebenen Schlafwagenkurse, sowie die aus denselben für die Staatseisenbahnverwaltung erwachsenen Einnahmen.

Laufende Nummer	Schlafwagen-Kurse	Im Jahre 1885/86 Zahl der Reisenden	Im Jahre 1885/86 Einnahme der Staatseisenbahn-Verwaltung M.	Im Jahre 1886/87 Zahl der Reisenden	Im Jahre 1886/87 Einnahme der Staatseisenbahn-Verwaltung M.	Bemerkungen.
1.	Hamburg-Frankfurt a. M. ...	4 021	38 252	3 428	33 563	Staatsbetrieb seit 1. Juni 1874.
2.	Berlin-Warschau	3 270	27 779	4 129	32 146	" " 15. Mai 1880.
3.	Berlin-Aachen	911	3 644	835	3 340	" " 1. September 1884.
4.	Hamburg-Berlin	2 923	9 820	2 629	17 969	" " 25. Oktober 1885.
5.	Berlin-Eydtkuhnen	7 549	23 327	7 379	63 910	" " 1. Juni 1886.
6.	Hamburg-Cöln	2 812	6 053	2 596	15 916	" " 15. August 1886.
7.	Berlin-Cöln { Nachtzüge ..	6 538	14 190	7 278	56 240	" " 15. Oktober 1886.
	Berlin-Cöln { Tageszüge ..	2 733	3 416	1 594	1 993	Betrieb der Internationalen Schlafwagen-Gesellschaft, eingestellt seit 15. Oktober 1886.
8.	Berlin-Oderberg	4 221	6 294	3 947	10 638	Staatsbetrieb seit 1. Januar 1887.
9.	Altona-Randers	—	—	924	7 689	" , neu, seit 1. Juni 1886.
10.	Berlin-Frankfurt a. M. über Nordhausen	3 166	6 683	3 563	7 585	Betrieb der Internationalen Schlafwagen-Gesellschaft.
11.	Berlin-Frankfurt a. M. über Corbetha	5 994	12 615	6 165	13 012	" " " "
12.	Berlin-München	3 955	2 037	4 127	2 135	" " " "
13.	Berlin-Wien	1 557	910	1 528	908	" " " "
14.	Cöln-Paris	6 870	2 876	6 863	2 894	" " " "
15.	Frankfurt a. M.-Paris	2 582	1 469	3 133	1 816	" " " "
16.	Cöln-Ostende	2 620	1 210	2 511	1 187	" " " "
17.	Cöln-München	1 072	561	862	451	" " " "
18.	Calais-Wien	5 354	2 361	5 425	2 401	" " " "
	zusammen	68 148	163 497	68 916	275 793	
	an Einnahmen also mehr 1886/87			—	112 296	

Bericht

über die

Ergebnisse des Betriebes

der

vereinigten preußischen und hessischen Staatseisenbahnen

im

Rechnungsjahre 1906.

(Das Rechnungsjahr fällt bis zum Jahre 1876 mit dem Kalenderjahre zusammen; vom Jahre 1877 ab umfaßt es die Zeit vom 1. April des laufenden bis zum 31. März des folgenden Jahres. Wo in diesem Berichte das Kalenderjahr gemeint wird, ist dies ausdrücklich angegeben; sonst ist unter Jahr stets das Rechnungsjahr zu verstehen.)

Berlin.
W. Moeser Buchdruckerei
Stallschreiberstraße 34. 35.

5. Schlafwagenverkehr.

Vgl. Anlage 6 unter B, lfde Nr 23, und unter C, S. 190 ff.

Aus dem Schlafwagenverkehr sind 1 815 054 ℳ gegen 1 661 423 ℳ im Vorjahre, somit 153 631 ℳ oder 9,25 % mehr eingenommen. Die Zahl der Reisenden betrug 252 325 gegen 227 271 im Vorjahre, somit 25 054 Reisende oder 11,02 mehr. An dem Verkehre sind die Wagenklassen, wie folgt, beteiligt:

	1	2	3	4	5	6	7	8	9	10	11	12	13	14
	1906					1905					1906 mehr			
	Reisende		Einnahme		in % der Gesamteinnahme jeder Klasse*)	Reisende		Einnahme		in % der Gesamteinnahme jeder Klasse*)	Reisende		Einnahme	
	Anzahl	%	ℳ	%		Anzahl	%	ℳ	%		Anzahl	%	ℳ	%
I. Klasse . . .	99 989	39,63	743 389	40,96	1,04	93 152	40,99	709 599	42,71	[illegible]	6 837	7,34	33 790	4,76
II. „ . . .	152 336	60,37	1 071 665	59,04	1,06	134 119	59,01	951 824	57,29	[illegible]	18 217	13,58	119 841	12,59
zusammen . .	252 325	100,00	1 815 054	100,00	—	227 271	100,00	1 661 423	100,00	—	25 054	11,02	153 631	9,25

Ende 1906 waren im ganzen 28 von der Staatseisenbahnverwaltung betriebene Schlafwagenkurse mit 141 staatseigenen Schlafwagen vorhanden. Außerdem waren 12 Kurse im Betriebe der Internationalen Schlafwagengesellschaft. Die einzelnen Kurse, der Umfang ihrer Benutzung und ihre Erträgnisse sind in der Anlage 6 unter C nachgewiesen. Neu eingerichtet wurden im Berichtsjahre die Kurse Berlin—Stettin—Danzig, Berlin—Posen—Allenstein—Eydtkuhnen und Frankfurt a. Main—Hannover—Bremen (Norddeich). Der Schlafwagenkurs Berlin—Oderberg—Budapest wird seit 10. Dezember 1906 nicht mehr von den beteiligten Eisenbahnverwaltungen, sondern von der Internationalen Schlafwagengesellschaft betrieben.

Von der Gesamteinnahme aus dem Personenverkehr brachte der Schlafwagenverkehr 0,37 % auf (1905 0,36 %).

*) Gesamtergebnis jeder Klasse ohne Militär.

C. Schlafwagenverkehr. (Abschnitt B lfde Nr 23.)

1	2	3	4	5	6	7	8	9
Lfde Nr	Schlafwagenkurse	Jahr	Zahl der Reisenden			Einnahmeanteil der vereinigten preußischen und hessischen Staatsbahnen		
			I. Klasse	II. Klasse	überhaupt	I. Klasse ℳ	II. Klasse ℳ	überhaupt ℳ
	a. Staatsbetrieb.							
1	Altona—Hamburg—Osnabrück—Cöln	1906	4 295	5 696	9 991	43 866	46 834	90 700
		1905	4 031	5 023	9 054	41 027	40 916	81 943
2	Altona—Hamburg—Hannover—Frankfurt a. M.	1906	3 811	3 511	7 322	38 166	30 772	68 938
		1905	4 563	2 538	7 101	46 493	23 421	69 914
3	Altona—Hamburg—Hannover—Würzburg	1906	539	1 904	2 443	5 440	15 432	20 872
		1905	509	1 750	2 259	5 101	13 979	19 080
4	Altona—Hamburg—Wittenberge—Leipzig	1906	367	1 659	2 026	2 980	10 913	13 893
		1905	309	1 439	1 748	2 505	10 410	12 915
5	Hamburg—Vamdrup—Kopenhagen	1906	2 470	4 504	6 974	22 901	29 185	52 086
		1905	2 611	4 528	7 139	25 338	29 609	54 947
6	Berlin—Wittenberge—Hamburg—Altona	1906	1 052	2 414	3 466	8 537	15 668	24 205
		1905	964	2 410	3 374	7 859	15 715	23 574
7	Berlin—Schneidemühl—Eydtkuhnen	1906	6 631	14 714	21 345	76 232	138 519	214 751
		1905	6 361	13 920	20 281	73 006	127 841	200 847
8	Berlin—Posen—Allenstein—Eydtkuhnen (vom 1. Mai 1906 ab)	1906	206	380	586	2 391	3 220	5 611
		1905	—	—	—	—	—	—
9	Berlin—Stettin—Danzig (vom 1. September 1906 ab)	1906	145	587	732	986	3 201	4 187
		1905	—	—	—	—	—	—
10	Berlin—Schneidemühl—Danzig	1906	854	2 663	3 517	6 522	18 404	24 926
		1905	691	2 072	2 763	5 445	13 495	18 940
11	Berlin—Bromberg—Alexandrowo—Warschau	1906	4 827	16 680	21 507	48 668	135 212	183 880
		1905	4 550	14 566	19 116	45 701	117 703	163 404
12	Berlin—Posen—Alexandrowo—Warschau	1906	444	1 683	2 127	3 730	10 828	14 558
		1905	383	1 511	1 894	3 149	10 052	13 201
13	Berlin—Breslau—Oderberg—Wien oder Budapest	1906	4 942	7 798	12 740	36 114	41 783	77 897
		1905	4 179	5 615	9 794	34 067	35 855	69 922
14	Berlin—Sagan—Kattowitz	1906	1 119	1 633	2 752	10 867	12 899	23 766
		1905	1 058	1 568	2 626	9 404	11 370	20 774
15	Berlin—Leipzig—Hof—Marktredwitz—München	1906	1 330	4 247	5 577	9 899	25 184	35 083
		1905	1 143	4 104	5 247	8 738	24 606	33 344
16	Berlin—Halle—Probstzella—Nürnberg—München	1906	4 050	12 853	16 903	33 818	85 670	119 488
		1905	3 322	10 280	13 602	28 504	69 920	98 424
17	Berlin — Eisenach — Frankfurt a. M. — Karlsruhe—Basel	1906	9 161	16 148	25 309	88 462	123 750	212 212
		1905	10 681	15 983	26 664	100 715	124 392	225 107
	Seite	1906	46 243	99 074	145 317	439 579	747 474	1 187 053
		1905	45 355	87 307	132 662	437 052	669 284	1 106 336

1	2	3	4	5	6	7	8	9
Lfde Nr	Schlafwagenkurse	Jahr	Zahl der Reisenden I. Klasse	Zahl der Reisenden II. Klasse	Zahl der Reisenden überhaupt	Einnahmeanteil der vereinigten preußischen und hessischen Staatsbahnen I. Klasse M	Einnahmeanteil II. Klasse M	Einnahmeanteil überhaupt M
	Übertrag	1906	46 243	99 074	145 317	439 579	747 474	1 187 053
		1905	45 355	87 307	132 662	437 052	669 284	1 106 336
18	Berlin—Nordhausen—Cassel—Frankfurt a. M.—Straßburg—Basel	1906	6 639	13 289	19 928	55 739	91 878	147 617
		1905	5 252	10 951	16 203	45 506	76 697	122 203
19	Berlin—Soest—Neuß—Aachen—Verviers	1906	1 391	2 635	4 026	14 277	21 372	35 649
		1905	1 509	2 675	4 184	15 436	21 807	37 243
20	Berlin—Magdeburg—Hannover—Cöln	1906	3 008	4 960	7 968	30 955	40 099	71 054
		1905	2 434	4 043	6 477	24 523	32 450	56 973
21	Berlin—Hannover—Bremen—Wilhelmshaven / Norddeich	1906	887	1 775	2 662	7 950	13 250	21 200
		1905	703	1 470	2 173	6 149	11 969	18 118
22	Berlin—Stendal—Hannover—Cöln	1906	7 174	11 488	18 662	76 222	95 993	172 215
		1905	7 377	10 408	17 785	76 840	87 382	164 222
23	Berlin—Hannover—Salzbergen—Amsterdam...	1906	1 694	2 825	4 519	14 985	19 677	34 662
		1905	1 409	2 141	3 550	12 269	14 894	27 163
24	Cöln—Bingen—Mainz—Aschaffenburg—München	1906	1 260	2 137	3 397	9 476	13 254	22 730
		1905	1 354	2 097	3 451	9 598	13 091	22 689
25	Frankfurt a. M.—Hannover—Bremen / Norddeich (vom 1. Mai 1906 ab)	1906	339	686	1 025	3 721	5 679	9 400
		1905	—	—	—	—	—	—
26	Frankfurt a. M.—München	1906	1 035	1 990	3 025	5 645	8 053	13 698
		1905	1 019	1 961	2 980	5 486	8 147	13 633
27	Zevenaar / Emmerich—Cöln—Bad Münster a. Stein—Basel	1906	9 003	537	9 540	71 603	5 495	77 098
		1905	8 102	562	8 664	65 028	5 964	70 992
28	Leipzig—Dresden—Görlitz—Myslowitz	1906	283	1 068	1 351	1 922	4 906	6 828
		1905	290	1 181	1 471	1 899	5 379	7 278
	zusammen a. (Staatsbetrieb)	1906	78 956	142 464	221 420	732 074	1 067 130	1 799 204
		1905	74 804	124 796	199 600	699 786	947 064	1 646 850

b. Betrieb der internationalen Schlafwagengesellschaft.

1	2	3	4	5	6	7	8	9
1	Altona—Hamburg—Oberhausen—Vlissingen*)..	1906	—	—	—	—	—	—
		1905	—	—	—	—	—	—
2	Amsterdam—Nürnberg—Marienbad—Kissingen*)	1906	—	—	—	—	—	—
		1905	—	—	—	—	—	—
3	Berlin—Dresden—Wien	1906	3 111	3 786	6 897	1 880	1 798	3 678
		1905	2 503	3 448	5 951	1 751	2 044	3 795
4	Berlin—Ritschenhausen—Stuttgart*)	1906	—	—	—	—	—	—
		1905	—	—	—	—	—	—
5	Berlin—Vlissingen*)	1906	—	—	—	—	—	—
		1905	—	—	—	—	—	—
6	Berlin—Warnemünde—Gjedser—Kopenhagen*)	1906	—	—	—	—	—	—
		1905	—	—	—	—	—	—
7	Berlin—Sillein (Zsolna)—Budapest (vom 10. Dezember 1906 ab)*)	1906	—	—	—	—	—	—
		1905	—	—	—	—	—	—
8	Cöln—Herbesthal—Paris	1906	8 780	—	8 780	4 848	—	4 848
		1905	7 956	—	7 956	3 896	—	3 896
9	Cöln—Herbesthal—Ostende	1906	1 640	3 086	4 726	862	1 460	2 322
		1905	1 620	3 010	4 630	840	1 293	2 133
10	Frankfurt a. M.—Oberstein—Metz—Paris	1906	5 372	—	5 372	2 610	—	2 610
		1905	4 208	—	4 208	1 992	—	1 992
11	Frankfurt a. M.—Aschaffenburg—Wien*)	1906	—	—	—	—	—	—
		1905	—	—	—	—	—	—
12	Frankfurt a. M.—Darmstadt—Karlsruhe—Basel	1906	2 030	3 010	5 040	1 115	1 277	2 392
		1905	2 061	2 865	4 926	1 334	1 423	2 757
	zusammen b. (Betrieb der internationalen Schlafwagengesellschaft)	1906	20 933	9 882	30 815	11 315	4 535	15 850
		1905	18 348	9 323	27 671	9 813	4 760	14 573
	im ganzen (a + b)	1906	99 889 (= 39,60 %)	152 346 (= 60,40 %)	252 235 (= 100,00 %)	743 389 (= 40,96 %)	1 071 665 (= 59,04 %)	1 815 054 (= 100,00 %)
		1905	93 152 (= 40,99 %)	134 119 (= 59,01 %)	227 271 (= 100,00 %)	709 599 (= 42,71 %)	951 824 (= 57,29 %)	1 661 423 (= 100,00 %)
	Im Verhältnis der Gesamtergebnisse jeder Klasse (Abschnitt B lfde Nr 25)	1906	4,05 %	0,19 %	—	4,04 %	1,06 %	—
		1905	3,47 %	0,17 %	—	3,81 %	0,99 %	—

*) Zu lfdr Nr. b. 1, 2, 4, 5, 6, 7 und 11. Die Einnahmen fallen der Schlafwagengesellschaft allein zu, deshalb sind sie hier nicht nachzuweisen; auch liegen Angaben über den Umfang der Benutzung der Schlafwagen nicht vor.

Bericht

über die

Ergebnisse des Betriebes

der

vereinigten preußischen und hessischen Staatseisenbahnen

im

Rechnungsjahre 1913

(Das Rechnungsjahr fällt bis zum Jahre 1876 mit dem Kalenderjahre zusammen; vom Jahre 1877 ab umfaßt es die Zeit vom 1. April des laufenden bis zum 31. März des folgenden Jahres. Wo in diesem Berichte das Kalenderjahr gemeint wird, ist dies ausdrücklich angegeben; sonst ist unter Jahr stets das Rechnungsjahr zu verstehen.)

Berlin, 1915

Preußische Verlagsanstalt G. m. b. H.

SW. 68, Ritterstraße 50

12. Schlafwagenverkehr

Vergl. Anlage 6 unter B, lfde Nr 12 S. 184 fg.

Aus dem Schlafwagenverkehr sind 3 078 454 ℳ gegen 3 019 513 ℳ im Vorjahre, somit 58 941 ℳ oder 1,95 % mehr eingenommen. Die Zahl der Reisenden betrug 429 777 gegen 370 379 im Vorjahre, somit 59 398 Reisende oder 16,04 % mehr. An dem Verkehr sind die Wagenklassen, wie folgt, beteiligt:

	1	2	3	4	5	6	7	8	9	10	11	12	13	14
	1913					1912					1913 mehr			
	Reisende		Einnahme		in % der Gesamteinnahme jeder Klasse ohne Militär	Reisende		Einnahme		in % der Gesamteinnahme jeder Klasse ohne Militär	Reisende		Einnahme	
	Anzahl	%	ℳ	%		Anzahl	%	ℳ	%		Anzahl	%	ℳ	%
1. Klasse	101 918	23,71	970 343	31,52	4,83	100 869	27,23	966 651	32,01	4,84				
2. „	327 859	76,29	2 108 111	68,48	1,75	269 510	72,77	2 052 862	67,99	1,73				
zusammen	429 777	100,00	3 078 454	100,00		370 379	100,00	3 019 513	100,00		59 398	16,04	58 941	1,95.

Im Berichtsjahre wurden von der Staatseisenbahnverwaltung folgende Schlafwagenkurse betrieben:

Berlin—Hamburg—Altona,
Berlin—Stettin—Stolp—Danzig,
Berlin—Pasewalk—Stralsund—Saßnitz—Trälleborg—Malmö—Stockholm,
Berlin—Schneidemühl—Dirschau—Danzig,
Berlin—Schneidemühl—Dirschau—Königsberg (Pr.)—Eydtkuhnen (Wirballen),
Berlin—Schneidemühl—Alexandrowo—Warschau,
Berlin—Posen—Insterburg—Eydtkuhnen (Wirballen),
Berlin—Posen—Ostrowo—Skalmierzyce (Kalisch) [vom 1. 6. bis 31. 10. Berlin—Bentschen—Lissa—Ostrowo—Skalmierzyce (Kalisch)],
Berlin—Sagan—Breslau—Kattowitz,
Berlin—Breslau—Oderberg,
Berlin—Leipzig—Hof—Regensburg—München,
Berlin—Halle (Saale)—Jena—Probstzella—München,
Berlin—Halle (Saale)—Jena—Probstzella—Lindau,
Berlin—Eisenach—Frankfurt (Main),
Berlin—Eisenach—Frankfurt (Main)—Karlsruhe—Basel,
Berlin—Eisenach—Frankfurt (Main)— Worms—Straßburg (Elsaß)—Basel,
Berlin—Eisenach—Frankfurt (Main)—Saarbrücken,
Berlin—Magdeburg—Kreiensen—Cassel—Gießen—Coblenz—Trier—Metz,
Berlin—Magdeburg—Kreiensen—Cassel—Gießen—Frankfurt (Main)—Mannheim—Straßburg (Elsaß)—Basel,
Berlin—Magdeburg—Kreiensen—Cassel—Gießen—Frankfurt (Main),
Berlin—Magdeburg—Halberstadt—Holzminden—Düsseldorf—Aachen,
Berlin—Magdeburg—Hannover—Cöln (Herbesthal),
Berlin—Stendal—Ülzen / Hannover—Bremen—Wilhelmshaven (Leer—Norddeich),
Berlin—Stendal—Osnabrück—Rheine—Amsterdam—Haag (Scheveningen),
Berlin—Stendal—Hannover—Cöln,
Kiel—Altona—Hamburg—Bremen—Osnabrück—Wanne—Oberhausen—Cöln,
Altona—Hamburg—Ülzen—Stendal—Magdeburg—Halle (Saale)—Leipzig—Dresden,
Altona—Hamburg—Bremen—Osnabrück—Rheine—Amsterdam (Haag—Scheveningen),
Altona—Hamburg—Hannover—Elm—Würzburg—München,
Altona—Hamburg—Hannover—Cassel—Frankfurt (Main)—Wiesbaden,
Altona—Hamburg / Bremen — Hannover — Cassel — Frankfurt (Main) — Mannheim — Stuttgart / Basel
Hamburg—Lübeck—Rostock—Stralsund—Saßnitz—Trälleborg—Engelholm—Gotenburg,
Hamburg—Lübeck—Rostock—Stralsund—Saßnitz—Trälleborg—Engelholm—Gotenburg—Kornsjö—Kristiania,
Hamburg—Altona—Vamdrup—Fredericia—Kopenhagen,
Cassel—Nordhausen—Halle (Saale)—Sagan—Breslau—Kandrzin—Kattowitz,
Leipzig—Dresden—Görlitz—Breslau—Kattowitz,

Leipzig—Halle (Saale)—Cassel—Frankfurt (Main),
Frankfurt (Main)—Aschaffenburg—München,
Cöln—Mainz—Darmstadt—München,
Cöln—Elberfeld—Soest—Altenbeken—Cassel—Erfurt—Leipzig,
Cöln—Düsseldorf—Essen (Ruhr)—Dortmund—Altenbeken—Cassel—Gera—Eger,
Emmerich—Cöln—Coblenz—Bad Münster a. Stein—Straßburg (Elsaß)—Basel.

Zum Betriebe dieser Kurse waren am Ende des Berichtsjahrs 243 (1 334 Achsen) staatseigene Schlafwagen vorhanden. In den Kursen Berlin—Stockholm, Hamburg—Gotenburg und Hamburg—Kristiania laufen Schlafwagen der Schwedischen Staatsbahnen, in dem Kurse Berlin—Basel Schlafwagen der Reichseisenbahnen in Elsaß-Lothringen.

Von der Internationalen Schlafwagengesellschaft wurden auf den preußisch-hessischen Bahnstrecken folgende Schlafwagenkurse betrieben:
Berlin—Breslau—Oderberg—Wien Nordbf,
Berlin—Breslau—Oderberg—Sillein—Galanta—Budapest,
Berlin—Breslau—Oderberg—Ruttek—Budapest—Belgrad—Konstantinopel
Berlin—Halle (Saale)—Ritschenhausen—Osterburken—Stuttgart,
Berlin—Stendal—Osnabrück—Münster (Westf.)—Wesel—Vlissingen,
Dresden—Leipzig—Magdeburg—Hannover—Essen (Ruhr)—Oberhausen—Wesel—Vlissingen,
Nürnberg—Aschaffenburg—Frankfurt (Main)—Mainz—Cöln—Wesel—Vlissingen,
Altona—Hamburg—Bremen—Osnabrück—Haltern (Westf.)—Wesel—Vlissingen,
Berlin—Jüterbog / Elsterwerda—Dresden—Wien Nordwestbf,
Berlin—Jüterbog—Dresden—Bodenbach—Teplitz—Karlsbad (vom 1. 5. bis 30. 9.),
Berlin—Neustrelitz—Warnemünde—Kopenhagen,
Hamburg—Altona—Vamdrup—Frederikshavn,
Cöln—Herbesthal—Ostende,
Cöln—Herbesthal—Paris,
Stuttgart—Pforzheim—Karlsruhe / Bruchsal—Graben-Neudorf—Mannheim—Mainz—Bingerbrück / Wiesbaden—Cöln—Emmerich—Amsterdam,
Frankfurt (Main)—Heidelberg / Schwetzingen—Karlsruhe—Basel,
Frankfurt (Main)—Mannheim—Karlsruhe—Straßburg (Elsaß)—Paris,
Frankfurt (Main)—Mainz—Bingerbrück—Saarbrücken—Metz—Paris,
Frankfurt (Main)—Aschaffenburg—Passau—Wien.

Chemin de Fer
du Nord.

Traité
passé avec M.r
Nagelmackers, Ingénieur,
pour l'usage de ses
Waggons-lits
sur le Chemin de fer
du Nord.

Entre

la Cie anonyme des Chemins de fer du Nord, dont le siège est à Paris, rue de Dunkerque N.o 18, représentée par:

MM. Germain Joseph Delebecque,
Armand, André, Aimé de S.t Didier,
Albert, Victor, Baron Nau de Champlouis,
d'une part;

et M. Georges Nagelmackers, Ingénieur à Liège, Boulevard de la Sauvenière N.o 43, Directeur Général de la Cie des waggons-lits, se portant fort pour sa Société,
d'autre part;

Il a été expliqué, convenu et arrêté ce qui suit:

M. Nagelmackers a construit à ses frais, risques et périls, et d'après un système dont il est l'inventeur, un certain nombre de waggons-lits avec l'intention de les faire circuler sur les Chemins de fer Français et Etrangers moyennant la perception d'une taxe spéciale complètement en dehors des tarifs perçus par chaque administration.

M. Nagelmackers a demandé à la Cie des chemins de fer du Nord d'accepter, à titre d'essai, la mise en marche de quelques uns de ces waggons sur ses lignes de chemins de fer. La Cie du Nord ayant accepté, sous certaines réserves, la proposition de M. Nagelmackers, les deux parties contractantes ont signé d'un commun accord le traité suivant:

Article 1er.

M. Georges Nagelmackers fera construire à ses frais, et livrera à la Cie du Nord, des waggons-lits en nombre suffisant, suivant les modifications qui lui seront données à cet effet par la Cie, pour assurer la circulation régulière de ses waggons-lits

Vertrag zwischen der französischen Nordbahn und Georges Nagelmackers über die Einstellung seiner Schlafwagen in den Nachtzügen Paris-Calais, Paris-Köln und Calais-Berlin vom 30. Juni 1873.
Slg. Jürgen Klein

dans les trains express de nuit des lignes de Paris à Calais, de Paris à Cologne, de Calais à Berlin et vice-versâ. La Cie du Nord s'engage, de son coté, à comprendre dans la formation de chacun des trains express de nuit sus-désignés au moins un waggon-lit.

Article 2.

Les waggons-lits à fournir par M. Nagelmackers devront être établis sur quatre roues. Ils ne comporteront que des places de 1ère classe et devront contenir douze à quinze lits. Chacun des lits sera disposé pour une seule personne.

Les aménagements intérieurs des voitures devront remplir toutes les conditions désirables de confort et d'élégance, les détails en seront préalablement soumis à l'examen de M. l'Ingénieur Chef du Matériel et de la Traction de la Compagnie.

Article 3.

L'Ingénieur Chef du Matériel et de la Traction de Cie recevra communication des plans. Il prescrira toutes les mesures nécessaires à la bonne exécution des waggons-lits, des essieux, des roues &a. Lors de la livraison, il constatera le bon état des véhicules, qui ne pourront être mis en service qu'avec son autorisation. M. Nagelmackers remplira pour ses voitures les formalités prescrites par la loi et les règlements intérieurs.

Article 4.

Les réparations extérieures, telles que l'entretien des roues, des essieux du chassis, la peinture, le vernissage &a sont à la charge de la Cie. Celle-ci se charge également du graissage des boites d'essieux. La Cie est responsable des avaries provenant d'un fait de l'exploitation, déraillement, choc, &ca ou de la négligence de ses agents. En cas d'accident, la responsabilité de M. Nagelmackers ne pourra jamais être engagée, à moins toutefois que l'accident n'ait été occasionné par le fait d'un des Conducteurs spéciaux dont il est parlé ci-après. Tous les frais de l'entretien du matériel intérieur des waggons-lits demeurent à la Charge de M. Nagelmackers.

Article 5.

Le chauffage et l'éclairage des waggons-lits auront lieu par les soins et aux frais de la Cie du Nord, sauf le cas où M. Nagelmackers croirait devoir employer pour chauffer et éclairer ses waggons-lits d'autres systèmes que ceux en usage sur le réseau du Nord. M. Nagelmackers ne pourra toutefois les appliquer qu'avec l'autorisation de la Cie et les frais de premier établissement ainsi que ceux d'entretien seraient à sa charge.

Article 6.

Le remisage des waggons-lits, leurs manoeuvres dans les gares, leurs expéditions d'une gare à une autre, en un mot toutes les opérations auxquelles peut donner lieu un matériel de cette nature, sont faites par les soins de la Cie du Nord, sans qu'elle ait droit, de ce chef, à aucune indemnité.

Article 7.

M. Nagelmakers fournit et entretient à ses frais, les draps, matelas, couvertures et articles de toilette nécessaires à la commodité et au bien être des voyageurs.

Les agents préposés au service intérieur de la voiture sont payés par lui. Ils doivent obéissance aux agents de la Cie pour tout ce qui concerne le service de l'Exploitation.

En cas d'accidents arrivés aux Agents de M. Nagelmackers, pendant leur séjour dans les gares et dans les trains, par suite de choc, déraillement ou autres causes, aucune indemnité ne pourra être réclamée de ce chef à la Compagnie du Nord. M. Nagelmackers déclarant faire son affaire personnelle des réclamations que ces accidents pourraient amener de la part de ces agents.

Chaque waggon-lits en service devra être accompagné par un agent de M. Nagelmackers. Les Conducteurs spéciaux se tiendront dans les waggons-lits, où ils s'acquitteront de leur service concernant le Contrôle des voyageurs et la perception des taxes spéciales dues à M. Nagelmackers.

Article 8.

Tout voyageur muni d'un billet de 1ère classe a le droit, s'il en fait la demande, de monter dans un waggon-lits et d'utiliser un des lits à disposition, contre paiement d'un supplément fixé comme maximum, pour une nuit entière, à dix francs par lit de 1er rang et à sept francs 50 centimes pour ceux de 2e rang. Un voyageur désirant avoir pour lui seul une section du compartiment contenant un lit de 1er rang et un lit de 2e rang, paiera : 1°. – à la Cie du Chemin de fer 50 p% en plus du prix de la place de 1ère classe;

2°. – 50 p% à M. Nagelmackers en plus du prix

du lit de 2e rang.

Il est entendu que cette taxe supplémentaire ne donne droit qu'au parcours sur la partie Française du chemin de fer et qu'un voyageur désirant continuer sa route au delà de la frontière, devra se conformer aux règlements des Administrations étrangères.

Article 9.

Si au moment de quitter la gare de départ, les deux tiers au moins des places d'un waggon-lits n'étaient pas occupées, soit aux trains de jour, soit aux trains de nuit, les chefs de gare sont autorisés à laisser monter, sans perception supplémentaire, un certain nombre de voyageurs munis de billets de 1ère classe; toutefois l'usage d'un lit est interdit aux voyageurs de cette catégorie. Le nombre des voyageurs ainsi admis devra toujours permettre de laisser trois lits disponibles pour le reste du parcours.

Article 10.

M. Nagelmakers et un de ses préposés sont autorisés à circuler gratuitement sur les lignes parcourues par les waggons-lits, à la condition de prendre place dans l'un de ces waggons.

Article 11.

Après un an d'essai, la Cie du Nord se réserve le droit de faire des propositions à M. Nagelmackers, soit pour la continuation de son traité, soit pour le rachat de son matériel.

Dans le cas où la Cie du Nord ne voudrait donner aucune suite à cet essai, M. Nagelmackers serait tenu de reprendre son matériel, sans avoir à prétendre à aucune indemnité.

Le matériel sera rendu à M. Nagelmackers en bon état de service, mais sans que celui-ci ait à exiger une remise à neuf.

Article 12.

La Cie du Nord se réserve le droit de faire cesser la circulation des waggons-lits à toute époque et avant l'expiration de la période d'essai d'un an.

M. Nagelmackers n'aura aucun recours à exercer contre la Cie du Nord, à raison de cette décision, quelle que soit la cause qui l'ait provoquée.

Article 13.

La présente convention ne pourra être mise en vigueur qu'après approbation de l'Administration supérieure.

Article 14.

Toutes contestations au sujet de l'exécution de la présente convention seront soumises au Tribunal de Commerce de la Seine, auquel les parties donnent attribution de juridiction.

A cet effet les parties font élection de domicile, savoir :

La Cie du Nord à l'Administration à Paris,

M. Nagelmackers, Ingénieur, chez Mrs Vernes & Cie, banquiers, rue Taitbout No. 29.

Fait double à Paris, le 30 Juin 1873.

(Suivent les signatures).

Vertrag

betreffend den

Schlafwagen-Dienst

zwischen

München und Neunkirchen.

München.
Dr. Wild'sche Buchdruckerei (Gebr. Parcus).
1900.

Vertrag.

Zwischen der **Generaldirektion der Königlich Bayerischen Staatseisenbahnen**, der **Generaldirektion der Königlich Württembergischen Staatseisenbahnen**, der **Generaldirektion der Großherzoglich Badischen Staatseisenbahnen**, der **Direktion der k. b. Pfälzischen Eisenbahnen**

einerseits

und der **Internationalen Schlafwagengesellschaft in Brüssel**

andererseits

ist folgender

Vertrag

vorbehaltlich der Genehmigung der vorgesetzten Ministerien abgeschlossen worden:

§ 1.

1. Die Schlafwagengesellschaft übernimmt vom 1. Oktober 1900 an den Betrieb von Schlafwagen in den Nachtschnellzügen bayer. 98 und 103, württ. 54 und 1, bad. 16a/16 und 15/15a, pfälz. 200 und 217/429 zwischen München und Neunkirchen über Stuttgart—Bruchsal—Heidelberg—Mannheim.

2. Sie verpflichtet sich, die erforderlichen Wagen neuester Bauart mit mindestens 4 Achsen und Kursabtheilung I. und II. Klasse auf ihre alleinigen Kosten in derjenigen Anzahl zur Verfügung zu stellen, welche erforderlich ist, um einen regelmäßigen Verkehr zu gewährleisten. Die Schlafwagen müssen neben einer Kursabtheilung I. Klasse zwei solche Abtheilungen II. Klasse enthalten.

3. Wenn die Schlafwagengesellschaft vom 1. Oktober 1900 an die Schlafwagen nicht stellt, so verfällt sie in eine Konventionalstrafe von 20 *M.* täglich. Hierbei soll es der Schlafwagengesellschaft bis zum 30. April 1901 nachgelassen sein, an Stelle der für den in Rede stehenden Kurs besonders anzuschaffenden Wagen neuester Bauart Schlafwagen aus ihren jetzigen Beständen einzustellen. Diese Wagen müssen aber Fahrzeuge von neuer Bauart und im besten Zustande sein. Ob letztere Bedingung erfüllt ist, entscheidet die Generaldirektion der kgl. bayer. Staatseisenbahnen in München.

4. Für diesen Dienst werden besondere Bedingungen festgestellt und dem gegenwärtigen Vertrage angeheftet.

§ 2.

Gegen die jeweilige Feststellung des Fahrplanes und etwa vorkommende Fahrplanänderungen oder Aenderungen in der Zugzusammensetzung, sowie gegen den zeitweiligen oder gänzlichen Ausfall derjenigen Züge, in welchen Schlafwagen gemäß der gegenwärtigen Vereinbarung laufen sollen, steht der Schlafwagengesellschaft kein Widerspruchsrecht zu; es erwächst ihr hieraus auch kein Anspruch auf Schadenersatz, falls das überzählig werdende Material für andere Züge oder Strecken nicht verwendet werden könnte.

§ 3.

Sollten sich bei Ausführung dieses Vertrages und der besonderen Bedingungen dazu in Bezug auf die reglementarischen Bestimmungen Schwierigkeiten ergeben, so ist die Schlafwagengesellschaft verpflichtet, den diesfalls von den betheiligten Eisenbahnverwaltungen für erforderlich erachteten Aenderungen ihre Zustimmung zu ertheilen.

3119

§ 4.

1. Dieser Vertrag wird auf unbestimmte Dauer abgeschlossen. Er erlischt, abgesehen von dem in § 2 vorgesehenen Falle, nach Ablauf von 2 Jahren nach erfolgter Kündigung. Kündigung kann seitens der betheiligten Eisenbahnverwaltungen jederzeit erfolgen.

2. Die betheiligten Eisenbahnverwaltungen behalten sich außerdem das Recht vor, den Vertrag jederzeit ohne Kündigung aufzulösen,

a) falls die Schlafwagengesellschaft den ihr aus dem Vertrage und aus den besonderen Bedingungen entspringenden Verpflichtungen nicht nachgekommen ist und eine Aufforderung, die deshalb an sie von einer der betheiligten Eisenbahnverwaltungen durch eingeschriebenen Brief ergangen ist, innerhalb vier Wochen keine Berücksichtigung gefunden hat;

b) falls die Schlafwagengesellschaft zur Liquidation gelangen oder in Konkurs verfallen oder sich mit einer anderen Gesellschaft fusioniren oder der Betrieb der Schlafwagengesellschaft von einer anderen Gesellschaft oder einem Dritten übernommen oder der Schlafwagengesellschaft in Bayern, Württemberg oder Baden die Konzession entzogen werden sollte.

§ 5.

1. Die Schlafwagengesellschaft wählt gegenüber den betheiligten Bahnverwaltungen das Domizil München und zwar bei der dort befindlichen Niederlassung, deren Geschäftslokal den Bahnverwaltungen zu bezeichnen ist; auch unterwirft sich die Gesellschaft dem am Domizil geltenden Rechte.

2. Streitigkeiten, die sich aus den Bestimmungen gegenwärtigen Vertrages und den besonderen Bedingungen dazu ergeben sollten, unterliegen, mit Ausschluß jedes anderen Rechtsweges, der Entscheidung eines Schiedsgerichtes, zu welchem die Eisenbahn-Verwaltungen durch Mehrheitsbeschluß einen Schiedsrichter und die Schlafwagengesellschaft ebenfalls einen Schiedsrichter wählen, welche einen dritten Schiedsrichter als Obmann wählen oder sich über die Wahl einer deutschen Eisenbahnverwaltung einigen müssen, die zu ersuchen ist, eines ihrer Mitglieder als Obmann zu bestimmen.

§ 6.

1. Die aus diesem Vertrage entstehenden Stempelkosten und Gebühren übernimmt nach den gesetzlichen Bestimmungen die Schlafwagengesellschaft allein.

2. Dieser Vertrag wird fünffach ausgefertigt, wovon je eine Ausfertigung den vertragsschließenden Theilen zugestellt wird.

München, den 5. Oktober 1900.

Generaldirektion der kgl. bayer. Staatseisenbahnen.

gez. **v. Ebermayer.**

Karlsruhe, den 19. Oktober 1900.

Generaldirektion der großherz. bad. Staatseisenbahnen.

J. V.

gez. **Stahl.**

Stuttgart, den 16. Oktober 1900.

Generaldirektion der kgl. württ. Staatseisenbahnen.

gez. **v. Balz.**

Ludwigshafen a. Rh., den 22. Oktober 1900.

Direktion der k. b. pfälzischen Eisenbahnen.

gez. **v. Lavale.**

Brüssel, den 29. Oktober 1900.

Internationale Schlafwagengesellschaft.

Der Verwaltungsrat, Generaldirektor:

gez. **Nagelmackers.**

Besondere Bedingungen

für den Schlafwagendienst auf der Strecke

München—Neunkirchen.

(Anhang zu dem Vertrag.)

Artikel I.

1. Die Internationale Schlafwagengesellschaft liefert auf ihre Kosten Schlafwagen I. und II. Klasse mit vollständiger Bett- und Toilette-Einrichtung. Die Ausstattung und die Bequemlichkeitseinrichtungen der Abtheile I. Klasse müssen wesentlich besser sein als die der II. Klasse.

2. Die betheiligten Eisenbahn-Verwaltungen verpflichten sich, je einen dieser Wagen kostenfrei in die dazu bestimmten Nachtschnellzüge einzustellen und zu befördern.

3. Die Schlafwagengesellschaft verpflichtet sich, für das Fehlen eines Schlafwagens in den dazu bestimmten Zügen jedesmal eine Konventionalstrafe von 20 *M.* zu entrichten, wenn sie nicht nachweist, daß die vorgekommene Unterbrechung ohne ihre Schuld entstanden ist.

4. Die Schlafwagen sind nach einer Type herzustellen, die von den Bahnverwaltungen vorher zu genehmigen ist.

5. Die Wagen sollen mindestens vierachsig sein; sie müssen Kursabtheilungen von wenigstens je 4 Sitzplätzen I. und je 6 Sitzplätzen II. Klasse mit Nummerirung enthalten und in Bezug auf ihre Bauart den Bestimmungen über die technische Einheit im Eisenbahnwesen entsprechen.

Für sämmtliche Theile der Wagen sind die vom deutschen Reiche erlassenen Bestimmungen, insbesondere die „Normen für den Bau und die Ausrüstung der Haupteisenbahnen Deutschlands vom 5. Juli 1892" maßgebend; soweit in den angezogenen Verordnungen nähere Vorschriften über die Anordnung und Abmessung der Achsen, Räder, Federn, Buffer und der Zugsvorrichtungen nicht enthalten sind, gelten die technischen Vereinbarungen des Vereins deutscher Eisenbahn-Verwaltungen.

6. Die Wagen müssen mit Plattform, Brücken und Lederbälgen versehen sein, so daß sie in Durchgangs- (D-) Züge eingestellt werden können; sie haben Einrichtung für Westinghouseschnellbremse, für Dampfheizung und Gasbeleuchtung zu erhalten. Die Schlafwagengesellschaft hat zunächst je einen Schlafwagen für den regelmäßigen Verkehr auf der Strecke München—Neunkirchen den Zugsverbindungen 98/54/16a/16/200 und 217/429/15/15a/1/103 und außerdem einen für Reserve in München beizustellen.

7. Die Einstellung dieser Wagen in die Züge ist nur nach vorheriger Prüfung und unbeanstandeter Uebernahme durch die Generaldirektion der kgl. bayerischen Staatseisenbahnen zulässig.

Artikel II.

1. Die Beschaffung der ganzen inneren Ausstattung und Einrichtung der Wagen, als: Polsterungen, Fußteppiche und ferner Decken, Betttücher, Matratzen, Toilettengegenstände sowie die gesammte Erhaltung dieser Einrichtung, einschließlich der Fensterscheiben, liegt der Schlafwagengesellschaft für eigene Rechnung ob, ebenso die Anstellung, Besoldung und Uniformirung des für den Betrieb des Schlafwagens sowie für die Aufsicht und für die übrigen Geschäfte erforderlichen Personales.

2. Für die Bedienung und Kontrolle sind ausschließlich deutsche Reichsangehörige zu verwenden und muß in jedem Wagen mindestens einer der Bediensteten außer der deutschen noch der französischen oder der englischen Sprache mächtig sein.

3. Die Bahnverwaltungen sind berechtigt, von der Schlafwagengesellschaft die sofortige Entfernung und Ersetzung derjenigen Bediensteten der letzteren zu fordern, welche sich nach Ansicht der Bahnverwaltung für den Dienst in den Schlafwagen nicht eignen; die Schlafwagengesellschaft ist verpflichtet, derartigen Anforderungen in kürzester Frist zu entsprechen, ebenso allen sonstigen begründeten Beschwerden und allen gerügten Uebelständen so schnell als möglich abzuhelfen.

Artikel III.

1. Für das Schmieren der Achsbüchsen, sowie für die äußere Reinigung der Wagen (ausschließlich der Erneuerung des Wagenanstriches) hat jede der betheiligten Bahnverwaltungen innerhalb ihrer Strecken zu sorgen.

2. Die bahnpolizeiliche Revision der Schlafwagen liegt den Eisenbahnverwaltungen auf eigene Kosten ob. Die Kosten aller Instandsetzungen an den Wagen, einschließlich der Kosten für Lieferung der Ersatztheile trägt die Schlafwagengesellschaft. Auch hat diese für die Reinigung, Lüftung und Beleuchtung der Wagen sowie für die Einnahme von Wasser zu sorgen.

3. Die Ausführung der Unterhaltungs- und Erneuerungs-Arbeiten erfolgt in den Werkstätten der Eisenbahnverwaltungen. Es soll jedoch der Schlafwagengesellschaft überlassen bleiben, solche Arbeiten am Aeußern und im Innern des Wagenkastens, einschließlich des äußeren Anstriches, somit ausschließlich des Untergestelles, des Laufwerkes und der Bremseinrichtungen, selbst auszuführen.

4. Die für die Arbeitsausführungen erforderlichen Reservetheile liefert die Gesellschaft; die Bahnverwaltungen sind jedoch berechtigt, diese Theile zu prüfen, im Falle mangelhafter Beschaffenheit oder schlechten Materials zurückzuweisen und die Anschaffung anderer Reservetheile auf Kosten der Gesellschaft nach eigenem Ermessen zu bewirken.

5. Die Beförderung der Wagen und Ersatzstücke nach den Werkstätten erfolgt auf den Strecken der betheiligten Bahnverwaltungen gebührenfrei, ebenso die Beförderung der Wagen nach der Einstellungsstation. Ueber die Nothwendigkeit der Unterhaltungs- und Erneuerungs-Arbeiten entscheidet allein die diese Arbeiten ausführende Bahnverwaltung; die Schlafwagengesellschaft verzichtet hiermit auf jede darauf gesetzte Einrede, ebenso auf jeden Einwand gegen die Angemessenheit der für die Arbeiten in Ansatz gebrachten Kosten.

6. Die Bahnverwaltungen liefern der Gesellschaft das zur Beleuchtung erforderliche Fettgas zum Preise von 1 *M.* für das cbm. Falls ein Gemisch von Acetylen und Gas zur Lieferung kommt, wird der Preis für das cbm zu 2 *M.* festgesetzt. Der zur Heizung erforderliche Dampf wird unentgeltlich abgegeben.

Artikel IV.

1. Die für den Personenverkehr geltenden reglementarischen und bahnpolizeilichen Bestimmungen sind auch für den Schlafwagenverkehr maßgebend. Die Bediensteten der Schlafwagengesellschaft haben den Anordnungen der Stationsvorsteher, der dienstthuenden Stationsbeamten, der Zugführer, sowie überhaupt der mit der Kontrolle des Fahrdienstes betrauten Organe unbedingt Folge zu leisten und dem Publikum gegenüber ein höfliches, gefälliges und anständiges, aber nöthigenfalls auch entschiedenes Benehmen zu beobachten. Bei Streitigkeiten mit den Reisenden oder wenn von diesen Ungehörigkeiten begangen werden, ist stets der Zugführer zum Einschreiten bezw. zur Regelung des Streites zu veranlassen.

2. Im Uebrigen sind für den Betrieb des Schlafwagens folgende Vorschriften zu beobachten:

a) Zur Benutzung der Schlafabtheilungen, zu denen die Zugführer und Schaffner sowie die anderen mit der Kontrolle und mit der dienstlichen Ueberwachung des Fahrdienstes betrauten Organe behufs Vornahme ihrer Dienstgeschäfte freien Zutritt haben, sind nur Reisende berechtigt, die sich im Besitze einer giltigen Eisenbahnfahrkarte I. oder II. Klasse oder eines Freifahrtsausweises I. oder II. Klasse befinden und die im Artikel V vorgeschriebene Gebühr entrichten.

b) Die im Artikel I Abs. 5 genannten Kursabtheilungen für gewöhnliche Plätze I. und II. Klasse sollen den Reisenden ohne Nachzahlung zur Verfügung stehen; jedoch dürfen letztere nur einen ihrer Fahrkarte entsprechenden Sitz beanspruchen ohne jedes Anrecht auf einen Platz oder ein Bett in der Schlafabtheilung.

c) Drei Direktionsmitglieder, zwei Oberbeamte und zwei Kontrolleure der Schlafwagengesellschaft, sowie die zum Schlafwagenbetriebe erforderlichen Beamten und Bediensteten der Gesellschaft werden in den betreffenden Zügen unentgeltlich befördert; sie erhalten zu diesem Zwecke Ausweiskarten für die freie Fahrt. Die Freifahrtsausweise für die Kontrolleure und für die zum Schlafwagenbetriebe erforderlichen Bediensteten sollen, soweit zulässig, für den jeweiligen Inhaber giltig ausgestellt werden.

d) Die Schlafwagengesellschaft verpflichtet sich, den Eisenbahnverwaltungen die Namen der betreffenden Personen, sowie jeden Wechsel im Personal unverzüglich anzuzeigen und für Rückgabe der für die ausgeschiedenen Personen ausgestellten Freikarten Sorge zu tragen, auch Vorkehrungen gegen mißbräuchliche Benutzung solcher Karten zu treffen und jeden Mißbrauch zu vertreten.

e) Jeder der betheiligten Bahnverwaltungen werden von der Schlafwagengesellschaft Freikarten für die Schlafwagenbenutzung in der gleichen Anzahl ausgestellt, wie solche von den Verwaltungen an die Gesellschaft für die freie Fahrt auf den betreffenden Strecken ausgefolgt werden.

f) Die Eisenbahnverwaltungen werden ihre Organe anweisen, die Beamten der Schlafwagengesellschaft in Ausübung ihres Dienstes erforderlichenfalls nach Möglichkeit zu unterstützen.

g) Auf den Schlafwagenbetrieb bezughabende Diensttelegramme der Beamten der Schlafwagengesellschaft werden durch den Eisenbahntelegraphen unentgeltlich befördert.

h) Eine Ordnung für die Benutzung der Schlafwagen durch das Publikum ist von der Schlafwagengesellschaft zu entwerfen. Diese Ordnung unterliegt der Genehmigung der Eisenbahnverwaltungen und wird in den Wagen angeschlagen.

i) Sollten bei einem Zuge weniger als die Hälfte Schlafplätze eines Schlafwagens, die anderen gewöhnlichen Wagen des Zuges sowie die Kursabtheilungen des Schlafwagens jedoch voll besetzt sein, so steht den Stationsvorstehern das Recht zu, ausnahmsweise und solange, als noch drei Plätze für Reisende frei bleiben, Reisende ohne besondere Nachzahlung in die Schlafabtheilungen zuzulassen; diesen Reisenden ist jedoch die Benutzung eines Bettes nicht gestattet.

Die Stationsvorsteher werden von diesem ihnen zustehenden Rechte nur im äußersten Falle Gebrauch machen und dafür sorgen, daß die im Schlafwagen befindlichen Reisenden nicht unnöthigerweise gestört werden.

Artikel V.

1. Für jede auszugebende Schlafwagenkarte muß ein gültiger Fahrtausweis I. oder II. Klasse vorgezeigt werden.

2. Reisenden mit Fahrtausweisen I. Klasse steht die Lösung von Schlafwagenkarten I. oder II. Klasse zu.

3. Der Preis einer Karte zur Benutzung eines Schlafplatzes beträgt für die Person und einmalige Fahrt:

	in I. Klasse:	in II. Klasse:
München—Neunkirchen und umgekehrt	10,00 M.	8,00 M.
Ulm—Neunkirchen Mannheim—München }	8,00 M.	6,00 M.

4. Für ein Kind bis zum vollendeten vierten Lebensjahre, für das ein besonderer Schlafplatz nicht beansprucht wird, braucht keine Schlafwagenkarte gelöst zu werden. Im Uebrigen ist für ein Kind die gleiche Schlafkarte wie für einen Erwachsenen zu lösen; sofern jedoch zwei Kinder bis zum vollendeten zehnten Lebensjahre zusammen ein Bett benutzen, genügt für sie eine Schlafkarte. Wenn für ein Kind bis zum vollendeten vierten Lebensjahre ein besonderes Bett beansprucht wird, ist außer einer Schlafwagenkarte zum vollen Preise für die im Schlafwagen zurückzulegende Strecke auch ein Eisenbahnfahrtausweis zum halben Preise zu lösen.

5. Die Schlafwagenkarten können im Voraus in München und Stuttgart durch die Agenturen der Gesellschaft gegen Entrichtung der oben erwähnten Preise und einer Vormerkungsgebühr von 50 Pf. für jede Karte verkauft werden; diese Gebühren fallen der Gesellschaft zu. Die Vorausbestellung bei den Ausgabestellen kann brieflich oder telegraphisch unter portofreier Einsendung des Schlafwagenkartenpreises und der Vormerkungsgebühr erfolgen, und zwar auf Verlangen auch durch Vermittelung einer jeden Station der Bahnverwaltungen gegen Zahlung der tarifmäßigen Telegrammgebühr. Im letzteren Falle richten die Stationen die telegraphischen Bestellungen — mit bezahlter Antwort — an die Schlafwagenagentur in München oder Stuttgart. Die Antwort hierauf ergeht von der Agentur direkt an den Besteller und dient zu dessen Ausweis dem Schlafwagenschaffner gegenüber; der letztere erhebt die Schlafwagentaxe und die Vormerkungsgebühr.

6. Bei Vorausbestellung muß stets die Schlafwagengebühr für die Strecke München—Neunkirchen oder umgekehrt entrichtet werden.

7. Für den Fall, daß ein Reisender verhindert ist, die Schlafwagenkarte zu benutzen, ist die Gesellschaft zur Zurücknahme der Karte und Erstattung des gezahlten Preises — jedoch ausschließlich der Vormerkungsgebühr — verpflichtet, sofern die Rückgabe der Karte noch vor Schluß des Vorverkaufs erfolgt. Wird der Schlafwagen überhaupt nicht eingestellt oder unterwegs ausgesetzt, so ist auch die Vormerkungsgebühr zu erstatten.

8. Bei Bezahlung von $1^1/_2$ Schlafwagenkarte I. Klasse wird dem betreffenden Reisenden (mit einem Fahrtausweise I. Klasse) für seine Person eine Abtheilung I. Klasse mit 2 Plätzen allein eingeräumt.

Abgesehen von diesem Falle darf die Schlafwagengesellschaft für einen Fahrtausweis nur eine Schlafwagenkarte ausgeben und verfällt für jede ausgegebene Schlafwagenkarte, für die ein giltiger Fahrtausweis nicht vorgewiesen werden kann, zu Gunsten derjenigen Verwaltung, auf deren Strecke die Unregelmäßigkeit festgestellt ist, in eine Konventionalstrafe von 50 ℳ. Sie unterwirft sich zur Ermöglichung der genauen Durchführung dieser Bestimmung allen Einrichtungen bezüglich der Ausgabe der Schlafwagenkarten und denjenigen Kontrollmaßregeln, welche die Eisenbahnverwaltungen einzuführen für nothwendig erachten.

9. Desgleichen zahlt die Gesellschaft eine Konventionalstrafe von 20 ℳ für jeden Kontraventionsfall, wenn in den Schlafwagen fracht- oder postpflichtige Gegenstände vorgefunden werden, zu Gunsten der entdeckenden Verwaltung.

Artikel VI.

1. Die Eisenbahnverwaltungen haften der Schlafwagengesellschaft für alle Beschädigungen ihres Fahrmaterials, sowie ihrer in den Schlafwagen befindlichen Ausstattungsgegenstände, soweit der Schaden durch Verschulden der Eisenbahn oder ihrer Organe entstanden ist. Unter letzterer Voraussetzung haften sie insbesondere auch für Schäden, die, durch Zusammenstöße oder Entgleisungen herbeigeführt, an dem Material der Schlafwagengesellschaft entstanden sind.

2. Die Schlafwagengesellschaft verzichtet dagegen auf den Ersatz für alle Schäden, die an ihren Schlafwagen und den darin befindlichen beweglichen Ausstattungsstücken und Vorräthen durch höhere Gewalt, durch unabwendbaren Zufall oder durch Brand entstanden sind.

3. Wenn durch ein Verschulden der Bediensteten der Schlafwagengesellschaft an den Schlafwagen ein Schaden bewirkt oder wenn durch mangelhafte innere Einrichtung dieser Wagen ein Schaden an ihnen verursacht wird, so trägt in beiden Fällen die ebengenannte Gesellschaft die Schäden allein und aus eigenem Vermögen.

4. Bei Beschädigungen, die durch Reisende verursacht werden, sind die Ersatzbeträge durch die Schlafwagenkondukteure auf Grund eines zwischen der Schlafwagengesellschaft und den betheiligten Bahnverwaltungen zu vereinbarenden Preisverzeichnisses von den Reisenden einzuheben. Jeder Schlafwagenkondukteur muß im Besitz eines solchen Verzeichnisses sein.

5. Die Schlafwagengesellschaft ersetzt den Bahnverwaltungen die Schäden an deren Eigenthum und hält die Verwaltungen schadlos für alle ihnen gegen Dritte erwachsenden Verpflichtungen, insofern diese Schäden oder Verpflichtungen durch mangelhafte innere Einrichtung und Beschaffenheit der Schlafwagen oder durch Handlungen oder Unterlassungen von Angestellten der Gesellschaft entstanden sind. In letzterem Falle haftet die Gesellschaft selbstschuldnerisch ohne die Einrede der Vorausklage für alle Forderungen der Bahnverwaltungen und kann sich nicht mit der Einrede schützen, daß Handlungen der Angestellten ohne ihr Wissen und Willen begangen oder unterlassen seien. Insbesondere gilt dies bei allen Verstößen gegen gesetzliche und polizeiliche Bestimmungen.

6. Werden infolge irgend eines Unfalles beim Schlafwagenbetrieb angestellte Beamte oder Bedienstete der Gesellschaft in Ausübung ihres Dienstes, sei es während der Fahrt oder sei es auf den Stationen, verletzt oder getödtet, so ist die Schlafwagengesellschaft unter allen Umständen verpflichtet, für diejenigen Entschädigungen aufzukommen, welche ihren verunglückten Beamten oder Bediensteten, deren Angehörigen und Hinterbliebenen nach den Gesetzen zustehen; auch ist sie gehalten, den Eisenbahnverwaltungen die verausgabten Entschädigungsbeträge zu erstatten.

7. Die Eisenbahn-Verwaltungen sind bei Regelung aller dieser Schäden, wenn sie es für erforderlich halten, berechtigt, Vergleiche mit den zu Schaden gekommenen Beamten, deren Angehörigen und Hinterbliebenen über die zu leistenden Entschädigungen abzuschließen und die Schlafwagengesellschaft ist verpflichtet, diese Vergleiche als für sie bindend anzuerkennen.

8. Vor Abschluß der mit den Entschädigungsberechtigten zu vereinbarenden Vergleiche ist die Schlafwagengesellschaft mit ihren Erinnerungen zu hören.

Artikel VII.

Für die Ueberlassung der in den Wagen befindlichen Kursabtheilungen vergüten die Eisenbahnverwaltungen der Schlafwagengesellschaft vom Tage der Indienststellung dieser Wagen an 2 Pf. für das von jedem Wagen thatsächlich zurückgelegte Kilometer und den Wagen. Im Uebrigen erwächst der Schlafwagengesellschaft für Gestellung der Wagen kein Anspruch gegen die Eisenbahnverwaltung.

Artikel VIII.

Die Schlafwagengesellschaft hat zu jeder Zeit den von den zuständigen Behörden vorgeschriebenen Gesundheitsmaßregeln zu entsprechen; die dadurch entstehenden Kosten fallen ausschließlich der Gesellschaft zur Last.

Artikel IX.

1. Die Abrechnung aller aus dem Vertrage und den besonderen Bedingungen dazu sich ergebenden Forderungen hat, insofern nicht in den einzelnen Vertragsbestimmungen anderweit bestimmt ist, nach Ablauf eines jeden Kalendervierteljahres zu erfolgen.
2. Die Abrechnung geschieht durch die geschäftsführende Verwaltung.
3. Die Begleichung der Forderungen muß binnen vier Wochen nach dem Zeitpunkte, zu dem der Schlafwagengesellschaft die Zahlungsaufforderung behändigt ist, erfolgen, widrigenfalls vom Fälligkeitstermine 4 Prozent Verzugszinsen in Rechnung gebracht werden.

Artikel X.

Die den Eisenbahnverwaltungen zustehenden Rechte und Ansprüche können der Schlafwagengesellschaft gegenüber von jeder Verwaltung für ihre Strecken selbstständig ohne Beitritt der anderen Verwaltung geltend gemacht und eingeklagt werden. Handelt es sich um theilbare Leistungen und Ansprüche, die nicht voll einer Verwaltung zustehen und ist die Höhe des Anspruches der betreffenden Verwaltung nicht im Vertrage und in den besonderen Bedingungen dazu oder durch besondere Vereinbarung festgesetzt, so ergibt sich die Höhe des Anspruches nach demjenigen Verhältnisse, an welchem die Verwaltungen nach den Tariflängen der Strecken München—Stuttgart—Bruchsal—Heidelberg—Mannheim—Neunkirchen betheiligt sind, und zwar:

die Königlich bayerischen Staatsbahnen	mit 146	km	=	30,3	%
die Königlich Württembergischen Staatsbahnen	„ 159	„	=	33,0	„
die großherzogl. badischen Staatsbahnen	„ 65	„	=	13,5	„
die k. b. Pfälzischen Eisenbahnen	„ 112	„	=	23,2	„

Artikel XI.

Eine Solidarhaft wird von den betheiligten Bahnverwaltungen der Schlafwagengesellschaft gegenüber nicht übernommen.

Artikel XII.

Als geschäftsführende Verwaltung wird die Generaldirektion der kgl. Württembergischen Staatseisenbahnen in Stuttgart bestimmt.

Vertrag

betreffend den

Schlafwagen-Dienst

zwischen

München und Zürich

über

Lindau—Bregenz—St. Gallen

in den Zügen: **126/210/510/30** und **39/509/209/125.**

Geschäftsführende Verwaltung:

Generaldirektion der k. b. Staatseisenbahnen in München.

München.
Dr. Wild'sche Buchdruckerei (Gebr. Parcus).
1902.

3288

Vertrag.

Zwischen der **Generaldirektion der k. b. Staatseisenbahnen in München**

einerseits

und der **Internationalen Schlafwagengesellschaft in Brüssel**

andererseits

wird folgender **Vertrag** abgeschlossen:

§ 1.

(1) Die internationale Schlafwagengesellschaft verpflichtet sich in die zwischen München und Zürich über Bregenz—St. Gallen verkehrenden, zur Zeit die Nr. 126/210/510/30 und 39/509/209/125 tragenden Schnellzüge je einen Schlafwagen I. und II. Klasse mit Bett- und Toilette-Einrichtung, sowie während der Winterfahrordnung auf Verlangen der Eisenbahnverwaltung mit je einem Kursabteil I. und II. Klasse einzustellen und in diesen Wagen den Schlafwagendienst hinsichtlich der bayerischen Eisenbahnstrecke München—Lindau unter den nachfolgenden Bestimmungen zu übernehmen. Bezüglich der österreichischen und schweizerischen Strecken sind die zwischen der österreichischen und den schweizerischen Eisenbahnverwaltungen und der internationalen Schlafwagengesellschaft besonders getroffenen Vereinbarungen maßgebend.

(2) Unter denselben Bedingungen hat die Unternehmerin einen Ersatzwagen von gleicher Bauart zu stellen. Der Aufstellungsort des Ersatzwagens wird von der geschäftsführenden Verwaltung bestimmt werden.

(3) Die Unternehmerin verpflichtet sich zur Zahlung einer Strafe von 30 *M*, buchstäblich „Dreißig Mark", wenn durch ihr Verschulden ein Schlafwagen bei den genannten Zügen nicht mitgeführt werden kann.

(4) Die Eisenbahnverwaltung verpflichtet sich, die Wagen in den gedachten Zügen regelmäßig unentgeltlich zu befördern. Aus einer Aenderung des Fahrplanes, der Zusammensetzung, dem gänzlichen oder zeitweisen Ausfall der Züge, kann die Unternehmerin keinen Anspruch auf Entschädigung gegen die Eisenbahnverwaltung herleiten.

(5) Wird der Schlafwagen wegen Laufunfähigkeit auf einer Unterwegsstation ausgesetzt, so wird das Personal der Unternehmerin mit dem nächsten Personenzuge in der III. Wagenklasse unentgeltlich nach einer Endstation des Schlafwagenzuges befördert.

§ 2.

(1) Die von der Unternehmerin beigestellten Schlafwagen müssen in deutschen, österreichischen oder schweizerischen Wagenbauanstalten hergestellt, mit mindestens je 4 Achsen versehen sein und hinsichtlich ihrer Bauart der Betriebsordnung, den Normen für den Bau und die Ausrüstung der Haupteisenbahnen Deutschlands, sowie den technischen Vereinbarungen des Vereins Deutscher Eisenbahnverwaltungen entsprechen; sie müssen nach anerkannt bewährten Mustern gebaut sein, in Raumeinteilung und innerer Ausstattung allen Anforderungen genügen und insbesondere auch den von den zuständigen Behörden vorgeschriebenen Gesundheitsmaßregeln entsprechen. Die Ausstattung und die Bequemlichkeitseinrichtungen der Abteile I. Klasse müssen wesentlich besser sein als die der II. Klasse.

3288

(2) Die Wagen müssen auch mit denjenigen Beleuchtungs-, Heizungs-, Brems- und Notsignal-Einrichtungen versehen sein, welche die Eisenbahnverwaltung für nötig erachtet. An den Stirnwänden sind die Wagen mit Einrichtungen (Lederbalgen u. s. w.) zu versehen, die ihre Einstellung in Durchgangswagenzüge ermöglichen.

(3) Im Uebrigen sind Bauart und Einrichtung der Wagen, sowie die Vorschriften für die Lieferung der erforderlichen Materialien und einzelnen Bestandteile im Einvernehmen mit der Eisenbahnverwaltung festzustellen.

(4) Die zu verwendenden Materialien müssen von bester Beschaffenheit sein. Sofern sie den von der Eisenbahnverwaltung gegebenen Vorschriften nicht entsprechen, hat die Unternehmerin für die Folgen jeder Abweichung zu haften. Die Wagen haben außen an den beiden Längsseiten die Aufschrift „Schlafwagen" und die Bezeichnung I., II. Klasse zu tragen.

(5) Die Anschläge im Innern der Wagen müssen von der Eisenbahnverwaltung nach Form und Inhalt genehmigt sein. Die Eisenbahnverwaltung ist berechtigt, die Anbringung von Anschlägen, die den Eisenbahndienst betreffen oder zur Unterweisung der Reisenden dienen, jederzeit zu fordern.

§ 3.

(1) Die Uebernahme der Wagen durch die Eisenbahnverwaltung findet erst statt, nachdem festgestellt ist, daß sie allen für ihre Bauart und Einrichtung festgesetzten Bedingungen entsprechen. Das Ergebnis der Untersuchung wird in einer Niederschrift bestätigt, von der die Unternehmerin Abschrift erhält.

(2) Die Unternehmerin haftet der Eisenbahnverwaltung dauernd für die gute Beschaffenheit der Wagen. Veränderungen in der Bauart und der Einrichtung der Wagen dürfen nur im Einvernehmen mit der Eisenbahnverwaltung vorgenommen werden. Andererseits hat die Unternehmerin auf Aufforderung in kürzester Frist auf ihre Kosten alle Aenderungen in der Bauart und Einrichtung der Wagen und ihrer Bestandteile auszuführen, die in Folge der gesetzlichen oder bahnpolizeilichen Vorschriften oder durch die Aenderungen der im § 2 bezeichneten Bestimmungen nach dem Ermessen der Eisenbahnverwaltung erforderlich werden.

§ 4.

Für die Ueberlassung der in den Wagen befindlichen Kursabteilungen vergütet die Eisenbahnverwaltung der Schlafwagengesellschaft vom Tage der Indienststellung dieser Wagen an 2 Pfennig für das von jedem Wagen auf bayerischer Strecke thatsächlich zurückgelegte Kilometer. Im Uebrigen erwächst der Schlafwagengesellschaft für Gestellung der Wagen kein Anspruch gegen die Eisenbahnverwaltung.

§ 5.

(1) Die Beschaffung der ganzen inneren Ausstattung und Einrichtung der Wagen, als: Polsterungen, Fußteppiche und ferner Decken, Betttücher, Matratzen, Toilettengegenstände, sowie die gesammte Erhaltung dieser Einrichtung, einschließlich der Fensterscheiben, liegt der Schlafwagengesellschaft für eigene Rechnung ob, ebenso die Anstellung, Besoldung und Uniformirung des für den Betrieb des Schlafwagens, sowie für die Aufsicht und für die übrigen Geschäfte erforderlichen Personales.

(2) Den Wünschen der Eisenbahnverwaltung ist hierbei thunlichst zu entsprechen.

(3) Die Unternehmerin hat dafür zu sorgen, daß das Personal stets sauber gekleidet ist.

(4) Die Bett- und Toiletteeinrichtungen müssen sauber gehalten sein.

§ 6.

(1) Alle Angestellten der Unternehmerin haben sich den Vorschriften der Eisenbahnverwaltung zu fügen und den Anordnungen der Eisenbahnbeamten, insbesondere der Stationsvorsteher, der dienstthuenden Stationsbeamten, der Zugführer, Kontroleure und Zugrevisoren Folge zu leisten. Dem Publikum gegenüber haben sie ein besonders höfliches, gefälliges und anständiges Benehmen zu beobachten.

(2) Bei Streitigkeiten mit den Reisenden oder, wenn von diesen Ungehörigkeiten begangen werden, ist der Zugführer zum Einschreiten zu veranlassen.

(3) Das mit der Bedienung und Aufsicht in den Schlafwagen beauftragte Personal der Unternehmerin soll aus deutschen oder österreichischen Reichsangehörigen oder schweizerischen Bundesangehörigen bestehen. In jedem Wagen muß mindestens einer der Bediensteten außer der deutschen noch der französischen Sprache mächtig sein.

(4) Die Namen der einzelnen Angestellten und jeder Wechsel im Personal sind der geschäftsführenden Eisenbahnverwaltung mitzuteilen.

(5) Die Eisenbahnverwaltung ist berechtigt, von der Schlafwagengesellschaft die sofortige Entfernung und Ersetzung derjenigen Bediensteten der letzteren zu fordern, welche sich nach Ansicht der Eisenbahnverwaltung für den Dienst in den Schlafwagen nicht eignen; die Schlafwagengesellschaft ist verpflichtet, derartigen Anforderungen in kürzester Frist zu entsprechen, ebenso allen sonstigen begründeten Beschwerden und allen gerügten Uebelständen so schnell als möglich abzuhelfen.

(6) Die Unternehmerin hat alle von ihren Leuten begangenen Ungehörigkeiten und Verstöße gegen die Vertragsbestimmungen der Eisenbahnverwaltung gegenüber zu vertreten und kann sich nicht mit dem Einwande schützen, daß die Vertragswidrigkeit ohne ihr Wissen begangen sei. Wegen aller Forderungen der Eisenbahnverwaltung gegen die Bediensteten übernimmt die Unternehmerin selbstschuldnerische Bürgschaft.

§ 7.

Herrenlose Gegenstände, die in den Wagen gefunden werden, sind sofort an den Zugführer ohne Anspruch auf Finderlohn abzuliefern.

§ 8.

(1) Für jeden Schlafwagen ist eine Schlafwagenordnung aufzustellen, die der Genehmigung der Eisenbahnverwaltung unterliegt und in den Wagen anzuschlagen ist.

(2) Zur Benutzung der Schlafabteilungen, zu denen die Zugführer und Schaffner sowie die anderen mit der Kontrolle und mit der dienstlichen Ueberwachung des Fahrdienstes betrauten Organe behufs Vornahme ihrer Dienstgeschäfte freien Zutritt haben, sind nur Reisende berechtigt, die sich im Besitze eines für die betreffende Strecke giltigen Fahrtausweises I. oder II. Klasse befinden und die im § 9 vorgeschriebene Gebühr entrichten.

(3) Sollten bei einem Zuge weniger als die Hälfte Schlafplätze eines Schlafwagens, die anderen gewöhnlichen Wagen des Zuges und die eventuell geführten Kursabteile des Schlafwagens jedoch voll besetzt sein, so steht den Stationsvorstehern das Recht zu, ausnahmsweise und solange, als noch drei Plätze für Reisende frei bleiben, Reisende ohne besondere Nachzahlung in die Schlafabteilungen zuzulassen; diesen Reisenden ist jedoch die Benutzung eines Bettes nicht gestattet.

Die Stationsvorsteher werden von diesem ihnen zustehenden Rechte nur im äußersten Falle Gebrauch machen und dafür sorgen, daß die im Schlafwagen befindlichen Reisenden nicht unnötigerweise gestört werden.

(4) Die Eisenbahnverwaltung wird ihre Organe anweisen, die Beamten der Schlafwagengesellschaft in Ausübung ihres Dienstes erforderlichenfalls nach Möglichkeit zu unterstützen.

§ 9.

(1) Für jede auszugebende Schlafwagenkarte muß ein giltiger Fahrtausweis I. oder II. Klasse vorgezeigt werden.

(2) Reisenden mit Fahrtausweisen I. Klasse steht die Lösung von Schlafwagenkarten I. oder II. Klasse zu.

(3) Der Preis einer Karte zur Benutzung eines Schlafplatzes beträgt für die Person und einmalige Fahrt:

	in I. Klasse:	in II. Klasse:
München—Zürich und umgekehrt	8,00 *M*	6,00 *M*

(4) Für ein Kind bis zum vollendeten vierten Lebensjahre, für das ein besonderer Schlafplatz nicht beansprucht wird, braucht keine Schlafwagenkarte gelöst zu werden. Im Uebrigen ist für ein Kind die gleiche Schlafkarte wie für einen Erwachsenen zu lösen; sofern jedoch zwei Kinder bis zum vollendeten zehnten Lebensjahre zusammen ein Bett benutzen, genügt für sie eine Schlafkarte. Wenn für ein Kind bis zum vollendeten vierten Lebensjahre ein besonderes Bett beansprucht wird, ist außer einer Schlafwagenkarte zum vollen Preise für die im Schlafwagen zurückzulegende Strecke auch ein Eisenbahnfahrtausweis zum halben Preise zu lösen.

(5) Die Schlafwagenkarten können im Voraus in München durch die Agenturen der Gesellschaft gegen Entrichtung der oben erwähnten Preise und einer Vormerkungsgebühr von 50 Pf. für jede Karte verkauft werden; diese Gebühren fallen der Gesellschaft zu. Die Vorausbestellung bei den Ausgabestellen kann brieflich oder telegraphisch unter portofreier Einsendung des Schlafwagenkartenpreises und der Vormerkungsgebühr erfolgen, und zwar auf Verlangen auch durch Vermittelung einer jeden Station der Eisenbahnverwaltung gegen Zahlung der tarifmäßigen Telegrammgebühr. Im letzteren Falle richten die Stationen die telegraphischen Bestellungen — mit bezahlter Antwort — an die Schlafwagenagentur in München. Die Antwort hierauf ergeht von der Agentur direkt an den Besteller und dient zu dessen Ausweis dem Schlafwagenschaffner gegenüber; der Letztere erhebt die Schlafwagentaxe und die Vormerkungsgebühr.

*

(6) Für den Fall, daß ein Reisender verhindert ist, die Schlafwagenkarte zu benutzen, ist die Gesellschaft zur Zurücknahme der Karte und Erstattung des gezahlten Preises — jedoch ausschließlich der Vormerkungsgebühr — verpflichtet, sofern die Rückgabe der Karte noch vor Schluß des Vorverkaufs erfolgt. Wird der Schlafwagen überhaupt nicht eingestellt oder unterwegs ausgesetzt, so ist auch die Vormerkungsgebühr zu erstatten.

(7) Bei Bezahlung von $1^1/_2$ Schlafwagenkarte I. Klasse wird dem betreffenden Reisenden (mit einem Fahrtausweise I. Klasse) für seine Person eine Abteilung I. Klasse mit 2 Plätzen allein eingeräumt.

Abgesehen von diesem Falle darf die Schlafwagengesellschaft für einen Fahrtausweis nur eine Schlafwagenkarte ausgeben und verfällt für jede ausgegebene Schlafwagenkarte, für die ein giltiger Fahrtausweis nicht vorgewiesen werden kann, zu Gunsten der Eisenbahnverwaltung in eine Konventionalstrafe von 50 *M.* Sie unterwirft sich zur Ermöglichung der genauen Durchführung dieser Bestimmung allen Einrichtungen bezüglich der Ausgabe der Schlafwagenkarten und denjenigen Kontrollmaßregeln, welche die Eisenbahnverwaltung einzuführen für notwendig erachtet.

(8) Desgleichen zahlt die Gesellschaft eine Konventionalstrafe von 20 *M.* für jeden Kontraventionsfall, wenn in den Schlafwagen fracht- oder postpflichtige Gegenstände vorgefunden werden, zu Gunsten der Eisenbahnverwaltung.

§ 10.

(1) Die Unternehmerin hat auf ihre Kosten für die Erhaltung und Erneuerung der Wagen im Innern wie im Aeußern, sowie aller zugehörigen Einrichtungsstücke, wie Beleuchtungs- und Heizapparate, des Notsignals u. s. w. Sorge zu tragen und für die vorschriftsmäßigen polizeilichen Wagenrevisionen aufzukommen, soweit nicht eine Haftung der Eisenbahnverwaltungen nach § 13 dieses Vertrages vorliegt.

(2) Die Eisenbahnverwaltung übernimmt auf der bayerischen Strecke bei den in Betriebe befindlichen Wagen auf ihre Kosten das Schmieren der Achsbüchsen und die äußerliche Wagenreinigung. Für alle in den Werkstätten gelegentlich der polizeilichen Revision und von Reparaturen vorgenommenen Reinigungsarbeiten hat die Unternehmerin aufzukommen. Sämmtliche Erhaltungsarbeiten einschließlich der polizeilichen Revision werden durch die Generaldirektion der k. b. Staatseisenbahnen ausgeführt, soferne sie nicht auf den Strecken einer der anderen an dem Kurse beteiligten Verwaltungen notwendig werden. Die hierzu erforderlichen wichtigeren Ersatzstücke, und zwar: Achsen, Räder, Trag- und Stoßfedern, Buffer und Lager müssen von der Unternehmerin an die von der bayerischen Eisenbahnverwaltung zu bezeichnende Werkstätte oder Lagerstelle unentgeltlich überwiesen werden. Der Transport dieser Ersatzstücke erfolgt frachtfrei als Dienstgut.

(3) Bei dringendem Bedarf steht es der Eisenbahnverwaltung frei, die nötigen Ersatzstücke auf Rechnung der Unternehmerin selbst zu beschaffen.

(4) Die Eisenbahnverwaltung behält sich im Sinne der Bestimmungen im § 2 auch die Prüfung der von der Unternehmerin gelieferten Ersatzstücke vor und kann diese bei mangelhafter Ausführung oder wegen schlechter Beschaffenheit des Materials zurückweisen.

(5) Die schadhaften Bestandteile werden der Unternehmerin zur Verfügung gestellt oder von der Eisenbahnverwaltung zum Altmaterialwerte übernommen.

(6) Die Wagen werden auf den bayerischen Strecken zur Indienststellung nach ihrem Stationsorte, zur Ausführung von Ausbesserungen oder Untersuchungen nach einer Eisenbahnwerkstätte als Betriebsdienstgut frachtfrei befördert.

§ 11.

(1) Die Vornahme der der Unternehmerin obliegenden Erhaltungsarbeiten ist mit schriftlicher Arbeitsbestellung, deren Ausfertigung in der Regel von der Unternehmerin, in dringenden Fällen von den die Wagen begleitenden Angestellten erfolgt, zu beantragen.

(2) Werden hierbei noch andere Mängel geringeren Umfangs gefunden, so sind diese ebenfalls sogleich durch die Werkstätte zu beseitigen. Die Arbeitsbestellung ist sodann zu vervollständigen. Sind diese Mängel von größerem Umfange, so ist der Unternehmerin noch vor Inangriffnahme der Arbeiten schriftliche Mitteilung zu machen. Die Unternehmerin hat ihre Einwendungen binnen 48 Stunden schriftlich zu machen, widrigenfalls die Werkstätte berechtigt ist, die Arbeiten ohne Weiteres auszuführen.

(3) Die Eisenbahnverwaltung verpflichtet sich, alle Arbeiten an den Schlafwagen in möglichst kurzer Zeit herzustellen. Zu diesem Zwecke hat die Unternehmerin die der wirklichen Ausführung entsprechenden Haupt- und Einzelzeichnungen, sowie die Gußmodelle oder Ersatzstücke für die wichtigeren Bestandteile zu übergeben. Ferner hat die Unternehmerin die Gußmodelle oder Ersatzstücke für nicht normale Wagenbestandteile zu überweisen. Zeichnungen und Modelle werden nach Ablauf des Vertrages oder bei Außerdienststellung der Wagen zurückgegeben.

(4) Falls Gußmodelle oder Ersatzstücke für nicht normale Wagenbestandteile fehlen, wird die Eisenbahnverwaltung sie auf Kosten der Unternehmerin, deren Eigentum sie verbleiben, beschaffen oder anfertigen lassen. Die Ueberweisung von Gußmodellen für normale Teile ist nicht erforderlich.

(5) Für die auf Rechnung der Unternehmerin ausgeführten Werkstättenarbeiten werden die wirklich aufgewendeten Lohn- und Materialkosten zusätzlich 100% der Löhne als Generalkosten berechnet.

(6) Die Rechnungen werden vierteljährlich der Unternehmerin zugestellt.

§ 12.

(1) Der Unternehmerin obliegt auf ihre Kosten und mit ihrem Personale die Besorgung des ganzen inneren Dienstes der Wagen, die Reinigung sämmtlicher Räume und deren Einrichtung, das Lüften sowie die Beleuchtung. Die Abgabe des Wassers, sowie des zur Heizung der Schlafwagen erforderlichen Dampfes von der Zuglokomotive erfolgt durch die Eisenbahnverwaltung kostenlos.

(2) Das zur Beleuchtung erforderliche Mischgas (Gemisch von Fettgas und Acetylen) wird die Eisenbahnverwaltung zum Preise von 2,00 ℳ für 1 cbm liefern.

(3) Die Reinigung muß mit größter Sorgfalt geschehen. Das Innere der Wagen und ihre Bestandteile müssen den Anforderungen an äußerste Sauberkeit entsprechen. Die Wagen müssen rechtzeitig und ausreichend beleuchtet und erwärmt sein. Sollte ausnahmsweise die Reinigung im Innern der Wagen durch Bedienstete der Eisenbahnverwaltung besorgt werden, so vergütet die Unternehmerin die hierfür erwachsenen Selbstkosten.

(4) Den mit der Wagenaufsicht betrauten Bediensteten der Eisenbahnverwaltung steht das Recht zu, jederzeit eine Revision des Innern der Schlafwagen vorzunehmen, um sich zu überzeugen, ob die Einrichtung und der Dienst im Wagen den Vorschriften dieses Vertrages entsprechen. Hierbei vorgefundene Unregelmäßigkeiten sind von der Unternehmerin sofort abzustellen.

§ 13.

(1) Die Eisenbahnverwaltung haftet der Unternehmerin für alle Beschädigungen der Schlafwagen, sowie der in ihnen befindlichen Einrichtung, soweit der Schaden erwiesenermaßen durch Verschulden der Verwaltung oder ihrer Leute entstanden ist. Die Eisenbahnverwaltung haftet somit auch für die durch schuldhaft herbeigeführte Zusammenstöße oder Entgleisungen dem Material der Unternehmerin zugefügten Schäden.

(2) Die Unternehmerin hat keinen Anspruch gegen die Eisenbahnverwaltung auf Ersatz der sonst entstandenen Schäden an ihren Wagen oder deren Einrichtung, mögen diese Schäden während der Fahrt in den Zügen oder auf den Bahnhöfen beim Rangiren oder während einer zeitweiligen Außerbetriebsetzung (am Schuppen oder in der Werkstätte u. s. w.) entstanden sein.

(3) Schäden an Geschirr und Ausstattungsgegenständen werden der Unternehmerin nicht vergütet, es sei denn, daß gleichzeitig auch eine Beschädigung der Wagen stattgefunden hat, die einer Eisenbahnverwaltung zur Last fällt.

(4) Die Unternehmerin übernimmt der Eisenbahnverwaltung gegenüber die Vertretung der Schäden, die durch Verschulden ihrer Bediensteten oder durch mangelhafte innere Einrichtung ihrer Wagen herbeigeführt werden.

Bei Beschädigungen, die durch Reisende verursacht werden, sind die Ersatzbeträge durch die Schlafwagenkondukteure auf Grund eines zwischen der Schlafwagengesellschaft und der Eisenbahnverwaltung zu vereinbarenden Preisverzeichnisses von den Reisenden einzuheben. Jeder Schlafwagenkondukteur muß im Besitz eines solchen Verzeichnisses sein.

(5) Wenn durch Verschulden der Bediensteten der Unternehmerin oder durch mangelhafte innere Einrichtung der Schlafwagen die darin befindlichen Reisenden verletzt oder getötet werden, wenn ferner bei irgend einem Unfalle — er mag sonst von der Eisenbahnverwaltung zu vertreten sein oder nicht — die zum Schlafwagenbetriebe erforderlichen Bediensteten der Unternehmerin in Ausübung ihres Dienstes, sei es beim Betreten der Bahnhöfe oder sonst, verletzt oder getötet werden, so ist die Unternehmerin verpflichtet, für die Entschädigungen aufzukommen, die den verunglückten Personen oder deren Angehörigen und Hinterbliebenen nach den Gesetzen zustehen, und gehalten, der Eisenbahnverwaltung die etwa verauslagten Entschädigungsbeträge zu erstatten.

(6) Die Eisenbahnverwaltung ist bei Festsetzung aller dieser Schäden berechtigt, Vergleiche mit den zu Schaden gekommenen Personen oder deren Angehörigen und Hinterbliebenen abzuschließen. Die Unternehmerin ist verpflichtet, die Vergleiche als für sie bindend anzuerkennen. Vor Abschluß solcher Vergleiche wird die Unternehmerin zur Wahrung ihrer Rechte gehört werden.

§ 14.

(1) Die Unternehmerin erhält für die mit der unmittelbaren Ueberwachung des Schlafwagenbetriebes betrauten Personen auf Namen lautende Freikarten und zwar 4 Stück I. Klasse und 3 Stück II. Klasse für die bayerischen Strecken und Züge, in denen die Schlafwagen laufen. Die zum Schlafwagenbetrieb erforderlichen Bediensteten, nämlich 1 Schlafwagenwärter und eine Beihilfe, werden auf Beförderungsschein oder Ausweiskarte unentgeltlich befördert. Jeder Bedienstete hat außerdem einen von der Unternehmerin auf seinen Namen ausgestellten Ausweisschein bei sich zu führen und auf Verlangen vorzuzeigen.

Die Ausweiskarten werden von der Generaldirektion der k. b. Staatseisenbahnen ausgestellt.

(2) Die Unternehmerin verpflichtet sich, für Rückgabe der Freikarten, die nach Ausscheiden des Inhabers aus dem Dienste ungiltig geworden sind, Sorge zu tragen, auch Vorkehrungen gegen mißbräuchliche Benutzung solcher Karten zu treffen und jeden Mißbrauch selbstschuldnerisch zu vertreten. Die Fahrtausweise der Angestellten der Unternehmerin dürfen nur in den Zügen, für die sie ausgestellt sind, benutzt werden. Im Falle einer Uebertretung dieser Bestimmung ist von der Unternehmerin Schadenersatz zu leisten.

(3) Der Eisenbahnverwaltung werden von der Schlafwagengesellschaft Freikarten für die Schlafwagenbenutzung in der gleichen Anzahl ausgestellt, wie solche von der Verwaltung an die Gesellschaft für die freie Fahrt auf den betreffenden Strecken ausgefolgt werden.

§ 15.

Auf der Endstation München C. B. wird die Eisenbahnverwaltung der Unternehmerin auf Wunsch thunlichst einen geeigneten Raum zur Aufbewahrung und Instandsetzung der Lampen, Wäsche, Geschirre u. s. w. unentgeltlich überweisen. Depeschen, die zur Regelung des Umlaufes der Schlafwagen notwendig werden, sind auf Ersuchen der Bediensteten der Unternehmerin von den Stationsbeamten als Dienstdepeschen abzulassen.

§ 16.

Die Uebertragung des Schlafwagenbetriebes ganz oder zum Teil an einen Dritten ist ohne Genehmigung der Eisenbahnverwaltung nicht gestattet.

§ 17.

Der gegenwärtige Vertrag gilt vom 1. Mai 1902 bis 30. April 1914. Wird er nicht spätestens am 1. Mai 1913 gekündigt, so gilt er vom 1. Mai 1914 ab auf unbestimmte Zeit weiter mit der Maßgabe, daß der Eisenbahnverwaltung und der Unternehmerin das Recht zusteht, mit einjähriger Frist zu kündigen und zwar nur zum 1. Mai und 1. Oktober jeden Jahres.

§ 18.

Die Eisenbahnverwaltung behält sich außerdem das Recht vor, den Vertrag jederzeit ohne Kündigung aufzulösen:

a) falls die Unternehmerin den ihr aus dem Vertrag entspringenden Verpflichtungen nicht nachgekommen ist und eine an sie dieserhalb seitens der Eisenbahnverwaltung durch eingeschriebenen Brief ergangenen Aufforderung innerhalb 4 Wochen keine Berücksichtigung gefunden hat;

b) falls die Unternehmerin zur Liquidation gelangen oder in Konkurs verfallen oder sich mit einer anderen Gesellschaft fusioniren oder der Betrieb der Schlafwagen-Gesellschaft von einer anderen Gesellschaft oder einem Dritten übernommen oder der Schlafwagen-Gesellschaft in einer der durch den Kurs berührten beteiligten Staaten die Konzession entzogen werden sollte.

§ 19.

(1) Die Unternehmerin wählt gegenüber der Eisenbahnverwaltung das Domizil in München. Das Geschäftslokal ist der Eisenbahnverwaltung zu bezeichnen; die Gesellschaft unterwirft sich dem am Domizil geltenden Rechte.

(2) Streitigkeiten, die aus den Bestimmungen dieses Vertrages sich ergeben sollten, unterliegen, mit Ausschluß jedes anderen Rechtsweges, der Entscheidung eines Schiedsgerichtes, zu dem die Eisenbahnverwaltung einen Schiedsrichter und die Unternehmerin ebenfalls einen Schiedsrichter wählt, welche einen dritten Schiedsrichter als Obmann wählen, eventuell sich über die Wahl einer deutschen Eisenbahnverwaltung einigen müssen, die zu ersuchen ist, eines ihrer Mitglieder als Obmann zu bestimmen.

§ 20.

Die Abrechnung aller aus dem Vertrage sich ergebenden Forderungen erfolgt, insofern nicht in den einzelnen Vertragsbestimmungen anderweitig bestimmt ist, nach Ablauf eines jeden Kalenderquartals durch die Generaldirektion der k. b. Staatseisenbahnen. Die Begleichung der Forderungen muß binnen zwei Monaten nach dem Zeitpunkte, zu welchem der Unternehmerin die Zahlungsaufforderung behändigt ist, erfolgen, widrigenfalls vom Fälligkeitstermine 5% Verzugszinsen in Rechnung gebracht werden.

§ 21.

Als geschäftsführende Verwaltung wird die Generaldirektion der k. b. Staatseisenbahnen in München bestimmt.

§ 22.

(1) Die aus diesem Vertrage entstehenden Stempelkosten und Gebühren übernimmt nach den gesetzlichen Bestimmungen die Unternehmerin.

(2) Dieser Vertrag wird in 2 gleichlautenden Exemplaren ausgefertigt, wovon je 1 Exemplar den vertragschließenden Teilen zugestellt wird.

München, den 11. Dezember 1902.

Generaldirektion der k. b. Staatseisenbahnen.

gez. **v. Ebermayer.**

Brüssel, den 24. Dezember 1902.

Internationale Schlafwagengesellschaft.

gez. **Nagelmakers**
Generaldirektor u. Mitglied des Verwaltungsraths.

(Unterschrift)
Mitglied des Verwaltungsraths.

Generalvertrag

über

die Führung von Speise- und Schlafwagen auf den Reichseisenbahnen,

abgeschlossen zwischen der

Kaiserlichen Generaldirektion der Eisenbahnen in Elsaß-Lothringen

und der

Internationalen Schlafwagengesellschaft in Brüssel.

Gültig vom 1. Mai 1905.

M. DuMont-Schauberg, Straßburg. — 7110/5.

§ 1.

Gegenstand des Vertrags.

Die Kaiserliche Generaldirektion räumt der Internationalen Schlafwagengesellschaft das Recht des Betriebs von Speise- und Schlafwagen auf den Linien der Reichseisenbahnen unter nachstehenden Bedingungen ein:

1. Die einzelnen Züge und Kurse, in denen die Internationale Schlafwagengesellschaft Speise- und Schlafwagen zu führen hat, werden jeweils durch Sondervertrag festgesetzt.

2. Die Reichseisenbahnverwaltung wird, abgesehen von dem in Ziffer 3 dieses Paragraphen vorgesehenen Falle, innerhalb der Vertragsdauer, sofern der Vertrag nicht gemäß § 16 Ziffer 3 oder § 17 Abs. 2 ohne Frist gekündigt wird, andere Unternehmer auf den Linien ihres Eisenbahnnetzes zum Betrieb von Speise- und Schlafwagen nicht zulassen. Andererseits übernimmt die Internationale Schlafwagengesellschaft die Verpflichtung, auf Antrag der Kaiserlichen Generaldirektion in die von ihr bezeichneten Züge Speise- und Schlafwagen einzustellen.

3. Die Reichseisenbahnverwaltung ist berechtigt:
   a) jederzeit auf ihren Linien Speise- oder Schlafwagenkurse einzurichten und in eigener Regie zu betreiben oder durch andere Unternehmer betreiben zu lassen, wenn zwischen der Kaiserlichen Generaldirektion und der Schlafwagengesellschaft wegen Übernahme oder Beibehaltung der betreffenden Kurse ein Einverständnis über die von der Reichseisenbahnverwaltung gestellten Bedingungen nicht erzielt wird;
   b) für den Fall, daß der einzurichtende Speise- und Schlafwagenkurs sich auch über Linien anderer Bahnverwaltungen erstreckt und letztere der Übertragung des Dienstes an die Schlafwagengesellschaft nicht zustimmen, diesen Kurs entweder in eigener Regie oder durch andere Unternehmer betreiben zu lassen;
   c) wenn der Schlafwagengesellschaft in einem an einem Speise- oder Schlafwagenkurs beteiligten Staate die Konzession entzogen werden sollte, für den in Betracht kommenden Kurs vom Zeitpunkt der Entziehung der Konzession vom Generalvertrag ohne Kündigung zurückzutreten.

4. Die Reichseisenbahnverwaltung behält sich das Recht vor, zu bestimmen, ob die auf ihren Linien laufenden Schlafwagen Kursabteile zu führen haben. Für die Überlassung dieser Kursabteile entrichtet die Reichseisenbahnverwaltung an die Schlafwagengesellschaft eine Vergütung von 1,7 Pfennig für den durchlaufenen Kilometer und den Wagen.

5. Die Internationale Schlafwagengesellschaft verpflichtet sich:
   a) zu den festgesetzten Speise- und Schlafwagenkursen die zur Gewährleistung eines regelmäßigen Betriebs erforderliche Anzahl von Wagen nebst der gesamten für den Speise- und Schlafwagenbetrieb erforderlichen Einrichtung sowie auch auf Verlangen für mindestens je zwei im Dienst stehende Wagen einen Ersatzwagen unentgeltlich zu stellen;
   b) falls Züge, in denen regelmäßig Speise- oder Schlafwagen verkehren, als Doppelzüge gefahren werden sollten, auf Verlangen auch für den Entlastungszug Wagen unter den gleichen Bedingungen wie für den Stammzug zu stellen;
   c) eine Vertragstrafe von je 50 Mark (Fünfzig Mark) zu zahlen in jedem Falle, in dem durch ihr Verschulden in einem der festgesetzten Kurse ein Speise- oder Schlafwagen — z. B. wegen Fehlens des nötigen Bedienungspersonals — nicht mitgeführt werden kann.

6. Gegen die Feststellung sowie gegen Änderungen des Fahrplans, gegen Änderungen in der Zusammensetzung oder gegen die Auflassung der Züge, in denen Speise- oder Schlafwagen verkehren, steht der Schlafwagengesellschaft kein Widerspruchrecht zu; auch hat sie wegen einer aus

den vorstehenden Gründen entspringenden Unterbrechung oder vorübergehenden oder dauernden Aufhebung ihrer Wagen bei einzelnen Zügen keinen Anspruch auf Schadenersatz gegen die Reichseisenbahnverwaltung.

7. Die Schlafwagengesellschaft verpflichtet sich in gleicher Weise zur Übernahme der von der Reichseisenbahnverwaltung für erforderlich erachteten Büfettwagenbetriebe. Auf letztere finden die Bestimmungen dieses Vertrags entsprechende Anwendung, sofern in dem jeweiligen Sondervertrag nicht Gegenteiliges vereinbart worden ist.

8. Der gegenwärtige Vertrag findet auf die Luxuszüge keine Anwendung.

§ 2.

Beschaffenheit, Bauart und Einrichtung der Wagen.

1. Die von der Schlafwagengesellschaft einzustellenden Speise- und Schlafwagen müssen mit je 4 oder 6 Achsen versehen sein; sie haben den Bestimmungen der Eisenbahn-Bau- und Betriebsordnung und den technischen Vereinbarungen des Vereins Deutscher Eisenbahnverwaltungen zu entsprechen und müssen von neuester Bauart, moderner innerer Ausstattung und bestem Material sein.

2. Sofern die verwendeten Materialien den von der Reichseisenbahnverwaltung gegebenen Vorschriften nicht entsprechen, hat die Schlafwagengesellschaft für die Folgen jeder Abweichung zu haften.

3. Die Wagen müssen mit den Beleuchtungs-, Heizungs-, Brems-, Notsignal- und Übergangseinrichtungen (Faltenbälgen) versehen sein, welche die Reichseisenbahnverwaltung für notwendig erachtet.

4. Bauart und Einrichtung der Wagen sowie die Vorschriften für die Lieferung der erforderlichen Materialien und einzelnen Bestandteile sind im Einvernehmen mit der Kaiserlichen Generaldirektion festzustellen.

Die Kaiserliche Generaldirektion behält sich vor, durch ihre Organe auf Kosten der Schlafwagengesellschaft das Baumaterial (wie Achsen, Radreifen usw.) der Wagen vor seiner Verwendung auf Grund der genehmigten Lieferbedingnisse prüfen und den Bau der Wagen in den Fabriken überwachen zu lassen. Die Kommissare der Reichseisenbahnverwaltung sind befugt, mangelhaftes Material von der Verwendung auszuschließen und bei Wahrnehmung von Konstruktionsmängeln deren Beseitigung zu fordern.

Sämtliche Einrichtungsgegenstände müssen den Anforderungen des guten Geschmacks und der Bequemlichkeit entsprechen. Den Wünschen der Kaiserlichen Generaldirektion ist hierbei tunlichst Rechnung zu tragen.

Das Geschirr muß so beschaffen und in den Wagen so untergebracht sein, daß es während der Fahrt nicht um- oder herunterfällt.

Tisch- und Bettwäsche, Toiletteeinrichtungen und Geschirr müssen stets sauber gehalten sein.

5. Änderungen in der Bauart und Einrichtung der Wagen dürfen nur mit Genehmigung der Kaiserlichen Generaldirektion vorgenommen werden.

6. Sofern die gesetzlichen oder bahnpolizeilichen Vorschriften oder die in Absatz 1 dieses Paragraphen bezeichneten Bestimmungen Änderungen in der Bauart und Einrichtung der Wagen und ihrer Bestandteile erforderlich machen, so sind sie auf Verlangen der Kaiserlichen Generaldirektion auf Kosten der Internationalen Schlafwagengesellschaft sofort vorzunehmen.

Die gleiche Verpflichtung trifft die Schlafwagengesellschaft, wenn sich eine von ihr vorgeschlagene und von der Kaiserlichen Generaldirektion genehmigte Bauart im Betrieb nicht bewährt oder infolge von Übergangsbestimmungen anderer Bahnen umgeändert werden müßte.

Die Kaiserliche Generaldirektion ist berechtigt, in den Kursen, in denen sie es für notwendig erachtet, die Einstellung von Wagen neuer Typen zu verlangen.

7. Die Kaiserliche Generaldirektion kann verlangen, daß die Anzahl der in den deutschen gegenüber den in den nichtdeutschen Wagenbauanstalten hergestellten Speise- und Schlafwagen im gleichen Verhältnis steht, wie die Zahl der auf die deutschen Strecken entfallenden Kurskilometer zur Zahl der auf die nichtdeutschen Strecken treffenden Kilometer.

8. Die Anschläge im Innern der Wagen müssen von der Kaiserlichen Generaldirektion nach Form und Inhalt genehmigt sein.

Die Kaiserliche Generaldirektion ist berechtigt, die kostenlose Anbringung von Anschlägen, die den Eisenbahndienst betreffen oder zur Unterweisung der Reisenden dienen, jederzeit zu fordern.

Desgleichen kann die Kaiserliche Generaldirektion die Entfernung von Anschlägen anordnen, die die Schlafwagengesellschaft gestattet hat und die zu Beanstandungen Anlaß geben.

§ 3.

Übernahme und Außerbetriebsetzung der Wagen.

1. Die von der Internationalen Schlafwagengesellschaft einzustellenden Wagen dürfen erst dann in Verwendung genommen werden, wenn sie von der Reichsbahn- oder einer anderen beteiligten Eisenbahnverwaltung für den betreffenden Kurs übernommen worden sind. Über das Ergebnis der Untersuchung wird eine Niederschrift aufgenommen, von der die Schlafwagengesellschaft eine Abschrift erhält.

2. Die Wagen müssen in den Kursen verbleiben, für die sie bestimmt sind, sofern nicht Änderungen in ihrer Verwendung von der Kaiserlichen Generaldirektion genehmigt worden sind.

3. Sollten sich während des Betriebs Mängel an den Wagen zeigen, so steht den Organen der Reichseisenbahnverwaltung das Recht zu, diese Wagen sofort außer Verkehr zu setzen. Die Schlafwagengesellschaft hat nach erfolgter Verständigung schleunigst für entsprechenden Ersatz zu sorgen. (Vergl. § 1, Absatz 5 c.)

§ 4.

Erhaltung des Wagenmaterials.

1. Die Schlafwagengesellschaft hat auf ihre Kosten für Erhaltung der Wagen im Innern wie im Äußern sowie für die Erhaltung und Erneuerung aller dazugehörigen Einrichtungsgegenstände Sorge zu tragen und für die Kosten der vorschriftsmäßigen polizeilichen Wagenrevisionen aufzukommen.

2. Das Schmieren der Achsbüchsen und die äußere Wagenreinigung obliegt bei den im Betrieb befindlichen Wagen auf den Reichsbahnstrecken der Reichseisenbahnverwaltung auf ihre Kosten. Die Ausführung dieser Arbeiten erfolgt nach den für die Reichsbahnwagen geltenden Vorschriften, sofern keine anderen Vereinbarungen getroffen sind.

3. Für die Kosten aller in den Werkstätten gelegentlich der bahnpolizeilichen Revisionen oder bei Reparaturen vorgenommenen Reinigungsarbeiten hat die Schlafwagengesellschaft aufzukommen.

4. Die bahnpolizeilichen Revisionen werden durch die Reichsbahn- oder eine andere in dem bezüglichen Sondervertrag bestimmte Eisenbahnverwaltung oder auch in den eigenen Werkstätten der Schlafwagengesellschaft nach vorheriger Verständigung der Eisenbahnverwaltung ausgeführt.

5. Falls die Kaiserliche Generaldirektion die Ausführung von anderen als den im Absatz 2 erwähnten Erhaltungsarbeiten an den Wagen auf Antrag der Schlafwagengesellschaft übernimmt, so hat die letztere dafür die wirklich aufgewendeten Lohn- und Materialkosten nebst einem Zuschlag von 100% der Löhne zu bezahlen.

6. Die für diese Erhaltungsarbeiten erforderlichen Ersatzstücke, Gußmodelle und Zeichnungen sind von der Schlafwagengesellschaft unentgeltlich zu liefern. Die Beförderung dieser Ersatzstücke erfolgt auf den Strecken der Kaiserlichen Staatseisenbahnen frachtfrei.

Falls erforderliche Gußmodelle oder Ersatzstücke von der Schlafwagengesellschaft nicht geliefert wird, wird die Reichseisenbahnverwaltung dieselben auf Kosten der Schlafwagengesellschaft, in deren Eigentum sie übergehen, beschaffen.

7. Die bei Vornahme der Reparaturen an den Speise- und Schlafwagen in Werkstätten der Reichseisenbahnverwaltung verfügbar werdenden schadhaften Bestandteile werden der Schlafwagengesellschaft zur Verfügung gestellt oder von der Reichseisenbahnverwaltung zum

Altmaterialwert übernommen. Die Ausführung der Erhaltungsarbeiten in den Werkstätten der Reichseisenbahnverwaltung erfolgt nach schriftlicher Arbeitsbestellung der Schlafwagengesellschaft, dringendenfalls der die Wagen begleitenden Bediensteten. Werden hierbei noch andere Mängel geringeren Umfangs gefunden, so werden diese ebenfalls sogleich durch die Werkstätte beseitigt. Die Arbeitsbestellung ist sodann zu vervollständigen. Sind diese Mängel von größerem Umfang, so ist der Schlafwagengesellschaft vor Inangriffnahme der Arbeit schriftlich Mitteilung zu machen. Die Schlafwagengesellschaft hat ihre Einwendungen binnen 48 Stunden schriftlich zu machen, widrigenfalls die Werkstätte berechtigt ist, die Arbeiten ohne weiteres auszuführen.

8. Bei dringendem Bedarf steht es der Reichseisenbahnverwaltung frei, die nötigen Ersatzstücke, Gußmodelle und Zeichnungen auf Rechnung der Schlafwagengesellschaft zu beschaffen.

9. Die Reichseisenbahnverwaltung ist berechtigt, Ersatzstücke von schlechter Beschaffenheit oder mangelhafter Ausführung zurückzuweisen.

10. Die Reichseisenbahnverwaltung verpflichtet sich, alle von ihr übernommenen Arbeiten an den Speise- und Schlafwagen in möglichst kurzer Zeit herzustellen.

11. Die Rechnungen werden der Schlafwagengesellschaft vierteljährlich zugestellt.

12. Die Wagen der Schlafwagengesellschaft sind nach Zurücklegung eines Weges von 40 000 km, der erforderlichenfalls bis auf 30 000 km verringert werden kann, spätestens jedoch nach 6 Monaten auf Kosten der Schlafwagengesellschaft einer sicherheitspolizeilichen Untersuchung zu unterziehen.

§ 5.

Kosten für die Beförderung der Wagen.

1. Die Reichseisenbahnverwaltung übernimmt die unentgeltliche Beförderung der Speise- und Schlafwagen in den festgesetzten Kursen.

2. Außer Dienst laufende Wagen werden auf jeweiliges Ansuchen der Schlafwagengesellschaft gleichfalls unentgeltlich befördert, wenn sie einem Kurs, bei welchem die Reichseisenbahnverwaltung beteiligt ist, zugeführt oder aus einem solchen, sei es in das Ausland oder nach einer Werkstätte des Inlands, abgeführt werden.

§ 6.

Vergütung für die Gestattung des Speise- und Schlafwagenbetriebs.

1. Für die Gestattung des Wirtschaftsbetriebs in den Speisewagen hat die Schlafwagengesellschaft eine bestimmte Pachtsumme zu entrichten, die für jeden einzelnen Kurs im Sondervertrag festgesetzt wird. Enthält der Sondervertrag keine abweichenden Vereinbarungen, so gilt die Pachtsumme als auf 5 Jahre vereinbart.

2. Für die Gestattung des Schlafwagenbetriebs hat die Schlafwagengesellschaft der Reichseisenbahnverwaltung am Schlusse jeder Fahrplanperiode 15 % der für die Reichsbahnstrecken sich berechnenden Bruttoeinnahmen aus dem Verkauf der Bettkarten zu entrichten, jedoch mit der Maßgabe, daß die Reichseisenbahnverwaltung für jeden der bisherigen Kurse zum mindesten die Nettoeinnahmen erhält, welche sie nach den zur Zeit gültigen Sonderverträgen im Durchschnitt der Kalenderjahre 1903/04 erzielt hat.

3. Die Schlafwagengesellschaft hat am Schluß jeder Fahrplanperiode für jeden Speise- und Schlafwagenkurs eine Nachweisung der erzielten Bruttoeinnahme aufzustellen und der Kaiserlichen Generaldirektion zur Überprüfung und Anerkennung vorzulegen.

Desgleichen hat die Schlafwagengesellschaft der Kaiserlichen Generaldirektion alle 2 Jahre eine Nachweisung der Kosten vorzulegen, die für Instandhaltung und Ausbesserung der auf den Reichsbahnlinien verkehrenden Schlafwagen entstanden sind.

§ 7.

Besorgung des inneren Dienstes in den Speise- und Schlafwagen.

1. Die Schlafwagengesellschaft hat auf ihre Kosten und mit ihrem Personal den ganzen inneren Dienst der Wagen, die Reinigung sämtlicher Räume und deren Einrichtungen, sowie die Beleuchtung der Wagen und die Heizung der Küchenherde zu besorgen.

Insbesondere ist für rechtzeitige und ausreichende Beleuchtung und Erwärmung der Wagen zu sorgen.

2. Das für den Küchen- und Schlafwagenbetrieb nötige Wasser sowie der zur Heizung der Speise- und Schlafwagen erforderliche Dampf wird von der Eisenbahnverwaltung kostenlos abgegeben. Sind die Wagen jedoch nicht mit den für die Dampfheizung durch die Zugmaschine erforderlichen Einrichtungen versehen, so hat die Schlafwagengesellschaft auch für die Kosten der Heizung solcher Wagen aufzukommen.

3. Das zur Beleuchtung und Küchenfeuerung erforderliche Gas wird von der Reichseisenbahnverwaltung zu einem in dem jeweiligen Sondervertrag festzusetzenden Preis geliefert.

4. Erfolgt die Feuerung in den Speisewagen mit Steinkohlen, so können auch diese aus den Beständen der Eisenbahnverwaltung gegen Erstattung der Beschaffungskosten und eines im Sondervertrag festzusetzenden Zuschlags für Fracht-, Lade- und Lagerungskosten entnommen werden.

5. Die Schlafwagengesellschaft verpflichtet sich, die erforderlichen Zollformalitäten zu erfüllen.

Dem Personal der Schlafwagengesellschaft ist es untersagt, fracht- und zollpflichtige Gegenstände, die nicht für den Dienst erforderlich sind, in den Wagen mitzuführen.

Werden solche in den Wagen vorgefunden, so hat die Schlafwagengesellschaft in jedem einzelnen Fall — außer der Zollstrafe — eine Vertragstrafe von 20 Mark zu zahlen.

6. Herrenlose Gegenstände, die in den Wagen gefunden werden, sind sofort an den Zugführer abzuliefern.

7. Den mit der Kontrolle in den Zügen betrauten Bediensteten der Reichseisenbahnverwaltung steht das Recht zu, jederzeit eine Revision des Innern der Wagen vorzunehmen.

8. Bei den Zügen, welche aus Wagen nach dem Durchgangsystem gebildet sind und bei denen die Faltenbalgverbindung zwischen den einzelnen Wagen hergestellt ist, können Speisen und Getränke auch in die Abteile der einzelnen Personenwagen abgegeben werden.

9. Auf Verlangen der Kaiserlichen Generaldirektion hat die Schlafwagengesellschaft in den Speisewagen eine gemeinschaftliche Mittagtafel anrichten zu lassen.

Zahl und Arten der Gänge für das gemeinsame Mittagsmahl sowie der hierfür zu erhebende Preis können von der Kaiserlichen Generaldirektion bestimmt werden.

10. Speisen und Getränke sind in tadelloser Beschaffenheit zu liefern.

11. Die Preise für die Mittagsmahlzeit, für die Speisen und Getränke sind in der Speisekarte in Markwährung anzugeben.

Die Speisekarte ist der Kaiserlichen Generaldirektion zur Genehmigung vorzulegen.

12. Die Ausübung eines Getränkezwanges ist verboten. Jedoch ist es den Reisenden nicht gestattet, im Speisewagen eigene oder von dritten bezogene Getränke einzunehmen.

13. Die über die verabreichten Speisen und Getränke aufgestellten Rechnungen müssen die Zugnummer, das Datum und den Namenszug des Kellners enthalten.

14. In den Speisewagen ist das Rauchen nur in dem als „Rauchabteil" bezeichneten Raum gestattet, während des Mittagessens jedoch auch in diesem untersagt.

15. Das Kartenspielen in den Speisewagen ist verboten.

16. Für jeden Schlafwagen ist eine Schlafwagenordnung aufzustellen, die der Genehmigung der Kaiserlichen Generaldirektion unterliegt und im Wagen anzuschlagen ist.

17. Die Kaiserliche Generaldirektion wird ihre Organe anweisen, die Beamten der Schlafwagengesellschaft in Ausübung ihres Dienstes erforderlichenfalls zu unterstützen und auf den Stationen, wo das für den Küchen- und Schlafwagenbetrieb erforderliche Wasser genommen werden muß, jede mögliche Hilfe zu bieten, damit die zu füllenden Behältnisse ohne Verzug mit genügendem Vorrat guten Wassers versehen werden können.

Bei Frostwetter haben die Bediensteten der Schlafwagengesellschaft die Wasserbehältnisse nach Beendigung der Fahrt vollständig zu leeren.

18. Auf den im Reichsbahnbezirk gelegenen Kursendstationen wird die Reichseisenbahnverwaltung der Schlafwagengesellschaft auf Wunsch tunlichst einen geeigneten Raum zur Aufbewahrung und Instandsetzung der für die Wagen benötigten Lampen, Wäsche, Geschirr usw. unentgeltlich zur Verfügung stellen.

19. Depeschen, die zur Regelung des Umlaufs der Speise- und Schlafwagen notwendig werden, sind auf Ersuchen der Bediensteten der Schlafwagengesellschaft von den Stationsbeamten als Dienstdepeschen abzulassen.

§ 8.

Bedienungspersonal in den Speise- und Schlafwagen.

1. Der Schlafwagengesellschaft obliegt die Anstellung, Besoldung und Uniformierung des für den Betrieb und die Beaufsichtigung des Dienstes in den Wagen erforderlichen Personals.

2. Innerhalb des Deutschen Reichs dürfen grundsätzlich nur Bedienstete deutscher Staatsangehörigkeit verwendet werden. Ausnahmen hiervon bedürfen der vorherigen für jeden Fall besonders einzuholenden Genehmigung der Kaiserlichen Generaldirektion.

3. In jedem Speise- und Schlafwagen muß mindestens einer der Bediensteten neben der deutschen auch der französischen oder englischen, nötigenfalls auch der holländischen oder italienischen Sprache mächtig sein.

4. Die Angestellten der Schlafwagengesellschaft haben sich den Vorschriften der Reichseisenbahnverwaltung zu fügen und den Anordnungen der im Dienst befindlichen Eisenbahnbeamten Folge zu leisten.

Dem Publikum gegenüber haben die Bediensteten der Schlafwagengesellschaft ein höfliches und anständiges Betragen zu beachten.

5. Die Kaiserliche Generaldirektion behält sich das Recht vor, die Entlassung solcher Bediensteten zu verlangen, die ihr für den Dienst in den Speise- und Schlafwagen nicht geeignet erscheinen. Auf Verlangen sind die einzelnen Namen der Bediensteten und jeder Wechsel im Personal der Kaiserlichen Generaldirektion mitzuteilen.

6. Die Schlafwagengesellschaft hat alle von ihren Leuten begangenen Ungehörigkeiten und Verstöße gegen die Vertragsbestimmungen der Reichseisenbahnverwaltung gegenüber zu vertreten und kann sich nicht mit dem Einwand schützen, daß die Vertragswidrigkeit ohne ihr Wissen begangen worden sei. Für alle Forderungen der Reichseisenbahnverwaltung gegen die Bediensteten übernimmt die Schlafwagengesellschaft selbstschuldnerische Haftung.

§ 9.

Zulassung der Reisenden zu den Speise- und Schlafwagen.

1. Kein Reisender darf zur Benutzung der Schlaf- und Speisewagen zugelassen werden, der nicht im Besitz eines für den betreffenden Zug und die zu durchfahrende Strecke gültigen Fahrtausweises ist. Für die Benutzung der Schlafwagen werden außerdem seitens der Schlafwagengesellschaft Bettkarten ausgegeben.

2. Der Zutritt zu den Speisewagen ist den Reisenden mit Fahrtausweisen I., II. und III. Klasse gestattet.

Die Reichseisenbahnverwaltung behält sich jedoch das Recht vor, die Reisenden mit Fahrtausweisen III. Klasse von der unentgeltlichen Benutzung der Speisewagen bei einzelnen oder sämtlichen Speisewagenkursen auszuschließen.

3. Die Speisewagen können ausnahmsweise dann, wenn die übrigen Wagen des Zuges vollbesetzt, im Speisewagen aber noch freie Plätze vorhanden sind, auch mit Reisenden besetzt werden, die nicht beabsichtigen, etwas zu verzehren.

Ob dies zu geschehen hat, entscheidet der diensttuende Stationsbeamte oder der Zugführer, tunlichst nach Benehmen mit den den Wirtschaftsbetrieb leitenden Bediensteten der Schlafwagengesellschaft.

4. Handgepäck darf nur in ganz geringem Umfang und nur insoweit zur Mitführung in den Speisewagen zugelassen werden, als in den Gepäcknetzen Raum vorhanden ist.

5. Die Benutzung der Schlafwagen ist nur Reisenden mit Fahrtausweisen I. oder II. Klasse gestattet.

6. Reisenden mit Fahrtausweisen I. Klasse steht die Lösung von Schlafwagenkarten I. oder II. Klasse zu; Reisende mit Fahrkarten II. Klasse haben nur Anspruch auf Bettkarten dieser Klasse.

7. Bei Bezahlung von $1^1/_2$ Schlafwagenkarten I. Klasse wird einem Reisenden mit einem Fahrtausweis I. Klasse für seine Person eine Abteilung I. Klasse mit 2 Plätzen eingeräumt.

Abgesehen von diesem Fall darf die Schlafwagengesellschaft für jeden Fahrtausweis nur eine Schlafwagenkarte ausgeben und verfällt für jede ausgegebene Schlafwagenkarte, für die ein gültiger Fahrtausweis nicht vorgewiesen werden kann, zugunsten der Reichseisenbahnverwaltung in eine Vertragstrafe von 50 Mark.

8. Für ein Kind bis zum vollendeten vierten Lebensjahr, für das kein besonderer Schlafplatz beansprucht wird, braucht keine Schlafwagenkarte gelöst zu werden. Im übrigen ist für ein Kind die gleiche Schlafwagenkarte wie für einen Erwachsenen zu lösen; sofern jedoch zwei Kinder bis zum vollendeten zehnten Lebensjahr zusammen ein Bett benutzen, genügt für sie eine Schlafwagenkarte. Wenn für ein Kind bis zum vollendeten vierten Lebensjahr ein besonderes Bett beansprucht wird, ist außer einer Schlafwagenkarte zum vollen Preis für die im Schlafwagen zurückzulegende Strecke auch ein Eisenbahnfahrtausweis zum halben Preis zu lösen.

9. Die Schlafwagengesellschaft verpflichtet sich, bezüglich der Ausgabe und Kontrolle der Schlafwagenkarten diejenigen Maßnahmen zu treffen, welche die Kaiserliche Generaldirektion für notwendig erachtet.

10. Für die Vorausbestellung von Bettkarten darf für deutsche Strecken keine höhere Vormerkgebühr als 50 Pfg. erhoben werden.

Diese Vormerkgebühr fällt der Schlafwagengesellschaft zu.

Die Vorausbestellung bei den Ausgabestellen kann brieflich oder telegraphisch unter portofreier Einsendung des Bettkartenpreises und der Vormerkgebühr erfolgen.

Die Vorausbestellung wird auch durch die Stationen der Reichseisenbahnen vermittelt.

Das hierbei einzuschlagende Verfahren und die Höhe der zur Erhebung gelangenden Depeschengebühren werden für jeden einzelnen Kurs jeweilig besonders festgesetzt.

11. Die Reisenden können die in den Schlafwagen vorhandenen Kursabteile ohne Zahlung eines Zuschlags benutzen, haben aber keinen Anspruch auf Einräumung eines Bettes.

12. Die Schlafwagengesellschaft ist verpflichtet, für jeden Reisenden, der nachweislich mit ihrem oder ihrer Angestellten Wissen Speise- oder Schlafwagen ohne einen für die betreffende Strecke gültigen Fahrtausweis benutzt, der Reichseisenbahnverwaltung außer dem tarifmäßigen Fahrgeld eine Strafe von 30 M. (Dreißig Mark) binnen acht Tagen nach schriftlicher Aufforderung zu zahlen.

§ 10.

Freifahrt.

1. Die mit der Ausübung des Dienstes in den Speise- und Schlafwagen betrauten Bediensteten werden in diesen Wagen unentgeltlich befördert. Jeder Bedienstete hat einen von der Schlafwagengesellschaft auf seinen Namen und für den betreffenden Speise- oder Schlafwagenkurs ausgestellten Ausweisschein bei sich zu führen und auf Verlangen jederzeit vorzuzeigen. Die Ausweisscheine sind fortlaufend zu numerieren. Die Nummern der ungültig gewordenen Ausweisscheine sind der Kaiserlichen Generaldirektion umgehend mitzuteilen.

2. Die Schlafwagengesellschaft erhält für ihre mit der unmittelbaren Überwachung des Speise- und Schlafwagenbetriebs betrauten Angestellten Freikarten, die nach Ausscheiden des Inhabers aus dem Dienst zurückzugeben sind.

Jeder Mißbrauch der Freikarten und der Ausweisscheine ist von der Schlafwagengesellschaft selbstschuldnerisch zu vertreten.

3. Werden Speise- oder Schlafwagen wegen Laufunfähigkeit auf einer Unterwegstation ausgesetzt, so werden das Personal der Schlafwagengesellschaft, die Vorräte und Wirtschaftsgegenstände mit dem nächsten geeigneten Zuge unentgeltlich nach einer anderen Station des Wagenkurses befördert, und zwar das Personal in der III. Wagenklasse.

4. Die Reichseisenbahnverwaltung erhält von der Schlafwagengesellschaft für jeden Schlafwagenkurs Freikarten für die ganze Kursstrecke.

5. Die Anzahl der gegenseitig auszutauschenden Freikarten sowie die Bestimmungen darüber, ob die Freikarten auf Namen oder auf den Inhaber zu lauten haben, werden in dem jeweiligen Sondervertrag festgesetzt.

§ 11.

Haftpflicht.

1. Die Kaiserliche Generaldirektion haftet der Schlafwagengesellschaft für alle Beschädigungen ihres Fahrmaterials, soweit der Schaden erwiesenermaßen durch Verschulden der Eisenbahnverwaltung oder ihrer Bediensteten entstanden ist.

Sie haftet unter dieser Voraussetzung insbesondere auch für Schäden, welche durch Zusammenstöße oder Entgleisungen an dem Material der Schlafwagengesellschaft entstanden sind.

Die Höhe der Entschädigung für zertrümmerte Wagen wird nach den Bestimmungen des «Übereinkommens betreffend die Wagenbenutzung im Bereiche des Vereins deutscher Eisenbahnverwaltungen» berechnet.

Ausgenommen sind jedoch ohne Rücksicht auf Art oder Ursache des Schadens

a) alle Beschädigungen an Geschirr, Geräten oder Vorräten, wenn nicht gleichzeitig auch eine Beschädigung an den Wagen stattgefunden hat,

b) alle Beschädigungen, welche durch Brand entstanden sind.

Diese Schäden sind in allen Fällen von der Schlafwagengesellschaft zu tragen.

2. Die Schlafwagengesellschaft hat keinen Anspruch auf Ersatz für diejenigen Schäden, die an ihren Wagen und den darin befindlichen Einrichtungen, Ausstattungstücken und Vorräten durch höhere Gewalt oder Zufall entstehen sollten.

3. Aus der von der Kaiserlichen Generaldirektion übernommenen Unterhaltung, Untersuchung und Abnahme der Wagen und ihrer Bestandteile erwächst ihr keine Verantwortung für etwa vorkommende Beschädigungen der Wagen.

4. Die Schlafwagengesellschaft hat der Kaiserlichen Generaldirektion und den Reisenden gegenüber allen Schaden zu vertreten, welcher durch Verschulden ihrer Bediensteten, durch mangelhafte innere Einrichtung oder mangelhafte Bedienung ihrer Wagen oder durch ein anderes Verschulden der Schlafwagengesellschaft herbeigeführt wird.

5. Wenn durch Verschulden der Bediensteten der Schlafwagengesellschaft oder durch mangelhafte innere Einrichtung oder mangelhafte Bedienung der Wagen Reisende oder Eisenbahnbedienstete verletzt oder getötet werden, ist die Schlafwagengesellschaft verpflichtet, für die den verunglückten Personen oder Dritten nach den Gesetzen zustehenden Entschädigungen aufzukommen und der Kaiserlichen Generaldirektion die verauslagten Entschädigungsbeträge zu erstatten. Werden die Bediensteten der Schlafwagengesellschaft in Ausübung ihres Dienstes verletzt oder getötet, so hat die Reichseisenbahnverwaltung die diesen Bediensteten oder deren Hinterbliebenen gesetzlich zustehenden Entschädigungsansprüche zu vertreten, falls der Unfall erwiesenermaßen auf ein Verschulden von Bediensteten der Reichseisenbahnverwaltung zurückzuführen ist. Ist ein Verschulden nicht nachgewiesen, so fällt die Entschädigung der Schlafwagengesellschaft zur Last. Bei beiderseitigem Verschulden fällt die Ersatzpflicht beiden Teilen zur Hälfte zu.

6. Die Kaiserliche Generaldirektion ist berechtigt, bei Regelung der vorbezeichneten, von der Schlafwagengesellschaft zu vertretenden Entschädigungen mit den zu Schaden gekommenen Personen oder deren Hinterbliebenen für die Schlafwagengesellschaft bindende Vergleiche über die zu leistenden Entschädigungen abzuschließen. Auf Verlangen der Schlafwagengesellschaft ist jedoch ein Vertreter der Gesellschaft behufs Wahrung ihrer Interessen zu den Vergleichsverhandlungen zuzuziehen.

§ 12.

Sicherheitsleistung.

1. Zur Sicherung aller der Reichseisenbahnverwaltung aus diesem Vertrag zustehenden Ansprüche hat die Schlafwagengesellschaft eine Sicherheit im Betrag von 50000 M. (Fünfzigtausend Mark) in bar oder in mündelsicheren Wertpapieren zu stellen und bei der Hauptkasse der Reichseisenbahnen in Straßburg mit dem Inkrafttreten des Vertrags zu hinterlegen.

Auf die Sicherheitsleistung werden die nach den bereits bestehenden Einzelverträgen von der Schlafwagengesellschaft bei der Hauptkasse der Reichseisenbahnen als Sicherheit hinterlegten Beträge in Anrechnung gebracht.

2. Eine in bar hinterlegte Sicherheit wird nicht verzinst.

3. Wenn die Eisenbahnverwaltung die Sicherheit in Anspruch zu nehmen genötigt ist, steht ihr das Recht zu, die hinterlegten Papiere oder einen Teil davon ohne Förmlichkeiten zum Börsenkurse auf Kosten der Hinterlegerin zu veräußern. Die Sicherheit ist in diesem Fall spätestens innerhalb dreier Monate bis zur vertragsmäßigen Höhe zu ergänzen.

§ 13.

Übertragung des Wirtschafts- und Schlafwagenbetriebs an Dritte.

Die Übertragung von Speise- und Schlafwagenbetrieben an Dritte ist ohne Genehmigung der Kaiserlichen Generaldirektion nicht gestattet.

§ 14.

Sonderverträge.

Dieser Vertrag bildet die Grundlage für alle von der Reichseisenbahnverwaltung mit der Schlafwagengesellschaft für die einzelnen Speise- und Schlafwagenkurse abzuschließenden Sonderverträge, soweit nur Verwaltungen beteiligt sind, die mit der Schlafwagengesellschaft einen gleichartigen Generalvertrag abgeschlossen haben. Die bereits laufenden Sonderverträge für diese Kurse sind auf der Grundlage des Generalvertrags neu aufzustellen. Neue Sonderverträge dürfen den Generalvertrag nicht ändern, sondern nur ergänzen.

Auf die bereits laufenden oder künftig abzuschließenden Sonderverträge, an denen Verwaltungen beteiligt sind, die keinen gleichartigen Vertrag mit der Schlafwagengesellschaft abgeschlossen haben, finden für das Verhältnis der Reichseisenbahnen zur Schlafwagengesellschaft die Bestimmungen des Generalvertrags Anwendung, während für das Verhältnis der Schlafwagengesellschaft zu den übrigen an den betreffenden Kursen beteiligten Verwaltungen die Bestimmungen des Sondervertrags unberührt bleiben.

§ 15.

Fürsorge für die Angestellten der Schlafwagengesellschaft.

Die Schlafwagengesellschaft hat dafür Sorge zu tragen, daß ihren auf den Linien der Kaiserlichen Generaldirektion verwendeten Angestellten den gesetzlichen Bestimmungen gemäß die Vorteile der Unfall-, Kranken- und Invalidenfürsorge zuteil werden. Auch hat sie den Dienst ihrer Angestellten tunlichst nach den bei der Kaiserlichen Generaldirektion bestehenden Bestimmungen zu regeln. Die Diensteinteilungen sind der Kaiserlichen Generaldirektion auf Verlangen vorzulegen.

§ 16.

Vertragsdauer und Auflösung des Vertrags.

1. Dieser Vertrag wird auf die Dauer von 30 Jahren abgeschlossen und tritt am 1. Mai 1905 in Kraft.

2. Die Reichseisenbahnverwaltung ist jedoch berechtigt, erstmals nach 15 — fünfzehn — Jahren, d. i. zum 1. Mai 1920, sodann nach Ablauf von je 5 Jahren, d. i. zum 1. Mai 1925, 1930, den Vertrag zu lösen; doch muß die Reichseisenbahnverwaltung, wenn sie von diesem Recht Gebrauch macht, den Vertrag jedesmal ein Jahr vorher aufkündigen.

3. Die Reichseisenbahnverwaltung ist indessen berechtigt, den Vertrag ohne Frist jederzeit zu kündigen:

a) wenn die Schlafwagengesellschaft den aus dem Vertrag entspringenden Verpflichtungen nicht nachkommt;

b) wenn die Schlafwagengesellschaft in Liquidation oder Konkurs geraten, sich mit einer anderen Gesellschaft fusionieren oder der Betrieb der Schlafwagengesellschaft von einer anderen Gesellschaft oder einem Dritten übernommen werden sollte.

§ 17.

Gleichstellung des Generalvertrags mit günstigeren Verträgen.

Sollte die Schlafwagengesellschaft mit anderen deutschen Eisenbahnverwaltungen oder mit Konkurrenzbahnen des Auslands Verträge abschließen, die hinsichtlich des Verkehrens ihrer Wagen günstigere Bestimmungen enthalten als dieser Vertrag, so ist sie verpflichtet, unaufgefordert diese Begünstigungen auch für die Reichseisenbahnverwaltung eintreten zu lassen.

Würde die Schlafwagengesellschaft dieser Verpflichtung nicht nachkommen, so ist die Reichseisenbahnverwaltung berechtigt, den Generalvertrag jederzeit ohne Frist zu kündigen.

§ 18.

Wohnsitz der Schlafwagengesellschaft und Verfahren bei Streitigkeiten.

1. Die Schlafwagengesellschaft hat gegenüber der Reichseisenbahnverwaltung ihren Wohnsitz in Berlin.

2. Sie unterwirft sich dem am Wohnsitz geltenden Recht.

3. Streitigkeiten, die aus den Bestimmungen dieses Vertrags oder der Sonderverträge sich ergeben sollten, unterliegen mit Ausschluß jedes anderen Rechtswegs der Entscheidung eines Schiedsgerichts, zu dem die Reichseisenbahnverwaltung und die Schlafwagengesellschaft je einen Schiedsrichter wählen.

Die beiden Schiedsrichter wählen einen dritten Schiedsrichter als Obmann. Sofern sich die von den Parteien benannten Schiedsrichter über die Wahl des Obmanns nicht einigen, ist das Reichseisenbahnamt in Berlin um die Bezeichnung des Obmanns zu ersuchen.

Auf das schiedsgerichtliche Verfahren finden die Bestimmungen in §§ 1027 bis 1048 der deutschen Reichszivilprozeßordnung Anwendung.

§ 19.

Vertragsausfertigung und Kosten.

Jeder der beiden vertragschließenden Teile erhält eine Ausfertigung dieses Vertrags. Die Kosten des Vertragsabschlusses fallen der Schlafwagengesellschaft zur Last.

Strassburg, den 3. April 1905.

Kaiserliche Generaldirektion der Eisenbahnen in Elsass-Lothringen.

Wackerzapp.

Brüssel, den 24. März 1905.

Direktion der Internationalen Schlafwagengesellschaft.

Schröder.

Genehmigt durch den Verwaltungsrat:

F. de Frondeville, **L. Villars.**

Einregistriert: Bd. 1040, Bl. 61 Nr. 63.
Straßburg, den 5. April 1905.

Speisewagen in Deutschland

Die Geschichte des Speisewagenbetriebs ...

Mit diesem Buch erinnert der bekannte Eisenhahnhistoriker Dr. Albert Mühl an die Pioniere des Speisewagenbetriebs in Deutschland, an Georges Nagelmackers ebenso wie an Gustav Kromrey oder an Gustav Riffelmann. Ausführlich beschreibt der Autor auch die ISG. Viele historische Aufnahmen und Faksimiles machen deutlich, daß im Vergleich zu heute damals noch in eleganter Atmosphäre gediegen gespeist wurde. Ein umfassender Anhang mit zahlreichen Tabellen zeigt die eingesetzten Speisewagen.

Hochformat 210 x 294 mm, 200 Seiten, 170 Abbildungen, EK-Best-Nr. 675,

DM 68,-

Bestellungen bitte mit beiliegender Postkarte, per Fax oder Telefon an:

EK-Verlag • Postfach 5560 • D-79022 Freiburg

Tel. (0761) 70 310-0 • Fax (0761) 70 310-50

Auf Wunsch sende wir Ihnen auch gerne unseren farbigen, kostenlosen Prospekt!

PLÄTZE Nº 1-2
PLÄTZE Nº 3-4
PLÄTZE Nº 5-6
PLÄTZE Nº 7-8
20 PERS.